KB271048

사례별로 본
미국의 지방행정

사례별로 본
미국의 지방행정

박 용 래 著

KSI 한국학술정보㈜

1995년 전면적 지방자치제 실시 이후 시민 위주의 행정은 시민의 여론에 귀 기울이고 시민의 삶의 질 향상이라는 명제 아래 많은 발전을 한 것도 사실이지만 아직도 지방자치의 역사가 일천한 까닭으로 우리는 지방자치 선진국들의 행정경험을 배우고 접목하려는 노력이 계속되어야 한다고 봅니다.

지방자치 선진국 중의 하나인 미국에서 4년간 서울시 주재관으로 근무, 지방자치관련 제도, 관행을 눈여겨보면서 이를 비교 연구하게 되었고 이런 자료는 더 많은 사람들에게 읽혀져 지방자치 발전에 기여하여야 한다는 생각으로 이 자료집을 정리하게 되었습니다.

이 자료는 책에서 배우는 이론적인 것이 아니고 미국의 지방정부가 실제 시행하는 제도를 중심으로 정리한 것이라서 관련 분야 실무참고서로써 가치가 있다고 봅니다.

특히 정리하면서 우리가 연구를 계속하여야 할 분야로 지역경제에 대한 지방자치단체의 관심이 더욱 커져야 되며 지방자치 실시 이후 제도적, 행정적 측면에서 지역경제에 대한 지방자치단체의 주도적 역할이 증대될 수 있도록 중앙정부와 지방자치단체가 공동 노력하여야 한다고 느끼게 되었습니다. 그 지역의 특수성을 가장 잘 파악하는 것은 그 지자체이며 지역의 창의성을 유발시키는 것도 당해 지자체라고 보기 때문입니다. 행정의 초점이 서울의 산업을 진흥시켜 고용창출, 소득향상을 꾀하고 지속발전 가능한 도시로 발전시키기 위해 국제경쟁력을 향상시켜야 한다고 생각합니다.

자료의 연구는 서울시 행정과 비교하면서 현지 지방정부의 시행자료, 관련 연구기관, 전문 서적 등을 참고로 정리하였으며 연구는 현지 사무소에서 채용한 도시행정 관련 전문 직원과 관련 분야 인재풀제로 운영한 인사들의 협조가 큰 기여를 하였습니다. 현지에서 이러한 작업을 지원해 준 Don K Rhee, 조성길 박사, Malie Lee, 윤아경, 진재훈, 이사형, SCAG의 최승연 박사와 현지 언론기관, 총영사관, 교민사회 여러분에게 이 지면을 빌어 감사드립니다.

이 책에 수록된 자료는 전체 보관하고 있는 자료의 30% 정도의 분량이며 이 자료집의 뒤에 자료 리스트를 첨부하였으니 관심이 있으신 분들은 연락주시기 바랍니다.

2007년 4월

박용래
(前 Los Angeles 서울 관장)

◌З 추 천 사

관악구를 지속발전 가능한 도시로 만들어가는 데 큰 힘이 되어 주시는 박용래 부구청장님께 깊은 감사의 말씀을 드립니다. 앞으로 더 큰 일, 더 많은 일, 더 중요한 일을 함께 할 수 있을 것이라 기대합니다.

2007년 3월 일

김 효 겸
서 울 관 악 구 청 장

서울시 국제교류 과장 시절 국제교류 업무의 토대와 우리나라 해외주재관 제도의 효시를 만들며 가장 지역적인 것이 가장 민족적인 것, 가장 민족적인 것이 가장 세계적인 것이라는 지방의 국제화를 실현하신 박용래 관악구 부구청장님의 앞길에 무궁한 발전이 있으시기를 기원합니다.

2007년 3월 일

염 보 현
서 울 시 시 우 회 회 장
㈜ 서울특별시장, 경기도지사, 치안본부장

지방자치 실시 이후 제도적, 행정적 측면에서 지역경제에 대한 지방자치단체의 주도적 역할이 증대하면서 국제교류와 행정혁신 분야의 전문가이신 박용래 관악구 부구청장님께 모아지는 기대가 더욱 커지고 있습니다. 이에 부응하실 수 있도록 더욱 정진하시길 바랍니다.

2007년 3월 일

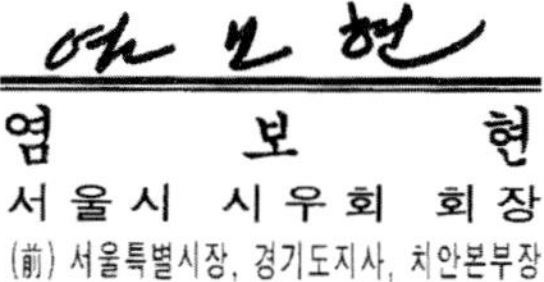

김 용 래
충 청 향 우 회 총 재
前) 서울특별시장, 총무처장관

서울시 초대 국제교류 과장을 역임하던 시절부터 대한민국 지방자치단체의 경쟁력 강화방안을 국제적인 안목으로 모색하며 많은 선진행정사례들을 전략적 국제교류방법의 기본지침과 방향을 제시할 보고(寶庫)로 만들어 온 귀하께 격려의 말씀을 드리며 앞으로도 더욱 정진하시길 바랍니다.

2007년 3월 일

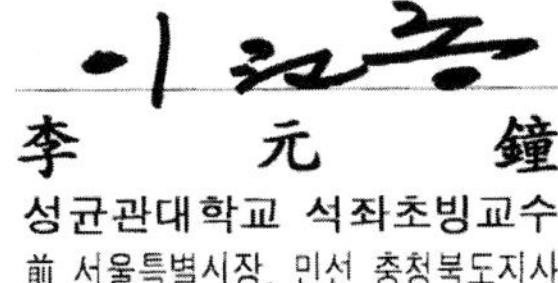

李　元　鐘

성균관대학교 석좌초빙교수

前 서울특별시장, 민선 충청북도지사

30년 공직생활을 통해 귀하께서 한결같이 보여 주신 혁신적 업무자세에 격려를 보내며 앞으로도 지자체 발전과 경쟁력 강화에 귀하의 창의적 사고와 풍부한 경험을 바탕으로 많은 기여 있으시길 부탁드립니다.

2007년 3월 일

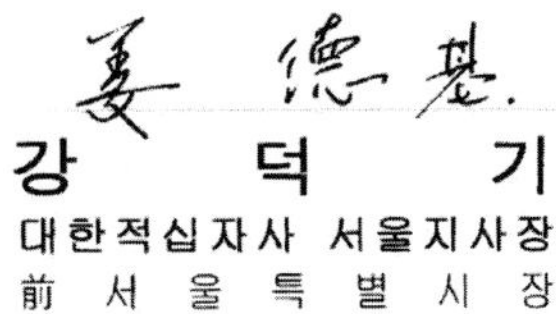

강　덕　기

대한적십자사 서울지사장

前 서 울 특 별 시 장

한국 지자체의 발아부터 현재까지 자치단체의 국제교류와 경쟁력을 키우기 위해 쏟아 온 노력과 열정에 격려를 보내며 이를 토대로 지방행정 역사에 길이 남을 모범적 사례를 만들어 가시길 바랍니다.

2007년 3월 일

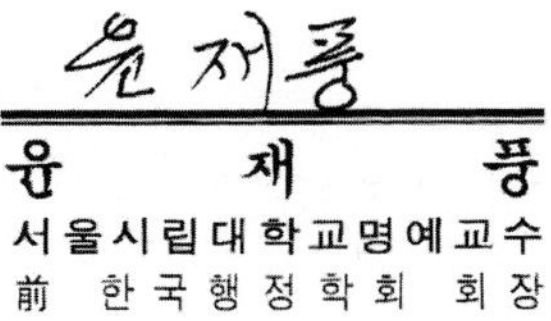

윤　재　풍

서울시립대학교명예교수

前 한 국 행 정 학 회 회 장

끝없는 배움, 그리고 실천.

　　행정학 박사 박용래 관악구 부구청장님께 스승인 제가 오히려 배우고 감탄했던 모습입니다. 앞으로도 더욱 구정 운영과 학업에 매진하시어 적재적소에서 빛나시길 기원합니다.

2007년 3월　일

이　상　범
서울시립대학교총장
미국 Columbia대 박사

　　귀하께서 발굴해 오신 방대한 해외행정 선진 사례들이 여전히 학계에서 유용한 학술자료로 활용되고 있습니다.

　　학문탐구의 창의적 열정을 공직생활 중에서도 변함없이 유지하시어 한국행정학 연구의 밑거름을 창출해 주실 것을 부탁드립니다.

2007년 3월　일

조　영　달
서울사범대학　학장
미국펜실베니아대　박사

　　학계에 지방행정 선진 사례를 집대성하여 선사해 주신 점 늘 감사하게 생각합니다. 학구파 행정가의 명성이 앞으로 더욱 널리 알려질 수 있도록 끊임없는 정진 이루시길 진심으로 기원합니다.

2007년 3월　일

김　일　태
서울시립대학교수

불철주야 미국의 선진 행정사례들을 서울시 행정사례들과 주도면밀하게 비교검토하며 우리나라 지방자치단체의 나아갈 방향을 함께 논했던 때가 그립습니다. 이제 그 성과가 한국의 지방자치단체를 이끌어 가시는 귀하의 길목에서 하나하나 꽃피게 되기를 진심으로 기대합니다.

2007년 3월 일

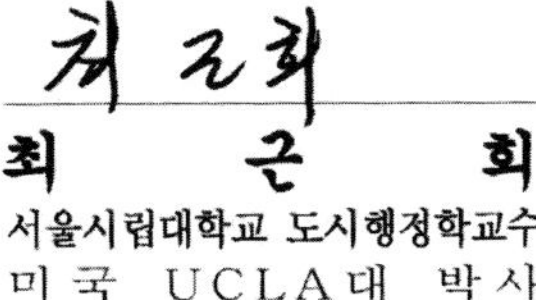

최　근　회

서울시립대학교 도시행정학교수

미 국　UCLA대　박 사

지방행정 혁신의 중심에 서 계신 박용래 부구청장님의 건승을 빕니다. 지역발전에 쏟으시는 노력과 열정에 항상 관심과 응원을 보내며 앞으로도 한국 지방자치단체 발전의 주도적 역할을 수행하시기를 기원합니다.

2007년 3월 일

김　흥　식

前 전라남도 장성군 군수(민선 1,2,3기)

前 교사, 공무원, 개인기업 CEO, 교육위원

　LA서울종합홍보센터 관장을 역임하시며 보여 주셨던 국제교류 분야의 전문가로서의 역량을 지방행정을 통해 구현하고 있으시다는 소식에 반가움을 표하며 미국사회에 대한 폭 넓은 경험과 이해를 바탕으로 앞으로 더욱 중책을 수행하시길 기원합니다.

2007년 3월 일

이　영　민

호주교육연합 한국지사장

前 캘리포니아주정부 한국무역분과대표

❧ CONTENTS

I. 지역경제의 경쟁력 제고 분야

1. 캘리포니아의 중소기업 진흥정책

1. 캘리포니아의 중소기업 육성책 개요

불과 5년 전만 해도 캘리포니아 주의 경제 성장률은 마이너스였고 실업률은 늘어나, 미국의 유명 잡지인 「TIME誌」는 캘리포니아 주를 'endangered dream'이라고 비유하였을 만큼 경기는 불황이었다. 미소 냉전의 종식으로 클린턴 정부는 방위 예산을 삭감하게 되었고, 이는 여타 주에 비해 방위산업 의존도가 높은 캘리포니아 주의 경제 침체에 상당한 영향을 미쳤다. 방위 예산 삭감은 캘리포니아 주에 산재해 있는 많은 유관 업체들의 시장을 협소화하였고, 연쇄적으로 주민들의 실직률은 상승하였다. 캘리포니아 주의 경제는 주정부 차원의 구조적이고도 근본적인 개선을 요구하고 있었다.

이때 캘리포니아 주의 주지사인 Pete Wilson은 이같이 침체되어 있는 캘리포니아 주의 경제에 활력을 불어넣기 위해 과감한 중소기업 활성화 정책을 단행하였다. 1992년 주지사 Pete Wilson을 비롯한 내각은 「캘리포니아 상무부(California Department of Commerce)」를 「통상산업부(Trade & Commerce

Agency)」로 개칭하여 무역, 투자, 기업 창설 및 활성화, 관광 산업 등을 지원하게 하였다. 한편 1988년 개설된 「중소기업청(Small Business Office)」의 업무를 대폭 증강하고, 「연방 정부의 중소기업청(U.S. Small Business Administration)」과의 유대를 강화하고, "take care of business"라는 슬로우건 아래 경제 회복에 총력을

캘리포니아에는 현재 100인 이하를 고용하고 있는 859,315[1] 개의 중소기업이 있으며 이는 캘리포니아에 소제하는 전체 기업의 97.9%를 차지하는 것으로 집계되었다. 또한 100인 이하를 고용하고 있는 캘리포니아의 중소기업은 주내 취업인구 중 51.6%에 달하는 6백 5십만 명[2] 을 고용하고 있어 캘리포니아의 경제의 근간을 이루고 있다고 할 수 있다. 따라서 중소기업 육성 정책과 "take care of business"의 성공은 주지사 Pete Wilson의 재선 승리를 가져올 수 있게 하였을 만큼 캘리포니아 주민에게 가장 중요한 프로젝트였다.

주지사 Pete Wilson은 "take care of business"의 일원인 Small Business Development Center Program을 비롯하여 여타 중소기업 진흥 관련 프로그램을 전폭적으로 지지하였다. 특히 그는 신기술 개발, High-Tech 산업, 수출 관련 품목, 또는 여성 및 소수 민족 소유 기업들에게 많은 혜택을 제공함으로써 캘리포니아 주요 산업의 경쟁력 향상에 큰 영향을 주었던 것으로 알려지고 있다. 또한 캘리포니아 소재 기업들의 원활한 자금 조달을 위해 세금 감면 또는 공제 혜택을 제공하였으며, 신용 담보를 이용해 대출을 용이하게 해주었다. 특히 중소 기업체들에게는 카운슬링, 종업원 트레이닝, 수출 보조 및 장려금 지급 등 많은 분야를 지원하여 캘리포니아 산업의 수출 장려와 기술력 향상에 주력하였다.

---

1) 1994년 현재
2) 1994년 현재

　　주지사를 비롯한 내각의 이러한 노력으로 캘리포니아는 경제 침체에서 벗어났을 뿐만 아니라, 1995년에는 9,000억 불에 달하는 GSP(Gross State Product)를 기록하여, 미국의 여타 州뿐 아니라 그 밖의 국가들과 비교하여도 전 세계에서 7번째로 큰 경제 규모를 자랑하게 되었다. 한편 캘리포니아는 미국 내에서 중소기업을 가장 많이 보유하고 있는 주로 알려지게 되었으며, 1993년 이후 미국 전체에서 창출된 고용 중 15%, 전체 수출의 14%를 차지하여 명실공히 미국 제1의 經濟大州가 되었다.

　　이러한 캘리포니아의 중소기업 육성책은 여타 주정부의 귀감이 되고 있으며, 특히 수출 장려와 기술 향상을 위한 캘리포니아의 경제정책은 여러 주에서 모방을 하고 있는 것으로 알려지고 있다. 캘리포니아의 중소기업 진흥은 캘리포니아의 「통상산업부(California Trade and Commerce Agency)」와 산하 부처인 「중소기업청(California Office of Small Business)」에 의해 이루어지고 있으며 연방 정부의 중소기업청과 공동으로 미국의 모든 중소기업을 육성하고 있다.

[캘리포니아의 경제지표]

단위: 백만 불

	1993	1994	1995	1996
Gross State Product	827.5	857.8	900.2	965.4
Personal Income	683.4	702.6	748.4	804.9
Disposable Income	595.7	612.6	650.5	706.7
실 업 률	9.2	8.6	7.8	7.3

자료: University of California, Los Angeles

2. 캘리포니아의 통상산업부(Trade & Commerce Agency)

캘리포니아의 「통상산업부(Trade & Commerce Agency)」는 1992년 주지사 Pete Wilson이 침체에 빠진 캘리포니아 주의 경제를 회복시키고 고용을 늘려기 위해 「캘리포니아 상무부(California Department of Commerce)」를 폐쇄시키고 설치한 부서이다. 현재 캘리포니아의 경제발전에 중추 역할을 하고 있는 이 통상산업부는 'Eonomic Development', 'International Trade and Investment', 'Division of Tourism', 등 크게 세 개의 부서로 구성되어 있으며, 각각의 부서는 중소기업 육성, 무역과 투자 증진, 관광 산업의 발전 등을 도모, 지원하고 있다. 통상산업부는 캘리포니아 주내 경제뿐 아니라 주 외, 나아가서 국외와의 통상발전을 통해 주의 소득을 증대시키는 데 크게 기여하고 있다. 통상산업부의 세 부서와 그 기능을 살펴보면 다음과 같다.

가. Economic Development Division

Economic Development Division은 신규 기업 창설과 기존 기업의 확장을 지원하여 중소기업과 전체 산업의 발전을 꾀하고 있으며, 캘리포니아 주의 전반에 걸친 균형 있는 지역개발을 위해 미개발 지역 또는 재개발 지역에 이주 또는 창업하는 업체에게는 세금 및 융자에 관한 특별 혜택을 제공하고 있다. Economic Development Division은 캘리포니아의 경제개발을 위해 여러 부서를 보유하고 있으며, 이들을 이용하여 모든 기업의 신규등록에서 운영에 이르기까지 폭 넓은 분야에서 관련 서비스 및 프로그램을 제공하고 있다.

Economic Development Division의 취지가 캘리포니아의 경제 발전이며, 캘리포니아의 경제구조가 중소기업에 크게 의존하고 있는 만큼 중소기업의 육성은 Economic Development Division의 가장 중요한 의무이다. 따라서 캘리포니아의 중소기업 육성을 담당하는 중소기업청은 Economic Development

Division에 소속되어 있으며, 여타 산하 부서 및 프로그램 역시 중소기업의 육성을 위해 고안되었다고 볼 수 있다. 주요부서 및 그들의 역할을 살펴보면 다음과 같다.

※ Office of Business Development(OBD)

공업단지, 재개발 지역 등을 설정하여, 관련 지역 내에 위치하는 업체에게 세금혜택 등을 제공하며 재해보상융자 등의 프로그램을 이용하여 방위산업축소에 의한 중소기업의 피해를 최소화하고 있다.

※ California Film Commission

미국 최고를 자부하던 할리우드의 영화산업이 타주의 영화산업에 의해 강한 위협을 받고 있으므로, 주지사 Pete Wilson은 관련산업에 종사하는 고용인을 보호하고 캘리포니아의 경제를 높이기 위해 California Film Commission을 창설하였으며 영화산업에 관련한 모든 서비스를 제공하고 있다.

※ Office of Permit Assistance

캘리포니아 및 지방정부3)가 필요로 하는 기업창설에 필요한 허가 및 절차에 관련한 서비스를 정부차원에서 지원하여 고용창출을 꾀하고 있으며 연방정부와 깊은 관계를 맺고 있어 연방법규(특히 환경관련)와 저촉되지 않는 한도 내에서 최대한의 영업허가를 내주고 있다.

※ Office of Strategic Technology(OST)

1993년 12월 창설되어 테크놀로지개발을 통해 경쟁력을 높이며 방위예산삭감 이후 침체되어 있는 방위산업관련 제품 및 서비스의 상용화와 사회간접자본개발이 관건이 되고 있다.

---

3) 시 및 카운티 정부

※ Office of Small Business

캘리포니아의 중소기업육성을 위해 융자, 테크놀로지, 마케팅 등 다양한 서비스와 프로그램을 제공하고 있다.(자세한 내용은 "캘리포니아의 중소기업청"을 참고하기 바람)

※ Regulation Review

입법 또는 법령 개정으로 인한 산업의 피해를 최소한으로 줄이기 위해 기업인과 일반인들의 의견을 수렴하여 입법 또는 개정에 반영하고 있으며 경제발전에 일익을 담당하는 것으로 전하고 있다(특히 환경관련산업에 있어서는 지난 몇 연간 입법 또는 개정에 있어 가장 중요한 절차 중 하나이었음) 의견수렴은 Internet, 편지, 청문회 참가 등으로 이루어지고 있다.

나. International Trade and Investment.

International Trade and Invesment는 외국과의 무역을 증진시키고 외국인의 對캘리포니아 투자를 장려하는 것이 주목적이며 아래와 같은 부서를 이용해 수출 및 투자를 장려하고 있다.

※ Office of Foreign Investment

해외에 주재하는 International Office와 캘리포니아 내에 소재하는 외국인투자업체와 협력하여 對캘리포니아 투자를 장려하여 경상수지 흑자를 유도한다.

※ Export Finance Office

캘리포니아에 소재하는 기업들의 수출을 장려하기 위해 대출을 위한 신용담보 알선을 해주고 있다.

※ Office of Export Development

시장개척단 파견, Trade Show 주최 등을 통해 캘리포니아 주에 소재하는 기업의 해외시장개척에 일익을 담당하고 있다.

※ International Offices

전 세계 8개 국가에 캘리포니아 투자 사무소를 개설해 캘리포니아 주의 수출 증진과 對캘리포니아 투자를 장려하고 있으며 최근 서울에 9번째 사무소를 개설한 것으로 파악되었다. 현재 캘리포니아의 International Office가 주재하는 국가와 연락처는 다음과 같다.

국 가	연 락 처	국 가	연 락 처
일 본	81-33-583-3140	멕시코	52-5-747-8260
홍 콩	852-2877-3600	대 만	886-2-758-6223
영 국	44-171-629-8211	예루살렘	972-2-617-396
독 일	49-69-743-2461	남아프리카	27-11-447-5391

※ Office of California - Mexico Affairs

북미자유무역협정(NAFTA)으로 인해 미국의 對멕시코 무역은 크게 증대되었으며 특히 멕시코와 접경하고 있는 캘리포니아는 對멕시코 무역으로 인해 발발할 수 있는 무역분쟁을 해결하고 캘리포니아에 소재하는 업체들의 對멕시코 수출을 지원하기 위해 조직되었다.

다. Division of Tourism

통상산업부 산하에는 관광 업무만을 지원하기 위해 독자적인 Division을 마련함으로 해서 관광 산업을 육성하고 있다. 캘리포니아의 명소, 지도, 교통편에 대한 정보를 무상으로 제공하며 홍보함으로써 캘리포니아의 관광산업을 장려하고 외부 관광객을 유치하고 있다.

3. 연방정부의 중소기업청(U.S. Small Business Administration)

미국의 연방정부 중소기업청은 1953년 중소기업의 육성과 이에 따른 미국의 경제개발 효과를 노리며 창설되었다. US SBA는 클린턴정부의 특별한 관심 속에서 보다 높은 질의 서비스 및 프로그램을 제공하기 위해 노력하고 있으며 중소기업들의 목소리가 대통령께 직접 전달될 수 있는 제도도 마련하고 있다.

가. 연방정부의 중소기업육성 및 관계법령

US SBA는 주정부의 중소기업청과 유사한 프로그램과 서비스를 제공하고 있으며 덧붙여 여성, 상이군인 및 Minority 소유기업에 융자, R&D[4] 등 다양한 혜택을 제공하고 있다. 특히 US SBA은 미국의 중소기업관련법령(Small Business Act)의 Section 7(a)에서 중소기업 및 여성, Minority, 상이군군 소유기업의 융자에 관한 혜택을 규정하고 있으며 관계법규에 의해 받을 수 있는 융자액은 최고 75만 불인 것으로 명시되고 있다.

또한 동 법령 8(a)에서는 중소기업, 여성, Minority, 상이군인 소유기업에게 정부조달에 참여 시, 주어지는 혜택을 명시하고 있다. 미국의 연방조달시장은 미국의 그 어떤 산업보다도 큰 규모를 보유하고 있으며 중소기업은 연방조달시장 응찰 시, 일반 응찰자보다 높은 가격으로 입찰할 수 있는 특권이 주어진다.

---

4) Research and Development

나. 주정부와의 관계

SBA는 미국의 중소기업육성을 통한 경제개발을 위하여 각 주정부소속 중소기업청에 재정적인 도움을 지원하고 있으며 주정부와 협력하여 공동 프로젝트를 수행하는 경우도 빈번한 것으로 나타나고 있다. SBA와 주정부 중소기업청의 협력 프로그램의 사례는 다음과 같다.

※ Main Street Investment

프로그램의 혜택으로 인해 발생하는 추가이익을 중소기업의 융자에 사용한다는 약속을 받은 은행에 한하여 수익에 관한 세금을 감면시켜 주어 결과적으로 은행의 대출가능 자금을 증대시킴.

※ Small Business Development Center(SBDC)

SBDC는 캘리포니아뿐 아니라 각 주에 한 개 이상 존재하는 중소기업장려부서이며 US SBA의 감독을 받고 있음. 각 지방의 대학들과도 깊은 관계를 유지하고 있어 산학공동연구를 통한 중소기업의 경쟁력 제고를 추진하고 있음.

※ Office of Economic Research

"The State of Small Business: A Report of the President"를 발간하여 국회에 중소기업의 활동 및 주요 산업의 동향을 보고하여 경제발전을 꾀할 수 있는 보다 혁신적인 경제정책을 유도하고 있음.

※ Regional Advocates

주정부 중소기업청을 관할하는 부서 중 가장 높은 위치에 있으며 각 지방 중소기업들의 문제점을 주정부 중소기업청으로부터 수집하여 미국의 중소기업에 영향을 미치는 연방 및 주정부의 법령 등을 검토하며 개정안을 제시하기도 함.

※ District Office

US SBA에서는 미국을 독자적인 행정구역으로 구분하여 구역 내 위치하는 지방[5] 정부와 협력하고 있음.

다. 기타 프로그램

※ 재해보상융자

SBA Loan의 일종이며 천재지변이나 특별한 사고를 당한 중소기업에 최저의 이자로 융자해주는 프로그램이며 1993년 LA 폭동에 당한 많은 한인들이 이용하였음.

※ Native American affairs

미국 인디언, 알래스카 에스키모, 하와이의 폴리네시안 소유 기업을 보호해주는 프로그램.

※ Reaserch and Development

중소기업이 경쟁력을 높이기 위해 R&D가 필요한 경우 해당업체는 관련자료를 Small Business Innovation Research에 제출하면 필요한 자금을 조달받을 수 있음. 1994회계연도 미국에서는 약 4,000개의 업체가 700백만 불에 달하는 보조금을 받았으며 매년 우수업체를 선정하여 수상을 하기도 함.

4. 캘리포니아의 중소기업청(Office of Small Business)

캘리포니아의 중소기업청은 1988년 창설되었으며 주지사 Pete Wilson에 의

---

5) 일반적으로 카운티 또는 대도시

해 그 중요성은 더욱 강조되어 창설 이래 그 어느 때보다도 다양하고 효과적인 서비스와 프로그램을 제공하고 있으며 미국 연방정부 중소기업청 (Small Business Administration)과 협력하여 중소기업 육성정책과 호응하고 있다. 캘리포니아의 중소기업청은 현재 Small Business Development Center, Financial Assistance Division, Marketing And Advocacy Division 등 세 개의 부서가 있으며 그들의 기능 및 역할은 다음과 같다.

가. California Small Business Development Center(SBDC)

SBDC는 캘리포니아 내에서 창설, 운영, 또는 확장하려는 모든 기업은 지원받을 자격이 있으며 프로그램의 운영을 위해 필요한 자금은 주정부와 연방정부의 협정(Cooperative Agreement 06-7770-0005-06)에 의해 SBDC의 일부분을 연방정부로부터 보조받고 있으며 그 밖에 캘리포니아 주의 중소기업청 (Office of Small Business, OSB)과 각 시립대학으로부터 재정적 또는 기술적인 지원을 받고 있는 것으로 파악되었다.

SBDC는 캘리포니아에 78개의 사무소가 산재해 있으며 대부분의 카운티에 각 1개의 지방사무소를 설치하여 구역 내 중소기업을 보조하고 있으며 로스앤젤레스 인근에 세 개의 Export SBDC 사무소와 1개의 Accelerate Technology Assistance SBDC를 설치하여 주지사 Pete Wilson의 경제정책인 중소기업의 기술력 제고 및 수출 증대에 큰 보탬을 주고 있다.

1) Accelerate Technology Assistance SBDC

캘리포니아는 미국의 50개 주 중에서 High-Tech 관련산업의 비중이 가장 높은 주이며 많은 경제학자들도 캘리포니아 경제회복의 성패는 High-Tech과 High-Growth(급성장기업)에 달려있는데 대부분의 급성장기업은 자본증자에 문제가 있는 것으로 파악되었다. 이에 Tiffany Haugen(현 Director)와 캘리포니아 주립대학(University of California, Irvine)의 경영대학원장, Dennis Aigner는 1989년 캘리포니아 최초로 산학공동연구 프로그램인 Accelerate Technology SBDC를 마련하였다. 이 프로그램은 남가주에 위치하고 있는 High −Tech 및 급성장하고 있는 산업에 관련된 기업을 지원하고 있으며 이들의 서비스는 다음과 같다.

- ◆ 카운슬링: 효율적인 경영을 위한 컨설팅
- ◆ 기술지원: 캘리포니아의 주요 산업인 High Tech 및 Bio−Tech의 기술 경쟁력 제고를 위해 세미나, 워크숍을 주최하고 있음.
- ◆ 교육: 고용주를 위한 교육 프로그램
- ◆ 산학연계
- ◆ 융자지원
- ◆ PACNET(Pacific Venture Capital Network): 네트워크를 이용해 투자자와 기업들을 D/B화하여 서로 연결해주고 있음. D/B 제작에는 약간의 수수료를 받고 있으나 기타 소요비용은 없음.

상기서비스는 무상으로 제공되고 있으나 워크숍 및 세미나는 입장료를 받고 있으며 이벤트 성격에 따라 가격의 차이가 있다.

2) Export SBDC

Export SBDC는 연방정부의 중소기업청과 Export Managers Associa- tion of California(EMAC)에 의해 재정지원되어 반민반관의 성격을 띠고 있으며 캘리포니아에 소재하는 기업의 수출을 보조하고 있다. Export SBDC는 1995년 약 500백만 불에 달하는 캘리포니아 중소기업의 수출을 지원하였으며 500백만 불의 수출증대로 인해서만 약 10,000개의 고용이 창출된 것으로 집계되고 있다.

- ◆ Consulting: World Trade Center 및 무역관련 협회의 전문가들이 직접 수출에 관한 자문을 무상으로 재공하고 있음.

◆ Training: 캘리포니아에 소재하는 Loyola Marymount, Santa Barbara City College, California State University 등의 대학들과 공동으로 세미나를 개최해 수출에 관한 요령 및 지식을 전달하고 있음.

◆ Resource Library: 수출에 관한 모든 정보를 발간 또는 인터넷에 게재하고 있으며 LA 사무소에서는 컴퓨터 무상대여도 가능함.

1995년 말, Export SBDC는 또한 세계에서 가장 큰 잠재시장으로 알려져 있는 중국에 진출하여 상하이에 9층짜리 백화점을 지었다. 중소기업청은 동 백화점에서 캘리포니아의 비교우위산업 제품을 판매하도록 권하고 있으며 3개월간의 월세감면 등의 혜택을 제공하여 캘리포니아 소매업체들의 對중국 수출을 장려하고 있다.

ㄴ. Financial Assistance Division

Financial Assistance Division은 캘리포니아에 위치하는 업체들의 용이한 대출을 위해 California Financial Corporation[6]을 감독하며 다양한 융자제도를 마련하고 있다. Financial Assistance Divivsion은 현재 중소기업의 융자를 위해 120백만 불을 보유하고 있는 것으로 알려지고 있다. 그 밖의 융자프로그램은 캘리포니아 주 독자적으로 운영하기도 하지만 연방정부의 보조를 받아 규모가 큰 융자도 알선하고 있다. 연방정부와 주정부 협력으로 알선해 주고 있는 대표적인 융자프로그램으로는 SCORE Program과 Regulation "A" Program이 있으면 이들의 내용은 아래와 같다.

※ SCORE

SCORE Program은 외국기업을 포함한 캘리포니아에 위치하는 모든 기업체가 주식상장을 통해 자본금을 조달할 수 있는 제도이며 주식은 캘리포니아를

---

6) 반민반관 성격으로 신용담보대출을 해주고 있음.

포함해 43개 주에서 판매될 수 있다. SCORE에 등록된 업체는 매년 최고 백만 불까지 자본금을 조달할 수 있으며 등록을 하기 위해서는 특정양식(Form-U 7)을 제출해야 한다. 이 프로그램은 캘리포니아 외 43개 주에서도 등록이 가능하며 주관처인 North American Securities Administrators Association, Inc(202-737-0900)에서도 등록할 수 있고 등록비용은 2,500불이 소요된다.

※ Regulation "A" Program

미국의 Securities and Exchange Commission(SEC)에 의해 인가받은 주식회사나 동업형식(Partnership)의 업체는 주식상장을 통해 5백만 불까지의 자금을 조달할 수 있으며 인가를 받기 위해서는 아래 표에 명시되어 있는 양식을 제출해야 하는데 최고 조달액수가 SCOR Program보다 크기 때문에 필요서류의 종류가 다양하다.

상기 프로그램의 비교

	SCOR	REG "A"
최고 조달 자본금	백만 불	5백만 불
U-7 양식의 필요	필요	필요
1-A 양식의 필요	필요 없음	필요
SB-2 양식의 필요	필요 없음	필요
등록비용	2,500불	500불
주식 최저치	주당 2불	없음
세무감사 유무	50만 불 이상 증자 시	주마다 차이 있음
광고에 관한 주정부의 허가	주마다 차이 있음	필요
연방정부의 허가	필요 없음	필요
주정부의 허가	필요	필요

다. Marketing and Advocacy Division

중소기업청의 효율적이고 효과적인 운영을 위한 전략을 모색하며 중소기업육성을 위한 간행물, 책자를 발행하고 있다. Marketing and Advocacy

Division은 또한 Small Business Help Line을 운영하여 중소기업청의 프로그램과 서비스를 전화상으로 안내하고 있다.

5. 기타 중소기업 장려 프로그램

가. The New Business Incubator Program

주지사 Pete Wilson은 최근 Assembly Bill 1812(Knox)를 통과시켜 인큐베이터 기업에게 US $500,000을 지원할 수 있게 되었다. 이 프로그램은 경쟁력이 약한 초기단계에 있는 기업들에게 장비, 관련 서비스 등을 제공하며 중소기업의 중요성이 부각되는 이 시점에서 중요한 역할을 하고 있다. 현재 캘리포니아에는 약 400개의 업체가 40개의 인큐베이터 프로그램의 혜택을 받고 있으며 주정부는 관련 혜택을 더욱 다양화할 예정인 것으로 파악되고 있다.

나. Intensive Entrepreneurial Training Program(IETP)

미국 연방정부의 국방예산 중 20%를 받아오던 캘리포니아는 지난 5년간, 군비감축과 캘리포니아 소재 군부대철수로 인해 누구도 예상치 못한 시련을 겪어야 했다. 또한 1990년 6월에서 1993년 5월 사이 캘리포니아 내 방위산업관련 실직자의 수는 동년 캘리포니아의 전체 실직자 중 36%를 차지할 정도로 심각하였다. 이에 캘리포니아의 통상산업부 및 SBDC는 US SBA에서 US $407,500의 보조와 East Bay, Sierra College 등의 대학으로부터 협조를 받아 방위산업에서 일반 소비시장으로 방향을 바꿀 수 있도록 관련기업 및 실직자를 트레이닝해 주고 있다.

다. Centers for Applied Competitive Technology(CACT)

제조업은 캘리포니아에서 가장 중요한 분야로 인식되어 왔으며 그중 전자
관련 및 우주항공관련 제조업은 미국 내에서 가장 큰 비중을 차지하고 있다.
제조업은 또한 수출의 대부분을 차지하고 있으며 기술경쟁력 제고가 필수적
이므로 캘리포니아정부의 경제정책과 방향을 같이 하고 있다. CACT는
SBDC와는 독립적으로 운영되고 있으나 중소기업의 기술경쟁력제고 및 방위
산업기술의 상용화에 뜻을 같이 하고 있으며 Centers for International Trade
& Development를 병행 운영하여 제조업체의 수출을 장려하고 있다.

라. Capital Formation: Micro-Loans

사업을 시작 또는 확장하기 위해 어떤 이는 백만 불이 필요할 수 있으며
어떤 이는 500불로 장비를 구입하여 사업을 시작할 수 있을 것이다. 대부분
의 중소기업체들은 규모가 영세하며 필요 증자액이 적음에도 불구하고 은행
문턱은 높아 SBDC의 문을 두드리는 경우가 빈번하다. 이에 SBDC는 Micro-
Loans를 개설하여 500불에서 5만 불까지의 규모가 작은 융자를 알선해 주고
있으며 은행융자의 환급을 보장하기 위해 기술적인 지원을 제공하고 있는 것
으로 파악되고 있다.

마. Sawyer Center

대부분의 캘리포니아 주요 산업은 High-Tech과 관련 있는 차세대산업이
며 차세대까지 캘리포니아가 이 분야에서 우위를 지키기 위해서는 지적재산
권을 보호해야 한다. Redwood Empire[7] SBDC에 소속되어 있는 Bruce
Sawyer Center는 미국의 특허청에서 제작된 특허권 D/B를 사용하여 캘리포

---

7) 캘리포니아 북부에 위치하는 지명

니아 거주인의 특허신청을 도와주고 있다. 또한 Sawyer Center는 또한 특허를 받는 이들에게 사업을 시작할 수 있도록 투자자들과의 미팅 및 시장개척을 보조해 주고 있다.

6. 정부조달시장

가. 개황

캘리포니아 주정부의 조달시장규모는 1995회계연도[8])에 약 40억 불에 달했으며 이는 기업의 지출규모와 비교해 볼 때 미국의 경제잡지 "Fortune"이 선정한 미국의 50대기업 중 GM과 Ford에 이어 3위를 차지할 정도이며, 뉴욕주와 공히 50개 주 중 가장 큰 규모의 조달시장을 보유하고 있는 것으로 나타나고 있다. 또한 캘리포니아에는 5,000개의 Special District, 470개의 도시, 58개의 County가 있으며 이들의 정부조달을 감안하면 정부조달시장과 함께 약 100억 불에 달하는 규모가 될 것으로 추정되고 있다.

나. 조달 방법

캘리포니아의 주정부 및 각 지방정부의 구매는 대부분이 입찰을 통해 이루어지고 있으며 US $10,000 미만의 규모가 작은 조달의 경우에만 수의 또는 지명구매가 가능하다. 또한 입찰에 응하기 위해서는 주정부의 인가(Prequalification)를 받아야 하는데 인가를 받은 업체는 관련입찰 때마다 우편으로 입찰에 관한 정보를 우송받게 된다.

---

8) 1994년 7월 1일부터 1995년 6월 30일까지의 기간

다. 중소기업의 특혜

캘리포니아 주정부에서는 주정부 조달에 관련한 입찰에 참여하는 중소기업 중 인가받은 업체에게 응찰가격에 대한 혜택을 부여하고 있다. 상기 혜택을 받기 위해 중소기업은 먼저 주정부의 인가를 받아야 하는데 동 허가는 캘리포니아의 조달청(Department of General Services)에 소속되어 있는 Office of Small Business and Minority Business에서 관장하고 있으며 인가를 받은 중소기업체는 응찰 시 경쟁업체보다 5% 높은 가격으로 낙찰을 받을 수 있도록 관계법령에서 규정하고 있다. 인가를 받을 수 있는 중소기업의 자격은 실업 발생확률이 높은 산업에 종사하거나 미개발 또는 재개발 지역에 위치하고 있거나 그 밖에 Office of Small Business and Minority Business에서 정하는 기준에 적합해야 한다.

Office Of Small Business and Minority Business에서 규정하는 중소기업의 기준은 다음과 같다.
- 해당기업의 본사가 캘리포니아에 위치해야 함
- 해당기업의 소유주가 캘리포니아에 거주해야 함
- 관련업종에서 해당업체가 차지하는 시장점유율이 수위가 아니어야 함
- 지난 3년간 세금 보고한 자료가 있어야 함
- 타 업체와 어떤 형식의 합병도 되어 있지 않고 독립된 업체이어야 함

라. 입찰정보 수집

사전인가를 받은 업체들은 자동적으로 입찰에 관한 정보를 우편으로 송부 받지만 사전인가를 받지 못하였거나 자세한 정보를 필요로 하는 업체는 Internet을 통해 열람할 수 있으며 캘리포니아 주정부는 "California Contract", 연방정부는 "The Federal Market Place"의 잡지를 분기별로 발간해 정부의 조달에 관한 입찰을 공고하고 있다.

7. 중소기업청의 프로그램별 성공사례

가. Export SBDC

1993년 말 Erik Bjontegard는 남서부에 위치하고 있는 캘리포니아의 Export SBDC사무소를 방문하여 보석수출에 관해 자문을 부탁하였다. 이에 SBDC는 그의 회사를 Incubator 프로그램에 포함시켜 스칸디나비아의 TV 쇼핑(통신판매) 광고를 위한 자금을 대출받을 수 있도록 주선하였다. 1994년 6월, 그는 융자를 이용해 유럽의 TV에 광고를 시작하였고 이 광고 중 하나가 히트하여 그의 사업은 크게 번창하였다. 증가되는 수요를 감당하지 못하던 그는 1995년 하반기, 연방정부의 중소기업청(SBA)에 도움을 재청하였으며 융자프로그램의 하나인 Export Working Capital Line of Credit[9]을 통하여 10만 불의 추가대출을 받았으며 1996회계연도에는 백만 불 이상의 매출을 예상하고 있다.

나. Accelerate Technology SBDC

Karla Darde of Wanna-Be Interactive Media, Inc는 어린이 오락용 CD-ROM을 제조하는 회사로 제조기술과 아이디어는 보유하고 있었지만 적당한 투자자를 만나지 못해 사업을 실현시키지 못하는 상태이었다. 1996년 초 그는 주정부 중소기업청의 프로그램인 Accelerate에 자문을 청하였으며 SBDC에서는 동 업체의 기술이 캘리포니아의 Technology 제고에 도움이 될 것으로 판정하여 적당한 투자자와 면담을 주선하였다. 동 업체는 투자자를 만나 제품과 기술에 관한 브리핑을 하였고 3백만 불의 자본을 증자를 하여 생산시설을 갖추어 내년 4월에는 시판을 할 예정이다.

---

9) SBA Loan의 일종으로 생산 중에 있는 반제품을 담보로 대출을 받을 수 있는 프로그램.

다. Intensive Entrepreneurial Training Program(IETP)

정부를 상대로 컴퓨터를 판매하여 연 10만 불의 소득을 올리던 Rodney Utterback은 방위예산삭감과 함께 실직을 당하였으며 저축해 놓은 돈이 많지 않은 그는 자동차 수리점을 개점하기로 결심하였다. 자동차정비학원에서 일년간 수강을 했음에도 불구하고 컴퓨터 세일즈를 하던 그에게는 자동차 수리점 운영에 많은 어려움이 있었다. 그래서 그는 IETP에서 8주간 중소기업의 운영에 관한 교육을 받았으며 또 교육 중 IETP의 도움으로 동업종에 관심이 있는 동업자를 만날 수 있었다. 이들은 첫 번째 회계연도인 1994년 12만 불, 1995년도에는 30만 불의 수익을 기록하는 등 급속도로 성장하였다.

라. Centers for Applied Competitive Technology

ShredAway社가 SBDC에 자문을 요청하였을 때 SBDC 자문위원은 경영에 관한 컨설팅뿐 아니라 생산기술에 문제가 있는 것을 발견하였다. 기술개발을 위해서는 Research & Development에 투자가 필요하지만 당시 동 업체는 자금 조달이 힘든 소규모이었다. 따라서 SBDC는 Sierra 대학 내에 위치하는 SBDC와 CACT는 학생들에게 프로젝트를 맡겨 제품의 스펙 및 디자인을 개발하였으며 동 업체는 SBDC의 도움으로 성공적인 마케팅을 하고 있는 것으로 파악되었다.

마. Sawyer Center

대학에 재학 중이었던 John Kaptinski는 독창적인 모자보관함을 고안해 내었다. Sawyer Center를 방문하여 자문을 구했고 그들의 도움으로 특허권을 받을 수 있게 되었다. 특허를 받은 그는 SBDC의 도움으로 투자자를 만나게 되었고 제품의 이름을 Kap-Pak이라 이름 지어 판매하기 시작하였다. SBDC는 또한 John에게 세무, 회계 관련업무 등 기업운영요령을 교육시켜 주어 현재 백만장자가 되어 있다고 전한다.

8. 주요기관 및 프로그램의 연락처

Office of Small Business

    801 K Street, Suite 1700

    Sacramento, CA 95814

    전화: 916-323-9881

US Small Business Administration

    409 Third Street, S.W.

    Washington, DC 20416

    전화: 202-827-5722

    팩스: 202-205-7064

California Small Business Development Center(SBDC)

    801 K. Street, Suite 1700

    Sacramento, CA 95814

    전화: 916-324-5068

    팩스: 916-322-5084

Export SBDC

    110 E. 9th, Suite A669

    Los Angeles, CA 90079

    전화: 213-892-1111

    팩스: 213-892-8232

The New Business Incubator program, Los Angeles Office

    1500 5th Street, Suite 101

    Sacramento, CA 95814

    전화: 916-322-1004

Accelerate Technology Assitance SBDC

    4199 Campus Drive

University Towers, Suite 240

Irvine, CA 92715

전화: 714-509-2990

팩스: 714-509-2997

Department of General Services

Customer Service Unit

1823 14th Street

Sacramento, CA 95814

전화: 916-323-3750

팩스: 916-322-7378

Office of Small Business and Minority Business

1531 I Street, 2nd Floor

Sacramento, CA 95814

전화: 916-324-6221

2. 미국 지방자치단체의 중소기업 지원프로그램

미 노동부와 상무부 자료에 의하면, 미국 내 2천2백만 개의 중소기업(종업원 500인 이하)이 미 전체 고용인력의 절반 이상(53%)을 차지하고 있으며, 국내총생산(Gross Domestic Product)의 절반 이상(51%)을 중소기업에서 생산하고 있는 실정이다. 또한 1996년에는 중소기업들이 미 전체 신규 고용창출(2백5십만 개의 일자리)의 64%(160만 개의 일자리)를 점하였는바, 이 수치는 미 경제를 주도하는 실질적인 주체임을 말한다.

미국의 중소기업 지원정책은 연방중소기업청(SBA)에서 대강의 정책프로그램을 입안하고 주정부, 카운티, 시정부 그리고 60여 지부를 통해 상호 유기적으로 수행하고 있다. 각급 중소기업 지원기관은 중첩된 업무를 수행하면서도 나름대로 독자적으로 업무를 기획하는데 창업교육, 직업교육, 자금지원, 기타 다양한 중소기업 운영지원 프로그램 등으로 활발하게 추진하고 있다.

미지자체의 수장들이 한결같이 내거는 슬로건은 지역경제 활성화인데, 어떤 의미에서는 시정 최우선 역점사항으로, 지역경제 활성화를 통한 고용창출로 실업률을 얼마만큼 감소시켰는가가 차기 당락을 가늠하는 중요한 결정요소로 작용하고 있음을 봐도 이들이 얼마만큼 투자유치와 경제 활성화를 위하여 혼신의 힘을 기울일 것인가는 명약관화한 일이라 하겠다. 그렇기에 거의 모든 지자체의 업무스타일이 비즈니스 지원 지향적 행정 프로그램을 추진하고 있다 해도 과언이 아닐 정도로 보편화되어 있다.

우리의 어려운 IMF 경제환경하에서 미 지자체 중소기업육성지원 프로그램은 경제를 살리기 위한 타산지석이 아닐 수 없다.

1. 서 언

미국경제에서 중소기업(종업원 500인 이하)이 차지하는 비중은 절대적이다. 미국 내 2천2백만 개의 중소기업이 미 전체 고용인력의 절반 이상(53%)을 차지하고 있으며, 국내총생산(Gross Domestic Product)의 절반 이상(51%)을 생산하고 있는 실정이다. 또한 1996년 기준 미중소기업들은 미 전체 신규 고용창출(2백5십만 개)의 64%(160만 개)를 담당하였으며, 이 수치는 미 경제를 주도하는 혁신적인 산실임을 증명하고 있다.

게다가 중소기업운영이야말로 아메리칸 드림을 성취시키는 지름길이며, 중소기업주는 미국의 전통적인 개인주의의 모델로 간주된다. 수천만 미국인들의 소망은 본인소유의 사업체를 운영하는 것이다. 이와 같은 실정을 감안하여 정부에서 중소기업에 대한 지원과 관심을 연방정부 및 주정부의 중소기업청을 통하여 지자체에 이르기까지 중소기업진흥정책 프로그램을 운영하고 있는 근본 이유이다.

본 보고서에는 연방정부 중소기업청의 소개, 주정부 중소기업청의 업무, 기타 중소기업 장려 프로그램, 미지자체들의 중소기업관련 지원사례 등을 소개하고자 한다.

2. 연방정부 중소기업청(U.S. Small Business Administration)

1953년 중소기업의 육성과 미국의 경제개발 효과를 달성하기 위하여 연방정부 중소기업청이 신설되었으며, 현재는 클린턴정부의 특별한 관심 속에서 보다 높은 질의 서비스 및 프로그램을 제공하기 위해 노력하고 있으며 중소기업들의 목소리가 대통령께 직접 전달될 수 있는 제도도 마련하고 있다.

가. 연방정부의 중소기업육성 및 관계법령(Small Business Act)

US SBA는 주정부의 중소기업청과 유사한 프로그램과 서비스를 제공하고 있으며 추가적으로 여성, 상이군인 및 소수계 기업에 융자, R&D 등 다양한 혜택을 제공하고 있다. 특히 미국의 중소기업관련법령(Small Business Act)의 Section 7(a)에서는 중소기업 및 여성, 소수계, 상이군인 소유기업의 융자에 관한 혜택을 규정하고 있으며 관계법규에 의해 받을 수 있는 융자액은 최고 75만 불인 것으로 명시되고 있다.

또한 동 법령 8(a)에서는 중소기업, 여성, 소수계, 상이군인 소유기업에게 정부조달분야에 참여시 주어지는 혜택도 명시하고 있다. 미국의 연방조달시장은 어떤 산업보다도 큰 규모를 보유하고 있으며 중소기업은 연방조달시장 응찰 시, 일반 응찰자보다 높은 가격으로 입찰할 수 있는 특권이 주어진다.

나. 주정부와의 관계

연방정부 중소기업청은 미국 내 중소기업육성을 통한 경제개발을 위하여 각주정부소속 중소기업청에 재정적인 도움을 지원하며 주정부와 협력하여 공동 프로그램을 수행하는 경우도 빈번하다. 연방정부 중소기업청과 주정부 중소기업청의 협력 프로그램의 사례는 다음과 같다.

○ Main Street Investment

프로그램의 혜택으로 인해 발생하는 추가이익을 중소기업의 융자에 사용한
다는 약속을 받은 은행에 한하여 수익에 관한 세금을 감면시켜 주어 결과적
으로 은행의 대출가능 자금을 증대시킴.

○ **중소기업개발센터(Small Business Development Center)**

SBDC는 캘리포니아뿐 아니라 각 주에 한 개 이상 존재하는 중소기업장려
부서이며 연방정부 중소기업청의 감독을 받고 있음. 각 지방의 대학들과도
깊은 관계를 유지하고 있어 산학공동연구를 통한 중소기업의 경쟁력 제고를
추진하고 있음.

○ **경제연구소(Office of Economic Research)**

"The State of Small Business: A Report of the President"를 발간하여
국회에 중소기업의 활동 및 주요 산업의 동향을 보고하여 경제 발전을 꾀할
수 있는 보다 혁신적인 경제정책을 유도하고 있음.

○ **지역별 옹호(Regional Advocates)**

주정부 중소기업청을 관할하는 부서 중 가장 높은 위치에 있으며 각 지방
중소기업들의 문제점을 주정부 중소기업청으로부터 수집하여 미국의 중소기
업에 영향을 미치는 연방 및 주정부의 법령 등을 검토하며 개정안을 제시하
기도 함.

○ **지역사무소(District Office)**

US SBA에서는 미국을 독자적인 행정구역으로 구분하여 해당 지역 내 위
치하는 지방정부와 협력하고 있음.

다. 기타 프로그램

○ 재해보상 융자

천재지변이나 특별한 사고를 당한 중소기업에 최저의 이자로 융자 해주는 프로그램이며, 1993년 LA 폭동을 당한 많은 한인들과 1998년 엘니뇨 피해자 등이 이용하였음.

○ 원주민 보호(Native American affairs)

미국 인디언, 알래스카 에스키모, 하와이의 폴리네시안 소유 기업을 보호해 주는 프로그램.

○ 연구개발(Research and Development)

중소기업이 경쟁력을 높이기 위해 R&D가 필요한 경우 해당업체 는 관련 자료를 중소기업 혁신연구위(Small Business Innovation Research)에 제출하면 필요한 자금을 조달 받을 수 있음. 1994년 회계연도에 미국에서는 약 4,000개의 업체가 700백만 불에 달하는 보조금을 받았으며 매년 우수업체를 선정하여 수상을 하기도 함.

라. 중소기업청 감사실(Office of Inspector General)

법률적으로 독립적인 기능을 유지하며 중소기업지원관련 프로그램의 감사, 감독, 조사, 지원 등을 관장한다. 중소기업청 운영관련 문제점 발견, 낭비방지, 사기, 남용 등 제반 사항과 관리행정에 있어서의 경제성, 효율성의 제고 등에 관한 업무를 담당한다.

감사국장(Inspector General)은 대통령이 임명하고 상원이 인준하며 중 소기업청의 제반 문제점과 개선점을 건의하고 감독한다. 다음은 산하 부서이다.

○ 감사과(Auditing Division)

○ 조사과(Investigations Division)

○ 조사평가과(Investigation and Evaluation Division)

3. 캘리포니아의 중소기업청(Office of Small Business)

1988년부터 신설된 캘리포니아의 중소기업청은 주지사 피트 윌슨(Pete Wilson)에 의해 그 중요성이 더욱 강조되어 그 어느 때보다도 다양하고 효과적인 서비스와 프로그램을 제공하고 있으며, 미국 연방정부 중소기업청(Small Business Administration)과 연계되어 중소기업관련 육성정책을 실시하고 있다. 캘리포니아의 중소기업청은 현재 중소기업개발센터(Small Business Development Center), 자금지원국(Financial Assistance Division), 홍보지원국(Marketing and Advocacy Division) 등 세 개의 부서가 있으며 주요 기능 및 역할은 다음과 같다.

가. 중소기업개발센터(SBDC)

캘리포니아 내에서 창업, 운영, 또는 확장하려는 모든 중소기업은 지원 받을 자격이 있으며 이 프로그램의 운영을 위해 필요한 자금은 주정부와 연방정부의 협정안(Cooperative Agreement 06-7770-0005-06)에 의해 SBDC의 일부분을 연방정부로부터 보조받고 있으며 그 밖에 캘리포니아 주의 중소기업청(Office of Small Business, OSB)과 각 시립대학으로부터 재정적 또는 기술적인 지원을 받는다.

SBDC는 캘리포니아에 78개의 사무소가 산재해 있으며 대부분의 카운티 내에 각 1개의 지방사무소를 설치하여 해당 지역 내 중소기업을 지원하고 있으며, 로스앤젤레스 인근에 세 개의 수출업무 사무소와 1개의 기술지원 사무소를 설치하여 Pete Wilson 주지사의 경제정책인 중소기업의 기술력 제고 및 수출 증대에 큰 보탬이 되고 있다.

1) 기술지원사무소(Accelerate Technology Assistance SBDC)

캘리포니아는 미국의 50개 주 중에서 하이테크(High-Tech) 관련산업의 비중이 가장 높은 주이며 많은 경제학자들도 캘리포니아 경제회복의 성패는 하이테크와 고성장(High-Growth)에 달려있는데 대부분의 고성장기업은 자본증자에 문제가 있는 것으로 파악되었다. 이에 Tiffany Haugen(현 Director)과 캘리포니아 주립대학(University of California, Irvine)의 경영대학원장, Dennis Aigner는 1989년 캘리포니아 최초로 산학공동연구 프로그램인 기술지원사무소(SBDC)를 마련하였다. 이 프로그램은 남가주에 위치하고 있는 하이테크 및 급성장하고 있는 산업에 관련된 기업을 지원하고 있으며 이들의 서비스는 다음과 같다.

- ◆ 카운슬링: 효율적인 경영을 위한 컨설팅
- ◆ 기술지원: 캘리포니아의 주요 산업인 High Tech 및 Bio-Tech의 기술경쟁력 제고를 위해 세미나, 워크숍을 주최하고 있음.
- ◆ 교육: 고용주를 위한 교육 프로그램
- ◆ 산학연계
- ◆ 융자지원
- ◆ PACNET(Pacific Venture Capital Network): 네트워크를 이용해 투자자와 기업들을 D/B화하여 서로 연결해주고 있음. D/B 제작에는 약간의 수수료를 받고 있으나 기타 소요비용은 없음.

상기서비스는 무상으로 제공되고 있으나 워크숍 및 세미나는 입장료를 받고 있으며 이벤트 성격에 따라 가격에 차이가 있다.

2) 수출업무사무소(Export SBDC)

수출업무사무소는   연방정부의   중소기업청과   가주무역인협회(Export Manager Association of California)에 의해 재정 지원되어 반민반관의 성격을 띠고 있으며 캘리포니아에 소재 하는 기업의 수출을 보조하고 있으며, 1995년 약 5억 불에 달하는 캘리포니아 중소기업의 수출을 지원하였으며, 약 10,000개의 고용이 창출된 것으로 집계되고 있다.

- ◆ 상담(Consulting)
  World Trade Center 및 무역관련 협회의 전문가들이 직접 수출에 관한 자문을 무료로 제공
- ◆ 교육(Training)
  캘리포니아에 소재하는 Loyola Marymount, Santa Barbara City College, California State University 등의 대학들과 공동으로 세미나를 개최해 수출에 관한 요령 및 지식을 전달하고 있음.
- ◆ 자료제공(Resource Library)
  수출에 관한 모든 정보를 발간 또는 인터넷에 게재하고 있으며 LA 사무소에서는 컴퓨터 무상대여도 가능함.

1995년 말, 수출사무소는 또한 세계에서 잠재력이 큰 시장으로 알려져 있는 중국에 진출하여 상하이에 9층짜리 백화점을 건립하였다. 중소기업청은 동 백화점에서 캘리포니아의 우수제품을 판매하도록 권장하고 있으며, 3개월 간의 임대료감면 등의 혜택을 제공하여 캘리포니아 중소기업체들의 對중국 수출을 적극 장려하고 있다.

나. 자금지원국(Financial Assistance Division)

자금지원국은 캘리포니아에 위치하는 업체들의 용이한 대출을 위해 가주

금융협회(California Financial Corporation)를 감독하며 다양한 융자제도를 마련하고 있다. 자금지원국은 현재 중소기업의 융자를 위해 1억 2천만 불을 보유하고 있다. 그 밖의 융자프로그램은 캘리포니아 주 독자적으로 운영하기도 하지만 연방정부의 보조를 받아 규모가 큰 융자도 알선하고 있다. 연방정부와 주정부 협력으로 알선해 주고 있는 대표적인 융자프로그램으로는 SCORE Program과 Regulation "A" Program이 있다.

1) SCORE

SCORE Program은 외국기업을 포함한 캘리포니아에 위치하는 모든 기업체가 주식상장을 통해 자본금을 조달할 수 있는 제도이며 주식은 캘리포니아를 포함해 43개 주에서 판매될 수 있다. SCORE에 등록된 업체는 매년 최고 백만 불까지 자본금을 조달할 수 있으며 등록을 하기 위해서는 특정 양식(Form-U 7)을 제출해야 한다. 이 프로그램은 캘리포니아 외 43개주에서도 등록이 가능하며 주관처인 North American Securities Administrators Association, Inc(202-737-0900)에서도 등록할 수 있고 등록비용은 2,500불이 소요된다.

2) Regulation "A" Program

미국의 Securities and Exchange Commission(SEC)에 의해인가 받은 주식회사나 동업형식(Partnership)의 업체는 주식상장을 통해 5백만 불까지 자금을 조달할 수 있으며 인가를 받기 위해서는 아래 표에 명시되어 있는 양식을 제출해야 하는데 최고 조달액수가 SCOR Program보다 크기 때문에 필요서류의 종류가 다양하다.

상기 프로그램의 비교

	SCOR	REG "A"
최고 조달 자본금	백만 불	5백만 불
U-7 양식의 필요	필요	필요
1-A 양식의 필요	필요 없음	필요
SB-2 양식의 필요	필요 없음	필요
등록비용	2,500불	500불
주식 최저치	주당 2불	없음
세무감사 유무	50만 불 이상 증자 시	주마다 차이 있음
광고에 관한 주정부의 허가	주마다 차이 있음	필요
연방정부의 허가	필요 없음	필요
주정부의 허가	필요	필요

다. 홍보지원국(Marketing and Advocacy Division)

중소기업청의 효율적이고 효과적인 운영을 위한 전략을 모색하며 중소기업 육성을 위한 간행물, 책자를 발행하고 있다. 홍보지원국은 또한 중소기업안내 전화(Small Business Help Line)를 운영하여 중소기업청의 프로그램과 서비스를 전화 안내하고 있다.

4. 기타 중소기업 장려 프로그램

가. 창업센터(The New Business Incubator Program)

Pete Wilson주지사는 최근 Assembly Bill 1812(Knox)를 통과시켜 창업기업에게 US $500,000을 지원할 수 있게 되었으며, 이 프로그램은 경쟁력이 약한 초기단계에 있는 기업들에게 장비구입과 창업관련 서비스 등을 제공하며 중소기업의 중요성이 부각되는 이 시점에서 매우 중요한 역할을 하고 있다. 현재 캘리포니아에는 약 400개의 업체가 40개의 창업센터 프로그램의 혜택을 받고 있으며 주정부는 이와 관련 혜택을 더욱 다양하게 제공할 예정이다.

나. 기업가 양성 직업교육
(Intensive Entrepreneurial Training Program)

미국 연방정부의 국방예산 중 20%를 받아 오던 캘리포니아는 지난 5년간, 군비감축과 캘리포니아 소재 군부대철수로 인해 누구도 예상치 못한 시련을 겪어야 했다. 또한 1990년 6월에서 1993년 5월 사이 캘리포니아 내 방위산업 관련 실직자의 수는 동년 캘리포니아의 전체 실직자 중 36%를 차지할 정도로 심각하였다. 이에 캘리포니아의 통상산업부 및 중소기업개발센터(SBDC)는 US SBA에서 US $407,500의 보조와 East Bay, Sierra College 등의 대학으로부터 협조를 받아 방위산업에서 일반 소비시장으로 방향을 바꿀 수 있도록 관련기업 및 실직자를 트레이닝해 주고 있다.

다. 응용기술센터(Centers for Applied Competitive Technology)

제조업은 캘리포니아에서 가장 중요한 분야로 인식되어 왔으며 그중 전자 관련 및 우주항공관련 제조업은 미국 내에서 가장 큰 비중을 차지하고 있다. 제조업은 또한 수출의 대부분을 차지하고 있으며 기술경쟁력 제고가 필수적이므로 캘리포니아정부의 경제정책과 방향을 같이하고 있다. CACT는 중소기업개발센터(SBDC)와는 독립적으로 운영되고 있으나 중소기업의 기술경쟁력 제고 및 방위산업기술의 실용화에 주력하고 있으며 국제무역개발센터(Centers for International Trade & Development)를 병행 운영하여 제조업체의 수출을 장려하고 있다.

라. 사업자금 조성(Capital Formation：Micro-Loans)

창업 또는 사업확장 시 일부는 백만 불이 필요할 수 있으며, 일부는 500불로 장비를 구입하여 사업을 시작할 수 있을 것이다. 대부분의 중소기업체들은 규모가 영세하며 필요한 증자액이 적음에도 불구하고 은행문턱은 높아 중소기업개발센터(SBDC)의 문을 두드리는 경우가 빈번하다. 이에 SBDC는 Micro-Loans를 개설하여 500불에서 5만 불까지의 규모가 작은 융자를 알선해 주고 있으며 은행융자의 환급을 보장하기 위해 기술적인 지원을 제공한다.

마. Sawyer Center

대부분의 캘리포니아 주요 산업은 High-Tech과 관련 있는 차세대산업이며 차세대까지 캘리포니아가 이 분야에서 우위를 지키기 위해서는 지적재산권을 보호해야 한다. Redwood Empire 지역 중소기업개발센터(SBDC)에 소속되어 있는 Bruce Sawyer Center는 미국의 특허청에서 제작된 특허권 D/B를 사용하여 캘리포니아 거주인의 특허신청을 도와주고 있다. 또한 Sawyer Center는 또한 특허를 받는 이들에게 사업을 시작할 수 있도록 투자자들과의 만남 및 시장개척을 지원한다.

5. 미지자체들의 중소기업지원 프로그램(사례조사)

■ 에반스톤 시(일리노이즈 주)

"Evanston Business & Technology Center(EBTC)"라고 불리는 프로그램으로서 노스웨스튼 대학과 연계하여 약 13만 스퀘어 피트의 시설에 사업 및 산업연구소(Business and Industry Research Laboratory：BIRL)를 조성하였다. 연방에너지국의 보조금으로 사업 및 산업연구소(BIRL)는 과학자들과 엔지니어들이 협조하여 모든 회사들의 문제해결을 도와주고 신기술의 이전을 최대한 제공한다. 중소기업을 위한 창업센터는 일반적 연구협력과 최신 첨단 장비구조를 구비하고 있다. 창업센터계획은 참여하는 중소기업들과 노스웨스튼 대학의 켈로그 경영학부 학생들과의 산학협동관련 상호연계의 기회를 제공한다. 이와 같은 사업연구소는 학생들과 상담관련 과제를 풀기 위한 팀을 형성한다. 또한 이 연구소는 에반스톤 사업투자단체(Evanston Business Investment Coporation: EBIC)를 형성하여, 시내에 소재 하는 성장회사들이 동등하게 투자를 할 수 있는 초기단계의 벤처기업들이 재정자금을 조성하도록 한다. 기업창출과 고용증진을 위하여 1986년에 조직된 에반스톤투자단체(EBIC)는 회전자금(Revolving Fund)을 마련하기 위하여 지역은행, 보험회사, 병원, 대학으로부터 1백만 불을 조달하였다. 에반스톤 사업투자단체는 창업센터에 소재하고 있는 회사들 중 급성장할 수 있는 잠재력이 큰 벤처기업을 중점적으로 투자한다.

■ 페어팩스 시(버지니아 주)

페어팩스 시는 조지 메이슨 대학의 중소기업개발센터(Small Business Develop-ment Center)와 연계하여 도심에 위치한 중소기업 창업센터인 기업창업센터(Enterprise Center)를 지원한다. 이 센터는 3층 규모에 약 24개-29개의 창업회사들이 입주 가능하며, 창업주들이 독립하기까지 제반 경비와 인건비를 절약할 수 있으며, 페어팩스 시는 부가적으로 중소기업에 대한 지원이 높은 지자체로서의 명성과 도심의 공백률을 감소시키는 효과를 거두었다. 한편 조지 메이슨 대학과의 산학협동으로 중소기업개발센터(SBDC)가 적극적으로 참여하여 창업주들에게 임대정보, 서비스, 기술지원 등을 제공하고, 부수적으로는 기업창업센터(Enterprise Center)에 입주한 창업주들에게 직업교육을 포함하는 모든 정보를 무료로 제공한다. 페어팩스 시는 산업개발공사(Industrial Development Authority)를 통하여 매년 2만5천 불을 지원하며, 현재 본 센터는 연방정부 공무원들을 위하여 텔레커뮤니케이션 센터를 추가로 건립하고 있다. 조지 메이슨 대학은 센터에 사무인력을 제공하며, 입주자들은 연간 프로그램에 소요되는 약 25만 불의 경비를 입주비와 서비스를 위한 직접경비로서 잔여경비를 모두 충당한다.

■ 영스타운 시(오하이오 주)

영스타운 시의 창업센터는 시내의 잘 보존된 역사적 건물에 소재한 비영리단체가 운영한다. 창업센터에는 일부 창업주들이 중소기업개발센터(SBDC)와 함께 입주하여 있다. 본 센터는 창업주들에게 저렴한 임대료, 전화연결, 카운슬링, 팩스서비스, 복사기, 판매망 등의 서비스를 제공한다. 본 센터는 오하이오 주 개발국에서 실시하는 프로젝트인 토마스 에디슨 프로그램을 통하여 기금이 조성되었으므로 테크놀로지관련 창업회사들에게 관심을 갖고 중점적으로 지원을 한다. 현재 창업센터를 이용하는 창업주들은 일반 제조업 외에 디지털 복제, 인쇄, 디지털 컴퓨터 프로그램 개발, 환경 컨설팅회사 등이다. 임대하고 있는 창업주가 독립할 수 있는 준비가 되면 영스타운 시에 소재한 지역개발협회(Youngstown Area Community Improvement Corpor)ation)에서는 시내에 입주할 장소선정에 많은 도움을 준다.

■ 엘크톤 시(켄터키 주)

엘크톤 시는 중소기업의 창업촉진과 발전을 위한 중소기업주 간(Small Business Appreciation and Development Week)을 후원하였다. 4일간의 중소기업주 간에는 엘크톤 시를 포함하는 토드카운티 내의 창업자들을 위한 세미나, 회식모임, 타운미팅 등으로 구성되었다. 엘크톤 시는 테네시 계곡 개발공사(TVA)와 연방 중소기업청(SBA)과 함께 중소기업주간 이벤트를 개최하였다. 테네 시 계곡 개발공사(TVA)는 창업관련 다양한 정보인 재정확보, 세금관련, 종업원 상해보험 등 세부사항을 은퇴한 직원을 파견하여 상담서비스를 하였으며, 연방 중소기업청(SBA)에서는 중소기업체 지원관련 정보와 책자를 제공하였다.

■ 리마 시(오하이오 주)

리마 시는 3개소의 방위산업관련시설이 폐쇄됨에 따라 연방 국방부의 경제 조정실(Office of Economic Adjustment)의 지원금($187,000)으로 앨렌카운 티 정부, 리마 시 상공회의소, 오하이오 주 주정부 사무소와 합동으로 지역 내 민·관 분야로 하여금 주요 4가지 주제를 선정 연구를 하였다. 방위산업 의 부진으로 인한 경제적 영향, 창업센터 신설에 대한 타당성(Feasibility) 조 사, 외국기업 투자자유 지역(Foreign Trade Zone) 설정 가능성, 리마 시에 위치한 미 육군 탱크 제작소의 향후계획 등이 주된 연구 분야이다. 자문회사 에 의하여 준비된 보고서에 의하면 폐쇄된 방위산업시설의 재활용이 제기되 었으며, 이는 리마 시에서 성장일로에 있는 제조업관련 분야의 중점적인 지 원정책과 부합되는 전환점이 되었다. 또 다른 자문회사의 조언은 리마 시가 보유하고 있는 양질의 근로수준과 기업가적인 자질이 풍부한 고용인력이 장 점인 점이었다. 이와 같은 연구결과를 바탕으로 리마 시는 창업의지를 갖고 있는 창업주들에게 사업의 기회를 제공하고 외국인 투자자유 지역을 통한 국 제기업의 투자유치라는 효과를 거두었다.

■ 피닉스 시(애리조나 주)

피닉스 시는 기술교육 프로그램인 중소기업체 연수계획(Small Business Stay in School Program)을 마련하여 청소년들이 방과 후 기술연수의 기회와 중 소기업체는 부족한 인력을 제공받는 상호이익이 되는 기회가 되었다. 중소기업 체에서는 배정된 학생들에게 기본급만 지급하고 총 200시간의 연수 후에는 사 업체당 $500의 배당금과 종업원 1인당 $1.75/시간을 지원하였다. 이 프로그램 은 피닉스 시와 직업학교와의 상호연계 프로그램이 되었다.

■ 로체스터 시(뉴욕 주)

로체스터 시는 시 경제개발국(Economic Development Department)과의 협조 체계를 원활하게 하기 위하여 중소기업모임(Small -and Medium- Sized Business Roundtable)을 조직하였다. 이 모임에 위촉된 자문위원은 사업경험이 풍부하고 사업관련 위원회에 공헌도가 많은 인사를 위촉하였다. 중소기업모임에서는 소책자를 발간하여 로체스터 시 시 경제개발국(EDD)에서 제공하는 각종 프로그램 소개와 서비스를 안내하고 중소기업관련 문의전화망을 신설하여 담당자의 신속한 상담을 제공한다. 소책자는 로체스터 시내에 소재한 은행들이 재정적인 지원을 함으로써 시는 예산을 절감할 수 있다. 발간되는 소책자들 중에는 중소기업들의 안전관련사항들도 포함되어 있다. 중소기업모임회원들과 시개발국 공무원, 중소기업관련단체 간의 친목행사 등도 준비되어 있어 관련 중소기업들이 연합회를 형성하여 저렴한 가격으로 물품을 구입할 수 있는 기회를 또한 제공한다. 한편 시 경제개발국의 성공한 중소기업의 소개와 성공사례를 소책자에 인용함으로써 종소기업체 간의 상호협력의 좋은 결과를 이루었다.

■ 샌디에이고 시(캘리포니아 주)

샌디에이고 시 시의회에서는 중소기업육성 프로그램(Small Business Enhancement Program)을 지원하기 위한 보조금 1백만 불을 예산에 책정하였다. 이 프로그램은 중소기업체들의 사업등록세(Business License Tax)에 책정된 $34불 중 $20불을 지원하는 데 사용된다. 한편 샌디에이고 시의 중소기업과는 중소기업활성화 지역에 대한 제반 활동을 다음과 같이 담당한다.

○ 중소기업 자료실(Business Resource Station) 운영
○ 사업허가관련 시민감사관(Ombudsman) 서비스
○ 창업자들을 위한 엑스포 후원(매년)
○ 상업 지역 내 미화작업 지원 프로그램 관리
○ 중소기업관련 제도개혁

○ 대규모 공익건설사업으로 인한 중소기업들의 영업상 피해의 최소화 노력
○ 중소기업과 창업자들에 대한 정보제공

■ 댄빌 시(버지니아 주)

"남부 버지니아 2000(Southern Virginia 2000)"이라고 불리는 이 프로그램은 댄빌 시에 거주하는 단순노무직 노동인력을 대상으로 준비되었다. 이는 댄빌 시를 포함하는 인근 지역 내의 노동인력의 요구에 부응하기 위한 해결방안으로서 일반사업체, 공장, 시 및 카운티정부, 학교기관, 지역사회, 민간단체 등이 총 연합된 협력체이다. 댄빌 시를 포함하는 펜실베이니아 카운티 내의 실업자, 파트타임 근로자, 비숙련 근로자, 면직된 근로자 등이 주 대상이다. 본 프로그램은 산업체에서 요구되는 분야를 파악하여 보다 더 효율적인 직업교육이 되도록 노력하며, 기술교육 및 직업교육관련 학교의 참여를 유도한다. 또한 5개 분야의 세부적인 사항으로는 첫째, 직업훈련 기초과정, 둘째, 지역 내 노동력 활용방안을 위한 직업교육 컨퍼런스, 셋째, 중소기업 개발센터 설립, 넷째, 기초기술 및 고급기술 습득을 위한 교육과정, 다섯째, 도제식 직업교육 등이다. 직업훈련 기초과정은 총 192시간으로 구성되었으며, 학급당 16명으로 제한된 무료강좌이다. 개설 초기에 수강한 56명 중에서 75%가 이미 직업을 구하였으며, 직업과 교육과정을 병행하고 있다. 연간 실직자에게 지급되는 실직자생계비로 2만3천 불이 지급되는 데 비하여, 직업교육 프로그램은 실직자 1인당 천 불 미만의 경비가 소요됨으로써 직업교육을 통하여 구직을 제공하는 본 프로그램은 실직자 구직뿐만이 아니라 예산절감 효과도 기대된다.

■ 아이타카 시(뉴욕 주)

아이타카 시의 지역개발국은 연방 지역개발기금(Community Development Block Grant)을 기반으로 하는 중소기업지원을 위한 회전자금(Revolving

Fund) 융자프로그램을 실시하였다. 융자를 희망하는 종소기업의 신청자격은 다음과 같다.

○ 아이타카 시에 소재한 사업체
○ 은행 및 금융관련기관에서 발급한 재무제표
○ 세부적이고 완결된 사업계획서 및 사업예산서
○ 최소 10%의 기업주 재산헌납(소규모 중소업자는 면제)
○ 융자금 상환능력이 있는 사업체(사업실적이 견실하거나 충분한 담보물)
○ 고용창출 효과와 채용인원의 최소 51%는 저소득 자를 고용하는 조건
○ 조닝규정, 환경규정, 문화재 보존조항 등에 부합하는 경우
○ 융자신청관련 법률적 및 전문적 수수료 납부 시
○ 모든 시 관련 세금 납부 영수증
○ 융자지급 기준 및 운영계획에 부합되는 자격요건

■ 버클리 시(캘리포니아 주)

버클리 시에서 실시하는 구직안내 프로그램(The First Source Em- ployment Program)은 버클리 시에 소재한 사업체들을 위한 원스톱 근로자 추천 서비스이다. 경제진흥과가 주관하는 이 프로그램은 건축공사에 필요한 노무자와 사업체에서 필요로 하는 노동력을 지역주민들이 참여하도록 유도함으로써 지역경제 활성화에 도움이 되도록 한다. 버클리에 거주하는 시민만이 혜택을 받으며, 특히 실업자, 파트타임 소수민족, 여성, 청소년, 장애자, 기타 비숙련 노동인력들이 주요 대상이다. 비과세 산업개발채권(Tax-Exempt Industrial Development Bonds), 경제개발국(EDA)의 중소기업 지원 융자금, 장소선정 혹은 허가관련 지원금, 기타 융자 및 전문적 지원사항에 대하여 경제진흥과에서는 구직안내 프로그램을 주요 참고자료로 활용한다. 사업체에서 요청하는 특정분야 경력자에 관한 자료를 점검하여 관련자를 시험 또는 제반 과정을 거쳐서 사업체에 통보하여 인터뷰 날짜를 협의한다. 이와 같은 모든 안내는 무료로 제공된다.

■ 가든 시(캔자스 주)

가든 시에 소재한 중소기업개발센터(Small Business Development Center)는 경제개발을 위한 캔자스 주 연합회인 Kansas Inc.와 공동 출자되었다. 이 센터의 목표는 창업자 및 중소기업체의 절박한 문제를 해결하고, 장기적인 문제해결 능력을 개발하고, 궁극적으로는 혁신적 변화, 사업의 확장, 생산성 증대를 통한 성공적인 중소기업의 양성에 있다. 중소기업개발센터에 근무하는 4명의 직원은 창업을 원하는 창업자들에게 다음과 같은 서비스를 제공한다.

○ 기업광고 및 판매촉진 방안
○ 보험 및 위기관리(Risk Management)
○ 연방, 주, 지자제의 조달체계(Procurement System)
○ 인사관리
○ 사무관리
○ 신상품 개발

상기사항 이외에도 사업관련 현재상황과 특정사업분야에 대한 교육, 개별상담, 워크숍, 세미나, 컨퍼런스 등의 참여기회를 제공한다. 또한 중소기업지원관련 민간 및 정부기관에서 제공하는 중소기업지원금을 제공하며 특히 가든 시에 소재한 3군데의 은행들은 중소기업을 위한 특별 융자프로그램을 제공한다. 중소기업개발센터에서 제공되는 서비스는 많은 경비가 요구되는 서비스를 제외하고는 모두 무료이다.

■ 랭카스터 시(캘리포니아 주)

랭카스터 시 재개발국은 중소기업체를 지원하는 프로그램을 신설하여 중소기업체의 건물이전, 확장, 정비를 촉진시킬 수 있도록 보조한다. 중소기업이 부담하고 있는 고액의 사업융자금을 감안하여, 랭카스터 시는 여러 은행들과 협조하여 중소기업주가 지불해야 할 이자액을 절감하는 방안을 제공한다. 이

프로그램에 참여하고자 하는 중소기업은 은행에서 요구하는 조건을 통과하면 재개발국에서는 해당은행과 접촉하여 건물정비 혹은 건물이전과 관련된 중소기업이 부담해야 할 융자금의 이자율을 변제(buy-down)한다. 이 프로그램의 혜택을 원하는 중소기업에 대한 재개발국의 요구사항은 다음과 같다.

○ 랭카스터 시에서 발급한 사업체 면허를 소지한 중소기업
○ 랭카스터 시 규정에 부합할 것
○ 사업체 수익의 최소 50%는 과세 가능한 총 판매액에서 기인할 것
○ 융자금은 건물확장, 고용창출, 복구 또는 건물변경, 사무기구, 기계 혹은 장비구입 시에만 가능함

■ 피츠버그 시(펜실베이니아 주)

피츠버그 시의 지역개발협의회인 홈우드-브러시톤 개발협의회(Home wood-Brushton Revitalization and Development Corporation)에서는 주택마련, 상권개발, 사무 공간 대여, 창업센터관련 프로그램을 담당한다. 또한 라디오 방송국을 운영함으로써 시민을 위한 오락과 교양센터의 기능을 수행하기도 한다. 한편 피츠버그 시는 고용증진을 위하여 고용센터(Employment Center)에 보조금을 지원하며, 알리게니 카운티 커뮤니티 대학은 직업교육관련 지원과 사무실을 제공한다. 커뮤니티대학과 피츠버그 시는 직업교육관련 프로그램 제공에 생산적이고 연계성 있는 역할을 수행하고 있으며, 홈우드-브러시톤 개발협의회(HBRDC)의 직업교육관련 주요 역할은 다음과 같다.

○ 직업교육 신청자 선정
○ 상담준비
○ 구직분야 및 관련정보 구분
○ 신규 직업창출을 위하여 사업체들과 시정부 산하부서와의 협의
○ 진입교통망관련 문제점 해결 모색

○ 직업소개 후 서비스
○ 중소기업 창출을 통한 고용증진
○ 노력하는 개인사업자에 대한 지원

■ 탐파 시(플로리다 주)

탐파 시 시장이 추진하는 중소기업개발을 위한 기금인 Mayor's Challenge Fund를 조성하여, 향후 5년간 시내에 소재한 중소기업을 집중적으로 육성하기 위하여 총 1천2백만 불의 융자 프로그램을 마련하였다. 탐파 시는 8개의 시중은행, 탐파 만 경제개발협의회(Tampa Bay Economic Development Corporation), 탐파 시 도심협회(Tampa Down- town Partnership)들과 연계하여 참여하고 있다. 이 기금은 기존의 혹은 창업을 시작하는 중소기업의 사무비품, 장비, 건물구입 혹은 사무실 개조 등을 위한 재원을 지원하는 데 사용된다. 8개의 시중은행들은 중소기업들에게 은행당 연간 총 30만 불을 융자기금으로 제공하게 된다. 탐파 시는 이 프로그램을 위하여 도시개발보상기금(Urban Development Action Grant)상환금, 융자상환금, 지역개발기금(Community Develop- ment Block Grant)으로부터 조성된 50만 불을 매년 지원할 예정이다.

■ 던 시(북 캐롤라이나 주)

던 시에 소재하고 있는 초등학교(1984년 폐교) 건물을 개조하여 창업센터(Small Business Enterprise Center)로 활용하는 프로그램을 운영하고 있다. 약 18,500 스퀘어 피트(약 520평)의 사무실을 창업을 시작하려는 창업주에게 평균 임대료 이하의 실비로 제공하며, 창업센터에서는 복사기, 비서업무, 전화, 팩스 등의 서비스를 공유할 수 있다. 창업주가 독립하여 사업체를 운영할 수 있도록 최고 3년까지 창업센터에 입주할 수 있다. 사업운영, 관리, 교육에 관한 프로그램은 파예트빌 주립대의 중소기업기술개발센터(Small Business Technology Development – Center)에서 제공하는 수업을 받을 수 있다. 북 캐롤라이나 주 기술개발국(State Technical Development Authority)에서는 20만 불의 매칭펀드를 제공한다.

창업센터에서 근무하는 사무직원(2명)은 예트빌 주립대에서 지원되며, 건물소유주인 하넷트 카운티정부는 창업센터 건물임대조건을 매년 1불씩 5년간 임대할 수 있는 편의를 던 시에 거의 무료로 제공한다.

■ 타오스 시(뉴멕시코 주)

타오스 시는 농업과 몰리브덴(화학기호 Mo) 광산업이 주된 소득수단이었다. 1986년 광산이 폐쇄됨에 따라 타오스 시는 실업률이 40%를 상회하게 되었으며, 자구책으로 타오스 시와 19명의 기업가들이 연합하여 타오스카운티 경제개발협의회(Taos County Economic Development Coporation)를 창설하였다. 창설초기의 운영자금 2만 불은 시중은행과 시정부가 지원하였으며, 2명의 경험이 풍부한 경제진흥전문가가 선정되어 협의회를 운영하였다. 타오스 시에 거주하는 인디언과 남미계들은 수공예분야에 종사하고 있었지만 경쟁력이 약하여 고전하고 있는바, 경제개발협의회는 창업센터를 통한 기초적인 공예기법을 습득하여 경쟁력을 높이는 방법이 최선책이라고 판단하였다. 이 창업센터는 카운티 내의 독립적이고 대학과 연관이 없는 점이 특징이다. 12개의 창업기업이 탄생하여 50개의 새로운 고용증진효과를 거두었으며, 또 다른 성과는 여성기업가협의회(Women's Economic Self-Sufficiency Team Corporation)의 결성으로 상호 간의 기업정보교환과 기업운영관련 개인상담 등의 서비스를 제공한다. 타오스카운티 경제개발협의회(TCEDC)는 고등학교 졸업생을 대상으로 수공예관련 도제 프로그램과 속성의 개인사업 교육 프로그램을 신설할 예정이다.

■ 비버톤 시(오레곤 주)

비버톤 시는 1988년부터 지역경제를 활성화시키기 위하여 시장실에 지역경제개발 프로그램을 주관할 경제진흥담당직을 신설하였다. 경제진흥관이 담당하는 4가지 주요 업무는 다음과 같다.

- ○ 시장, 경제진흥관, 개발대상 지역사회와의 정기적인 대화의 기회를 마련함
- ○ 시에서 제공하는 서비스관련 중소기업체의 입장과 시당국의 견해를 조율하는 방문 프로그램 실시
- ○ 젊은 창업주나 중소기업을 위한 특별한 사업지원 프로그램 수립
- ○ 새로운 사업을 물색하는 투자가를 위한 지역선정, 장소, 건물 등 제반 정보의 제공과 안내

한편 보다 더 효율적인 업무를 수행하고자 비버톤사업지원센터(Beaverton Business Assistance Center)를 통한 중소기업주의 재무능력과 사업 관리기술의 향상을 중점적으로 노력한다. 이 센터는 중소기업관련 도서관을 운영하며 사업관련 상담, 세미나, 분기별 신문, 사업자료 안내 등 제반 사항을 무료로 배포한다. 1990년의 경우, 250명의 중소기업주를 수용하였으며 250여 건의 요청사항에 대하여 정보를 제공하였다. 비버톤 시가 주로 지역경제개발 프로그램을 담당하고 있으나, 포트란드 커뮤니티 대학도 비버톤 사업지원센터(BBAC)의 일부를 지원하고 있다. 또한 기타 관련 부서도 파트너로서 프로그램지원에 동참하고 있다.

■ 프로비던스 시(로드아일랜드 주)

엘름우드 근린주택 서비스(The Elmwood Neighborhood Housing Service)의 주요 임무는 무주택자에게 주택구입안내와 주택개량을 지원하였으나, 1992년에 엘름우드 근린주택 서비스(ENHS)는 주택마련에 있어서 가장 중요한 요소가 안정적 직업임을 발견하였다. 직업교육의 주 대상은 편부모들과 창업지원자 혹은 파트너 창업자를 대상으로 자금대여, 지원, 기술제공, 소규모 사업교육 등이 3년간 제공된다. 대여금은 300불부터 시작하여 2년간 1만 불까지 가능하며, 시중은행에서는 무담보로 2만5천 불까지 창업자에게 융자하며,

운영지원 시 3년간 4만5천 불까지 보장된다. 프로그램 전체 참여 전체 가구가 26명이었으며 약 5천 불씩 대여받은 결과 체납 기간을 넘긴 미납가구가 하나도 없는 좋은 결과를 얻었다.

6. 결 어

연방중소기업청의 주요 목표는 2000년에는 연방예산 중 중소기업에게 지원하는 기금을 최소 23%까지 인상할 계획이며, 1995-1996년도에는 대략 410억 불에서 470억 불로 인상되었다. 이와 같은 중소기업청의 지원과 주정부 및 지자체들의 중소기업진흥정책은 미국의 경제적 기반을 견고히 하는 초석이 되고 있다.

1995-1996년도의 경우, 미전국의 사업체 중 새로운 고용창출에 중소기업체가 64%를 담당하였으며, 그중에서 전기와 배관 분야 같은 건설 분야에서 약 23만 개의 직업을 창출하였고, 요식업과 음료사업 분야에서 약 11만5천 개의 직업창출 효과를 기록하였으므로 고용창출에 있어서 중소기업이 차지하는 비중이 절대적임을 잘 알 수 있다.

또한 대부분 지자체들은 기존기업, 지역사회, 학교 등 지역의 역량을 총동원 지원팀을 구성하여 창업지원, 직업교육, 기술지원, 구직안내, 기타 운영기법을 조언하여 창업을 늘려 세수를 증대시키고 일자리를 늘림으로써 실직자 수당지급에 대한 예산부담을 경감시켜 궁극적으로 건전재정 실현으로 풍요한 지자체의 구현에 그 목표가 있다 하겠다.

3. 지역경제개발지원정책

〈개 요〉

　다음은 지역경제개발지원책에 관한 방안들과 구체적인 사례를 담은 책들을 간략하게 요약한 것입니다. 지방자치의 오랜 역사를 지니고 있는 미국은, 지역경제개발을 통해서 세제범위의 확대로 인한 시 예산의 증가 그리고 고용창출과 각종 사업체 유치 등을 통한 시민 생활의 질적 향상을 포함한 시 전체의 활성화를 꾀하고 있습니다. 특히나, 레이건 행정부에서 나오기 시작한 '신연방주의(New Federalsim)'는 더 많은 권한을 지방으로 이양(devolution)함으로 인해 지방정부들의 권한과 책임은 더욱 막중해졌습니다. 또한 80년대부터 일기 시작한 장기적인 경제불황은 지방정부의 효율적이고 효과적인 지역경제개발지원책 없이는 각 시, 도의 발전을 기대할 수 없게 만들었습니다.

〈원 서 명〉

I. 도구와 목표: 시 경제개발의 역학(TOOLS AND TARGETS: The Mechanics of City Economic Development).

II. 경제개발의 경영: 지역의 지도적 전략들에 관한 안내서(MANAGING ECONOMIC DEVELOPMENT: A Guide to State and Local Leadership Strategies).

III. 경제개발 실천계획의 고안: 개발전문가들을 위한 안내서(Creating an Economic Development Action Plan: A Guide For Development Professionals).

IV. 새로운 다운타운 파트너십 단체의 건설(BUILDING A NEW DOWNTOWN PARTNERSHIP ORGANIZATION).

1. 도구와 목표: 市 경제개발의 역학

저자: 앤 보우맨(Ann O'M. Bowman).
출판사: National League of Cities. 1987.

〈요약 내용〉

미국의 시정부들은 지역경제의 건강을 유지하고 증진시키는 데 다양한 노력을 기울이고 있다. 이 보고서는 두 가지 질문에 초점을 맞추어 이러한 노력들을 살펴보고 있다: 시정부가 어떠한(What) 일들을 하고 있으며, 어떻게(How) 하고 있는가?

이 보고서는 미국 내의 크고 작은 다양한 경제구조의 332개의 도시를 대상으로 한 설문조사를 토대로 작성되었다. 이 설문조사는 지역경제에 있어서의 시정부의 역할을 살펴보았다. 이 보고서는 시정부들이 그들의 지역경제에 영향을 미치기 위해 사용하고 있는 도구와 목표에 초점을 맞추었다. 이번 조사를 통하여 발견한 주요 사항들은 아래와 같다.

1. 시 경제개발의 노력에서 가장 애용되는 도구는 사회간접시설의 개선 (infrastructure improvements)과 민간회사의 투자개발을 위한 면세의 공채 발행(the issuance of tax-exempt bonds for private development) 등의 두 가지였다. 조사에 응한 도시 중 전체의 85%가 사회간접시설의 개선에 관련한 방법을 쓰고 있었으며, 78%가 면세의 공채발행방법을 사용하고 있었다. 이들 중 48%와 34%가 광범위하게(extensively) 위의 두 방법을 사용하고 있었다. 끝으로 전문적인 경제개발의 목표의 도달에 가장 효과적인 도구를 물었을 때, 이 두 가지가 단연 손꼽혔다.

2. 다른 도구들로는, 토지개발을 위해 사용되었던 토지수용(land condemnation): 56%, 취득(acquisition): 69%, 개간(clearance): 61%, 재개발 지역으로부터의 주거지와 사업체의 재배치(relocation of residents and business from development areas): 61%, 개발업자들에게 토지 판매: 69% 등의 것으로 나타났다. 덧붙여, 대다수의 도시들은 역사적 유물 보존(historic preservation designation): 60%, 사업에 필요한 사항들을 위한 지역설문조사: 56%, 광고: 54%, 마케팅 전략: 54%, 고용훈련 및 재훈련: 53% 등을 사용해 오고 있었다.

가. 이번 설문조사에서 도시의 규모와 경제개발의 도구와 목표가 상호연관성이 있음을 나타냈다. 규모가 큰 도시일수록 경제개발의 도구를 광범위하게 사용하고 있었다.

나. 이번 설문조사는 지역적 차이가 경제개발도구의 사용에 큰 영향이 있는 것으로 나타났다. 한 예로, 중부 애틀랜틱 지역에 위치한 도시들이 산간이나 태평양 부근의 도시들보다 광범위하게 도구들을 사용하고 있었다. 또한 지역들의 위치에 따라 경제개발도구의 종합정책을 달리하고 있다.

다. 가난의 정도(distress level)가 도구의 사용에 밀접하게 연관되어 있다. 일반적으로 높은 정도의 가난을 나타내는 도시가 경제개발도구를 광범위하게 사용하고 있었다. 한 예로, 1986년 높은 수위의 가난을 보이는 도시 중 37% 이상이 면세 프로그램을 광범위하게 사용하는 반면, 낮은 수위의 가난을 나타내는 도시는 한 군데도 이 시책을 광범위하게 사용하고 있지 않았다.

3. 이번 설문조사는 시정부가 경제개발도구로서 새로이 이용하게 될 프로그램들도 드러냈다. 종합적으로 열한 가지 정도의 프로그램들이 앞으로의 사용에 실질적 증가를 보일 것이다: 세금을 내는 공채(taxable bonds), 모험투자(venture capital), 회전대부기금(revolving loan funds), 외국무역구역(foreign trade zones), 개발업자들에 토지임대(lease of land to developers), 종합 사업허가 센터(one stop business permitting centers), 정부조달 보조(procurement assistance), 사업가 보조(entrepreneurial assistance), 전략계획(strategic planning), 마케팅 전략(marketing strategy), 수출 보조(export assistance).

4. 대부분의 도시들이 '아주 중요'하다고 생각하는 여섯 가지의 목표는 다음과 같다: 다운타운 재개발(76%), 새로운 사업체들의 관심유발(70%), 현재의 사업체들의 유지(67%), 기존의 사업체들의 확장(66%), 산업 지역들(54%), 소기업 개발(51%).

지역경제개발을 위한 도구 사용의 패턴을 알아본 결과 총 마흔다섯 가지의 도구를 사용한 것으로 나타났다. 이 보고서는 이도구들을 세 가지 분야로 나누고 있다: 비용절감, 수용능력의 개선(capacity improve- ment), 시장확대(market expansion). 각 도시들은 인구, 지역, 가난의 정도, 경제구조 등의 네 개 분야로 나눠 구분, 비교하였다. 시 경제개발의 목표는 대체로 지역(geographic), 기업운영(entrepreneurial), 사업체(business), 고용(occupational) 등 네 개의 분야에 열아홉 가지가 있었다. 이것을 '중요하지 않은'에서 '아주 중요한까지 다섯 단계로 나눠 조사하였다.

현재 각 도시들의 선택이 다가오는 21세기에서의 그 도시들의 역할을 결정지을 것이다. 도시들은 다음의 세 가지 선택을 주의 깊게 해야 한다. 첫째는 지역경제에 시정부의 참여도를 결정하는 것이다. 이것은 시정부의 참여가 직접적 또는 간접적일 것인가, 적극적으로 광범위할 것인가, 특별하고 임시적일 것인가 등을 결정함을 의미한다. 둘째로 도시들은 경제개발 과정의 목표와 목적을 명확히 정의하여야 한다. 셋째로, 만족할 만한 성과와 참여를 얻기에 적합한 지역경제개발 도구들을 종합하여 각 시의 특성에 맞게 조립하여야 한다. 이 보고서는 다양한 자료와 함께 이러한 선택을 하는 데 도움을 주고 있다.

지역경제개발에는 어떠한 왕도가 없으며, 빠른 시일의 성과도 기대하기 어렵다. 오직 도시들이 다양한 경제개발 도구들로 다양한 목표를 향해 차근차근 진행해 나갈 때만이 시 경제개발의 성과를 가져올 수 있다. 다른 시들이 중요시 여겼던 문제들에 어떤 식으로 접근하여 해결해 나갔나를 거울삼아, 시정책기획자들은 새로운 도전들을 예견하고 대처해 나가야 하겠다.

2. 경제개발의 경영: 지역의 지도적 전략들에 관한 안내서

저자: 제프리 루크(Jeffrey S. Luke)외 3명.
출판사: Jossey-Bass. 1988.

〈요약 내용〉

지역경제개발은 정부당국 간부진들과 정책입안자들에게 주요 이슈가 되어 왔으며, 90년대에도 계속해서 공공정책의 중요안건으로 자리 잡을 것이다. 그것은 생산업체 중심에서 서비스 중심으로 변화되는 사업체들과 대도시 지역의 불규칙한 개발, 지역 간의 불균형, 지역경제와 글로벌 경제와의 긴밀해진 관계들에 기인하고 있다. 덧붙여 눈에 띄게 늘어나는 연방정부의 권한이양은 지방정부의 행정책임자들에게 고용창출의 책임감을 더하고 있다.

1980년대의 개발노력으로부터 생겨난 복잡한 정책입안 과정의 세 가지 중요사항은 다음과 같다.

1. 경제개발전략은 연방정부에 의존할 수 없으며 지역사회의 자치적인 책임감 아래서 이루어져야 한다.
2. 경제성장을 자극할 수 있는 한 가지 최선의 방도란 있을 수 없다. 이러한 정책들은 각 지역의 환경과 사정에 맞게 개발해야 한다.
3. 지역사정에 알맞은 지역경제정책 전략들은 어떤 특정 행정책임자에 의해 일방적으로 개발되는 것이 아니라, 정부담당부서와 민간기업들의 유기적 연대와 협력을 바탕으로 개발되어야 한다.

이 책은 지역정부 및 공공단체 지도자들이 경제개발정책을 위해 가지는 다양한 질문들에 대한 답변을 주려고 노력하였다. 이 책의 목적은 경제개발을 위한 정책들의 제안이 아닌, 정책들이 개발되고 실행될 수 있는 전략적 과정을 소개하는 것이다. 이 책의 조사결과 위에서 제시된 세 가지 사항을 바탕으로 민·관의 합동으로 경제전략들을 실행하고 완성된 청사진보다는 배워가는 과정 속에 수정해 나가는 계획(실행 중에도 다단계 검토작업을 하는 것을 의미)을 시작할 때 효과적인 성과를 얻을 수 있음을 알게 되었다.

제1장은 행정책임자들이 지역경제개발정책을 세우기 위해 알아야 하는 경제변화에 대해 살펴본다. 이러한 경제변화는 생산업체 중심에서 서비스업체중심으로의 변화, 연방정부의 역할 변화, 지역경제의 국제화, 지역경제의 불균형 등을 포함한다. 위의 변화들은 새로운 지역경제개발정책이 서두르지 않고 장기적 안목 속에서 수립돼야 함을 말하고 있다.

제2장은 경제개발의 활성화가 왜 어려운가에 대해 이야기하고 있다. 경제적으로 고통을 겪고 있는 도시들은 그들의 현실을 받아들이지 않고 부인하고 있다. 또한 효과적인 전략적 계획수립은 다양한 장애물을 넘어야 하고 특히나, 전통적인 경제개발정책은 정부기관 내에서의 어려움 등을 안고 있다.

제3장은 경제개발의 전략적 계획에 관하여 상세하게 묘사하고 있다. 전략적 계획의 조직을 통한 개발과 실행을 차례차례 설명하고 있으며, 각 지역의 다양한 예를 들며 어떻게 과정들이 진행되었는가를 설명한다.

제4장은 각 지역들의 경제개발정책의 기획과 실행을 위한 다양한 조직적 접근을 살펴보았다. 특히 이 장에서는 주정부와 지역정부에서 고려할 만한 개발형태와 경제개발에 일반적으로 이용되는 다양한 형태의 민간단체와 비영리단체 등에 대해 설명하고 있다.

제5장은 사업체들의 설립과 확장 등에 대해 설명하고 있다. 탈산업사회에서 신규사업체들은 많은 수의 새로운 고용을 창출하고 있다. 이런 현상은 연방정부의 규제완화와 대규모 기업들의 다운사이징 그리고 서비스산업의 고용증가 등으로 계속될 것이다. 소규모의 새 사업 준비과정과 주요 목표 등을 담고 있다.

제6장에서는 지역개발에 있어 기존 사업체들의 유지와 새로운 사업체들의 유치에 관한 전략을 담고 있다. 특별히, 하이테크회사들과 서비스산업의 유치에 중점을 두고 있다. 또한 기존의 사업체들과의 빈번한 대화와 배려를 통하여 사업체들의 불만을 해소하고 그들의 이탈을 사전에 방지할 수 있다.

제7장에서는 최근의 지방정부들의 국제경제관계 참여를 분석해 본다. 외국과의 경쟁으로 지역사회는 수출증진과 외국투자자본 유치 등에 전략의 초점을 맞추어 가고 있다. 이 장에서는 국제경제정책에서의 지방정부의 역할에

대해 토론한다.

제8장에서는 지역경제개발을 위한 고등교육기관의 역할에 대해 살펴본다. 대학은 행정책임자들에게 경제개발을 위하여 중요한 자원이 될 수 있다:

1) 성인교육과 훈련(인간개발)
2) 과학과 기술 분야의 연구조사와 개발
3) 경제분석과 정책개발.

비록 현재로서는 많은 대학들이 산업과의 연대에 거부감을 보이고 있지만, 경제개발을 위해 협력이 가능한 몇 개의 분야가 있다.

제9장에서는 지역경제개발의 노력에 대한 이해를 도우며 지역개발을 위한 세 가지의 전략적 틀과 재정과 비재정의 자원들을 토론한다.

제10장에서는 어떻게 지방정부에서 자본금과 인간자원 그리고 사회간접자원과 천연의 자원들을 전략적 중요성에 입각해 경제적 개발전략 차원에서 공식화할 수 있는가를 얘기한다. 이러한 전략적 목표들은 네 가지의 범위에서 개발과정의 재사고속에 살펴볼 것을 암시한다:

1) 상호의존적 정책전략(다른 사회정책과 경제개발정책과의 관계)
2) 혁신적이고 새로운 노력(지역의 장기적 경제부흥을 위해 상황에 맞게 만들어진 정책들)
3) 통합된 전략(지방, 주, 연방이 모두 참여한 전략)
4) 투자전략(장기적 경제성장을 위한 경제적 수용능력에 초점을 맞춘 전략).

제11장에서는 행정책임자로서 경제개발정책의 실행을 위해 필요한 기술을 얘기한다. 경제개발의 정책입안의 책임은 광범위하고 다양하게 전가되기에 새로운 협력체적인 접근이 필요하다. 어떤 한 개의 정부부서나 특정 관리만

으로 경제개발을 효과적으로 이루어 낼 수 없기 때문이다. 결과적으로 행정 책임자의 역할은 수동적이거나 권위적이 아닌 촉매적인 것이다. 촉매적 지도력 안에 새로운 기술들은 경제개발을 전략적으로 경영할 것을 요구한다. 이 장에서는 촉매적 지도력에 필요한 상호 간의 관계, 개념적이고 기술적인 기술들에 대해 설명하였다.

3. 경제개발 실천계획의 고안: 개발전문가들을 위한 안내서.

저자: 토마스 라이온스(Thomas S. Lyons) 외 1명.
출판사: Praeger. 1991.

〈요약 내용〉

지역경제개발을 위한 계획은 왜 필요한 것인가? 시장경제에서는 여러 복잡한 요소들이 개개인의 욕망을 생산적 자원의 분배로 이끌고 있다. 시장의 원리가 대단히 복잡하기 때문에 정부에 의한 시장의 간섭은 위험할 수 있으며, 종종 의도했던 것과는 반대의 효과를 나타내곤 한다. 어떤 이들은 국내시장경제 구조아래의 지역경제는 지역 내의 시장활동에만 충실해야 하며, 지방정부의 간섭은 최소화돼야 한다고 주장한다. 그들은 또한 한 지역의 경제가 낙후되거나 불황기를 보인다면, 그것은 국내의 다른 지역으로의 이동과 활성화를 의미하는 것이기 때문에 국내경제에 있어 전혀 문제 될 것이 없다고 역설한다.

그러나 시장경제에서의 정부의 불간섭은 '완전경쟁의 모델'이라는 가정하에서만 성립될 수 있다. 이 '완전경제의 모델'은 시장참여자 간의 완전한 정보교환과 경제활동에 관여자가 아닌 제3자에 영향을 미치지 않는다는 것 등을 전제로 한다. 현실에서의 시장경제는 불완전하며 많은 문제점들을 안고 있다.

이러한 불완전성과 문제성들의 존재로 인해 시장경제를 반대하는 것은 절대 아니다. 다만 지역경제개발계획은 지방정부가 적극적인 활동을 개진하여 시장경제의 불완전성을 보완하며 더욱 효율적으로 만들 수 있는 것이다. 지역경제개발계획의 필요성에 대한 두 번째 이유로는, 이미 지방정부가 사회간접자본의 공급자로 조세 징수자로 토지와 건물 등의 규제자 등으로 지역경제활동에 깊숙이 개입되어있기에 최소한 정부의 활동이 지역경제에 어떠한 영향을 미칠 것인가를 충분히 이해하고 있어야 한다. 셋째로, 지역 간의 경쟁은 지역경제개발계획의 필요성을 인식시킨다. 현재의 지방정부의 구조는 지방정부 간의 치열한 경쟁을 불가피하게 만들고 있다. 그러므로 지역경제개발계획은 적어도 민간사업과 정부 간의 긴밀한 대화를 통한 시장경제의 완벽성 추구와 높은 경쟁적 환경 속에서 제한된 경제자원들에 대한 효과적인 경쟁을 위하여 개발전략을 제시해야만 한다.

경제개발실천계획의 고안은 개개인의 기획가들에게 지역경제개발계획의 개발을 위한 기초를 제공한다. 이 책은 경제개발 실천계획을 달성하기 위해 필요한 도구들과 계획의 개발에 있어 지침이 될 수 있는 틀을 제시한다. 끝으로, 실제적 개발의 공식은 각 지역의 상황에 가장 알맞을 수 있도록 지역개발기획가들 나름대로의 노력을 당부한다.

이 책은 기획과 운영의 과정과 문제 해결접근 방식으로 이루어져 있다.

1. 측정 가능한 목표들의 정의와 설정
2. 학습과 분석을 통한 정보수집과 지식습득
3. 목표달성을 위한 연간계획을 위한 계획공식 완성
4. 계획의 실행
5. 계획의 평가와 반응 그리고 다음 주기를 위한 준비.

또한 이 책을 통해 사업의 성공은 다음의 9가지 조건이 필요함을 다시금 확인하였다.

1. 토지
2. 노동력의 공급
3. 자본
4. 에너지 공급
5. 재정
6. 시장 정보와 지식을 포함한 경영기술
7. 유리한 세금율과 공정한 조세제도
8. 효과적인 생산품과 시장조사를 지속하기 위한 자원들
9. 고용자와 소비자들에게 높은 삶의 질을 제공하는 지역사회

제1장에서는 경제개발계획의 목표에 대해 살펴보고 전통적인 방법에 국한하지 않고 더 폭 넓은 개념에 대해 설명한다. 많은 경우 경제개발의 목표설정에 어려움을 겪기 때문에 이 장에서는 목표설정을 할 수 있도록 쉬운 방법들을 소개한다. 또한 경제개발목표가 다른 지역사회 목표들과 어떻게 연관되는가도 살펴본다.

제2장과 3장에서는 효과적인 경제개발계획에 필요한 정보의 종류들에 초점을 맞춘다. 제2장은 진전상황을 평가할 수 있는 자료에 관해 토론한다. 또한 지역경제의 필요를 분석하기 위한 정보들에 대해서도 살펴본다. 제3장은 미국에서 실행 가능한 공공기관과 민간사업 간의 파트너십에 대해 살펴본다. 지역경제개발의 성패는 이러한 파트너십을 바탕으로 한 혁신적 접근임을 설명한다.

제4장에서는 목표들과 자료를 어떻게 실제적인 프로그램과 정책으로 연결시키는가에 대해 설명한다. 이 장에서는 다양하고 상세한 지역경제개발프로그램에 대해서 설명한다. 각 프로그램들을 설명하며, 어떻게 이 프로그램이

실행되는지, 이것으로 인해 사업과 지역사회전체에 미치는 이득과 비용에 대해 상세히 알아본다.

제5장에서는 계획의 주기와 프로그램 평가에 관하여 알아본다. 이 장에서는 연속적인 평가방법과 반응 등에 대한 방법을 토론한다. 끝으로 평가와 프로그램 선택방법의 하나로 연속적 평가와 관련인들의 참여를 이끄는 방법인 교차적 충격 모형(the cross-impact matrix)을 소개한다.

마지막으로 제6장에서는 이 책을 통해 소개되었던 내용 등을 종합적으로 요약하고 검토한다.

4. 새로운 다운타운 파트너십 단체의 건설

저자: 리차드 브래들리(Richard H. Bradley).
출판사: International Downtown Association. 1995.

〈요약 내용〉

미국 내 다운타운의 개발과 그곳의 다양한 활동의 개선에 새로운 방법이 채택되어 활용되고 있다. 이것은 여러 가지 다른 어려움과 기회에 대처하기 위한 방법이다. 이러한 방법 중에 대표적인 것 중 하나가 공공단체와 민간기업 등이 어우러져 새로운 형태의 파트너십을 형성 지역사회 중심에서 경제개발활동을 펼치는 것이다. 다운타운은 한 예로 거리의 낙서를 24시간 안에 말끔히 지울 수 있는 일손도 필요하고 다운타운을 경제중심지로서 장기적 안목에서 계획을 세울 수 있는 능력도 필요하다. 또한 다운타운은 정부와 민간기업 그리고 시민단체들에 의해 모두 신임되고 협력할 수 있는 단체가 필요하다. 다운타운은 한 가지의 목적을 가지고 운영되는 단체들(이를테면, 홍보전문, 개발전문, 경영전문 등의)에 의해서 훌륭한 성과를 거두기도 한다. 그러나 다운타운은 점차적으로 다각도(multi-dimensional)의 기능을 필요로 하고 있다. 가장 중요하게 인식되어야 할 점은 이것이 단순한 형태이건 복잡한 형태이건 이러한 단체들은 다양한 서비스를 위하여 소득과 자원을 극대화하는 사업체의 성격을 지녀야 한다는 것이다. 이러한 단체들의 다양한 목표들은 다운타운의 경제적 사회적 성장을 계속할 수 있도록 돕는다.

가. 캘리포니아의 필요성

캘리포니아는 최근 사업개선구역(business improvement districts) 법안의 통과로 파트너십을 결성을 위한 좋은 여건을 마련하였다. 미국 내 400여 개 이상의 지역사회가 이와 같은 유사한 내용의 법안을 통과시켜 사용하고 있다. 1994년에 통과된 재산과 사업 개선구역법("Property and Business Improvement District Law of 1994")의 핵심내용은 아래와 같다.

◆ 구역 내의 파트너십 단체들이 안전과 수리, 마케팅과 자본증진, 경제개발과 특별행사까지 다양한 범위의 서비스를 책임지고 운영하도록 한다.

◆ 건물주들의 상세한 사정평가를 통해 산출된 위의 서비스 공급에 필요한 재정은 앞으로 입주할 사업체들의 인, 허가서 발급 비용의 증액 등으로 충당한다.

◆ 구역 내의 파트너십을 형성하는 단계에서 건의된 상가, 건물들의 사정평가에서 필요한 재정의 50%는 서명을 통한 찬성에 의해 건물주들이 부담한다.

◆ 사업체들과 건물주들 간의 자문위원회의 구성을 허가하고 구역 전체의 운영을 감독하고 연간서비스 계획을 제출토록 한다.

◆ 재정부담에 있어 자문위원회에서 적정수준 이상을 넘어서지 않도록

사정 시에 제한을 두도록 요구한다.

◆ 5년간의 기간으로 운영토록 하며, 새로운 서명을 통하여 기존의 구
   역을 재지정한다.

이러한 구역들은 건물주들이 자발적으로 필요성을 정밀하게 사정하고 그들
이 지불하는 일반세금은 다운타운 구역 경영을 위해 설립된 단체에게 돌아가
게 된다.

덧붙여 지역사회 재개발부의 임무에 대한 새로운 정의와 시의원회와 시 운
영부서들의 증폭된 다운타운 지역의 서비스 공급에 대한 관심은 공공과 민간
단체를 구분하지 않게 되었다. 재개발부의 경우, 늘어나는 요구에 대비하여
제한된 인력이나 자금 등의 제한은 정부기관 밖에서 재개발부의 목표와 함께
할 민간단체들이 필요하게 되었다. 정부단체의 경영진의 경우, 다운타운 지역
에 필요한 서비스를 공급할 수 있는 믿을 수 있고 효과적이고 강력한 비영리
단체들을 찾게 되었다.

결과적으로 이러한 새로운 환경의 변화는 파트너십의 필요성을 자연스럽게
인식시켰고, 건물주들은 더 이상 자신들의 건물의 번창만이 아닌 지역사회 중
심에서 전체의 번창에 대한 책임의식도 함께하게 되었다. 리버사이드에서 새
크라멘토까지, 로스앤젤레스에서 샌프란시스코까지, 민간기업은 공공기업과의
파트너십으로 모두에게 다양한 이득을 가져다줌을 깨닫게 되었다. 개선된 안
전, 청결해진 거리와 상가들, 매상의 증가, 임대료의 증가, 재산가치의 증가
(거기에 따른 세금의 증가), 튼튼한 경제 등이 파트너십으로 이룩한 것들이다.

이 자료에서는 리버사이드와 새크라멘토 그리고 미국 내의 여러 지역의 성
공사례를 소개한다. 미국의 다운타운은 계속해서 성장하고 있으며 더욱더 생
명력을 얻고 있다. 다운타운 자체가 대단히 복잡하게 구성되고 운영되기 때
문에 복잡하고 여러 복합적 상황에 대처할 수 있는 사업기능을 가진 융통성

있는 단체를 필요로 한다. 새로운 형태의 파트너십은 공공과 민간의 이익에
부합하며 다운타운을 계속해서 발전시킬 것이다.

나. 새로운 파트너십 단체의 장점

- 하나의 중요한 쟁점에 효과적으로 공공과 민간의 자원을 투자할 수 있다.
- 다양한 수단을 통해서 실질적 민간자원을 증가시킨다.
- 민간단체들이 자신들에 적합한 자원을 감독하고 필요에 따라 사용할 수
  있도록 기회를 제공한다.
- 에너지를 문제시되는 전문분야에 맞춰 노력을 기울인다.(개발, 경영, 특
  별행사 등)
- 전체적인 상황을 총괄하고 방향성을 잡아줄 단체가 존재한다.
- 시는 공공의 목적과 필요를 위해 함께 일할 비영리 단체를 갖게 된다.

4. 지방 공무원의 국제 감각

이 자료는 LA서울종합홍보센터가 회원으로 가입해 있는 International City/County Management Assocition(ICMA)의 1995년도 연례 총회에서 다루어진 내용을 발췌, 정리한 것입니다. ICMA는 세계 주요 국가들의 지방 정부 담당자들이 그들이 경험한 다양한 도시운영상의 문제를 토론하고 해결방안을 함께 모색하는 국제 학회로서, 본 보고서의 내용 또한 세계화, 국제화를 지향하는 우리 시의 정책 방향과도 잘 부합된다고 사료된다.

1. 국제적인 안목

우리가 가질 수 있는 첫 번째 질문은 "지방정부의 관리들이 도시행정을 담당함에 있어 국제적인 안목을 개발하고 실천해야 할 피치 못할 이유가 있는가?"라는 것이다. 대부분의 회원들은 이 질문에 대해 "그렇다"라고 생각하고 있다. 그 이유로는 다음과 같은 점들을 들 수 있다.

<u>지구촌 차원의 연계성</u>: 위치나 크기를 불문하고 모든 지역들은 다른 지방이나 지역과 더 이상 고립되어 있지 않고 따라서 지역사회의 공직자들은 업무에 임할 때 국제적인 안목을 갖출 책임이 있다고 하겠다. 이제는 한 지역이나 도시가 다른 지역이나 도시와 고립되어 있다고 할 수 없게 되었다. 한 지방정부의 의사결정은 전 세계로 커버하는 통신망, 그리고 점차 증가하고 있는 경제적 상호의존 등의 복합적인 영향으로 다른 기관이나 도시에 영향을 줄 수 있다.

<u>지역사회의 염원</u>: 시민들의 상호 연계된 지구촌에 대한 비전은 지방정부 공무원들로 하여금 국제적인 감각과 안목을 갖추도록 요구하고 있다. 이러한 새로운 국제시민정신은 다양한 형태로 표출된다. 즉 환경보호, 경제적 상호의존, 인권, 문화 및 인종 간의 다양성 등이 하나의 지구를 지향하는 요소들이다. 이러한 국제연계의 필요성을 인식하고 있는 시민들이 늘어남에 따라 공직자들의 국제적 안목의 필요성도 더불어 증가하게 된다. 만일 관료들이 이와 같은 요구에 탄력적으로 대처하지 못한다면, 시민들의 지구촌 지향적 열망도 충족시키기 어려울 것이다.

<u>국제 수준의 정책 결정</u>: 지구촌 통신의 덕분으로 지방정부 공무원들이 당면 과제의 해결책을 모색할 때 가장 좋은 해답은 다른 도시나 외국의 사례에서 찾는 것이 가능해졌다. 지역사회의 골치 아픈 문제들은 종종발상의 혁신적 전환으로 해서 좋은 답을 얻을 수 있다. 공무원들은 소위 "동네식 발상"을 거두고 최상의 해결책(그것이 지구촌 어디에 있든)을 물색해야 한다. 공무원들, 특히 고위정책의 공무원들은 다른 지역이나 외국의 좋은 답안들을 배우고 실천할 직업적 책무가 있다고 하겠다.

<u>경제적인 기회</u>: 거의 모든 지방자치단체들이 경제적 성장, 경제적 안정에 대해 큰 관심을 두어왔다. 이러한 문제들은 지역경제의 국제적 관계 또는 특

성을 이해하지 않고는 좋은 해답을 얻기 어렵다. 이와 같은 대안은 직업공무원으로서의 보다 적극적인 리더십도 함께 요구한다. 국제적인 경제 활동이나 안목을 제공하는 지역사회는 시민들로 하여금 보다 다양한 경제적 선택과 기회를 제공한다. NAFTA에서 GATT에 이르기까지, 국제관광에서 인터넷 교류에 이르기까지, 경제는 국제화되어 가고 있고 지역 공무원들의 사고나 행동은 이를 수용해야 할 필요가 증가하고 있다.

환경 문제: 전 세계적으로 점차 가속화되고 있는 도시화 경향은 천연자원에 대한 수요를 더불어 증가시키고 있다. 도시의 팽창과 인간의 소비 문제는 더 이상 지역 고립적 차원에서 해결될 수 없다. 자연환경의 훼손은 문제의 본질 즉 지구촌의관점에서 인식되어져야 한다. 그러나 기술적 혁신이나 해결방안은 지역단위의 하부구조로부터의 참여와 리더십을 필요로 한다. 환경문제의 경우 시민들이 지구촌적 발상과 지역적 실천을 동시에 행하지 않을 경우 문제해결이 어렵다. 자원재활용, 대기문제, 유해쓰레기, 수질보존 등은 지방정부가 당면한 과제들이지만 지구 환경 차원에서 행위의 정당성을 찾아야 하는 문제들이다.

2. 민주적인 행정

민주적인 통치와 사회 경제적정의의 구현은 사회 구석구석의 지역단위에서 실시되지 않는 한 진정으로 이루어질 수 없을 것이다. 결국 지방정부가 이러한 인식을 견지하고 실천하여야만 하는 것이다. 실천과 능력이 지방정부의 핵심덕목이다. 직업관료로서 공무원은 관습적 민주주의에 만족해서는 안 된다. 지방정부차원에서 개선할 부분이 있고 또 기회가 주어지면, 남아프리카이든 동유럽이든, 공무원들은 팔짱을 끼고 있어서는 안 된다. 우리는 민주주의 건설의 파트너, 즉 보다 정의롭고 민주적인 지방정부 건설의 파트너들인 것이다.

<u>다양성과 개방성</u>: 지방정부는 행정 경계내의 시민들을 대상으로 한다. 그러나 시민들은 지구촌적인 연계성을 염두에 둔 자유롭고 다양한 발상을 갖고 있다. 시민들은 그들의 뿌리, 즉 가문이나 혈통을 중시하기 때문에 그들 존재의 근원을 지역사회나 국가의 경계 밖에서 찾기도 한다. 지방정부의 관료들은 시민들이 이러한 노력을 격려하고 도와주어야 할 것이다.

<u>근무 자세와 전문 기술</u>: 우리가 당면한 또 하나의 질문은 "지방정부의 관료들이 그들 사회를 국제화시키는 데 필요한 기술과 자세는 과연 무엇인가?"라는 것이다. 공무원들이 이러한 기술과 자세를 확보하기 위해서는 다음과 같은 사항들을 염두에 두어야 할 것이다.

○ 우선 스스로가 국제적 감각을 갖춘 공무원이 되고자 노력한다.
○ 문화적 다양성, 문화적 관심, 문화적 친화력을 개발한다.
○ 지역차원에서의 문화적, 사회적 다양성을 포용하고, 이들이 다양한 관련성을 확인할 수 있도록 촉매 역할을 한다.
○ 시청이 시민들의 국제화 노력에 대해 따뜻이 환영한다는 인식을 심어줄 수 있도록 포용력과 지도력을 발휘한다.
○ 효과적인 국제교류와 대화를 이루기 위해 외국어 컴퓨터 사용 능력이 중요함을 인지한다.
○ 역사적 문화적 이해의 중요성을 인식하고 지역사회 내에서의 다양성을 긍지로 여길 수 있는 풍토를 조성한다.
○ 지방행정의 개선에 항상 노력하며, 필요한 대안들이 우리 동네가 아닌 다른 지역이나 다른 국가에서 제시되고 실현된다는 것을 주지한다.

끝으로 우리 지역사회와 직장에서 점차 국제적 연계성이 증가하고 있음을 공무원들이 인식하여야 할 것이다. 국제적인 행정관료가 되기 위해서는 우선 "내 자신"이 새로운 안목을 가져야 됨을 잊지 말아야 할 것이다.

※ 본 기사는 미국 콜로라도 주 볼더 시의 City Manager(미국의 중, 소규
모 도시의 시장은 명예직이며 실질적인 시장 업무는City Manager가 담
당함)이며 ICMA 국제분과위원회 위원장인 Mr. Tim Honey가 작성한
것을 정리한 것임.

5. 캘리포니아 주 해외사무소 운영

1. 국제화된 지방정부 캘리포니아

외국과의 교역이 주 전체 경제의 1/4에 달하고 있는 캘리포니아는 하나의 독립된 국가처럼 움직여 때로는 연방정부의 정책입안 영역에까지 개입하고 있다.

전 세계에 걸쳐서 캘리포니아는 매우 큰 주로 이미 잘 알려져 있다. 그러나 캘리포니아의 경제와 관련한 피트 윌슨 주지사의 최근 발언을 살펴보면 주목할 만한 내용들을 발견하게 된다.

주지사는 지난 10월 통상확대를 위한 런던 방문 시 말하기를 "주미 캐나다 대사가 고백한 사실입니다만, 캘리포니아가 미국의 지방정부가 아닌 하나의 국가였다면 지난해 열린 G-7 연례회담에 총 생산량이 캘리포니아의 절반인 캐나다를 제치고 대신 참석했을 것입니다."

주지사는 또한 지난달 산디에고에서 열린 타이완계 경영인 협회에서 "1966

년 가주의 총생산은 1조 달러에 달했고 이는 미국 전체가 1970년에 이르러서야 달성한 총생산량이며 현재 가주는 미국 전체총생산량의 1/7 이상을 차지하고 있습니다."라고 말했다.

주지사는 전자에 이어 가주의 두 번째 산업인 농업을 예로 들면서, 캘리포니아는 미국에서 두 번째로 큰 농업주인 텍사스의 거의 두 배를 생산하며 텍사스 다음의 농업주인 아이오와, 네브래스카, 일리노이 의 3개 주를 거의 합친 만큼을 생산하고 있다면서 "캘리포니아의 산골에서 작업 중이던 농부가, 휴대폰으로 농작물을 수출하는 고객과 직접 흥정을 하는 시대가 되었습니다." 지난 9월 세크라멘토의 가주상공회의소에서 주지사는 "지난 반세기 동안 우리 가주는 농작물 생산에 있어서 미국을 이끌어 왔으며 지금은 새로운 해외시장을 향해 공격적으로 진출해 나갈 수 있습니다. 왜냐하면 우리 가주의 농부들은 국내뿐만 아니라 서울이나 싱가포르에서에서도 수요가 있는 농산품을 생산하고 있기 때문입니다."라고 말했다.

세계의 다른 지역과 마찬가지로 캘리포니아의 통상은 빠르게 국제화되고 있다. 국제화란 거의 10년 전부터 시작된 일련의 과정으로 가주를 최근의 불황에서 건져내기에 충분한 힘으로 성장하였다. 전문가들은 현재의 번영의 원동력이 되고 있는 이 세계화는 주의 정책입안자들로 하여금 지금까지 경험하지 못한 미개척 영역으로 뛰어들게 하여 기업, 외국정부, 연방 등과의 전통적인 관계를 재평가도록 만들어왔다.

해외에서 확장되어가고 있는 캘리포니아의 이해관계가 미국의 외교정책과 상충될 때 발생하는 헌법적 문제들에 대한 워싱턴 의회의 우려가 높아지고 있다. "워싱턴에서는 연방정부의 말에 언제나 전국이 따를 것이라고 생각해 왔으나 앞으로는 그렇지 않을지도 모릅니다." 레온 파네타 전 백악관 수석보좌관은 말했다. 그는 또한 국제교역에 참여하는 데 있어서 중요한 부분 중 하나는 개별 주와 국가 전체 이익의 균형을 이루는 것이라고 말하고 있으며 몬테레이의 전 하원의원은 캘리포니아에서보다 위의 사실이 중요한 곳은 없을 것이라고 말했다.

2. 캘리포니아의 국제화 촉진배경

1992년 이후 캘리포니아의 대외교역량은 45%가 증가하였다. 전문가들에 의하면 현재 가주의 연간 대외교역량은 2,000~2,500억 달러로 주 경제의 1/4을 차지, 이는 미국전체경제에서 대외교역이 차지하는 평균비율보다 매우 높은 것이다.

이처럼 가주의 대외교역량이 많은 주된 이유 중 하나는 세계에서 가장 분주한 교역통로에 위치한 캘리포니아의 입지이다. 당국자에 따르면 농업부문에 있어서 최근 전국 1위의 우유생산을 자랑하던 위스콘신을 캘리포니아가 앞질렀는데 그 주된 이유가 아시아의 소비자들이 치즈피자의 맛을 알기 시작했기 때문이라는 것이다.

지정학적 이점과 더불어 캘리포니아의 산업구성에는 오락산업이나 전자산업 같은 미국 최고의 수출산업이 포함되어 있다. 또한 인구구성에 있어서 다른 나라들과 밀접한 관계를 유지하고 있는 다양한 인종이 섞여있다. 이러한 자산은 냉전의 종식 이후 세계경제의 문호가 개방되고 국제무역의 장벽이 없어지면서 만들어진 기회에 캘리포니아가 유리한 고지를 점령하는 데 밑거름이 되고 있다.

주정부는 캘리포니아가 외국과의 관계에서 확보하고 있는 이러한 근본적인 이점을 적극적으로 활용하고 있다.

3. 국제화의 첨병 해외사무소

비즈니스 커뮤니티와 가장 친근한 주지사인 윌슨은 1991년부터 내각급의 상무부를 통상상무부로 전환하기 시작했다. 그때부터 그는 해외통상사무소의 숫자를 당시의 두 배인 10개로 확장했다. 캘리포니아는 현재 동경, 런던, 멕시코시티, 프랑크푸르트, 홍콩, 예루살렘, 타이베이, 요하네스버그, 자카르타, 서울에 해외사무소를 설치, 운영하고 있다.

LA타임스에 의해 입수된 미발표 보고서에 의하면, 윌슨 정부는 최소한 다섯 군데의 해외사무소를 추가로 개설하여 세계의 거의 모든 대륙으로 주정부 사무소를 확대할 것을 제안하고 있다. 새로운 해외사무소는 중국, 브라질, 싱가포르, 폴란드, 프랑스 등이 거론되고 있다. 또한 이 보고서는 주정부가 스페인과 이탈리아에 통상자문위원을 위촉할 것도 건의하고 있다.

보고서는 "캘리포니아의 경제흐름은 무역과 투자가 주의 번영에 미치는 중요성에 대해서 과소평가하는 경향이 있다. 황금의 주, 캘리포니아의 국제경쟁력은 다가오는 미래에 보다 자명해질 것이다."라고 말하고 있다.

가주해외통상사무소는 캘리포니아의 마케팅적 정책방향을 대표적으로 보여주고 있다. 해외사무소가 제출하는 보고서는 심지어 캘리포니아를 그들의 '상품'으로 비유하기도 한다. 때로는 그들의 해외체류가 기업체가 후원하는 슈퍼볼 우승 축하파티에 비유될 수도 있다.

4. 해외사무소의 활동사례

캘리포니아는 지난 가을 파리에서 세계 최고의 패션산업계 리더 70여 명을 초대하는 샴페인 리셉션을 주최하였는데 참석자들을 대상으로 캘리포니아의 의류지구에서 벌어지는 쇼를 위성으로 생중계하였다.

지난여름 타이완에서 라비쉬 호텔의 개장을 축하하는 행사가 열렸을 때 타이베이의 캘리포니아 사무소는 음식과 와인을 제공하면서 가주의 농작물을 홍보하는 대대적인 전시물을 비치하였다.

현재 가주는 5,000평방피트 규모의 순회박람회를 준비하고 있는데, 40분 길이의 대규모 아이맥스 영화의 상영이 이 행사에 포함될 것이다. 이 홍보전시회는 앞으로 5년 동안 전 세계를 돌며 개최될 예정이며 홍보영화의 내용은 가주의 주요 산업, 관광명소, 문화 등을 담을 것이라고 제작자는 말하고 있다.

"우리는 최초로 우리의 상품을 자체적인 통상박람회를 통해 직접 사람들에게 선보일 것입니다." 주의 관광홍보 담당차관인 캐롤린 베테타가 말했다.

다른 많은 캘리포니아 주의 홍보활동과 같이 5백만 달러의 비용이 드는 이번 아이맥스 전시회도 일반 후원자들에 의해 많은 부분이 지원되고 있다. 주의 역할은 세계를 대상으로 캘리포니아 산업의 홍보를 위한 마케팅 전략을 준비하고 홍보의 효과를 정의하고 후원자를 구하는 것이다.

5. 멕시코 사무소의 우수 활동사례

한편으로 해외통상사무소들은 주내 기업제품의 수출을 증진하기 위해 일해왔다.

닉 레너의 사례를 살펴보자. 그는 마데라에 소재한 3인으로 구성된 컴퓨터 소프트웨어 회사의 오너이다. 수년간 그는 소프트웨어를 멕시코에 판매하고자 하였으나 무엇을 어떻게 해야 할지를 잘 알지 못했다.

지난 8월 그는 주정부의 통상상무부로 전화를 했고 통상상무부는 그의 제품을 멕시코시티에 있는 해외통상사무소로 보내게 하였으며 통상사무소는 그의 회사에 해당되는 시장분석 및 잠재고객, 경쟁업체, 정부규정, 경제상황 등을 파악하였다.

그리고 레너는 멕시코시티의 가주해외통상사무소를 직접방문, 시장조사결과에 대한 브리핑을 받았고 4일에 걸쳐서 미리 스케줄 된 잠재고객들과의 연쇄적인 접촉을 안내받았다.

결과는 매우 놀라운 것이었다. 그가 돌아온 지 3주 뒤부터 월 $10,000에서 $40,000 이상으로 판매량이 급신장하였다. 내년에는 對멕시코 판매가 1백만 달러에 달할 것으로 예상하고 있으며 전 남미시장을 대상으로 소프트웨어 라인을 확장할 계획이다.

"나에게 있어서, 이것은 정말 믿겨지지 않는 이야기입니다." 올해 49세의 레너는 말했다. "나처럼 보잘것없는 사람이, 단지 생존을 위한 시도였는데, 이렇게 갑자기 외국과 거래를 한다는 것은 정말 믿기 어려운 일입니다."

멕시코시티에 소재한 캘리포니아 사무소는 눈 덮인 포포카테페틀 화산이 바라다 보이는 시내 고층건물 14층에 위치하고 있다. 12명의 직원이 일하고 있으며 이는 다른 지역의 캘리포니아 사무소보다 큰 규모이다.

캘리포니아는 가장 큰 해외사무소인 동경과 멕시코시티 사무소의 운영을 위해 연 1백만 달러의 비용을 지출하고 있다. 캘리포니아는 10개의 해외사무소에 총 약 4백만 달러를 지출하고 있다.

레인홀드 슈래더 멕시코 가주사무소장에 의하면 그의 직원들은 한 달에 약 740건의 문의를 접수처리하고, 연 약 100억 달러의 對멕시코 수출을 육성하기 위해 일하고 있는데 멕시코는 일본과 캐나다에 이어 세 번째로 큰 캘리포니아의 해외시장이다.

문의의 일부는 레너와 같은 수출희망업자로부터 오기도 하지만 세관에 의한 컨테이너의 통과지연에서부터 대금결재에 이르기까지 폭넓은 주제들을 망라한다.

6. 아시아 지역 가주사무소의 활동사례

아시아 지역의 가주사무소들은 수입 및 투자와 관련한 활동이 보다 많은 부분을 차지하고 있어 다른 지역과는 약간 다르게 운영되고 있다. 캘리포니아의 외국인 투자는 1994년 920억 달러에 달해 미국 전체의 약 12%를 차지하고 있다.

캘리포니아는 외국인 투자자를 돕기 위해 수출업체와 같은 지원정책을 펴고 있다.

지난여름 수십억 달러 자산규모의 대기업인 타이완의 GVC그룹이 컴퓨터 조립공장을 미국에 건설하기로 결정했다. 이 기업은 텍사스, 애리조나 그리고 캘리포니아를 놓고 고려 중이었는데 관계자들에 의하면 캘리포니아가 그중 가장 적극적이었다는 것이다.

타이베이의 가주사무소는 이 기업의 타이완 본사 관계자들에게 시장조사와 경제상황에 대한 브리핑을 제공하였다. 또한 가주에서는 주의 대표가 며칠간 GVC의 부사장에게 제조공장의 입지가 가능한 장소를 안내하였고 각각의 장소마다 노동조건, 범죄율, 세금 및 기타 정보와 관련한 각종 자료를 제공하였다.

지난 가을, GVC는 오렌지카운티에 공장을 짓기로 결정하였다. 이 공장은 향후 약 120명을 고용하고 약 3백만 달러를 공사에 투자할 것으로 예상되고 있다. 이 공장은 매달 3천만 달러 분량의 컴퓨터 부품을 조립할 것이라고 관계자는 말하고 있다.

윌슨의 새로운 통상상무부 장관인 리 그리솜은 지난 11월 GVC 사장에게 전화를 걸어 캘리포니아를 선택한 것에 대한 감사를 표현했다.

"그들은 이번 일을 매우 훌륭하게 처리했습니다." 타이완 GVC의 미국 자회사인 G-tech USA Inc.의 전무이사 마크 양은 말했다. "그들은 본사로 하여금 이번 투자에 대해서 캘리포니아 주가 매우 귀중하게 여기고 있음을 느끼게 해주었습니다."

7. 해외사무소 제도의 발전과정

그리 오래되지 않은 시절에 캘리포니아를 비롯한 많은 주들이 해외통상사무소에 주의 예산을 사용하는 것이 과연 효과적인지 여부에 관한 질문으로 고민하던 때가 있었다. 1970년대 초반, 로널드 레이건이 캘리포니아 주지사로 재임 시 동경과 런던에만 있던 가주사무소를 비용을 이유로 폐쇄하였다.

1987년에 조지 듀크메지안 주지사가 5개의 새로운 통상사무소를 건의하는 연구결과를 승인하였고 그 뒤 4년에 걸쳐서 이것이 실행되었다. 이때까지도 통상사무소들은 비용가치가 있는지를 의문시하는 주의회의 감찰대상이었다.

외국과의 통상이 주의 경제에 지대한 부분을 차지하는 오늘날, 해외사무소의 당위성에 관한 주의회의 논쟁은 많은 부분 해소되었다. 실제로, 1996년 통상상무부에 대한 의회감사에서는 해외에서의 기회를 활용하기 위해 해외사무소가 보다 많은 업무를 수행할 것을 제안하기까지 하였다.

윌슨 행정부는 최소한 5개의 해외사무소를 추가로 개설할 것을 요청하는 이유로 이 감사결과를 인용하였다. 지난달 이 제안은 주의 양당을 모두 지원하는 세계무역위원회에 의해 만장일치의 지지를 받았다.

그러나 위의 감사는 또한 해외사무소의 효율성을 측정하는 정확한 방법이 없음을 밝혔다. 가주해외사무소가 없다고 가정할 경우 얼마만큼의 교역량이 증가했을 것인가에 대해 이 감사결과는 의문하고 있다. 비록 미 상무성이 캘리포니아와 그 산업을 위해 특별한 비중을 두지 않는다 하더라도 미 상무성의 업무와 가주해외사무소의 업무는 중복되는 부분이 많이 있다.

지금까지 해외사무소는 많은 부분 주의 막대한 전체 예산에 비해 적은 운영비를 강조하는 것으로 그들의 당위성을 주장해왔다. 어떤 통상관계 공무원의 지적처럼, 연 4백만 달러의 운영비는 캘리포니아의 650억 달러라는 지출규모에 비하면 먼지와도 같은 액수이다.

인디애나와 위스콘신을 비롯한 몇 개 주가 해외사무소를 많이 가지고 있다 하더라도 미국 내 다른 어떤 주도 10개 이상의 해외통상사무소를 가지고 있지 않으며 다른 어떤 주도 캘리포니아의 국제통상 활동을 따를 수는 없다.

미국에서 두 번째로 수출을 많이 하는 텍사스의 경우 교역량에 있어서 캘리포니아보다 세 배가 적으며, 거의 모든 교역이 멕시코와 이루어지고 있다. 미국 내 세 번째인 뉴욕 주의 경우도 캘리포니아 해외교역량의 절반에도 미치지 못하고 있는 실정이다.

8. 연방정부 외교정책과의 조화

이처럼 활발한 해외통상 활동으로 캘리포니아가 미국의 외교에 있어서 용감하게 앞서나가는 새로운 개척자라는 점이 중앙정부 관리들의 우려를 낳게

하고 있다.

월슨은 캘리포니아의 통상활동이 미국의 외교정책에 혼선을 일으키는 일이 절대 없도록 할 것을 주의 관계 공무원들에게 엄격하게 경고해 왔다. 그러나 업무의 성격상 일부 혼선은 피할 수 없는 것이다.

지난 가을 가주의회가 버마의 인권보호를 위한 규제조치 법안을 상정했을 때, 미 외무부가 고위관리를 캘리포니아에 파견했던 문제에 대해서 워싱턴은 이미 매우 예민한 상태이다.

"주와 지방의 대외규제조치는 대통령의 외교정책 수행을 위한 능력에 혼선을 빚는 실제적인 영향을 끼치고 있습니다." 지난 10월 열린 주 입법위원회 청문회에서 데이비드 마르칙 외무부 차관보가 증언했다. "제가 오늘 말하고자 하는 것은 바로 협력입니다. 우리의 국가안보, 우리의 가치, 우리의 인권옹호에 대한 외부로부터의 온갖 위해에 대응하기 위한 여러분과의 긴밀한 협조를 제안하는 것입니다."

마르칙의 증언으로 주의 입법가들은 일단 버마법안을 보류하였으나 완전히 폐지하지는 않았으며 지지자들은 올해 이 법안이 다시 상정될 것을 바라고 있다.

주 입법부는 또한 홀로코스트 희생자들의 재산을 밝히도록 스위스 은행에 압력을 행사하는 방편으로 스위스에 대한 벌칙부과 여부에 대해 토론하고 있다. 주 재무장관인 매트 퐁이 이 문제로 인해 스위스 은행에 대한 캘리포니아의 투자를 3개월 동안 중단한 바 있다. 그는 연방정부의 권고에 따라 지난 달 이 금지조치를 해제했다.

그리고 농산업의 살충제 사용에서부터 외국 화물운송의 안전규정과 컴퓨터 암호화 규정에 이르기까지 미국의 외교정책과 상충하는 캘리포니아의 이해관계와 관련한 다른 수많은 문제들이 있다.

1996년 미국과 멕시코의 사소한 무역분쟁 시 캘리포니아는 멕시코와 함께 워싱턴에 대항하는 3자 논쟁을 촉발시켰다.

문제의 발단은 미국의 빗자루 제조업자 보호조치로부터 시작되었다. 멕시코는 이에 대해 불만을 표시했고 NAFTA는 그 보상으로 미국제품에 대한 유사한 금지조치를 멕시코에 허용하였다.

멕시코의 당국자는 와인을 선택하였고 이는 캘리포니아의 와인제조업에 타격을 입히는 것이었다. 그와 동시에 멕시코는 캘리포니아 주정부가 워싱턴에 이의를 제기할 것을 촉구하였으며 캘리포니아는 이를 실행하였다.

연방의 관계자는 이와 같은 압력은 그들의 업무수행에 차질을 빚을 수 있다고 말했다. 일부에서는 주의 권리에 관한 문제가 지나치게 과열되는 것에 우려를 나타냈다. 이 사안은 외국과의 통상을 통제하는 연방의 권한과 자신들의 지출을 통제하는 주의 권한과 관련한 헌법의 두 가지 기초적 과제를 부각시켰다.

버마 규제조치를 지지했던 캘리포니아의 입법가들은 억압적인 정권에 유리한 방향으로 주의 예산을 지출하도록 강제당할 수 없음을 성토하였다.

버마 금지조치 법안을 만들었던 민주당의 다이온 아로너 입법위원은 "헌법이 대통령으로 하여금 외교정책을 수립하게 한 사실에 대해서는 감사하게 생각합니다. 그러나 우리는 당연히 우리의 투자로 무엇을 할 것인지를 결정할 수 있는 권리를 가지고 있습니다."

6. 도쿄도 뉴욕 사무소 현황

본 보고서는 LA서울종합홍보센터의 김윤재 뉴욕 통신원이 1996년 9월 27일 도쿄메트로폴리탄정부 뉴욕사무소를 방문, 와다나베 소장 및 담당 직원들과 면담한 내용을 토대로 작성한 것임.

1. 설립 배경

세계무역센터 79층에 자리하고 있는 도쿄 뉴욕사무소는 1990년에 설립되어 4명의 정부 파견직원과 2명의 현지직원으로 구성된 총 6명의 직원들이 활동하고 있으며, 이 사무소는 LA에서 먼저 활동하던 사무소와 뉴욕 시에 해마다 보내던 파견직원을 합하여 뉴욕에 사무소를 개설한 것임.

2. 자매도시

뉴욕과 도쿄는 1960년부터 자매도시를 맺어 36년간 돈독한 관계를 유지해 오고 있는바, 자매도시 관계를 맺은 처음 몇 연간은 두 도시가 해마다 직원을 파견하여 상호유대를 강화하고 정보를 교환하여 왔지만, 70년대 불어 닥친 뉴욕의 재정위기로 뉴욕 시는 더 이상의 직원을 도쿄에 파견할 수 없게 되었음. 도쿄는 뉴욕 시의 파견직원 중단에도 불구하고 끊임없이 직원을 뉴욕 시에 파견하여 관계강화를 꾀함은 물론 많은 도시정보들을 수집해 옴.

3. 설립목적

첫 째: 자매도시 관계를 맺고 있는 도쿄와 뉴욕 간의 문화, 교육 및 기타 상호 이해 및 발전을 위한 교량 역할을 수행.
둘 째: 자매항구 관계를 맺고 있는 도쿄항만청과 뉴욕과 뉴저지 항만청과의 관계를 강화하는 데 중간자적 역할 수행.
셋 째: 도쿄의 중소기업들을 위한 도쿄와 미국 간 무역-투자 증진.
넷 째: 세계 최대 해안도시 도쿄텔레포트타운 프로젝트 홍보
다섯째: 미국에서의 경제개발과 지역개발 그리고 도시 지역사회가 직면한 문제들에 관한 자료조사 활동.

4. 활동내용

가. 자매도시 관계 유지를 위해 1980년 이래 도쿄와 뉴욕은 해마다 각 시의 보통학교 야구대표팀을 선발하여 교환경기를 실시. 이 선수들의 경비는 각 시에 위치한 기업들에서 후원형식으로 지원하고 있으며, 올해의 경기는

뉴욕에서 8월에 개최하였고, 뉴욕 시장이 직접 나와 시구를 한 바 있음.

나. 도쿄사무소에서 뉴욕 시의 협조를 구하기 위한 일반적인 채널은 도쿄와 뉴욕 간의 자매도시 자문위원회 부회장의 직책도 맞고 있는 뉴욕 시장의 국제연합 및 국제사업 커미셔너(Livia Sylva, Commissioner for the United Nations and Consular Corps(UNCC))를 통해 수행.

다. 항만청간의 관계는 항만청 무역부 항만 대외 관계부(Department of Port Commerce, Port Relations) 책임자를 통해 수행. 뉴욕과 뉴저지 항만청은 국제활동이 항만청의 중심 활동을 이루기 때문에 자매항구 관계를 중요시하여 항만청 소유인 세계무역센터에 사무소 개설.

라. 도쿄사무소는 자체적 홍보능력이 부족한 중소기업들을 위하여 적극적인 홍보활동을 벌이고 있는데, 중소기업 문제는 제트로보다 도쿄사무소가 먼저 실시하였음. 현재 도쿄의 중소기업 지원은 제트로가 담당하며 예산은 도쿄시가 지원하고 있음.

마. 중소기업 활동의 주요초점을 수출에 맞추고 직원들은 뉴욕과 시카고 그리고 LA 등지에서 열리는 각종 무역박람회에 참가하여 도쿄 중소기업들을 대신하여 각종 상품함. 또한 사업방문단 방문 시 사전 자료조사와 사업면담을 주선하고 있음.

바. 앞으로는 수입을 위한 활동도 전개할 계획이라 하는데 일본 상무부가 수입증진을 꾀하고 있기 때문에 도쿄도 이와 비슷한 보조를 맞추기 위한 것임. 수입문제는 자금이 있으면 가능하기 때문에 수출지원보다 좀 수월하리라 함.

사. 도쿄에 있는 중소기업들은 이 사무소의 활동을 도쿄 기업체에 디렉터리나 시 팸플릿 등을 통하거나 각 직능별 단체나 산업노조 등을 통하여 듣고 있으며, 필요한 사항들은 도쿄정부나 각종 직능단체를 통해 연락하고 있음.

아. 중소기업 지원을 위한 중요한 활동 중에 하나가 시장조사인데, 예를 들어 도쿄의류협회에서 뉴욕의 의류시장의 특정품목에 대한 시장조사를 의뢰해 오거나 도쿄제조협회에서 미국수출을 위한 일반적 정부규제나 혜택 그리고 경기상태를 의뢰하고 있고, 뉴욕을 포함한 미국 지역에서의 사업을 구상하거나 사무실 개설을 계획 중인 도쿄중소기업을 위한 사업상담과 가능성에 대한 시장조사 등을 실시함.

자. 사무소 직원들은 세계경제중심지인 뉴욕을 최대한 활용하여 각종 사업, 경제 세미나 등에 참석, 정보를 수집 중.(현재, 직원 한 명은 중소기업사업방문단과 함께 시카고를 방문 중)

차. 도쿄 사무소는 세계유수의 인공 해양 도시 "도쿄텔레포트 타운"을 홍보하기 위한 노력을 경주하고 있음. 장기적으로 제조업이나 금융, 서비스 산업의 유지를 위해 부동산 회사들을 주요 대상으로 홍보 활동 전개. 또한 공사가 진척됨에 따라 각종 세미나 등을 개최하고 언론매체 등에도 광고 예정.

카. 뉴욕은 세계 메트로폴리탄 시들의 선두주자 이며 도쿄가 당면하고 있는 문제들은 이미 뉴욕이 겪었거나 현재도 고민하고 있는 문제들임. 뉴욕이 현재 당면하고 있는 많은 문제들은 앞으로 도쿄에게도 닥칠 것으로 예상되고 있어 도쿄가 필요로 하는 거의 모든 도시정보는 뉴욕에서 찾고 있는 실정으로 도시정보-자료조사는 사무소에 중요 업무임.

타. 후천성면역결핍증(AIDS)의 예방과 치료에 관한 문제, 거리의 노숙자들에 관한 문제, 교통, 공해, 주택 및 낙후 지역 재개발과 같은 문제들이 현재 도쿄시가 뉴욕 시의 시책과 활동들에 관심을 갖고 조사하고 있는 내용들임.

파. 그 외 도쿄에서 오는 손님들에게 안내 및 통역 서비스를 제공하며, 방문일정은 도쿄정부의 공문을 통해 전달되고 방문객들은 정부관계자, 시의원,

학계관계자, 각종 직능단체 대표들, 각종 단체의 노조들임.

하. 도쿄사무소는 국제연합과의 관계 증진을 위해 노력하고 있음. 국제연합 대학교 본부가 도쿄에 있으며 지방자치가 세계적인 추세로 도시들과 국제연합 간의 긴밀한 관계가 요구되고 있어 국제연합본부가 뉴욕에 위치한 이점을 활용 국제연합과 공동으로 각종 국제회의를 추진할 예정.

5. 향후 추진 계획

도쿄사무소는 일본 전체의 경제불황으로 인한 도쿄정부의 어려움으로 현재의 규모를 당분간 유지해야 하는 실정임. 그러나 도쿄사무소는 컴퓨터 정보통신을 통한 활동을 강화하여 현재의 인원으로 더 효과적인 업무를 수행해 나갈 계획을 가지고 데이터베이스를 강화하고 인터넷 홈페이지를 좀 더 풍부한 내용으로 보강하며 전자우편을 활발하게 사용할 계획임.

6. 현지 일본인들과의 관계

도쿄사무소는 일본교민협회와 일본주재원회 등과 긴밀한 관계를 맺고 있으며 이들 단체에 회원으로 가입하여 각종 행사에 참가하고 필요한 정보들을 상호 교환하고 있음.

7. 뉴욕의 자매도시 관련 정보

뉴욕 시는 자매도시 관련업무를 위해 비영리단체(The Sister City Program)를 설립하여 운영하고 있음. 한 명의 책임자(Henrietta Lyle,

Director)가 상근하는 이 단체는 시 예산으로 운영되고 있음. 현재 뉴욕 시가 자매도시를 맺고 있는 곳은 베이징, 부다페스트, 카이로, 예루살렘, 요하네스버그, 마드리드, 로마, 산 주안, 센토 도밍고, 도쿄 등 10개 도시임.

The Sister City Program은 각 자매도시별로 자문위원회를 두고 있으며 이 자문위원회의 위원은 봉사직으로 각 자매도시에 관심을 갖는 뉴욕의 저명인사들과 그 도시에서 온 이민자들 그리고 국가정부 관계자들로 구성됨. 한 예로, 도쿄 자문위원회에는 뉴욕 시장, 국제연합 및 국제사업부 커미셔너가 부회장으로 있으며, 전직 일본부 대사, 현 뉴욕 주재 일본영사관 총영사 등이 위원으로 활동 중임.

7. 미국 지방정부의 국제화

1. 序 言

가. 國際化의 意味

오늘날 세계는 과거 이념대결의 장으로부터 국경 없는 경제전쟁시대, 즉 무한경쟁시대에서 생존하고 번영하기 위한 자구책으로 국제경쟁력을 강화시키기 위하여 노력하고 있으며 한국의 경우도 중앙정부와 지방자치단체 및 민간에 이르기까지 총체적인 경쟁력제고 문제는 가장 큰 관심사가 되고 있다. 특히 서울과 같은 거대도시의 경쟁력이 국가경쟁력은 절대적인 비중을 담당하고 있음을 중시하여야 한다.

이와 같이 종래의 이념의 장으로부터 새로이 태동하고 있는 북미주, 동아시아, 유럽연합(E.U.) 등 3대권역의 세계경제권의 윤곽이 뚜렷이 구분되면서 자본주의의 단일시장체제로 개편되어 종래의 군사력 기준으로부터 경제, 무역, 자본, 환경 등 광범한 분야에 걸쳐 국가 간의 상호협력과 함께 치열한 경쟁체제로 변화되는 성향을 보이고 있다. 또한 제4차산업이라 불리는 정보화산업의 도래로 인한 과학기술, 교통, 통신의 발달로 세계는 명실상부한 국제화의 시대에 진입한 지 오래된다. 미래학자들의 예견을 인용하지 않더라도 산업사회에서 후기산업사회로 그리고 정보화 사회로 이행하면서 지식과 정보가 생산과 사회관리의 능력을 지배하는 단계로 이행하고 있으며, 고도의 교통, 통신의 발달에 따라 지구를 일일 생활권으로 바꾸어 놓았다.

국제화(Globalization)의 의의는 종래의 국제체제에서의 근본적인 수정이다. 즉 국가 간에 존재하던 국경이라는 장벽은 없어지고 세계전체가 하나의 영역(Boundary) 속에서 기능하는 것을 의미한다. 부연하면 국제교류의 양적, 질적 확대에 따라 국가, 기업, 개인 등 각 활동주체들의 인식과 이해와 행동이 국제적인 시각에서 이루어지고 일상생활이 지구촌이라는 국제적인 틀 속에서 함께 살아가는 능력과 자세를 갖추고 대응하는 과정이라고 설명된다.

2. 國際都市의 機能

국제도시들은 정치, 경제, 문화, 교통의 중심지로서 자본과 정보가 집중되고 주요한 의사결정이 이루어지는 명령과 통제의 센터구실도 병행하고 자국 내의 정치 및 경제적 중심권을 형성할 뿐만 아니라 세계도시(World Cities)로서의 기능을 동시에 수행한다.

국경 없는 경제시대에서는 국가관계가 종래의 국가간 협력, 경쟁 시스템에서 국가, 도시, 민간부문 간 협력 및 경쟁 시스템으로 전환되며, 이 중에서도 특히 국제네트워크의 거점으로서 국제도시들의 역할이 매우 커진다. 이와 같이 대도시가 국제관계에서 거점기능을 하게 되는 이유는 글로벌 경제상황하에서는 시간활용과 통신의 신속성이 매우 중요한데 국제도시는 물리적인 기간산업(Infrastructure)뿐만이 아니라 대부분 정보, 통신의 소프트부문 하부구조가 잘 발달되어 있어 글로벌기업 등이 입주하기에 적합하고 경제활동에 대한 의사결정이 신속하게 이루어질 뿐만 아니라 사회, 문화 등 각종 기능과도 효율적으로 연계될 수 있기 때문이다.

이러한 점에서 국경 없는 경제전쟁의 첨병은 국가가 아니라 국제경쟁력을 구비한 국제도시가 담당하게 되며, 국가경제 구조 내에서 한 국가의 성장과 몰락은 그 국가의 대도시가 경제권역 내 또는 타경제권의 다른 대도시들에 비해 어느 정도의 경쟁력을 확보하느냐에 달려 있다고 하여도 과언은 아니다.

3. 國際都市의 特質

국경 없는 경제에서 국제네트워크의 거점역할을 하는 도시를 국제도시(International City, Global City) 또는 세계도시(World City)라고 한다. 국제도시는 흔히 국제간 통제와 협력센터 또는, 국제정치경제의 중심도시라고 정의된다.

국제도시는 다른 도시와 다른 몇 가지의 특성을 지니고 있는데 일본 미쓰비시 종합연구소에 의하면 다음과 같은 세 가지의 조건을 갖는다고 분석하고 있다. 첫째는 국제경제의 블록을 통괄하는 다국적 기업의 세계본사가 많이 입지하고, 이들 기업에 대해 자금을 공급하기 위한 국제금융센터가 형성되어 있어야 한다. 둘째는 사람이 많이 모일 수 있는 컨벤션센터가 위치하여 인적교류가 활발히 이루어짐과 동시에 콘서트홀이나 이벤트홀, 음악회, 전람회장이 입지하고 있어 애프터 비즈니스를 즐길 수 있는 여가환경이 구비되어야 한다. 셋째는 세계의 각종 정보를 집합시키고 세계에 정보를 발신할 수 있는 고도 통신네트워크가 구비되고 세계를 왕래할 수 있는 기지로서 국제공항이 입지해야 한다.

이러한 3대 조건 외에도 세계적인 국제도시가 되기 위해서는 국제간 교류와 자유로운 거래를 제약하지 않는 개방적인 정책의 존재, 국제간의 교섭행위, 중재행위가 이루어질 수 있도록 이념적 차원에서 비교적 중립성의 유지, 외국인에게 친절한 개방적 시민의식, 고급호텔 및 음식점, 외국인 전문상가, 그리고 의료, 교육 등 외국인의 생활에 불편함이 없는 주거환경, 또한 풍부한 언어소통기회의 존재가 국제도시의 필요충분조건이 된다.

2. 本 論

가. 美國 地方政府들의 國際化 趨勢

1) 地方政府의 國際化의 意味

(1) 미국 국가자체의 세계주의

미국의 지방정부의 역사는 우리의 중앙집권주의하의 지방행정방식과는 근본적으로 형성과정이 다르다. 청교도적인 정신과 영국을 떠나 신세계를 개척하고자 하는 세계주의로 무장된 최초 이민자들의 근본이념은 각각의 지방정부들이 독립적으로 정치, 경제, 문화, 사회를 형성하여 주정부를 구성하고 최종단계에 연방정부를 구성하였으므로 지방정부들은 독자적으로 국제화의 과정을 자연적으로 받아들일 수밖에 없는 상황에서 자연스럽게 시작되었다.

(2) 미국은 이민자의 나라

주지하는 바와 같이 미국은 이민자의 나라이다. 초기 이민은 영국과 유럽

지역의 백인들이었으나 그 후 흑인과 남미계 그리고 아시안들도 이민의 문호가 확대되어 다양한 인종과 언어를 공유하는 국제사회를 형성함으로써 지방정부들은 이와 같은 문화적 다양성을 밑바탕으로 이민자들의 인종적, 문화적, 언어적 배경을 조화시키고 발달시켜 아메리칸 드림을 이루는 데 있어 모국과의 무역을 통한 소득증대와 지역경제 활성화라는 국제화의 자연스런 분위기 속에서 성장하게 되었다.

(3) 정치체제

우리의 정치체제의 출발처럼 왕권통치 후 중앙집권식 정치에서 오늘날의 지방자치체제와는 달리 미국은 건국 초부터 모든 정치체제의 시작이 지방자치 우선이라는 지방자치제의 발달로 각 지방자치단체가 국내의 내수만 상대하지 않고 독립적으로 이미 세계를 상대로 상품생산, 관광개발, 투자유치라는 국제적인 안목과 접근방법이 미 지방정부의 국제경쟁력을 향상시키는 계기가 되었다.

(4) 지방자치의 국제화

지방자치의 국제화는 주로 관광을 포함한 경제, 무역중심, 해외투자 등을 통한 국제교류의 중요성을 인식하여 미국 내 주정부들의 경우 연방정부와는 별개의 독자적인 해외사무소의 설치를 통한 국제무역의 촉진에 큰 비중을 두고 있는 실정이다. 뿐만이 아니라 주지사 및 시장 등 지방자치단체장들은 해외방문 시 경제순방에 최우선을 두어 해당 지자체의 국제경쟁력을 배가시키고자 외국기업의 투자유치 및 외국관광객을 위한 홍보 등 경제 활성화에 최선을 다하고 있다.

2) World Class란 무엇인가?

미국 지방정부들의 국제화의 개념에 대한 이해를 돕고자 미 도시협회에서
발행한 참고자료를 인용하여 "World Class"에 대한 설명을 하고자 한다.

(1) "세계경제하의 국제도시들"

미 도시협회(National League Of Cities)에서 발행한 "세계경제하의 국제도
시들"("Leading Cities in a Global Economy")은 국제화시대에서 미 지방자치
들의 국제경쟁력향상을 위한 노력에 대한 사례를 통하여 지방자치단체 공무원
으로 하여금 변모하는 국제상황을 인식하고 국제화에 대한 보다 더 나은 향상
성과 효율성을 거두기 위한 지침서이다.

(2) World Class의 개념

오늘날 세계의 모든 도시들은 규모가 크건 또는 작건 간에 새로운 국제경
제에 부응하고자 노력하고 있다. World Class란 국제화시대에 부응하여
국경을 초월하여 경쟁하고 생존하기 위한 최상의 기준을 필요로 하는
대상을 의미한다. 만일 산업경제의 대상이 자본과 노동 혹은 노·사로
구분된다면 World Class의 대상구분은 코즈모폴리턴(Cosmopolitans)과 지방
(Locals)의 관계라고 해석될 수 있다. 시정부 및 주정부들의 국제경쟁력을 향
한 World Class에 동참하기 위해서는 국제화의 중심지로서 자리 잡기 위해
국제화 감각이 있는 입안가들(Thinkers), 경쟁력 있는 제조업자들(Makers),
국제적 연계를 담당할 무역업자들(Traders)을 통할 때 가능하다.

(3) 국제화 감각이 있는 입안가들(Thinkers)

보스턴 시의 사례: 하드웨어사업에서 소프트웨어사업으로 변환 헬스케

어에서 건강관련 테크놀로지산업변환 샌프란시스코 시: 샌프란시스코 만 (S.F. Bay Area) 지역 시애틀 시: 리지오널 센터(Regional Center)

(4) 경쟁력 있는 제조업자들(Makers)

사우스캐롤라이나: 스파르탄버그(Spartanburg), 그린빌(Greenville) 지역의 고부가(High Value, Cost-effective)산업관련 외국기업 투자유치 로 노동자들이 World Class로 인정받음 클리브랜드(Cleveland): 중서부제조업체망(Midwestern manufacturing Belt) 설정으로 과거명 성인 제조업관련 시로 복귀

(5) 국제적 연계를 담당할 무역업자들(Traders)

마이애미 시: 라틴계 국가와의 국제적 연계성을 바탕으로 성장하여 국제도시로서의 명성을 얻음 싱가포르, 홍콩: 중국과 미 대륙을 국제적으로 연결함

3) World Class를 위한 지자체의 노력

지방자치단체의 국제화 성패 여부는 열린 세계에 대한 지자체의 개방의식과 코즈모폴리턴적인 노력 여부에 달려있다. 지자체의 국제센터(International Center)로의 의식추구로 보다 더 성숙하고 안정된 위치를 기대할 수 있다. World Class를 위한 지자체의 노력에는 다음과 같은 요소가 중요시되어야 한다.

○ 국제경쟁력을 구비하기 위한 장애물제거와 중점산업 육 성
○ 지자체 내 사업체 간의 상호협조와 정보교환을 통한 국제 경쟁력 완비
○ 외국기업의 투자유치와 투자유치에 따른 충분한 주변환 경 제공 및 조성으로 수출증대

○ 지자체 내 우수 인력의 확보와 직업안전성 부여로 충분한 능력발휘 기회 조성
○ 지자체의 발전계획에 다양성 있는 분야의 참여로 새로운 정책방향(New Models) 수립

상기와 같은 난관을 극복하기 위해서는 지자체 공무원, 사업주, 정치인들이 상호협조를 통하여 국제화된 감각과 의식이 뭉쳐질 때 세계 속의 한 일원으로서의 World Class가 되는 것이라 하겠다.

4) 국제화시대 미국 지방정부의 참여

미국 지방정부들은 어떠한가? 대도시의 시장들은 국제화에 전력하고 소규모 도시들도 미국 내 양대 도시관련협회인 전국도시연합(National League of Cities)과 미 시장협회(U. S. Conference of Mayors)의 일원으로서 국제화에 대한 많은 정보를 제공받는다. 1990년의 경우에도 약 1,850여 지자체들이 96개국과 자매도시관계를 결성하여 도시 간의 상호우애관계를 돈독히 하고 있다. 일부 주정부의 경우에는 주정부 독립적인 해외사무소를 설치 운영하고 있다. 가주정부의 해외사무소와 애리조나 주의 1987년에 설치한 대만의 무역사무소 및 라스베가스의 동경대표부, 독일의 프랑크푸르트 사무소, 영국의 미들랜드 사무소 등이 그 사례에 해당된다. 미국 내 약 5백만의 미국인이 외국업체의 사원으로서 직업을 갖고 있고 주정부 및 지자체들이 외국인의 투자유치를 통한 직업창출, 경제 활성화, 시세수증가 등을 위한 프로그램에 수천만 불을 지불하는 근본적인 이유가 여기에 있다.

5) 지역 간 공동사업 추진으로 국제경쟁력 향상 사례

(1) 레드리버 및 어스틴/샌 안토니오 국제무역권
(The Red River & Austin-San Antonio Trade Regions)

미국의 미네소타 주와 캐나다의 매니토바(Manitoba)의 Northern Red River 와 San Antonio의 River Walk의 지역적 특징은 미국에 인접한 캐나다와 멕시코를 연결하는 수로를 이용하여 국제무역을 촉진하고자 주변 지역과의 경제협력을 통해 경제 활성화를 꾀하고 있다는 것이다. 이 지역은 다른 미국의 도시와 농촌 지역처럼 무역육성을 촉진하고 경제협력을 할 수 있는 장점이 있다. 유사한 역사, 문화, 환경, 무역방식 혹은 산업체계하에서 이루어지는 주변의 지역적 경제협력은 시, 카운티, 주, 국가 간의 경계를 무너뜨리고 실질적인 캐나다-미국-멕시코 대륙 간 국제무역지대를 형성한다.

■ 레드리버 무역지대(Red River Trade Corridor)

미국의 미네소타 주와 캐나다의 매니토바(Manitoba)를 연결하는 Red River의 북쪽 유역에 위치한 레드리버 무역지대(RRTC)는 미네소타 주의 중서부 지역과 북서 지역, 북 다코타 주(North Dakota) 동쪽, 캐나다 매니토바(Manitoba)의 남쪽을 포함하는 국제무역지대이다. 주변의 주요도시들은 Fargo Moorhead, Grand Forks, East Grand Forks, Winnepeg 같은 도시들이 위치하며, Red River 지역의 인구수는 150만이다. 이 지역의 제조업 및 소매업의 연간 매출액은 $200억을 초과하고, 20개의 교육기관과 50개가 넘는 공공 및 사설 연구시설이 소재하고 있다.

레드리버 무역지대는 현재 RRTC의 책임자로 있는 Jerry Nagel의 노력으로 5년 전부터 시작되었으며, 초기에는 1명의 직원과 총 6만 달러의 연간 예산으로 출발하였으나 현재는 연간 17만 5천 불의 예산과 3명의 직원들로 운영되고 있다. 연간 예산은 회원가입비, 기업체 후원, Minnesota주와 North Dakota주 그리고 Manitoba도에서 지원되는 기금으로 운영되고 있다. 최근에는 포드재단(Ford Foundation)에서 20만 불의 기금을 지원받기도 하였다.

주요 업무로는 신문, 컨퍼런스와 워크숍 등을 통한 다양한 정보를 제공하고 주변의 여러 지역 커뮤니티에서 참가한 수백 명이 넘는 자영업자들이 매년 모이는 '무역회의(Trade Summit)'를 주관하며, 주변의 지역사회 경제 활성화를 위하여 지역 간 교통 서비스와 가격경쟁력을 분석하는 등 연구도 병행하고 있다. 레드리버 무역지대의 최대 목적은 무역지대 내의 개인, 기업, 지자체 모두가 경제 활성화에 관심을 갖고 상호 협력하도록 장려하는 것이며, 소규모 지자체들에게도 경제력이 큰 도시와 같은 무역혜택의 기회를 부여하는 것이다. 지역 간 경제협력의 사례로서 '레드리버 경제인협의회(Red River Economic Developers Network)'는 전 지역의 경제 발전을 위한 정보와 관련 자료를 200여 시정부와 경제관련 기관 및 회원들에게 제공하고 있다. 아울러 대도시들과의 경제 활성화 관련정보 교류도 활발하게 이루어지고 있다.

RRTC의 참여자들은 지역 간의 협력과 무역거래의 활성화는 지역경제의 성장을 이끄는 첩경이라고 강조한다. 전 미니아폴리스(Minneapolis) 시의원과 미네소타 시(City of Minnesota)의 경제진흥국의 책임자였으며, 현재 미네소타 대학 내 휴버트험프리연구소(Hubert Humphrey Institute)의 '주·지방정부 프로그램'의 책임자로 있는 리 무니크(Lee Munnich)는 '한 지역의 경제력은 그 주변 지역의 경제력에 좌우된다.'라고 주장한다. 무어헤드 시(City of Moorhead)의 시의원 및 미도시연합(National League of Cities) 고문위원이며 RRTC의 집행위원인 밀리 멕리오드(Millie MacLeod)는 레드리버 무역지대와 같은 곳을 통한 주변 지역의 경제 활성화 노력은 지역적인 연계성을 통한 상호협력이 용이하다고 말한다. 그 이유는 충분히 발생 가능한 주변 지자체들 간의 경쟁이 없으며 함께 협력할 수 있는 기회가 많기 때문이다.'라고 설명한다.

지역적 연계를 통한 상호협력 차원의 경제적 육성은 독립적으로 시정부가 노력하는 경우보다 더 많은 창의력과 보다 넓은 범위의 경제개발 전략으로 접근해야 한다. 무니크(Munnich)는 '개별적인 회사나 사업 분야보다는 경제개발관련 부서들은 해당 지역에 적합한 사업 분야를 집중적으로 지원해야 한다.'고 지적한다. 맥리오드(MacLeod)는 '주변 지역 간의 협력은 주변 지자체의 경제개발노력에 새로운 아이디어의 탄생과 지역사회에 새로운 직업의 창출을 기대할 수 있다.'고 부연한다.

마지막으로 주변 지역 간 무역동맹 지지자들은 시공무원들은 비록 시 행정이 독자적인 경제개발 프로그램을 실시한다 하더라도 주변 지역 간의 상호무역과 교류협력이 해당 지자체 경제부흥에 있어서 질과 효율성을 배가시킬 수 있다는 점을 필히 인식해야 한다고 강조한다.

■ 텍사스 주 범 어스틴/샌 안토니오 무역협의회

텍사스 주 범 어스틴/샌 안토니오 무역협의회(The Greater Austin-San Antonio Corridor Council of Texas)는 1980년대 초까지만 해도 멕시코와 국제무역관련 업무교류가 없었다. 그러나 1990년 이후부터는 지역경제 활성화의 일환으로 멕시코와의 국제무역에 많은 비중을 두고 있다. 이 무역지대는 7개 카운티와 멕시코의 샌 안토니오(San Antonio)와 Georgetown 간의 43개 도시들을 포함하고 있는데 그중 주요 시정부들은 Austin, Buda, Georgetown, Lockhart, New Braunfels, Round Rock, San Antonio, San Marcos, Schertz와 Seguin이다. 운영기금의 50%는 무역협의회에 소속된 시와 카운티에서 지원받고 기타 50%는 개인 및 기업의 회비로서 충당된다.

주변의 인구는 230백만이며, 17개의 전문대학과 종합대학, 연간 1100만 명의 관광객이 찾는 텍사스 주의 10개 관광명소가 위치하고 있다. 한편 이 지역은 전국에서 가장 저렴한 생활비로 유명하며, 연간 3천만 불 이상을 연구·발전기금에 투자하고 있다. 작년에도 약 32만 개의 새로운 직업이 창출되었으며, 농업관련 사업뿐만이 아니라 바이오 메디컬과 하이테크 회사가 점차 상업 지역으로 자리 잡고 있다.

무역지대 설립의 발단배경은 '무역지대 안에 포함된 시정부들의 시장들이 각기 다른 성격을 가진 시가 연합하려 무역협의회를 결성하면 전체 지역에 이점이 생길 수 있음'을 인식한 데서 비롯한 것이다. 어스틴 시(City of Austin)가 정치적 위상과 하이테크 사업을 가지고 있는 반면, 샌 안토니오 시(City of San Antonio)는 바이오테크놀로지와 제조업관련 상권을 가지고 있다.

무역협의회는 주변 지역의 균형 있는 경제개발을 위하여 개인방문, 전화, 우편과 발행물 등의 배포를 통한 홍보전략과 국내 및 국제간의 투자무역을 촉진하고 투자유치행사를 개최함으로써, 협회회원들이 텍사스 주 및 해외의 투자가능성 있는 비즈니스 파트너를 만날 수 있도록 주선하고 있다. 또한 회원들에게 광범위한 무역관련 자료 및 통계자료의 제공과 이 무역지대를 통해 세계와 연결하는 데 도움을 제공하고 있다.

성공적인 행사로는 1995년에 개최한 제6회 'Cuatro Caminos Co1nven- tion'에는 멕시코 재무부 장관을 비롯하여, 5명의 미국정치인과 1500명의 멕시코와 텍사스거주 사업가, 무역인, 시공무원, 정치인들이 참여했다. 또한 투자유치의 결과 Armstrong Lab과 기술 조약을 발전시켜 무역지대 내 연간 150백만 달러의 수익을 얻게 되어 지역경제에 도움이 되었다. 물론 문제가 없는 것은 아니다. 이 무역지대는 5-10년 안에 전국에서 가장 빠르게 성장하는 지역으로 예상되며, 인구수는 매년 4-6%로 증가되어 교통체증과 같은 부수적인 문제를 유발한다는 점이다. 장기적인 안목의 해결방안을 모색하기 위해 관련기관과의 토론회를

주최하여 무역지대 내의 여러 시가 함께 참여하는 교통서비스 대책을 강구하고
있다.

(2) 로키산 및 카미노 리얼 국제무역권
(Rocky Mountain and Camino Real Trade Regions)

Rocky Mountain의 커뮤니티는 Canada로부터 Montana, Wyoming,
Colorado, New Mexico, Texas 그리고 Mexico까지 포함하는 경제 활성화방안
에 협력하고 있다. 로키산맥 북쪽의 로키 산 무역지대(Rocky Mountain
Trade Corridor)와 남쪽의 카미노 리얼 경제동맹(Camino Real Economic
Alliance)은 캐나다와 멕시코의 무역지대를 연결하는 국제무역권을 형성하고
있다.

■ Rocky Mountain Trade Corridor(RMTC)

캐나다와 미국을 연결하는 이 무역지대는 Alberta, British Columbia,
Saskatchewan, Colorado, Idaho, Montana, Wyoming 그리고 Utah를 포함하고
있으며 인구수는 1500백만이다. 1990년의 경우 캐나다와의 무역량은 151억 불
을 상회하였으며, 1991년 이후 이 지역의 경제 성장률은 미국 내 다른 곳에
비하여 5배 이상이나 된다.

1992년 2월, Montana 의원인 Stan Stevens는 corridor의 경제 가능성을 타진
하기 위해 Rocky Mountain안에 속해 있는 주(state). 지역 정치가들 및 주지사
들을 초청했다. RMTC는 1993년 9월 현실화되었다. 개관한 후 처음 3개월간
240개가 넘는 기업들이 RMTC 참여에 관심을 보여 연락해왔다. 뿐만 아니라
Alberta정부로부터 적은 기금과 Northwest Area Foundation으로는 처음 2년간
의 재정 협조를 받게 된다. 하지만 이 협회의 궁극적인 목적은 멤버십으로 자
체 운영하는 것이다.

로키 산 무역지대(RMTC)는 회원들에게 무역 지역 내와 지역 외에서 무역 시장을 확장할 수 있는 기회를 제공하며, 이와 관련된 프로그램을 수행하고 있는데 그중 여러 벤처사업 합작의 결과인 'matchmaking' 프로그램은 회원들인 수출업자, 운송업자, 금융가, 마케팅 등 국제무역관련 분야의 전문적인 지식을 상호교환하고 제공하여 해당 분야에 대한 사전지식을 통하여 성공적인 사업을 이루도록 지원하는 프로그램이다.

기업인과 지방정부들과의 지역경제협력방안 노력과 동반자적인 참여로 조성된 무역지대를 통한 지역 간 국제무역이 해당된 지역경제의 활성화에 긍정적인 결과를 주고 있다고 이 지역 내 지자체공무원들은 믿고 있다.

■ Camino Real Economic Alliance

미-멕시코(U.S-Mexico)의 경계인 텍사스 주 남서부근과 뉴멕시코 주(New Mexico)의 남동부근에 위치한 카미노 리얼 경제동맹(CREA)은 Chihuahua, Juarez, El Paso, Las Cruces, Albuquerque와 Santa Fe 시들 산하 45개 기구(Organization)로 구성되어있으며 4백만 이상이 주거하고 있다. 카미노 리얼 경제동맹은 미-멕시코 전체 무역량의 20%를 담당하고 있으며, 지역총생산(Gross Regional Product)은 400억 불이다.

20세기까지 400년간 이 지역은 Mexico 시와 Santa Fe, New Mexico를 연결하는 역사적인 무역 노선이었으며, 이 지역 남쪽시장은 북쪽의 모피와 미네랄을, 북쪽은 남쪽의 수공예품을 주로 생산하였다. 북미자유무역협정(NAFTA)에 따라 엘 파소 상공회의소(El Paso Chamber of Commerce)는 과거 잊혀진 무역루트를 재생하여 지역경제 발전의 기회를 마련하고자 1992년부터 시작된 카미노 리얼 경제동맹(CREA)에 거의 모든 재정을 담당하고 있다.

과거 역사적인 무역 루트인 Ⅰ-25도로(Interstate Highway)를 확장하기 위하여 지자체로서는 감당하기 벅찬 기간산업확장공사에 주변의 지자체들이 협력하여 연방정부 보조금을 승인 받음으로써 정치인들이 이 지역 내 국제무역에 대한 중요성을 인식시키는 데 도움이 되었다.

카미노 리얼 경제동맹(CREA)은 지역경제 활성화의 하부구조뿐만 아니라, 국제무역을 통한 지역경제발전을 위해 수관과 같은 역할을 담당하고 있다. 예를 들어 회원들이 수출계약을 신장할 수 있도록 'Business Matchmaking'과 같은 포럼을 통한 네트워킹(Networking)을 지속적으로 실시하는 것과 컴퓨터 서비스정보제공 등이 해당된다. 이와 같이 무역지대는 지역경제를 부흥시키는 가장 좋은 방안이며 시정부들은 지역 간의 경제협력이 얼마나 많은 이점을 가져오는지 인식해야 한다. 그 이유는 기업이 특정 시를 선택하지 않고 무역지대 내의 다른 시와 무역거래를 선택한다 해도 그 시는 지역경제 활성화의 가능성이 여전히 유리하기 때문이다.

(3) 중남부 및 나이아가라 국제무역권
(Mid South Common Market and NIAGARA Regions)

미국 내 지자체들은 자신들이 계획가(thinkers), 입안가(makers), 무역가(trader)의 위치에서 지역경제 활성화를 위하여 지역적인 무역연합을 추진하고 있는 추세이다. 이러한 경향을 받아들여 중남부 무역권(Mid-South Common Market)과 나이아가라 무역권(Niagara Region)은 이 지역이 무역연합을 통한 세계경제의 중심이 되기 위해 노력하고 있다.

■ Mid-South Common Market

미시시피 삼각주(Mississippi Delta)에 자리 잡은 중남부 무역권은 Arkansas, Mississippi, Tennessee, Missouri, Kentucky와 Alabama의 105개 카

운티정부들로 구성되었다. 시정부 및 지자체의 경계를 초월하여 구성된 이 지역의 인구는 350만 명이며 약 36만 개의 제조업체가 있는 지역이다.

1987년 5월에 멤피스 상공회의소(Memphis Chamber of Comerce)에 의해 탄생된 중남부 무역권(Mid-South Common Market)은 지역경제 활성화를 지자체 혼자서 하는 것보다 지역연합을 통한 국제무역은 전체 지역경제에 큰 경제 발전의 가능성을 가져올 수 있다는 확신을 가졌다.

오늘날까지 중남부 무역권 운영은 회원의 기부금과 Arkansas, Mississippi 그리고 Tennessee주의 경제진흥국에서 지원을 받는다. 주요 전략은 커뮤니케이션의 개발을 통한 특정 지역의 본사 소재라는 당위성을 배제함으로써 부가적으로 지불되는 사무실 임대, 지역세금 등의 경비를 감소시키는 것이다. 그 후 이 지역에는 많은 기업의 투자유치성과를 거두었다. 미국 내 타 무역지대와는 달리 미중남부의 국제적인 중심센터라는 지역적 위치가 강조되는 이 지역은 현대화된 제조업과 서비스산업 및 연구기관들이 증가하고 있는 추세이다

주요 프로그램으로는 사업정보교환(matchmaking), 통계자료제공 서비스, 친교(networking) 기회, 국제무역 소개 및 무역실무 세미나 개최뿐만이 아니라 텔레커뮤니케이션을 연구하도록 기술센터(technical center)를 운영한다. 한편 다른 지역의 회사들이 볼 때 이 지역이 충분한 시장적 가치가 있도록 무역지대의 질적 향상을 추구하고 있는데 중남부 질적 향상센터(Mid-South Quality Productivity Center)는 60시간 동안 무역지대의 질적 향상방안과 교육을 통하여 사업을 지원하고 있다. 한편 농산물의 유통체계를 개발한 FoodMatch는 농산물의 효율성인 유통망 향상을 위한 프로그램으로 평가되며 1993년에는 약 6만 상자의 농산품 52만 달러를 이 방식으로 판매하는 성과를 얻었다.

멤피스 시의 경제진흥센터(Economic Development Center)는 1995년에 오

픈하여 컴퓨터를 이용한 정보제공과 텔레커뮤니케이션으로 회원들을 지원하고 있다. 최근에는 제조업을 이 지역을 대표하는 중점사업으로 지원하고 있으며 근본적인 이유로는 이 지역의 30.8%의 근로자가 제조업에 근무하기 때문이다. 타 지역에 소재한 제조업자들이 타 지역에서 생산하여 운송하는 것보다 현지생산의 경우보다 더 나은 생산성이 기대되기 때문에 제조업이 날로 성장되고 전국 10위권 안에 진입하는 성과를 거두었다.

■ Niagara Region

뉴욕 주 서부 지역(Western New York State)에 위치한 지자체들은 나이아가라 무역지대를 결성하였다. 인근의 8개 카운티정부들과 Toronto, St. Catharines, Niagara Fallss, Buffalo시는 이 지역 안에 있는 대표적인 시정부들이며 약 900만 이상이 거주하고 있다. 이 지역은 캐나다-미국의 전체 무역량의 35%를 차지하는 무역지대이다.

1989년에 캐나다와 체결한 자유무역협정(Free Trade Agreement)이후 처음 5년간은 투자유치 면에서 미약한 결과만을 경험한 결과, 성과 없는 무역지대(Rust Belt)라는 이미지를 벗고 이 지역이 미국과 캐나다를 연결하는 남북간 무역지대의 중요한 국제무역중심으로 변모시키고자 1995년 1월 나이아가라 무역지대는 탄생하였다.

"나이아가라는 세계무역의 중심지(Attracting the World)"라는 슬로건으로 캐나다와 미국을 연결하는 고속도로망과 금융센터(financial center)를 갖고 있다고 전 세계에 홍보하고 외국과의 국제무역량이 점진적으로 증가하고 있음을 강조하는 마케팅전략을 통하여 National Fuel and Gas Corp, Niagara Mohawk, Erie County, Erie County Industrial Development Agency로부터 10만 불의 기금지원을 받았다. 또한 마케팅전략은 일반적이고 전면적인 접근보다는 특정한 사업을 선정하여 이를 중심으로 전개되었으며 중점 육성하는 분야로는 관광, 의학용품, 무역 등이 해당된다. 이와 관련된 주요 프로젝트로는 캐나다와 미국 내 로터리클럽들과의 협조로 홍보처(Speaker Bureau)를 신설하는 것, 인터넷 홈페이지 디자인, 다양한 정보제공, 무역지대관련 전문가 채용 등이다. 주요 활동으로는 양 지역의 경제 활성화를 위한 교류기회 제공: 국제무역 세미나 개최, 사업체 현황제공, 정치적 경제적 안정성 홍보, 회원 간에 정보를 교환할 수 있는 자료 분배 등이다. 한편 지역의 경제성장과 지역사회의 경제력 향상 및 투자유치를 도모하기 위하여 지자체들과의 공동연구, 공공교육, 지역 마케팅, 운송, 커뮤니티 발전방안에 대하여 상호 협조하고 있다.

나이아가라 무역지대의 MS. Rehak은 '우리는 1년 내에 우리의 목표를 달성할 수 없음을 잘 안다. 그러나 중요한 것은 이 지역에 사는 주민들이 그들이 나이아가라 무역지대에 살고 있고 모든 재산이 여기에 있다는 것을 확인할 수 있도록 하는 것이 우리의 희망이요 목표다.'라고 강조한다.

6) 지방정부의 국제화 사업사례

(1) 가주정부의 국제화 전략

가주정부의 국제화 전략은 당관에서 이미 소개한 바 있으나 간략히 소개하면 다음과 같다.

■ 캘리포니아의 국제화 촉진배경

1992년 이후 캘리포니아의 대외교역량은 45%가 증가하였다. 전문가들에 의하면 현재 가주의 연간 대외교역량은 2,000−2,500억 달러로 주 경제의 1/4을 차지, 이는 미국 전체경제에서 대외교역이 차지하는 평균비율보다 매우 높은 것이다. 이처럼 가주의 대외교역량이 많은 주된 이유 중 하나는 세계에서 가장 분주한 교역통로에 위치한 캘리포니아의 지정학적 입지조건이다. 게다가 캘리포니아의 산업구성에는 오락산업이나 전자산업 같은 미국 최고의 수출산업이 포함되어 있다. 또한 인구구성에 있어서 다른 나라들과 밀접한 관계를 유지하고 있는 다양한 인종이 섞여있다. 이러한 자산은 냉전의 종식 이후 세계경제의 문호가 개방되고 국제무역의 장벽이 없어지면서 만들어진 기회에 캘리포니아가 유리한 고지를 점령하는 데 밑거름이 되고 있다.

■ 국제화의 첨병 해외사무소

1991년부터 가주정부는 내각급의 상무부를 통상상무부로 전환하여 해외통상사무소의 숫자를 당시의 두 배인 10개로 확장하여 현재 동경, 런던, 멕시코시티, 프랑크푸르트, 홍콩, 예루살렘, 타이베이, 요하네스버그, 자카르타, 서울에 해외사무소를 설치, 운영하고 있다. 한편 가주정부는 최소한 다섯 군데의 해외사무소를 추가로 개설하여 세계의 거의 모든 대륙으로 주정부 사무소를 확대시킬 예정이다. 새로운 해외사무소는 중국, 브라질, 싱가포르, 폴란드, 프랑스 등이 거론되며 스페인과 이탈리아에는 통상자문위원을 위촉할 계획이다.

■ 해외사무소의 활동사례

가주정부는 1997년 가을 파리에서 세계 최고의 패션산업 대표자 70여 명을 초대하는 샴페인 리셉션을 주최하였는데 참석자들을 대상으로 LA에서 개최되는 의상 쇼를 위성으로 생중계하여 캘리포니아의 패션관련 시장성을 홍보하는 자리를 마련하였다.

대만에서는 라비쉬 호텔의 개장을 축하하는 행사가 열렸을 때 타이베이 주재 캘리포니아 사무소는 음식과 와인을 무료로 제공하면서 가주의 주요 수출 전략품목인 농산물을 홍보하는 대대적인 전시행사를 개최하였다.

한편 가주정부는 약 140평(5,000평방피트) 규모의 순회박람회를 준비하고 있는데, 이 중에는 40분의 아이맥스 영화의 상영이 이 행사에 포함될 것이다. 이 홍보전시회는 앞으로 5년 동안 전 세계를 돌며 개최될 예정이며 홍보영화의 내용은 가주의 주요 산업, 관광명소, 문화 등을 담을 것이라고 제작자는 말하고 있다.

(2) L. A. 市의 국제화 전략

로스앤젤레스 시도 가주정부의 국제화 전략 외에도 독자적인 국제화 전략을 마련하여 외국기업의 투자유치 및 관광수입 증대방안에 대한 목표수립과 참여 외국업체에 대한 다양한 인센티브 프로그램을 마련하여 미국 내 제2의 국제도시로서 명성을 유지하고자 노력하고 있다.

■ 부정적인 이미지 개선노력

1990년대 초반 각종 언론매체를 통해 소개된 로스앤젤레스의 부정적 市이미지는 지역경제에도 큰 영향을 미쳐, 1992년 로드니킹 구타사건으로 촉발된 LA 폭동, 미역사상 최대의 자연재난으로 일컬어지는 1993년 노스릿지 대지진, 말리부 지역을 중심으로 일어났던 1993년 로스앤젤레스 북서부 지역의 대화재 및 홍수, 1990년 초반 냉전 종식 및 군비 축소로 인한 남가주 최대의 경제기반이었던 항공 및 방위산업의 급속한 쇠퇴 등이 이러한 부정적 시 이미지의 대표적 경우에 해당된다.

타 지역 및 해외로부터의 자본 및 투자 감소, 실업률 급등 및 주택시장의 급랭, 외래 관광객의 격감 등 지역경제에 대한 직접적 영향에서부터 지역투자심리의 저하, 생산 및 서비스의 타 지역 이동 등에 이르기까지 부정적 市이미지로 인한 피해는 수없이 열거되고 있다. 한편 이러한 손상된 市이미지의 제고를 위해 논의되는 방안들 중 특히 주목되는 것은 기업경영기법을 이용한 市이미지의 제고방안이다. 시의 이미지 제고를 위한 마케팅 및 광고를 통한 적극적인 홍보전략으로는 로스앤젤레스 시 관·민합동조직 (The New Los Angeles Marketing Partnership)을 조직, 미 전역을 대상으로 잡지광고게제 등 시 이미지 제고를 위한 홍보에 나서고 있다.

■ 환태평양국가들의 투자유치

한국, 일본, 중국, 대만 등 환태평양국가들의 해외 투자와 해외자본의 유입이 향후 로스앤젤레스 지역의 경제성장에 필수적이라는 인식이 널리 확산되고 있으며 여러 가지 방안들이 강구되고 있다. 시정부 및 상공회의소 등을 주축으로 로스앤젤레스 주재 해외언론기관들을 대상으로 한 로스앤젤레스 내 지역산업에 관한 자세한 정보의 제공 및 투자유치관련 홍보를 강화하는 방안이 제안되고 있다. 이러한 해외자본유치제안은 로스앤젤레스가 영화오락 및 항공산업의 도시라는 고정된 관념을 깨고, 다양한 인종과 문화가 조화된 국제도시로서의 지역적 특성과 외국기업에 대한 인센티브를 부여함으로써 해외자본의 투자 최적 지역이라는 인식을 유도하여 국제경쟁력을 높이고 지역 내 한정된 산업재원을 벗어나 지역경제 활성화에 필요한 재원을 유치, 조달할 수 있다는 점에서 시정부는 해외자본의 유입과 투자유치에 노력하고 있다.

(3) 이스트 오렌지市(뉴저지 주)

서부 아프리카 및 카리브 해 이민자들이 많은 이스트 오렌지 시는 국제화의 중요성을 인식하여 아프리카 가나(Ghana)와의 무역거래량이 증가함에 따라 가나정부의 대통령을 비롯한 고위공무원들과 접촉하여 1993년 9월 가나에서 2주간의 투자유치행사를 중앙정부의 국제개발국(U. S. Agency for International Development) 및 주정부의 도움을 받아 행사를 주관하였다.

뉴저지 주정부와 가나정부의 투자유치행사 결과 뉴저지 주 내 엔지니어링 회사는 가나 해안의 5킬로미터에 이르는 해안침수조절시스템(Shoreline

Erosion Control System) 용역설계비로 5천7백만 불의 공사계약을 체결하는 성과와 무역사무소 개설에 합의하였다. 한편 이스트 오렌지 시에 소재한 콘크리트 제조회사는 건설개발이 한창인 가나에 합작회사를 설치하여 최신기법을 전달하고 공사관련 하청공사도 이스트 오렌지 시에 소재한 회사에서 참여할 수 있는 성과를 거두었다. 이 결과 참가를 못하였던 다른 기업체에서도 제2차 투자유치행사에는 적극적인 관심을 보이는 부수적인 효과도 기대된다. 이스트 오렌지 시는 투자 및 무역 분야뿐만이 아니라 국제화의 길은 교환학생 파견, 문화교류 등 다양성을 통하여 양적 국제화만이 아닌 질적 향상을 위하여 시지도자들이 노력하고 있다. 소수계 시민들의 인종적인 배경을 통하여 국제화에 성공한 이스트 오렌지 시의 투자유치행사는 지자체의 지도자들이 해당 지역의 문화적 및 인종적인 다양성을 승화시켜 지역경제의 활성화와 국제화를 거둔 사례라 하겠다.

(4) 뉴포트 뉴스市(버지니아 주)

지난 5년간 뉴포트산업진흥국(Newport News Industrial Development Authority)에서는 유럽의 주요 잡지에 시 홍보 자료를 게재하였으며 시 공무원들은 독일과 일본을 직접 방문하여 투자유치행사에 참여하는 등 적극적인 국제화 노력을 보였다. 한편 도시개발국(Department of Planning and Developments)에서는 시에 소재한 외국기업의 투자에 지원방안을 마련하여 국제무역의 발판을 마련하고자 주정부의 경제진흥국(State Economic Development Agency)과 함께 협조하고 있다. 버지니아 주정부는 유럽과 일본에 무역사무소를 개설하고 있으며 이에 부응하여 외국기업들은 뉴포트 뉴스 시에 소재한 오크랜드산업공단(Oakland Industrial Park)에 많은 입주율을 보이고 있다. 해외수출을 장려하기 위하여 시정부는 버지니아 항만청(Virgina Port Authority)과 버지니아 국제무역과(Virgina Division of World Trade)와의 협조로 내수품의 수출신장에 전진하고 있다. 주요 외국기업의 투자유치는 다음과 같다.

- ○ 1970년대
  독일계 회사(Liebherr, Solo)의 현지 법인설립
  스위스 제조업체(Muller Martini)의 현지 법인설립
  스웨덴 제조업체(Gambro)의 현지 법인설립
- ○ 1986년 – 1991년
  일본 캐논(Cannon)사의 현지법인(U. S. copier and laser printer plant)
  으로 1,600여 직업창출
  캐논(Cannon)사관련 5개 부품업체 현지입주
  스위스 제조업체(Muller Martini)의 제2공장 건설
  독일계 제조업체(O & K Escalators, Tyrolit Abrasives) 오클랜드 산업
  공단 입주
- ○ 1995년 이후
  기존의 외국회사 중 4개회사가 사세확장 중
  캐논(Cannon)사의 현지법인 독립회사(CustomIntegrated Technology)
  설립

(5) 앵커리지市(알라스카 주)

앵커리지 시의 경우 초창기의 국제화 관련업무는 시장실 산하 국제교류과
(Office of International Affairs)에서 주로 러시아와의 교류에 국한된 소극적
인 행정이었다. 오늘날 국제교류과는 양극 지역 국가뿐만이 아니라 태평양연
안 지역(Pacific Rim)을 포함하는 국가들과의 광범위한 국제화 업무를 관장
하고 있다.

앵커리지를 이용하는 국제선 항공사들이 감소하는 추세이지만 앵커리지 시
는 이 지역을 거점으로 유럽, 아시아, 북미 등을 연계하는 대륙 간 항공수송
량이 날로 증가하는 추세에 부응하여 국제적인 수하물 보관시설(International

Warehouse)과 중계센터(Distribution Center)로서의 명성을 얻으려 노력하고 있다.

국제교류과에서는 민간 및 공공분야의 국제화 노력에 지원과 협조에 선두적인 역할을 담당하고 있다. 앵커리지 시에 외국기업의 투자유치 희망시 관련 정보와 지원을 제공하고 국제무역 관련 세미나 행사에 후원을 하기도 한다. 한편 외국공관의 의전관련업무와 외국인 투자지역(Foreign Trade Zone) 관련 업무도 아울러 담당한다.

앵커리지 시는 1994년 중국의 상해와 앵커리지를 직항하는 화물노선을 개통하고 점차 민항까지 개방하도록 미 정부와 중국정부와 협상 중에 있다. 또한 대만의 대표단들은 앵커리지 내 대만기업의 투자여건을 조사하고 대만 내 미국회사들의 투자유치를 통한 상호 간의 경제 활성화를 위하여 앵커리지를 방문하였다. 알라스카 주정부의 국제무역국(Office of International Trade)과 세계무역센터(World Trade Center)와의 협조로 연방정부의 지원하에 앵커리지와 러시아의 하바로프스크 시(City of Khabarovsk)에 무역대표부를 신설하였다.

(6) 스포케인市(워싱턴 주)

국제개발국(Dapartment of International Development)에서는 스포케인 시에 소재한 개인 및 사업주들에게 국제무역관련 업무를 지원하는 임무를 담당하고 있다. 주요 지원업무로는 시장조사(Market Research), 무역지원, 연방·주정부·지방정부들의 광범위한 무역정보(National Trade Database) 등이 해당된다. 국제무역관련 참고자료인 스포케인 시 소재 무역상 명부(Spokane Area Exporters Directory), 국제기구 명부(Directory of International Organizations), 무역현황 연감(Annual Survey) 등을 출판하여 스포케인 시의 국제화 노력에 도움이 되고 있다.

자매도시인 일본, 독일, 중국, 아일랜드 등과의 협조로 국제개발국은 자매도시협회(Sister City Association)를 운영하고 있다. 한편 국제무역의 활성화를 추구하는 회원제인 북서부 세계무역협의회()는 시정부의 행정적인 지원을 받으며, 국제개발국은 세미나와 브리핑을 통하여 전 시민이 국제화의 중요성을 홍보하고 공익 라디오방송 프로그램("Spokane International Minute")을 통하여 계몽하고 있다.

(7) 콜로라도 스프링스市(콜로라도 주)

캐나다, 미국, 멕시코를 연결하는 무역자유지대(Free Trade Zone)의 중심 지역인 콜로라도 주는 지정학적인 유리함(덴버공항, 콜로라도 스프링스공항)을 갖고 있는데, 특히 콜로라도스프링스 시의 경제진흥과(Office of Economic Development)는 상공회의소(Chamber of Commerce), 범 콜로라도스프링스 경제개발협의회(The Greater Colorado Springs Economic Development Corp.), 국제경제관련 학과과정을 제공하는 대학과의 상호협조를 하고 있다.

시정부는 시소재 기업들의 국제화를 위한 지원을 제공하고 있는데, 8.3 ㎢ (2,000 에이커)에 달하는 외국인 무역지대(Foreign Trade Zone)가 해당된다. 한편 덴버에 소재한 세계무역센터(World Trade Center)는 전 세계 1천1백만 이상의 회사관련정보를 지역 내 기업들에게 제공하는데, 온라인 사업정보, 국제시장정보, 주요 항구의 선적현황 등이다. 시의 국제사업망(International Business Network)에 대한 소개 자료로는 콜로라도스프링스 소재국제무역 인명부(World Trade Directory), 수출관련 세미나, 국제사업망에서 발간한 신문 등이 해당된다. 한편 국제화의 필수항목인 외국어인 불어, 스페인어, 독일어, 러시아어, 한국어, 중국어, 이탈리아어, 일본어 등을 지역 내 대학에서 배울 수 있도록 협조하여 국제무역 시 의사소통에 큰 도움이 되고 있다. 이와는 별도로 시정부 내에 연방 국무부에서 제공하는 '피어슨 지원 프로그램(Pearson Fellowship Program)'의 일환으로 임기 1년의 국제교류 전문가를 초빙하여 국제화관련 업무를 담당하고 있다.

나. 國際化를 向한 서울시 地方公務員의 役割

우리가 가질 수 있는 첫 번째 질문은 지방정부의 공무원들이 도시행정을 담당함에 있어 국제적인 안목을 개발하고 실천해야 할 피치 못할 이유가 있는가는 것이다. 대부분의 공무원들은 이 질문에 대해 그렇다고 생각하고 있다. 그 이유로는 다음과 같은 점들을 들 수 있다.

1) 지구촌 차원의 연계성

지방정부의 위상이나 크기를 불문하고 모든 지역들은 다른 지방이나 해외 도시와 더 이상 고립되어 있지 않다. 따라서 지역사회의 공직자들은 업무에 임할 때 국제적인 안목을 갖출 책임이 있다고 하겠다. 이제는 한 지역이나 도시가 다른 지역이나 도시와 고립되어 있다고 할 수 없게 되었다. 한 지방 정부의 의사결정은 전 세계로 커버하는 통신망, 그리고 점차 증가하고 있는 경제적 상호의존 등의 복합적인 영향으로 다른 기관이나 도시에 영향을 줄 수 있다.

2) 지역사회의 염원

시민들의 상호 연계된 지구촌에 대한 비전은 지방정부 공무원들로 하여금 국제적인 감각과 안목을 갖추도록 요구하고 있다. 이러한 새로운 국제화된 시민정신은 다양한 형태로 표출된다. 즉 환경보호, 경제적 상호의존, 인권, 문화 및 인종 간의 다양성 등이 하나의 지구를 지향하는 요소들이다. 이러한 국제연계의 필요성을 인식하고 있는 시민들이 늘어남에 따라 공직자들의 국제적 안목의 필요성도 더불어 증가하게 된다. 만일 공무원들이 이와 같은 요구에 탄력적으로 대처하지 못한다면, 시민들의 지구촌 지향적 열망도 충족시키기 어려울 것이다.

3) 국제 수준의 정책 결정

지구촌 통신의 덕분으로 지방정부 공무원들이 당면 과제의 해결책을 모색할 때 가장 좋은 해답은 다른 도시나 외국의 사례에서 찾는 것이 가능해졌다. 지역사회의 골치 아픈 문제들은 종종 발상의 혁신적 전환으로 해서 좋은 답을 얻을 수 있다. 공무원들은 소위 '동네식' 발상을 거두고 최상의 해결책(그것이 지구촌 어디에 있든)을 물색해야 한다. 공무원들, 특히 고위정책의 공무원들은 다른 지역이나 외국의 좋은 답안들을 배우고 실천할 직업적 책무가 있다고 하겠다.

4) 경제적인 기회

거의 모든 지방자치단체들이 경제적 성장, 경제적 안정에 대해 큰 관심을 두어왔다. 이러한 문제들은 지역경제의 국제적 관계 또는 특성을 이해하지 않고는 좋은 해답을 얻기 어렵다. 이와 같은 대안은 직업공무원으로서의 보다 적극적인 리더십도 함께 요구한다. 국제적인 경제 활동이나 안목을 제공하는 지역사회는 시민들로 하여금 보다 다양한 경제적 선택과 기회를 제공한다. NAFTA에서 GATT에 이르기까지, 국제관광에서 인터넷 교류에 이르기까지, 경제는 국제화되어 가고 있고 지역 공무원들의 사고나 행동은 이를 수용해야 할 필요가 증가하고 있음을 명심하여야 한다.

5) 환경 문제

전 세계적으로 점차 가속화되고 있는 거대도시화(Mega City)의 성향은 천연자원에 대한 수요를 더불어 증가시키고 있다. 도시의 팽창과 인간의 소비문제는 더 이상 지역 고립적 차원에서 해결될 수 없다. 자연환경의 훼손은 문제의 본질, 즉 지구촌의 관점에서 인식되어야 한다. 반면에 기술적 혁신이나 해결방안은 지역단위의 하부구조로부터의 참여와 리더십을 필요로 한다. 환경문제의 경우 시민들이 지구촌적 발상과 지역적 실천을 동시에 행하지 않을 경우 문제해결이 어렵다. 자원의 재활용, 대기문제, 유해쓰레기, 수질보존 등은 지방정부가 당면한 과제들이지만 지구 환경 차원에서 행위의 정당성을 찾아야 하는 문제들이다.

6) 국제화된 공무원으로서의 근무 자세와 전문기술

우리가 당면한 또 하나의 질문은 지방정부의 관료들이 그들 사회를 국제화시키는 데 필요한 기술과 자세는 과연 무엇인가라는 것이다. 공무원들이 이러한 기술과 자세를 확보하기 위해서는 다음과 같은 사항들을 염두에 두어야 할 것이다.

○ 우선 스스로가 국제적 감각을 갖춘 공무원이 되고자 노력한다.
○ 문화적 다양성, 문화적 관심, 문화적 친화력을 개발한다.
○ 지역차원에서의 문화적, 사회적 다양성을 포용하고, 이들이 다양한 관련성을 확인할 수 있도록 촉매 역할을 한다.
○ 시청이 시민들의 국제화 노력에 대해 따뜻이 환영한다는 인식을 심어줄 수 있도록 포용력과 지도력을 발휘한다.
○ 효과적인 국제교류와 대화를 이루기 위해 외국어 컴퓨터 사용 능력이 중요함을 인지한다.
○ 역사적 문화적 이해의 중요성을 인식하고 지역사회 내에서의 다양성을

긍지로 여길 수 있는 풍토를 조성한다.
○ 지방행정의 개선에 항상 노력하며, 필요한 대안들이 우리 동네가 아닌 다른 지역이나 다른 국가에서 제시되고 실현된다는 것을 주지한다.

3. 맺는 말

전술한 바와 같이 미국의 지방정부들의 국제화 추세를 통하여 우리는 미국의 국제화는 가시적인 국제화보다는 실리적인 면을 중시하는 국제화임을 파악하게 된다.

우리의 경우 과거 일부 잘못된 가시적인 국제화의 인식으로 우리가 현재 감수하고 있는 난관을 극복하는 데 도움이 되는 방안의 하나로서 미국 지방정부들이 보여주고 있는 실리성을 추구하는 국제화의 사례를 통하여 우리경제의 경쟁력을 배양하고 국가 간 국제무역을 통해 지자체로서의 독립적인 자구책인 외국기업의 투자유치, 관광자원 개발 및 홍보, 국제교류 전문가 육성 등의 방안을 마련하는 데 근간이 있다 하겠다.

끝으로 우리 지역사회와 직장에서 점차 국제적 연계성이 증가하고 있음을 서울시 공무원들은 인식하여야 할 것이다. 국제적인 행정관료가 되기 위해서는 우선 내 자신이 국제화에 대한 새로운 안목을 가져야 됨을 결코 잊지 말아야 할 것이다.

8. 투자유치설명회 개최소감

국경을 넘어선 무한경쟁시대를 맞이하여 세계 어느 국가를 막론하고 중앙정부와 지방자치단체의 최우선 과제는 지역경제를 활성화시키는 데 있으며 이제는 국가나 지역이 기업을 선택하는 시대에서 기업이 국가나 지역을 선택하는 시대로 변화하고 있다. 자국이나 자기 지역으로의 국내기업 및 외국인의 투자유치는 세수의 증대라는 직접적인 효과뿐만 아니라 자본축적, 고용창출, 산업구조의 고도화 등 지역경제에 미치는 영향이 커, 미국이나 일본과 같은 선진국에서는 지방정부의 투자유치 활동에 온 행정력을 동원하고 있다. 본 주재관이 활동하고 있는 가주정부의 경우만 하더라도 홍콩, 도쿄, 런던 등을 비롯한 전 세계에 걸쳐 9개의 대표사무소를 두고 캘리포니아로의 투자와 교역증진을 위한 활발한 활동을 펼치고 있다.

그러나 지방자치가 시작단계에 있는 우리나라에서는 지방자치단체의 투자유치활동이 다소 생소한 개념으로서 특히 서울의 경우 높은 토지가와 고임금 등 고비용 구조로 외국인 투자유치의 실효성에 대해 의문을 가질 수도 있을 것이다. 그러나 이는 투자유치의 본뜻을 이해하지 못한 것으로 시의 적극적인 시책과 개별기업의 수익성 분석에 따라 도시형 산업인 패션, 애니메이션, 정보, 보험, 기타 첨단고부가 산업 등 서울이 비교우위에 있을 수 있는 분야를 얼마든지 찾아볼 수 있다. 특히 아시아-태평양 지역에서 서울이 점하고 있는 지정학적 위치가, 무한한 잠재성이 있는 중국시장과 우리보다 높은 고비용 구조로 직접진출에 어려움이 많은 일본으로의 우회적 접근이 용이한 것을 비롯하여, 동아시아 지역으로 진출하려는 세계 기업들의 전초기지가 될 수 있다는 점도 유리한 투자요인으로 들 수 있다.

우리 시로의 외국인 투자유치 활성화가 주요 시책의 하나로 추진되고 있는 시점에서 당관 개관 이후 뉴멕시코 주 앨버쿼퀴('96. 12. 20.), 유타 주 솔트레이크시티('97. 4. 24.), 콜로라도 주 덴버('97. 4. 29.), 워싱턴 주 시애틀('97. 5. 1.), 네브래스카 주 오마하('97. 9. 10) 등 현재까지 북미 5개 도시에서 외국인투자유치활동의 일환으로 투자교역설명회를 개최, 각 지역별로 50명 내외의 현지인이 참석하여 많은 관심과 매우 긍정적인 반응을 얻은 바 있다. 앞으로 타 지역에서도 우리 시의 보다 효과적인 외국인 투자 유치활동에 참고할 수 있도록 미국에서의 행사준비와 진행과정에서 느낀 점을 정리하였다.

1. 투자유치설명회 대상 지역 탐색:

당관의 제한된 인력과 자원으로 광활한 미 대륙을 대상으로 하여 장소선정, 참가대상선별 및 모집관리, 행사홍보, 발표자료 및 행사진행 준비 등 투자유치설명회의 자체개최는 처음 계획단계에서부터 새로운 도전을 필요로 하는 과정이었다.

우선 장소선정에 있어서 동일한 시간과 노력으로 가장 큰 관심을 유도할 수 있는 장소를 고려, 로스앤젤레스, 뉴욕, 시카고 등 한국과의 교류가 빈번하고 대한무역투자진흥공사 등 기존의 한국정부 투자기관에서 활발한 활동을 펴 이미 한국과 서울이 잘 알려져 있는 대도시보다는 서울과 한국에 대한 인지도가 상대적으로 낮아 홍보활동이 필요하면서도 첨단고부가 산업이 발달하고 있는 미 서부와 중부 지역의 중소도시에서 개최키로 하고 후보지를 물색하였다.

2. 주정부 관련부서 업무협조:

성공적인 행사개최를 위해 다년간의 통상진흥 활동경험이 축적되어있는 대한무역투자진흥공사 등 유관기관의 협조와 외국의 다른 도시들이 개최한 투자유치설명회를 비롯해, LA상공회의소, 월드트레이드센터 등에서 개최되는 다양한 국제교역관련 세미나, 워크숍, 전시회 등에 적극적으로 참석하여 최신정보 수집 및 설명회요령, 내용 등을 파악하였다.

차질 없는 행사진행뿐만 아니라 당관의 제한된 인력과 자원의 극복을 위해 개최 지역의 주정부, 상공회의소 등 유관기관의 협조가 필수적임을 파악, 개최 후보지의 주정부 관련부서를 접촉하여 행사취지를 알리고 개최지에서의 설명회 홍보 및 참석업체 예약접수, 행사장소선정, 행사진행지원, 주지사, 시장 등 정부기관 예방주선, 기타자문 등 업무협조를 요청하였다.

미국의 경우 거의 모든 주정부가 주지사 사무실 직속, 혹은 경제개발국(Economic Development), 상무국(Department of Commerce) 등 상무관련 산하기관 내에 국제무역부(International Trade Office), 수출지원부(Export Office) 등 국제통상 관련부서가 있다. 이들은 수출지원, 투자유치, 해외시장개척, 통상관련 정보제공, 통상관련 행사개최와 참가, 그리고 통상사절단의 해외 파견 및 관할 지역을 방문하는 외국통상사절단의 업무지원도 하고 있어 행사

취지가 해당부서의 업무방향과 부합되고 여건이 허락할 경우 대부분 적극적인 업무협조를 이끌어낼 수 있다.

3. 국가정책과 지방시책 설명으로 종합홍보기능 수행

우리나라의 무역진흥 및 해외투자유치를 위해 로스앤젤레스, 뉴욕, 시카고 등 미 주 지역을 비롯한 전 세계 주요 도시에 대한무역투자진흥공사의 지역사무소가 개설되어 국가차원의 통상진흥활동을 벌이고 있음은 주지의 사실이다. 특히 KOTRA-LA사무소는 당관과 동일한 건물 내에 위치해 있어 당관 개설 시부터 상호 간에 매우 긴밀한 업무협조체제를 유지하고 있다.

'96. 12. 20. 뉴멕시코 주 앨버쿼퀴 투자유치설명회를 당관과 KOTRA-LA가 공동으로 시범개최하여 KOTRA-LA는 대한민국 국가차원의 대미교역현황, 투자정책, 사업환경을, 당관은 서울시에 대한 전반적인 소개와 더불어 투자시책과 사업환경을 발표, 다양하고 풍부한 정보를 제공하여 흥미 있는 프로그램이었다며 현지의 참석자들로부터 높은 반응을 불러일으켰다. 또한 뉴멕시코 주정부 관계자에 따르면 통상, 문화, 관광 등 일본과 관련된 각종 행사가 뉴멕시코 주에서만 연평균 12회 이상 개최되는 반면 한국관련 행사는 3년 만에 이루어졌다면서 이와 같은 행사를 자주 개최해줄 것을 요청하기도 했다.

현장감각 숙지와 경험축적을 중요한 목적의 하나로 KOTRA-LA와 공동으로 시범 개최했던 뉴멕시코 주 설명회에서 지방자치단체 해외사무소로서의 통상활동 영역에 대한 자신감을 확보한 당관은 이러한 행사를 지속, 발전시켜 대한민국과 서울시의 투자환경과 더불어 서울의 문화와 관광홍보를 병행하는 종합적인 서울홍보행사로 정착시킬 필요가 있음을 절감하였다. 또한 무역관뿐만 아니라 문화원, 관광공사 등 유관기관과의 관련사업 공동추진은 국가차원의 업무중복을 피하면서 업무효과를 극대화할 수 있음을 경험하였다.

이에 따라 다른 지역에서 개최되는 설명회에서도 해당 지역 무역관이 당관의 업무협조요청에 의해 행사에 참석, 당관발표에 앞서 국가차원의 투자유치정책과 한미교역현황을 발표하고 참석자들의 질문에 공동응답, 제품 카탈로그 지원 등 업무공조체제를 유지했다. 특히 시애틀과 오마하 설명회에는 관할 지역의 총영사가 참석하여 국가유관기관 간의 업무협조와 관심을 보여주기도 했다.

4. 행사준비 및 진행

차질 없는 행사의 진행을 위해서는 발표자료준비, 유관기관 협조요청, 장소선정 및 발표장비와 캐더링 예약, 참석차 초청 및 예약접수, 유관기관 방문협의, 숙소와 항공권 예약 및 현지교통편 등이 사전에 준비되어야 하고 행사당일에는 발표장비 설치 및 식사와 음료배치, 참석자 등록접수 및 명단파악, 홍보자료배포 및 카탈로그 전시 등이 준비되어야 하는데 주요한 몇 가지만 살펴보면,

서울홍보비디오상영: 행사를 시작하면서 서울의 문화와 관광을 홍보하는 약 20분 길이의 영문 영상물을 상영하여 행사장에 입장하는 참석자들이 아침식사를 하면서 자연스럽게 시청, 서울에 대한 일반적인 현황을 파악하도록 하였다.

서울소개 및 투자환경발표: 위치, 인구, 면적 등 서울의 일반현황과 사회간접자본, 투자 시 인센티브 등 서울의 투자환경이 주요 내용인 당관의 발표자료는 지역경제과에서 제작한 외국인투자유치가이드를 중심으로 서울홍보물, 통산산업부 및 무역관 자료, 기타 인터넷 자료 등을 참고로 핵심적인 내용을 브리핑

형식으로 편집, 약 40쪽 분량으로 정리한 후 이를 컬러슬라이드로 제작하였다. 행사당일에는 이 컬러슬라이드를 35mm 프로젝터로 영사하면서 자연스럽게 설명하여 참석자들의 관심과 흥미를 유도하도록 제작, 사용하고 있다.

중소기업체 카탈로그 및 서울홍보물 전시: 설명회장의 일부 공간에 중소기업체와 제품을 소개하는 다양한 종류의 카탈로그 및 화보, 지도 등 서울홍보물을 전시하여 참석자들이 자유롭게 필요한 자료를 가져갈 수 있도록 하였다. 기업체 카탈로그는 경제진흥과에서 해외통상정보지에 중소기업체를 대상으로 접수광고를 게재하는 등의 방법으로 당관에 평소에 접수하여 비치 및 보유하고 있던 것과, 본부로부터 지원받은 홍보물, 당관이 자체 제작한 LA서울관 소개 팸플릿 등을 활용하였다.

5. 행사성과 및 향후계획

서울의 문화관광홍보, 통상지원, 선진도시정보수집 등 LA서울종합홍보센터의 종합적인 기능과 목적에 따라 서울의 투자환경 브리핑과 더불어 일반현황 안내, 홍보비디오상영, 홍보물배포 등 문화관광홍보를 병행, 참석자들로부터 '매우 다양한 정보를 제공받은 유익한 행사'였다는 평가를 받았다.

직접적인 행사의 성과라면 설명회 참석자들에게 한국과 서울의 투자환경 소개, 서울시 홍보, 중소기업체 카탈로그 및 서울홍보물을 배포 등으로 서울시가 미국기업의 투자유치를 위해 문을 열어놓고 투자시책을 확대해가고 있음을 해당도시에 전파하고 투자환경뿐만 아니라 문화, 관광, 역사 등 서울에 대한 관심을 환기시켜 우리 시가 안정된 투자여건과 잠재력 있는 국제도시로서 여러 투자이점을 갖고 있음을 홍보하였다.

투자유치설명회 개최와 병행하여 또 하나의 중요한 성과는 개최 지역의 주정부, 시정부, 상공회의소 등 유관기관 방문을 통해 우리 시와의 접촉채널을 확보하고 유대관계를 다져가는 일이다. 특히 본부의 이상진 문화국장이 솔트레이크설명회에, 조성두 지역경제국장이 덴버설명회에 참석하여 현지의 정부 관계자들과 행사참석자들의 높은 관심을 유도, 서울시가 국제수준의 도시로 발돋움하여 세계의 지방자치단체들과 교류하고 있으며 투자와 관광에 손색이 없음을 행사 참여자들에게 인식시키고 서울과의 보다 활발한 교류의 계기를 마련했다.

그 밖에 유타 주 주청사자료, 시애틀 시의회 예산안, 시애틀 항만공항청 운영자료를 비롯한 방문 지역의 주정부와 시정부의 각종 관련 자료 입수를 통한 도시정보수집활동, 콜로라도 주의 서울투자유치설명회 업무협조 등 국제통상교류지원, 개최도시의 주요 산업체시찰 등 다양한 활동이 있었다.

앞으로 그동안의 경험을 바탕으로 보다 다양하고 구체적인 투자유치시책의 전파와 더불어 서울의 문화와 관광홍보를 병행하는 종합적이고 포괄적인 '서울통상관광설명회'로 행사를 정착, 1997년 하반기 동안 남캐롤라이나 주 찰스톤(11.18.), 루이지애나 주 뉴올리언스(11.20) 등을 순회하며 설명회를 개최하고 이후에도 한국과 서울이 잘 알려져 있지 않은 미 주 전 지역으로 행사를 확대, 지방자치 선진국이자 경제대국인 미국 전역에 서울이 극동아시아의 비즈니스하기 가장 좋고, 살 만한 국제도시임을 알리는 데 주력할 예정이다.

Ⅱ. 지방정부의 정보화 분야

1. 지방정부의 광섬유 관련시책

LA 시는 정보통신 분야에서 신속한 업무처리와 대민 서비스를 제공하기 위하여 광섬유(Fiber Optic)로 대체하는 계획안을 마련하였다. 교량, 도로, 터널 등의 물리적 사회간접자본(Infrastructure)에 대한 계획뿐만이 아니라 정보화시대인 21세기를 맞아 텔레커뮤니케이션과 같은 정보화 사회간접자본(Infrastructure)을 시도하려는 LA 시의 획기적이고 효율적인 광섬유망 계획관련 사례를 소개한다.

1. 광섬유(光纖維 Fiber Optic)란 무엇인가?

광통신에 이용되는 전송로를 말하며 전선이 전류로 신호를 전하는 것과 마찬가지로 광섬유는 빛을 신호로 하여 정보를 전송하는 이론을 이용하여 전자통신 분야에서는 송신할 수 있는 정보량이 많고 전기적인 잡음을 받지 않는 등의 장점과 최고성능의 광섬유를 사용할 때 134Km의 거리를 중계기 없이 통신할 수 있는 효과가 있다.

두께는 1.0mm 정도이며 석영유리를 재료로 한 것이 대부분이라 유리섬유라 말하기도 한다. 내부는 빛의 굴절률이 다른 심선 부분과 피복 부분으로 나뉘어 이들의 굴절률이 서로 달라 빛의 신호를 외부에 새는 일 없이 장거리로 통신이 가능하다.

2. LA 시 텔레커뮤니케이션망(Telecommunication Network) 현황

미국 내 지자체로서 LA 시는 공공업무에 최소의 경비로 서비스를 제공하고, 시민의 삶의 질을 향상시키며, 경제성장의 기반을 조성하는 데 노력하고 있다. 1996년 9월에는 진보되는 텔레커뮤니케이션망(Advanced Telecommunication Network)을 수립할 관·민연합체를 신설하여 연방 원격통신법(Telecommunication Act)에 동참하고 있다. 이와 같은 텔레커뮤니케이션망을 통하여 LA 시 전 지역, 즉 일반가정, 학교, 중소기업, 도서관, 비즈니스 센터(Business Center), 대학 등이 혜택을 받고 있다.

LA 시 자체도 이와 같은 텔레커뮤니케이션망의 주요 이용자인데, 700여 시 소유 시설물의 기본적인 전화서비스, 16,700개의 워크스테이션(Workstation)의 연결망, 혹은 전 지역을 커버하는 도시지리정보체계(GIS)에 대한 정보공유 등 규모가 광범위하다.

3. LA 시의 광섬유 계획(Fiber Optic Project)

LA 시에서는 보다 빠르고 효과적인 텔레커뮤니케이션 서비스를 시민에게 제공하고자 1995-1996년과 1996-1997년간의 텔레커뮤니케이션관련 전반적인 경비를 비교하여 본 결과 19.7%의 지출증가분을 발견하였다. LA 시는 이에 대한 대책이 수립되지 않을 경우 2005년에는 고속통신에 대한 요구가 더욱더 증가되어 텔레커뮤니케이션 관련 경비로 약 $4,600만 불 이상이 예상된다.

LA 시는 시민에 대한 정보서비스 제공과 시정업무의 증가되는 통신관련 경비에 대한 대처방안의 하나로 시 재정에 도움이 되고 텔레커뮤니케이션관련 사업체에 도움을 줄 수 있는 획기적인 텔레커뮤니케이션 기간망 사업인 광섬유계획(Fiber Optic Project)을 발표하였다.

구체적 방안으로 LA 시는 광섬유망(Fiber Optic Network)을 참여회사들의 컨소시엄(Consortia) 혹은 입찰에 의해 선정된 회사를 통하여 광섬유 확장 계획을 추진할 예정이다. 향후 광섬유 수요를 예상하여 이번 계획에는 시 소유 건물을 광섬유로 모두 연결하며 현재 필요한 시설의 용량보다 많게 설치할 예정이다. 시는 네트워크(Network)를 소유하고 광섬유 및 시설들 중 초과분은 민간 분야에 적절한 가격으로 임대예정이다. 시는 36개의 망(fiber)을 사용하고 민간의 텔레커뮤니케이션 사업체(service provider)와는 성격을 다르게 운영할 예정이다. 이 계획과 관련하여 시는 시민의 불편과 시의 시설물 설치를 위한 점유권(City Righrs-of-Way)을 최소화할 예정이다.

광섬유계획(Fiber Optic Project)관련 주관부서는 LA 시 정보화국 (Information Technology Agency)에서 담당할 예정이며 광섬유망의 설계, 개발, 활용 및 적용관련 계약업무, 운영관리, 초과분에 대한 임대업무 등을 책임지게 된다. "Four Civic Centers Network"관련 공사비로는 약 2천3백만 불에서 2천4백만 불이 예상된다. 시에는 11.7Km(7,300마일)에 달하는 시의 시설물 설치를 위한 점유권인 전기시설, 전화대, 시 소유 수도관이 있다. 한편 시가 소유하고 있는 폐기된 가스관 및 정유관이 약 8Km(5,000마일)를 광섬유망 설치에 사용할 예정이다.

2. E-mail을 통한 대민봉사

최근 미국 주식시장의 주가 상승을 선도하는 종목의 대부분은 컴퓨터 관련 회사의 주식이다. 더 자세히 말하면 아메리카 온라인(AOL), 마이크로 소프트(MS) 등 인터넷 관련 회사의 주식 가격은 일반 제조회사 주식의 몇십 배 주식가격 상승을 선도하고 있다. 그만큼 세계경제를 좌지우지하는 미국의 산업은 금세기 이래 제4차 산업으로 불리는 정보산업으로 전환하고 있으며 이제는 제3차 산업인 서비스업종과 구별하여 '정보산업'이라는 용어가 만들어질 만큼 큰 비중을 차지하게 되었다. 컴퓨터(인터넷)의 출현을 인류 역사상 불의 발견과 대등한 수준의 업적으로 평가되고 있는 이유가 여기에 있다.

인터넷의 사용은 전 세계를 이웃 동네로 여길 만큼 사회와 사람들의 생각을 바꾸어 놓았으며 정치, 경제, 사회, 문화의 모든 영역에서 혁명적인 영향력을 미치고 있다. 공공 서비스를 제공하는 각급 정부기관의 의사결정 집행과정에서 인터넷의 영향은 가히 가공할 만한 변화를 요구하고 있다. 지구 반대편에 있는 미국의 조그만 지방도시가 집행하는 내용이 불과 몇 초 사이에 한국의 지방도시에 전달되고 있는 현실이다. 이는 의사결정도 전 세계가 서로의 영향권 내에서 행해지고 있다는 것을 의미한다.

빌 게이츠는 앞으로의 세기는 의사결정이 아주 짧은 시간 안에 가장 많은 정보를 분석하여 가장 합리적인 결정이 이루어져야 그 조직이 경쟁력을 갖게 되고 그 보조를 맞추지 못하는 개인과 조직은 경쟁력 대열에서 낙오할 수밖에 없다고 말하고 있다.

우리나라는 PC 생산량, 반도체 생산량 규모 면에서 종목에 따라 세계 1, 2위를 다투고 있을 만큼 컴퓨터 관련 제품의 생산에서 앞서 있음은 누구나 인정하고 있다. 그러나 이는 관련 산업의 생산을 수출대상 목표로 삼고 있지 과연 우리나라의 각 부문에서 그만큼 정보화가 이루어졌는지 반성할 필요가 있다고 본다.

국민 4사람 중 1대의 휴대전화기가 보급되었다는 것의 수치만으로 정보화 척도를 자랑할 수 있을까? 초등학교 학생들까지 호출기가 보급된 것이 과연 정보화의 옳은 길인가 생각해 보아야 할 것이다. 이러한 기기들이 생산적인 부분에 쓰이지 않고 부가가치를 만드는 데 쓰이지 않고 단지 생활의 편리함을 추구하는 곳에 쓰여서는 무언가 잘못되고 있다는 생각이 든다.

특히 우리는 정보화를 뒷받침하는 이런 기기들이 행정부 내에서 얼마나 효과적으로 쓰이고 있는지 살펴보아야 할 것이다. 그간 행정 전산화 사업은 많은 결과를 얻은 것은 사실이고 비용절감, 생산성 향상의 목표를 얼마만큼 이루었다는 것도 인정해 주어야 한다. 그러나 한편으로는 행정 전산화 계획의 일환으로 각 부서에 보급되어 있는 PC의 능력을 얼마만큼 행정업무에 활용하고 있는지 분석이 필요하고 행여 Word Processor 기능을 가진 '편리한 타자기'로만 인식하고 있는지 생각해 보아야 한다. 정보의 바다라고 일컫는 Internet도 PC의 유용성을 발휘하는 방편인데 통상 사무처리하면서 얼마만큼 Internet에서 참고자료를 검색하여 사용하는지도 생각해 보아야 한다.

미국에서도 관공서에 문의할 일이 있어 전화를 걸면 메뉴를 설명하는 녹음. 걸려온 순서대로 연결시키는 교환수들 덕분에 짜증이 나기 일쑤인데 관공서들의 웹페이지가 늘어나면서 대민 봉사 업무에도 혁명이 일어나기 시작했다. 각종 정부자료와 사진 등을 다운로드받을 수 있게 되었을 뿐만 아니라 시민들의 질문을 E메일로 받아서 E메일로 답장해주는 경우가 늘고 있기 때문이다.

사회보장청(www.ssa.gov)의 경우 24시간 통화료 무료인 전화로 연간 7000만 통의 전화에 응답할 뿐만 아니라 5만 5000여 통의 E메일에도 응답을 하고 있다. 환경청(www.epa.gov)도 20여 명의 자료조사관들이 매달 시민의 문의를 E메일로 5일 이내 전달하고 있으며 국세청(www.irs.gov)도 30만여 통의 문의사항에 대한 서비스를 하고 있다.

엘 고어 부통령이 위원장인 정부개혁위원회 산하 정부정보기술서비스위원회에 따르면 현재 연방정부기관의 홈페이지만도 6000개에 이르고 각 주나 지방정부까지 합하면 굉장히 많은 기관들이 자체 홈페이지를 마련하고 E메일을 사용하고 있다.

앞으로의 21세기는 정보화의 시대가 될 것은 자명하며 정보화의 추세에 따라가지 못하는 개인. 기업. 정부는 경쟁력 생산성 제고애서 뒤처질 것이 분명하며 그만큼 비효율적인 기업. 정부가 될 것이다. 과연 정부 부문 특히 서울시정에서의 정보화를 앞당기는 또한 생산성을 제고하는 데 어떤 요소들이 중요할까 몇 가지 점을 지적하고자 한다.

첫째, 지금부터 정보화의 도구인 컴퓨터에 대한 인식을 바꾸어야 한다. 자동차가 생활의 한 부분이 되었듯이 컴퓨터 특히 PC는 생활의 한 수단이 되어야 하며 다행히 날로 저렴해지는 하드웨어의 덕택으로 많이 보급되었지만- 더욱 많이 활용하는 추세가 확산되어야 한다. 이를 위해서 일반사무실에서 중견 이상의 간부들이 직접 PC와 인터넷을 활용해보고 그 무궁무진한 편리함을 스스로 체험하여야 한다. 간단한 예로 야후, 천리안, 하이텔로 인한 편리함을 체험한 사람들은 계속 그것을 사용할 것이다. Word Processor는 활용하지 않더라도 인터넷을 통한 정보의 바다에 접근해 보아야 한다. 현재 서울시 국제교류과와 각 주재관들은 E메일로 자료를 주고받고 있는데 50-100페이지를 E메일로 보내면 시간절약, 경비절약, 편리성, 신속성 등의 효과를 체험하고 있다.

두 번째는 정보화에 대한 직접 업무 담당자들의 노력이 필요하다. 각자 맡은 업무들 중에 전산화하여 더욱 생산적으로 처리하겠다는 자세가 중요한 일이라 하겠다. 우리 시도 정보화 기획단 등 오랜 시간 훈련된 전산화요원들이 있으나 전산개발을 그 요원들에 맡겨놓을 때 복잡한 많은 업무를 분석하여 전산화하기란 참으로 어렵다고 본다. 이런 종류의 업무는 전산화하면 더욱 효율적이 되므로 가장 정확히 판단할 수 있는 사람은 해당업무 담당자라고 생각한다.

세 번째는 현재 조직의 구조조정, 직제축소로 인력이 부족한 부분은 전산화로 처리하여야 한다. 반복적이거나 규칙적인 업무는 모두 전산화로 처리하고 중견 간부 이상은 정책을 연구 검토하여 새로운 정책방안을 입안하는 창의적인 일에 시간을 할애해야 한다. 각 부서의 자발적인 전산개발이 안될 때는 전산담당부서에서 할당량을 배정하여 전산화를 강제하는 것도 하나의 방법이라 본다.

네 번째는 각 담당자는 업무를 개발, 처리함에 있어 표준화와 규격성을 지향하여 향후 전산화에 대해 대비하여야 한다. 서울시 지하매설물전산화가 기초자료의 부실로 어려움을 겪고 있는 과오를 만들지 말아야 한다. 또한 전산화의 기본 과제인 호환성을 염두에 두고 개발을 하여야 할 것이다. 일본 지방자치단체의 교훈처럼 기초자치단체의 전산업무를 개발함에 있어서 향후 다른 단체와의 호환이 될 수 있는지 여부에 관심을 기울여야 추후 자료의 교환 통합 시 비용을 절감할 수 있다.

 장기과제의 하나로서 전산화의 기반시설인 통신시설확충에 투자를 계속하여야 한다는 점이다. 기존의 통신설비는 통신량의 한계와 속도의 완만함으로 현대정보화사회가 요구하는 정보고속도로의 기능을 충족시키지 못하게 되어 있다. 우리나라처럼 통신문제는 중앙정부와 한국통신공사만의 문제가 아니다. 미국의 많은 지방자치단체들은 이 문제가 그 지방의 산업과 경쟁력에 직결되는 문제로 인식하고 광통신망(Fiber Optics)에 대한 투자를 서두르고 있다.

(참고:USA Today, New York Times)

3. 인터넷 대민 업무 정부기관 증가

각종 면허 및 등록갱신, 벌금납부, 공청회, 투표가능 금융결제상 안전 및
신원 비밀보장 및 확인이 문제

일반 업계의 인터넷 보급이 급속도로 확산되는 것과 발맞춰 인터넷을 이
용, 대민 업무를 처리하는 정부기관들이 늘고 있다. 다음은 일부사례이다.

○ 보스턴(www.ci.boston.ma.us)

　운전자들은 자동차세 및 주차위반 벌금을 인터넷으로 납부

○ 워싱턴 주(www.acess.wa.gov)

　회사들의 세금납부를 인터넷으로 함

○ 시애틀(www.ci.seattle.wa.us)

　시관련 공사계약자들은 각종 사업의 진척상황을 인터넷으로 점검함

○ 뉴멕시코 주(www.state.nm.us)

　자동차 등록갱신 및 세금보고를 온라인으로 처리

○ 덴버(www.denver-gov.org)

　자전거등록을 온라인으로 함

○ 피니스(www.ci.phoenix.az.us)

　달리기 대회 참가신청

○ 인디애나폴리스(www.indygov.org)

　시민과 시장의 온라인 대화방

○ 뉴욕(www.ci.nyc.ny.us)

　시장의 기자회견이 웹으로 재방송

○ 워싱턴 주 킹카운티(www.metrokc.gov)

　마이크로소프트를 비롯한 하이테크회사들이 있다. 인터넷으로 공공정책
　에 관한 여론조사를 정기적으로 실시하고 공청회를 여는 사이버민주주
　의를 개최함.

정부기관들은 앞으로 10년 후에는 모든 대민 업무를 인터넷으로 처리할 것을 희망하고 있다. 운전면허 갱신도 검안의의 검안증명서를 첨부하면 온라인으로 처리하고 투표도 온라인으로 할지 모른다.

온라인 대민 업무는 직원봉급 및 우편요금, 복사비용을 절감시켜 주며 주민들로 하여금 공공업무를 일주일 내내, 하루 24시간 동안 처리가 가능하다. 그래서 얻는 가장 중요한 수확은 주민들로 하여금 자기 커뮤니티 일에 더 많은 참여가 기대된다.

현재 각 정부기관이 개설하고 있는 웹사이트를 통해 주민들은 도로의 파인 곳, 수거해 가지 않는 쓰레기, 상가의 낙서 같은 불만 사항을 담당기관에 직접 신고해 해결하고 있다. 또한 여러 시들이 시공사관련 건축허가를 온라인으로 신청하게 유도하여 시청 주변의 교총혼잡도를 감소시키고 있다. 아울러 여론조사도 온라인으로 하고 정부기관의 회의를 중계함으로써 주민들이 집에서 공청회를 시청하도록 한다.

반면에 정부기관의 웹사이트가 전면 양방향식으로 활용되려면 몇 가지 선

결과제가 있다. 우선 크레디트 카드 및 전자거래에 대한 안전이 보장되어야 하며 개인 신상비밀 또한 지켜져야 한다. 정부 측은 또 상대방 컴퓨터 앞에 앉아있는 사람이 본인 여부를 확인할 방법 또한 마련해야 하는 것이다. 또한 의료보험이나 웰페어(사회보장 연금) 등 기계가 아닌 진짜 사람이 처리해야 하는 부분 몇 가지는 여전히 남게 된다.(참고:USA Today)

4. 재택근무관련 지자체의 규정

1. 현대의 교통·통신의 발달은 기존의 사무실이나 공장건물에서 하던 일을 집에서 할 수 있게 하고 있다. 이 문제에 대한 지방 정부들의 대응 방안을 조사해 보는 것은 현대사회의 산업형태가 산업사회의 제조업 중심에서 제4차산업이라 불려지는 정보화 산업 중심으로 전환하는 과정에서 넓은 공간이 필요하지 않은 사업체의 발생에 대한 지방정부의 대응에 어떤 변화를 가져왔는지 알아보고자 함에 있다.

지역의 지방정부는 그 지역의 경제를 활성화시켜 주민의 소득증대와 실업을 줄이고 경제 활성화에 따른 세수 증가를 꾀하는 것이 기본 업무이다. 정보화 사회의 출현은 사업(Business)의 개념을 바꾸어 놓고 있다. 산업사회의 사업의 대부분은 제조업을 의미하고 제조업을 하기 위해서는 상대적으로 넓은 공간이 필요하였으나 정보화 사회의 사업은 공간의 의미보다는 통신의 매개로 사업이 이루어지기 때문에 반드시 넓은 공간이 필요한 것은 아니다. 이에 따라 많은 사업체들이 집에서 영업활동을 하고 있으며 당연히 사업을 하기 위해서 얻어야 했던 지방정부의 허가라든가 Zoning 문제들에 대한 변화가 요구되고 있다. 지방정부는 이러한 사업을 하려는 업주들을 보호하고 오히려 오래된 규정이나 조례를 바꾸어 사업을 할 수 있게 규정을 바꾸어야(현대화) 할 것이다. 이러한 관점에서 이 문제를 접근하고자 한다.

2. 미국 노동성의 통계에의 하면 1997년 기준 약 410만 명의 자영업자 가운데 그중 절반은 다른 사업자에 보조하는 사업이고 40%, 즉 170만 명은 집에서 사업장을 개설한 재택사업체인데 이 숫자는 점차 증가하는 추세이다.

3. 1940년대 1950년대 만들어진 토지 이용조례들은 현대 정보화시대에 맞지 않은 부분이 많게 되었다. 집에 사업체를 운영할 수 없고 간판도 설치할 수 없으며 사업용 차량도 사용할 수 없게 되어 있다.

4. 미국 주정부 중 처음으로 뉴저지 주에서는 재택사업체에 대한 장려 법안(Home-Based Business Promotion Act)을 제정 중에 있다. 그 주된 내용은 지방정부가 재택사업에 과도한 규제를 금지하는 것으로 주거 공간을 보조적으로 사업장으로 사용할 수 있도록 허용하는 것을 포함하고 있다. 즉 금전상 이윤이 발생하는 일이면 불법이 아닌 한 모두 허용하자는 것이다.

5. 그러나 이러한 주장에 대하여 반대의견도 있는데 그 이유로는 주차장이 사업용도로 쓰이기 위해서는 공간이 필요한데 기존의 공간이 협소하여 교통혼잡을 초래한다는 것, 좁은 도로에 물품 수송 차량의 왕래로 인한 문제가 발생하며, 주택가 내 음란 서적 판매상이 가게를 열었을 때 청소년한테 유해한 환경이 조성된다는 것 외에도 환경오염 및 소음유발 문제 등을 들어 반대하고 있다.

6. 이러한 문제들을 보완하기 위해 일정한 사업체만 재택사업체로 합법화하자는 의견들이 있다. 즉 재택사업체로 인정되기 위해서는 당해 주택에 거주하는 사람만이 사업을 할 수 있게 하자는 것과 고객이 직접 왕래하지 않는 사

업체로 한정할 것과 소음, 악취가 유발되지 않는 사업체에 한정할 것 등이다.

7. 펜실베이니아 주의 한 카운티정부의 재택사업체 영업조례 사례를 소개하면 다음과 같다.

○ 영업장소는 단독주택이어야 한다.
○ 사실상 거주자가 직접 영업을 할 것
○ 영업장소의 면적이 전체의 25%를 넘지 말 것
○ 고객 수, 주차장, 외근 직원 수에 대한 기준엄수

예컨대 미장원, 이발소는 의자 두개 이하, 타 지역 종업원은 1명 이내에서 채용, 수학 학원은 4명 이하만 가능하고, 음악학원은 2명만 수강이 가능하고, 가구제조업은 1명만 고용이 가능하다는 것 등이다.

8. 캘리포니아 주의 에스칼론 시(City of Escalon)의 경우는 종전의 재택사무실은 하루에 10번 이상 자동차 입·출입을 금지했던 조례를 폐지하는 대신 9가지 조건을 새로 제시했는데 재택사업장의 경우 고용자는 식구에 한정하고 61센티미터(2피트) 이하의 간판만 허용하고 소매행위를 금지시키며 소음, 악취, 먼지, 진동, 연기 나는 업종은 금지하되 그 이외는 모두 허용하는 식으로 개정하였다.

9. 재택사업체에 대한 규정이 지역에 따라 다르듯이 그 시행의 형태도 다양하다. 대부분의 지역은 시민의 불평이 심하지 않을 때는 규정위반 여부를 간섭하지 않는다. 일리노이 주 Glencoe시의 경우 지난 수년 동안 총 3번의 행정적인 조치가 있었는데 하나는 타 지역 주민을 고용하였던 융자회사와 매매허용이 안된 지하실 창고에서 직접 판매행위를 한 경우뿐이었다.(참고: American Planning Association)

Ⅲ. 일반 행정 분야

1. LA 시 예산으로 본 시정분석

□ LA 시 예산개요(회계연도 97. 7. 1. −98. 6. 30.)

가. 시정목표

○ 공공 안전대책의 중점적 추진
○ 세금인상 없는 시민 서비스 확대
○ 시정부의 기업주의적 혁신개념 도입
○ 시재정의 안전성 확보

나. 주요 특징

1) 97−98년 예산상의 문제점

$101,000,000에 달하는 예산적자폭의 문제

2) 균형예산

예산적자 문제를 해결하기 위하여 일반예산(Revenue Initiatives)에서

$50,000,000과 경비절감(Expenditure Changes)을 통하여 $51,000,000 등 균형예산을 유도

3) 세수예측

96-97년 대비 1%증가($33,000,000)로서 97-98년 세수예측은 $2,590,000,000이 예상된다.

4) 5개년간 세수예측

향후 5년간 예상되는 적자폭은 매년 $400,000,000이며 21세기를 맞이하는 2001년에는 $200,000,000이 예상됨.

다. 예산개요(별첨1 참조)

○ 예산총액: $4,012,800,0009(집행기관)

- 집행기관: 총 예산 $4,012,800,000
          (일반 $2,594,300,000)
          (특별 $1,339,500,000)
          (균형기금 $79,000,000)

- 투자기관: $3,930,000,000
      (공항 $532,900,000)
      (항만 $370,600,000)
      (수도전력국 $3,027,100,000)
- 보조금 및 비예산기금: $1,119,000,000

- 총 예산 집행액(Grand Total): $9,062,500,000

라. LA 시 예산담당 조직(별첨2 참조)

○ 예산담당 부서

시행정국(City Administration Office)

시장 및 시의회를 보좌하여 예산준비, 계획, 그리고 관리 및 집행을 담당한다.

마. LA 시 예산 일정표(97-98회계연도)

1996년

7월 12일	96-97회계연도 조직표 승인 마감.
8월 5일	CAO에서 97-98회계연도 예산일정표 및 예산교본 배부.
8월 15일	시장의 예산 정책안 배부.
8월 30일	각 과의 CAO에 대한 자료처리 요청 마감.
9월 3일	CAO에서 임금 및 인원에 관한 메모 배부.
9월 6일	각 과의 CAO에 대한 A&I 요청 마감.
9월 20일	예산분석관이 종합용역분석과에게 제출하는 각 과의 A&I 및 우선순위가 명시된 개요보고서 마감.
9월 20일	각 과의 CAO에 대한 커뮤니케이션 서비스 요청 마감.
9월 23일	조정관에게 제출하는 임금 및 인원 보고 마감.
10월 4일	각 과에서 CAO에 자본 증감안 요청.
10월11일	기술부에서 CAO에 A&I 요청에 관한 예비예산안 제출.

10월 28일-11월 26일

5개년 자본 프로그램 개발을 위한 CAO와 각 과의 간부회의

12월2-6일

총매니저가 시장 및 CAO 간부에게 예산 요청(지출 및 세입)에 관해 보고. 이 보고에 각 과의 예산안 포함.

12월 2일   간부들에게 예비 세입안 및 지출안 교육.

<u>**1997년**</u>

1월10일CAO가 시장에게 각 과 예산에 대한 권고안 제출.

1월20일지역경제학자의 시장/시의회에 보고.

2월 3일시장의 청문회를 위한 CAO의 보고서 완성.

2월10일CAO의 각 과 관리와 관련한 시장의 예산 회의.

2월12일5개년 자본 프로그램을 공공노동위원회에 제출하기 위해 필요한
  CAO의 행정코드 마감.

3월1일 CAO가 시장에게 재산세 산정안을 제출하기 위해 필요한 헌장 마감.

3월1일 시조정관이 시장에게 세입 산정안을 제출하기 위해 필요한 헌장
  마감. 시의회와 CAO에도 사본 제출.

A. <u>예비 예산 분배 가능</u>

3월3일 시장이 CAO에 대해 최종 예산승인.

3월20일예산안 서류 완성 후 인쇄 작업.

B. <u>정규 예산 분배 계획</u>

3월17일시장이 CAO에 대해 최종 예산승인.

4월 3일예산안 서류 완성 후 인쇄 작업.

4월20일시장이 시의회에 예산안을 제출하는 데 필요한 헌장 마감.

4월20일공공노동위원회가 시의회에 5개년 자본 프로그램 중 첫 해분을 제
  출하는 데 필요한 행정 코드 마감.

6월 1일시의회가 시장이 제출한 예산안 그대로, 혹은 시의회가 수정한 대
  로 승인하는 데 필요한 헌장 마감.

□ 로스앤젤레스 시의 경우 예산편성 시 사업효과 분석을 위한 다양한
분석기법들은 수정된 예산프로그램(Modified Program Budget) 방법이며 주
요 기법은 다음과 같다.

○ **항목별 분석(Line Item Budgeting)**

시 예산 분석 시 제한적인 분야에 이용되며 당해연도의 예산수준에 대한 개별적 변동사항을 구분한 예산서류(blue book)에 의거 분석하는 기법이다. 채택된 예산서류에는 항목별(Line item) 예산총액이 포함된다.

○ **성과별 분석(Performance Budgeting)**

예산책자(blue book)에 있는 부서별 프로그램을 과거 5년 전 및 10년 전과 유사한 분석기법에 대한 부합되지 않는 분야별 업무지침과 계획성과를 비교 분석하는 방법이다.

○ **프로그램 분석(Program Budgeting)**

○ **Zero Base Budgeting**

예산분석의 경우 서울시와 동일하게 <u>담당공무원(Budget Analyst)에 의해 사업효과 분석</u>이 이루어지나 <u>시장 및 시의회에 의하여 예산의 효과적인 운영에 관한 감사요청 시</u> 효과적인 연구를 위하여 <u>전문가를 고용하여</u> 특정 예산 관련 프로그램 및 계획연구에 있어서 협조를 받는다. 이러한 분석결과는 시 예산 수립에 적용된다.

1. 예산편성 개요

예산편성에 있어 한번 편성된 예산안을 다시 검토, 수정하는 일은 많은 시간과 과정을 소모하는 작업이다. 모든 예산 편성 단계에서 충분한 배경과 실제적 정보를 수집해 적절히 이해하고 고찰해야 건전한 예산안이 편성된다.

하지만 프로그램 서류를 만드는 데 필요한 모든 정보를 다 모으면 취급이 용이하지 않고, 또한 매년 이런 일을 반복하지 않도록, 다음의 자료들은 최종 승인 예산안에만 싣는다: 시정부의 기능, 부차 기능 및 목적; 각 과의 구조 및 내용; 업무 수행의 법률적 근거.

"직책 및 임금", "부차 계획" 등에 관한 서류는 따로 출판되거나 예산편성 중에는 비공식 문서로 보관될 것이다. 이는 예산편성 중 중요한 문제에 집중하기 위해서이다.

각 과의 예산을 연구하는 분석관이 필요로 하는 세부사항과 시장 및 시의회의 관점에서 그 과에 필요한 예산을 책정하는 데 필요한 세부사항이 꼭 일치하지는 않는다. 시장 및 시의회는 더 넓은 범위에서 모든 프로그램, 프로그램의 완성 및 상대적 우선순위, 공공이나 정치적 혹은 사회 철학의 견지에서 일어날 수밖에 없는 중점사항의 변화 등을 고려하게 된다.

로스앤젤레스 시의 예산 시스템에는 세 가지 특징이 있다: line-item, **실적 위주, 프로그램 예산편성.** 이 시스템은 분석, 검토, 재정 지원 및 조정 등의 역할을 한다. 이제까지 'Line Item **예산편성**' 이라 불리는 지출 대상에 따라 자금이 분담되고 적절히 조정되는 방식이었으며, 아직도 이 방법이 사용되고 있다.

52-53년 사이에 실적 위주 **예산편성** 개념이 추가되었다. 이 개념에 따라 각 과와 사무실들은 필요한 예산을 책정하기 위한 기초 자료로서, 예상되는 작업 프로그램을 제출하게 된다. 즉 각 과는 단순히 어떤 목적 달성을 위해 무엇이 필요하다고 말하는 대신, 재정을 가지고 어떤 일을 수행하겠다고 밝힌다. 이 작업 프로그램에는 작업측정 프로그램이 내재되어 있는데, 이는 직원들이 할 수 있을 것으로 예상되는 일의 양을 산출해 낸다. 각 과에서는 7월 중에, 1년을 13개 보고 기간으로 나누어, 기간별로 연간 작업프로그램과

그에 상응하는 연간 재정계획을 세워 보고한다. 최종 작업프로그램은 검토 및 수정을 거쳐 시장과 시의회가 승인하여, 지정된 작업 단위를 수행하는 데 일정한 자금이 지원되게 된다.

각 과는 CAO에 각 보고기간 중의 인원활용 상황을 말해주는 인원활용 보고서와 관련 작업 실적을 제출하고, 이에 따라 회계감사관(Controller)은 CAO에 각 기간별로 필요한 비용을 지불한다. 인원활용 보고서는 예산 통제과정(control process)의 중요한 부분이 된다.

72-73년 사이에, 예산 시스템에 있어 실적 위주 예산편성의 요소들은 그대로 둔 채 작업 종류가 좀더 큰 단위로 재구성되었다. 이렇게 수정함으로써 달성해야 할 목표를 기초로 프로그램을 검토할 수 있게 되었다.

이상에서 살펴본 바와 같이 로스앤젤레스 시 예산 시스템은 모든 주요 예산 시스템의 요소들을 포함하고 있다. 기본적으로 조직 내의 지출 대상에 따라 재정이 사용되는 line-item 예산 시스템이고, 실적에 따른 예산 편성을 위해 작업 단위(work units) 및 통계가 적용되며, 각 과별(department) 목표와 그 달성 여부에 초점을 맞추기 위한 수정 프로그램 예산 포맷도 사용된다. 1970년대 후반부터 제로베이스 예산편성 개념이 도입되어 아직까지 계속 사용되고 있다.

91-92회계연도 제로베이스 예산 편성의 경우 23개 과의 156가지 사항은 제로베이스로 분석되었고, 다른 14개 과는 규모가 작아서 10% 절감 프로그램을 제출하도록 요청되었다. 91-92회계연도를 위한 91년도 보고서는 그 후 매년 예산편성의 기준이 되었다. 매년 예산편성에 있어, 담당자는 각과의 활동에서 법률적 및 운영적인 필요성, 최소의 서비스 수준, 수송 및 재정 서비스의 대체 방법 등을 중점적으로 검토한다.

우리의 **제로베이스 예산편성** 시스템을 보완하기 위해, 서너 명의 예산분석가들이 몇 개의 도시기능을 선택해 단기간 심층적 행정 회계감사를 실시하였다. 이 분석은 **제로베이스 분석**이었고, 96-97회계연도 예산 편성을 위해 95-96년 사이에 실시하였으며, 그 영역은 나무 가지치기, 건물 유지관리, 레크리에이션 및 공원 관리, 건물 및 안전 관리 등 4가지였다. 이의 효력을 인정해서 시장은 각 과장에게 보낸 97-98 예산정책 서한에서 CAO가 다음해 예산편성을 위해 도시 운영사항 몇 가지를 더 추가해 제로베이스 분석을 실시하겠다고 밝혔다.

이러한 예산 시스템을 사용함으로써 예산이 더 적절히 사용되고, 상호 간에 동의된 작업 프로그램에 따라 인원이 배치되고, 목표에 따른 작업 수행의 능률을 향상시킬 수 있게 된다.

2. 운영적 필요에 맞춘 자금계획

예산 작성에는 여러 단계가 있지만 크게 나누어 보면, **기초 예비예산 작성 단계,** 사업 실시 승인에 관한 투표, 투표 후 구체적 예산 작성, 그리고 시공 중 **예산 수정 단계** 등으로 볼 수 있다. 이 장에서는 예산 부적합의 원인과 그 대책을 연구하며 편의에 따라 그 단계를 나눌 것이다.

가. 예산 부적합의 원인

다음의 항목들은 예산이 맞지 않게 되고 사업들이 연기되는 원인들이다. 모든 원인들이 다 포함된 것은 아니지만, 어떤 원인들은 사업 시행 중 흔히 일어나며 피하기 힘든 것들이다. 하지만 이들을 더 잘 관리할 수는 있는 것이며, 많은 경우 예산 부적합은 시가 어떻게 구성되어 있는가와 어떻게 사업을 운영하는가가 원인이 된다.

1) 예비 계획 단계

가) 투표 준비 단계에서의 부적절한 예비 계획

사업 계획은 많은 계획 단계를 거치게 된다-프로그램 개발, 구상 설계, 도식적 설계, 설계 개발 설계, 시공 설계. 프로그램 개발 단계의 마지막에 아주 기초적인 예산안이 짜여지며, 도식적 설계 단계의 끝에 공식적인 "C 클래스" 예산안이 짜여진다. 사업 계획 단계가 더 진전될수록 사업에 대한 정의가 명확해 지고 예산안(비용견적)의 신뢰도가 더 높아진다. 도식적 설계 단계 및 그 이전의 예산안은 매우 기초적인 것으로 시공 설계 단계에서 많이 바뀌게 된다.

많은 경우 사업 시행 여부에 관한 시 투표는(city ballot) 프로그램 연구가 되지 않은 상태에서 행해진다. 예를 들어 시청은 다시 내진 보강공사가 되어야 한다든가, 혹은 3만 5천 스퀘어피트의 경찰서가 지어져야 한다는 결정들이 그런 예이다. 예산(비용견적)을 내기 전에 먼저 결정되어야 할 중요한 문제들은 사업 규모, 위치, 층수, 주요기능, 수용인원, 특별히 필요한 기능, 법률적 제한요소, 신축 혹은 개축의 결정, 시공성, 임차인 재배치, 역사적인 필요 사항, 건축자재 및 마무리, 부지 확보, 위험 물질, 공정 계획, 자문 연구, 특별 연구, 환경 문제, 특례인가 필요 여부, 이사 비용, 채권보험 비용, 시의 지원 요원 등이다. 이런 문제들 중 대부분이 시가 투표 제안서를 개발할 단계에는 고려되지 않는다. 따라서 많은 경우, 예산이 위의 요소들을 포함한 실제 비용을 반영하지 못한다.

나) 잠재적 비용요소들을 간과하는 예산안

시에서 몇 가지 예비계획 단계를 완성한 경우에도, 사업비용이 초과 혹은 적게 책정된 경우가 많았다. 그 중요 원인 중의 하나는 모든 잠재적 비용 요소들이 예산안에 포함되거나 규정되지 않았기 때문이다.

다) 뜻하지 않은 방해 요소

사업 중 어느 때라도, 뜻하지 않은 사태가 발생해 사업의 범위 및 필요조건들을 바꾸어 놓을 수 있다. 예를 들면, 지진이 로스앤젤레스 시청 건물에 심각한 추가 피해를 주어, 시청 보수공사에 더 많은 작업이 필요하게 되었다. 또한 장애자 보호에 관한 연방법이 수정되며 장애자 보호를 위해 위험한 물질을 치우고, 석면을 제거하는 등 비용이 추가되어 훨씬 더 많이 비용이 소요되었다. 뜻하지 않은 요소의 하나로, 시의 정책이 바뀔 수도 있다. 원래 직원 보조비용은 일반 재정에서 충당되고 채권 자금에서는 상환되지 않는 것이 원칙이지만, 경기 침체가 계속되며 시의 예산에 영향을 주어, 채권 자금에서 직원보조 비용을 변제한 적도 있다.

라) 건축가와의 협력 부족

건축은 시 직원에 의해 수행되거나 혹은 외부 건축가에 의해서 이루어지지만, 어떤 경우에도 건축가는 특정 예산에 맞춰 설계하게 된다. 건축가들은 사용자가 소속된 과(user department)가 필요로 하는 것을 염두에 두어야 한다. User department가 건축가의 고객이 된다. 흔히 사용자의 요구와 그에 따르는 비용에 대해 충분한 검토가 이루어지지 않는다. 설계가 진행되는 동안 기계적, 토목적, 전기적인 여러 영역에서 상호간 기술적 검토가 충분히 이루어져 계획이 완성될 때까지 시의 요구사항을 충족시키도록 해야 한다. 때때로 시의 담당 직원이 다른 일로 자리를 비우고 다른 직원을 대치해 주지 않아 계획이 지연되는 수도 있다.

계획의 각 단계의 끝에 비용이 초과될 것 같으면 가치공학적(value engineering) 조정을 해서 설계, 시공성, 자재 및 마무리에 덜 비싼 작업이 이루어지게 하거나 사업비용을 상향 조정하게 된다.

마) 사업계획의 잦은 수정

사업이 진행되는 동안 user departments가 사업의 세부계획을 여러 번 바꿀 수도 있다. 이때 보통 추가 자금원이나 사업규모 축소를 명확히 하지 않을 경우가 많다. 이런 수정으로 인해 사업이 지연되고 설계 비용이 증가되게 된다. 하지만 이런 수정은 흔히 수정이 반드시 필요하지는 않은 곳에, 자유재량권이 있는 사람이 수정 작업하도록 지시하는 경향이 많다.

2) 입찰 단계

가) 가장 낮은 가격의 믿을 만한 입찰자 선택의 어려움

시헌장에 의하면, 가장 낮은 가격으로 입찰한 믿을 만한 입찰자가 계약을 따내도록 되어 있다. 시 변호사에 의하면 시는 어떤 하청사가 예전에 만족할 만하게 작업을 수행하지 못 했다는 이유만으로 입찰에서 제외시킬 수 없다. 결과적으로 비용상의 문제점을 일으켰던 하청사도 그 문제를 해결했다는 보장이 없이, 다른 사업 계획에는 다시 참여할 수 있게 된다.

3) 시공 단계

가) 시 직원이 그의 권한에 대해 명확히 알지 못함

사업계획을 주어진 예산과 시간 내에 완성하려면 사업총괄 책임자의 뛰어난 솜씨와 견실함이 요구된다. 계약서의 규정대로 실시하고, 수정 명령에 대해 협상하고, 의견대립을 조절하고, 건축가, 하청사, user department, 각 부처, 위원회 및 관리들과 상대하며 비용을 조정하기 위해서는 기술적 전문가 이상의 능력이 필요하다. 마찰이나 의견대립은 불가피한 것이고, 이런 경우 사업총괄 책임자와 간부들은 그들이 결정을 내리고 시행하는 권한의 한계를 명확히 모르는 경우가 많다.

나) 사업 예산 통제

사업 중 명령이 변경되는 것은 피할 수 없지만, 이때 중요한 것은 변경했을 때의 비용이 정확히 계산되어 초과되는 비용이 없도록 계획이 짜여져야 하는 것이다. 그러나 일반적으로 변경이 일어났을 때 비용 증가분을 상쇄하기 위해 다른 요소에서 비용을 줄이려는 노력보다는, 사업 자체가 초과 비용이 드는 것으로 하여 결국 추가 자금을 요청하는 경우가 더 많다. 결과적으로 시의 자금을 더 요청하거나 다른 사업에 영향을 주게 된다.

비용초과가 예상될 경우 어떻게 해야 하는지 명확한 절차는 없다. 비용이 초과될 것이 명확해지더라도, 작업은 계속되고 초과 비용이 지출되게 된다. 비용초과를 사업의 다른 부분에서 상쇄하려는 노력은 작업이 계속되며 보통 사라지게 되지만, 작업이 지연되면 이에 따른 비싼 대금을 지불하게 된다.

다) 자유재량에 의해 변경되었을 경우의 영향

보통 User department는 사업의 질을 높이기 위해 증축 및 마무리 작업의 수준 향상 등 여러 차례 자유재량에 의한 변경을 요구하게 된다. User department는 이런 변경을 요구할 때 흔히 이것이 기능적으로 반드시 필요한 것인지, 예산에 합당한지, 이러한 수정이 예산과 공정에 어떤 영향을 미치는지를 분석하지 않고 한다. 계획 및 건축 단계에서 수정을 요구할 경우, user department는 수정 비용이 합리적으로 충당될 수 있을 정도의 일관성을 가져야 한다.

라) 사업예산 수정 절차가 사업 진행에 방해가 되고 시간적으로 맞지 않음

현재로선 비용 초과를 해결할 수 있는 신속한 방법은 없다. 사업 총괄책임자는 비용을 낮추는 데 적극적이지 않고, 추가자금 지원 없이, 다른 분야에 드는 비용에 대한 삭감 없이, 수정은 계속 승인된다.

예산 수정은 여러 기관이 참여해야 하는 몇 달이 걸리는 과정이다. 궁극적으로 시장과 시의회가 수정을 승인하고 추가 자금을 지원하게 된다.

나. 예산 불일치를 방지할 수 있는 방법

다음의 City Administrative Office가 제안하는, 시가 자금 프로그램과 사업을 예산과 공정계획에 맞춰 실시하기 위해 취해야 하는 여러 단계들이다.1) 투표 전 단계

가) 시에 필요한 설비에 관한 종합계획 작성

시에서 가장 자금이 필요한 곳에 자금 배정 우선순위가 두어져야 한다. 시는 앞으로 일반채권 투표 제안서가 승인되는 정도가 적어질 것이라는 것과, 그러한 사업을 위한 일반 재정이 줄 것이라는 전제하에, 투표 제안서와 일반 재정 계획을 가장 필요한 사업에 초점을 맞추도록 해야 한다.

이를 위해선 자금 수요 종합계획이 사업부문별로 개발되어야 한다. 즉 경찰서, 소방서, 도서관, 공원, 운동장, 상점 등이 시 전체의 종합프로그램의 일부이면서 별도 부문의 계획으로 개발되어야 한다. 이런 계획들은 시가 필요한 것을 합리적으로 인식하고, 그런 필요에 맞는 계획 수행 단계를 포함해야 한다. 이런 계획은 사업 범위의 관점에서 정기적으로 검토, 수정되어야 한다.

최근 시는 경찰서 시설과 사무실 공간에 관한 종합계획 개발에 착수했다. 이 계획이 다른 시설에도 확대되는 것이 필요하다.

나) 투표에 부쳐질 가능성이 있는 중요한 사업에 대한 예비 재정계획.

여기서의 목표는 투표 제안서를 작성하기 전의 적절한 예비계획이다. 일단 종합계획이 작성되면, 시 기술자, CAO 직원, 의회 분석관, 사업으로 인해 영향을 받는 부서, 시장실 직원을 포함한 시 직원과, 외부 자문관은 투표자들에게

제시할 자금 프로그램이 무엇인지 알게 된다. 이때부터 프로그램을 위한 자금 조달이 시작되고 건축가를 고용하게 된다.

예비 프로그램은 department가 제안된 시설에 대해 무엇이 필요한 가를 명확히 해야 한다 - 예를 들어 기존 시의 시설의 신축, 기존 건물 인수, 증축, 개축 등을 말한다. 사업 범위에서는 건축물의 규모와 높이, 층수, 사용될 자재 등을 포함한 건축 프로그램을 명확히 밝혀야 한다. 가능하면 시공의 불확실성을 감소시키기 위해 테스트를 해보는 것이 좋으며, 또한 가능할 경우, 구상 설계 및 도식 설계를 미리 해볼 수 있으면 예비 예산작성에 자신감을 더 해줄 수 있다.

다) 사용자의 요구와 예산의 균형 맞추기

시 기술자, 시공 관리사, user department는 각 설계 단계에서 건축가와 긴밀히 협조해 시공이 사용자의 요구를 충족시킬 수 있게 하고, 시공성과 비용 최소화에 기초를 두어, 주어진 예산 내에서 실시되도록 해야 한다. 각 계획 단계에서 덜 비싼 건축 자재 및 마무리를 선택해 시공 비용을 줄이는 것을 목표로 하도록 전 과정에 걸쳐 감독되어야 한다. 매주 건축가와 회의를 가져, 이 회의에서 user department 및 각 분야 기술자들(전기, 기계, HVAC, 토목 등)은 필요한 사항을 명확히 하고, 시공 진척을 검토한다. 이렇게 함으로써 설계된 부분의 자세한 비용이 산출되게 되고, 완성된 건축이 사용자의 요구를 만족시킬 수 있게 된다.

2) 투표 단계

가) 투표 마감에 쫓기며 작성된 제안서나 사전 연구를 하지 않은 제안서를 최소화할 것.

채권 제안서(bond proposals)가 마감에 임박해 작성되지 않도록 해야 한다.

정치심리학적으로 볼 때, 투표자들은 기존의 종합 계획에 포함되어 있어서 이미 알고 있는 제안서들을 투표에서 승인하는 경향이 많다. 종합 계획이 포함되어 있지 않은 새로운 사업이나, 예비 계획이 없던 사업에 대해서는 거부하는 경향이 많다. 시 시설이 화재나 지진으로 파괴되었을 경우 같이, 비상시에만 bond proposal이 종합 계획의 범위 외에서 작성되게 해야 한다.

나) 투표 제안서에 제한적 조건을 포함시킬 것

투표자들은 믿고 투표했지만, 시로서는 승인된 자금만 가지고 모든 사업을 다 완성시킬 수가 없는 경우가 많다. 투표 제안서의 지지를 받고자 하는 사람들은 시가 확실히 해줄 수 없는 일을 약속해서는 안 된다. 예비 예산은 최대한 정확하고 완벽하게 짜는 것을 목표로 하지만, 사업이 늘 예비 예산 범위 안에서 시행되지는 않는 것이며, 중간에 수정 과정을 거치게 된다. 예를 들어 기존 주요 시설이 화재가 났을 경우, 수정이 불가피하게 된다. 따라서 투표 제안서에는 제한적 조건을 포함시켜야 하며, 예산 견적은 믿을 만하게 짜여졌지만, 어디까지나 예비 예산이며 수정될 수 있음을 명확히 해야 한다.

투표 제안서는 완성 가능한 것보다 더 많은 사업을 약속해서는 안 된다. 대신 주어진 예산으로 어떤 사업이 현실적으로 완성 가능하지만, 예측하지 못한 상황이 발생할 경우 완성하지 못할 수도 있다고 밝혀야 한다. 이에 더해, 예정된 프로그램이 완성된 후에도 자금이 남을 경우, 시 종합계획에 다른 사업이 추가될 수도 있다고 역시 밝혀야 한다.

3) 투표 후 단계

가) 예산 검토 및 수정을 위한 절차를 포함할 것

User department가 사업 규모를 명확히 정의하고 승인했으면, 예비예산이 작성되고, 예비예산이 공식적으로 승인되고 나면 여러 계획 단계가 시작된다.

각 단계의 끝에 새로운 예산안이 개발된다. 각 계획 단계에서는 예산을 전 단계에서 승인된 총액에 맞추도록 노력한다. 그러나 거의 모든 단계의 끝에서는 비용이 전단계의 예산을 초과하게 되고 작업이 중단되게 된다. 다음 단계는 예산을 축소할 수 있게 계획을 조정하거나, 자금을 더 투입해 예산을 늘린 후에야 시작되게 된다.

이런 작업 중단을 방지하기 위해, 예산이 수정될 때마다 수정계획, 시공, 제한된 자유재량에 의한 변경 등을 위한 임시 준비금이 있어야 한다. 그리고 임시 준비금 사용을 관리하기 위한 표준 절차가 있어야 한다. 이러한 절차 중에 임시 준비금을 지출하기 전에 비용을 줄일 수 있는 대안을 모색해야 한다.

만일 입찰가가 예산을 초과하면, 사업은 다시 계획되어야 한다. 예산을 증액시키거나 사업을 축소 조정하거나 포기해야 한다.

시의 기술자는 사업 내에서의 상쇄 조정 혹은 사업 내 다른 부문에 할당된 자금의 전환 사용 등으로 지원될 수 있는 수정은 스스로 승인할 수 있는 권한을 가져야 한다. 하지만 추가 자금이나 다른 사업에 할당된 자금의 전용이 필요한 수정은 시장과 시의회의 승인을 받아야 한다.

나) 사업 공정계획서를 채택할 것

처음 예산안이 승인될 때 공정계획서도 채택되어야 한다. 공정 계획에 어떠한 변동이라도 있으면 감시 위원회에 보고되어야 한다. 공정 지연은 그 원인이 규명되어야 한다: 어쩔 수 없이 지연된 경우(예를 들면, 위험한 물질이 발견된 경우); 사업 총괄 책임자가 지연을 피할 수 있었던 경우(법적 절차에서 필수적인 것을 미처 생각지 못 한 경우); 다른 위원회, 이사회, 혹은 간부가 무슨 조치를 취한 경우(문화위원회가 계획 변경을 요구한 경우). 이상의 경우 두 번째 경우에만 시 기술자는 그 지연에 대한 책임이 있다. 공정 계획을 준수하는 것은 예산 안에서 사업하는 것 다음의 두 번째 목표가 되어야 한다.

다) 시의 경상비로서의 관리

지원 담당 직원에 대한 비용은 각 프로그램의 예산에 배당되는 것보다 사업 전체 예산에서 지원되는 편이 낫다. 그래야 비용이 더 잘 감시되고 조정될 수 있으며, 그렇지 않을 경우 이 비용은 사업 결손액을 초래하게 된다. 지원 담당 직원이 제공하는 기능은 최소화되어야 하고, 이 기능의 최대한 많은 부분이 시공 관리 회사에 의해 행해져야 한다.

라) 특정 사업에 '설계/건축' 기술을 사용할 것

일단 시가 위의 과정들을 통해 사업을 정의하면, 시의 사업을 시공하기 위해 '설계/건축'과정을 실시한다. 이 과정에서, 개발업자/하청업자/건축팀은 정의된 사업을, 공정 계획대로, 예산에 맞춰, 시공하기로 합의하게 된다. 이 보장된 가격은 시가 사업 규모를 바꾸지 않으면 수정되지 않는다. 비용 초과 위험성은 이 팀이 미리 추정한다. 이러한 개념은 시가 예전에 시공 과정에 행사하던 통제 영역을 많이 포기해야 하는 것을 의미하며, 하청사의 작업을 지연시키는 위험을 줄일 수 있음을 의미한다. 계약에 들어가기 전에 사업의 필요조건이 명확히 정의되어야 한다. User department는 일단 계약이 시행된 후에는, 시가 추가 비용을 감당하겠다고 하지 않는 이상, 사업의 규모나 세부 사항을 변경할 수가 없게 된다.

마) 문제가 있는 하청사를 피한다

신뢰할 수 없는 하청사는 시의 사업에 입찰할 수 없도록 해야 한다. 이들을 배제할 수 있게 시헌장을 수정하는 게 좋을지도 모른다. 아니면 자격 있는 하청사만 입찰할 수 있게 예비자격심사 과정을 두는 것도 한 방법이다.

바) 입찰에 추가 작업과 취소된 작업도 포함

입찰 시 추가작업뿐 아니라 취소 혹은 생략된 작업의 단위 비용도 포함시켜야 한다. 이 단위 비용이 가장 낮은 비용으로 입찰하는 하청사를 선택하는 데 사용될 수 있다.

사) 사업 완료 후 평가

사업이 완료되면 사업이 어떻게 진행되었는지 반드시 평가가 이루어져야 한다. 공정 계획, 직원, 그리고 비용 조정상의 문제점들이 명확히 밝혀져야 한다. 다음 사업을 위한 교훈을 얻을 수 있다.

참고 2. 로스앤젤레스 시헌장(예산관련)
(Charter of the City of Los Angeles)

제51조.

1) 시 행정관은 시장 및 시의회에 시의 상황, 재정, 장래의 필요성 등을 조언하고 때때로 좋다고 여겨지는 방법도 조언한다. 행정관은 연간 예산 작성을 돕는 데 있어 시장이 정한 정책에 일치하고, 적절한 계획이 필요로 하는 작업 프로그램과 기준의 개발을 지도할 수 있게 유의한다.
3) 시 행정관은 다음 사항을 계획하고 지도한다:
   가) 재정을 효율적으로 분배하기 위한 예산행정 시스템;
   나) 시정부의 조직, 정책 및 정책수행을 보다 향상시키기 위한 행정관리 연구;
   다) 시 사업의 효율성과 경제성을 높이기 위한 체계 및 절차 연구.
5) 시 행정관은 시장의 승인을 얻어, 자기 관할하의 일에 대해 규칙과 기준을 제정하며, 시의 각과 및 직원들은 이를 준수해야 한다.
6) 시 행정관의 권한과 의무 그리고 이 조항에 규정된 사항들은 수도 전력국, 항구, 공항의 각 부서에는 적용되지 않는다.

제18장 재　정

제341조.

시의 회계연도는 매년 7월 1일부터 다음해 6월 30일까지이다.

제342.1조. 세액 비율 변화

재산세에 관한 세액 비율이 1979년 1월 정한 규정에서 변화할 경우, 이 헌장 제3조 및 관계 법령에 규정되는 최대 재산세율은 예전의 규정으로 산출된 세액을 초과해서는 안 된다; 제158, 173조에 규정되는 최소 세액은 예전의 규정으로 산출된 세액과 동일해야 한다.

제18장 일반 예산

제343조. 시장에 대한 예산산정 보고

매년 1월 1일 이전에, 시장이 정한 날짜에 맞춰, 스스로의 재정 관리권이 있는 과를 제외하고, 모든 시정부의 과 및 사무실의 간부나 이사회는 시장에게(시의회 및 시 행정관에게도 사본을), 시장이나 조례가 정한 양식에 맞춰, 다음 회계연도에 각 과 및 사무실이 적절한 활동을 하는 데 필요한 예산을 자세하게 보고해야 한다. 예산안은 가능한 한 통일된 분류 형식을 갖춰야 하고, 각 과 및 사무실 그리고 다른 시정부의 활동의 기능을 명시해야 하며, 기능을 수행하는 목표 및 서비스도 명시해야 한다. 예산안과 함께 시장이나 조례가 정한 대로 계획표와 보충 데이터로 제출해야 한다. 각 과 및 사무실의 예산안이 전년도의 예산을 초과할 경우, 적절한 분류 양식에 따라, 각 인상분의 중요도를 급한 순서대로 표시해야 한다. 시장의 각 과장이나 사무실 책임자와 협의한 후, 시장이 정한 혹은 다시 정할 각 과 및 사무실에 배당된 최대한도 예산에 맞춰 다시 검토하도록 지시할 수 있다. 각 과장이나 책임자는 시장이 정한 날짜에 맞춰 수정된 예산안을 시장에게(시의회 및 시 행정관에게도 사본을) 제출해야 한다.

참고 3. 로스앤젤레스 시 예산(항목별 비율)

※ 96 - 97회계연도에 로스앤젤레스 시의 예산이 사용된 내역은 다음과 같다.(단위: 퍼센트)

☐ **지역 안전: 39.6%**

  범죄 통제 26.4%

  화재 통제 9.6%

  시민 도우기   1.7%

  기타   1.9%

☐ **가정 및 지역 환경: 30.7%**

  오물 수거 및 처리 18.3%

  쓰레기(고체) 수거 및 처리   4.0%

  해충 확인 및 제거   4.1%

  강제적 행위 계획 및 실행   1.5%

  거리 및 공원 미화 및 청소   11.2%

  기타   1.6%

☐ **교통: 12.0%**

  도로 및 고속도로 교통   6.6%

  교통 통제   4.9%

  기타   0.5%

☐ **문화, 교육 및 레크리에이션 서비스: 5.2%**

  레크리에이션   3.1%

  교육   1.6%

  문화   0.5%

□ 인적 자원, 경제적 보조 및 개발: 3.3%

□ 일반 행정 및 지원: 9.2%

　행정적, 법적, 인적 서비스　　1.2%

2. 로스앤젤레스 시 예산분석관련 조사(1)

(예산분석 시 분석기법 및 전문가 의뢰 여부)

□ LA 시 예산개요(회계연도 97. 7. 1. -98. 6. 30.)

가. 시정목표

○ 공공 안전대책의 중점적 추진
○ 세금인상 없는 시민 서비스 확대
○ 시정부의 기업주의적 혁신개념 도입
○ 시재정의 안전성 확보

나. 주요 특징

1) 97-98년 예산상의 문제점

$101,000,000에 달하는 예산적자폭의 문제

2) 균형예산

예산적자 문제를 해결하기 위하여 일반예산(Revenue Initiatives)에서 $50,000,000과 경비절감(Expenditure Changes)을 통하여 $51,000,000 등 균형예산을 유도

3) 세수예측

96-97년 대비 1%증가($33,000,000)로서 97-98년 세수예측은 $2,590,000,000이 예상된다.

4) 5개년간 세수예측

향후 5년간 예상되는 적자폭은 매년 $400,000,000이며 21세기를 맞이하는 2001년에는 $200,000,000이 예상됨.

다. 예산규모(별첨1 참조)

○ 총예산 규모(Grand Total): $9,062,500,000

  -LA 시 시정부: 총예산 $4,012,800,000
      (일반 $2,594,300,000)
      (특별 $1,339,500,000)
      (균형기금 $79,000,000)

  -시투자기관: $3,930,000,000
      (공항 $532,900,000)
      (항만 $370,600,000)
      (수도전력국 $3,027,100,000)

 －보조금 및 비예산기금:　　$1,119,000,000

라. LA 시 예산담당 조직(별첨2 참조)

○ 예산담당 부서: 시 행정국(City Administration Office)

시장 및 시의회를 보좌하여 예산준비, 계획, 그리고 관리 및 집행을 담당한다.

마. 예산편성 일정표(97－98회계연도)

7월 12일(1996년)　　　　　96－97회계연도 조직표 승인 마감.

8월 5일　　　　CAO에서 97－98회계연도 예산일정표 및 예산교본 배부.

8월 15일　　　　시장의 예산 정책안 배부.

8월 30일　　　　각 과의 CAO에 대한 자료처리 요청 마감.

9월 3일　　　　CAO에서 임금 및 인원에 관한 메모 배부.

9월 6일　　　　각 과의 CAO에 대한 A&I 요청 마감.

9월 20일　　　　예산분석관이 종합용역분석과에게 제출하는 각 과의
　　　　　　　A&I 및 우선순위가 명시된 개요보고서 마감.

9월 20일　　　　각 과의 CAO에 대한 커뮤니케이션 서비스 요청 마감.

9월 23일　　　　조정관에게 제출하는 임금 및 인원 보고 마감.

10월 4일　　　　각 과에서 CAO에 자본 증감안 요청.

10월 11일　　　　기술부에서 CAO에 A&I 요청에 관한 예비예산안 제출.

10월 28일 －11월 26일
　　　　　　　5개년 자본 프로그램 개발을 위한 CAO와 각 과의 간부회의

12월 2－6일　　　총매니저가 시장 및 CAO 간부에게 예산 요청(지출 및
　　　　　　　세입)에 관해 보고. 이 보고에 각 과의 예산안 포함.

12월 2일　　　　간부들에게 예비 세입안 및 지출안 교육.

1월 10일(1997년)
　　　　　　　CAO가 시장에게 각 과 예산에 대한 권고안 제출.

1월 20일	지역경제학자의 시장/시의회에 보고.
2월 3일	시장의 청문회를 위한 CAO의 보고서 완성.
2월 10일	CAO의 각 과 관리와 관련한 시장의 예산 회의.
2월 12일	5개년 자본 프로그램을 공공노동위원회에 제출하기 위해 필요한 CAO의 행정 코드 마감.
3월 1일	CAO가 시장에게 재산세 산정안을 제출하기 위해 필요한 헌장 마감.
3월 1일	시조정관이 시장에게 세입 산정안을 제출하기 위해 필요한 헌장 마감. 시의회와 CAO에도 사본 제출.

A. 예비 예산 분배 가능

3월 3일	시장이 CAO에 대해 최종 예산승인.
3월 20일	예산안 서류 완성 후 인쇄 작업.

B. 정규 예산 분배 계획

3월 17일	시장이 CAO에 대해 최종 예산승인.
4월 3일	예산안 서류 완성 후 인쇄 작업.
4월 20일	시장이 시의회에 예산안을 제출하는 데 필요한 헌장 마감.
4월20일	공공노동위원회가 시의회에 5개년 자본 프로그램 중 첫 해분을 제출하는 데 필 요한 행정 코드 마감.
6월 1일	시의회가 시장이 제출한 예산안 그대로, 혹은 시의회가 수정한대로 승인하는 데 필요한 헌장 마감.

로스앤젤레스 시의 경우 예산편성 시 사업효과 분석을 위한 다양한 분석기법들은 수정된 예산프로그램(Modified Program Budget) 방법이며 주요 기법은 다음과 같다.

○ **항목별 분석(Line Item Budgeting)**

시 예산 분석 시 제한적인 분야에 이용되며 당해연도의 예산 수준에 대한 개별적 변동사항을 구분한 예산서류(blue book)에 의거 분석하는 기법이다. 채택된 예산서류에는 항목별(Line item) 예산총액이 포함된다.

○ **성과분석(Performance Budgeting)**

예산책자(blue book)에 있어서 과거 5년 전 및 10년 전과 유사한 분석기법에 대한 부합되지 않는 분야별 업무지침과 계획성과를 비교분석하는 방법이다.

○ **프로그램 분석(Program Budgeting)**

시의 모든 업무 분야는 일반적 그룹별로 다음과 같이 구분되어 있다. 커뮤니티 안전, 주택 및 거주환경, 교통, 일반행정 및 지원업무, 문화·교육·레크리에이션 서비스, 인적자원·경제개발 및 지원 등이다. 예산분석 시 프로그램 분석기법은 이들 공통적인 업무활동을 통합하지 않고 부서별로 분석하는 기법이다. 예로서 커뮤니티 안전의 경우에는 경찰국, 건물 안전국, 소방국, 교통국 등 부서별로 개별적으로 예산 프로그램을 분석한다.

○ **예산의 제로화(Zero Base Budgeting)**

카터 대통령 재임 시 로스앤젤레스 시도 예산편성 시 항목별 예산 제로방안을 도입하였으나 제로화를 위한 시간적 노력에 비하여 긍정적 결과를 얻지 못하였으나, 일부 특정 예산항목(커뮤니케이션, 차량구입, 부동산 매입/임대, 여행경비, 원유구매 등 일부 항목)은 예산제로화에 긍정적 분석기법이다.

1. 주요 특징

로스앤젤레스시의 예산 시스템에는 세 가지 특징이 있다: line-item, 실적 위주, 프로그램 예산편성. 이 시스템은 분석, 검토, 재정 지원 및 조정 등의 역할을 한다. 이제까지 'Line Item 예산편성' 이라 불리는 지출 대상에 따라 자금이 분담되고 적절히 조정되는 방식이었으며, 아직도 이 방법이 사용되고 있다.

2. 실적 위주 예산편성

52-53년 사이에 실적 위주 예산편성 개념이 추가되었다. 이 개념에 따라 각 과와 사무실들은 필요한 예산을 책정하기 위한 기초 자료로서, 예상되는 작업 프로그램을 제출하게 된다. 즉 각 과는 단순히 어떤 목적 달성을 위해 무엇이 필요하다고 말하는 대신, 재정을 가지고 어떤 일을 수행하겠다고 밝힌다. 이 작업 프로그램에는 작업측정 프로그램이 내재되어 있는데, 이는 직원들이 할 수 있을 것으로 예상되는 일의 양을 산출해 낸다. 각 과에서는 7월 중에, 1년을 13개 보고 기간으로 나누어, 기간별로 연간 작업프로그램과 그에 상응하는 연간 재정계획을 세워 보고한다. 최종 작업프로그램은 검토 및 수정을 거쳐 시장과 시의회가 승인하여, 지정된 작업 단위를 수행하는 데 일정한 자금이 지원되게 된다.

각 과는 CAO에 각 보고 기간 중의 인원활용 상황을 말해주는 인원활용 보고서와 관련 작업 실적을 제출하고, 이에 따라 회계감사관(Controller)은 CAO에 각 기간별로 필요한 비용을 지불한다. 인원활용 보고서는 예산 통제 과정(control process)의 중요한 부분이 된다.

72-73년 사이에, 예산 시스템에 있어 실적 위주 예산편성의 요소들은 그대로 둔 채 작업 종류가 좀더 큰 단위로 재구성되었다. 이렇게 수정함으로써 달성해야 할 목표를 기초로 프로그램을 검토할 수 있게 되었다.

이상에서 살펴본 바와 같이 로스앤젤레스 시 예산 시스템은 모든 주요 예산 시스템의 요소들을 포함하고 있다. 기본적으로 조직 내의 지출 대상에 따라 재정이 사용되는 line-item 예산 시스템이고, 실적에 따른 예산 편성을 위해 작업 단위(work units) 및 통계가 적용되며, 각 과별(department) 목표와 그 달성 여부에 초점을 맞추기 위한 수정 프로그램 예산 포맷도 사용된다. 1970년대 후반부터 제로베이스 예산편성 개념이 도입되어 아직까지 계속 사용되고 있다.

3. 제로베이스 예산편성

91-92회계연도 제로베이스 예산 편성의 경우 23개 과의 156가지 사항은 제로베이스로 분석되었고, 다른 14개 과는 규모가 작아서 10% 절감 프로그램을 제출하도록 요청되었다. 91-92회계연도를 위한 91년도 보고서는 그 후 매년 예산편성의 기준이 되었다. 매년 예산편성에 있어, 담당자는 각과의 활동에서 법률적 및 운영적인 필요성, 최소의 서비스 수준, 수송 및 재정 서비스의 대체 방법 등을 중점적으로 검토한다.

우리의 제로베이스 예산편성 시스템을 보완하기 위해, 서너 명의 예산분석가들이 몇 개의 도시기능을 선택해 단기간 심층적 행정 회계감사를 실시하였다. 이 분석은 제로베이스 분석이었고, 96-97회계연도 예산편성을 위해 95-96년 사이에 실시하였으며, 그 영역은 나무 가지치기, 건물 유지관리, 레크리에이션 및 공원 관리, 건물 및 안전 관리 등 4가지였다. 이의 효력을 인정해서 시장은 각 과장에게 보낸 97-98예산정책 서한에서 CAO가 다음해 예산편성을 위해 도시 운영사항 몇 가지를 더 추가해 제로베이스 분석을 실시하겠다고 밝혔다.

이러한 예산 시스템을 사용함으로써 예산이 더 적절히 사용되고, 상호 간에 동의된 작업 프로그램에 따라 인원이 배치되고, 목표에 따른 작업 수행의 능률을 향상시킬 수 있게 된다.

예산분석의 경우 서울시와 동일하게 <u>담당공무원(Budget Analyst)에 의해 사업효과 분석</u>이 이루어지나 <u>시장 및 시의회에 의하여 예산의 효과적인 운영에 관한 감사요청 시</u> 효과적인 연구를 위하여 <u>전문가를 고용하여</u> 특정 예산관련 프로그램 및 계획연구에 있어서 협조를 받는다. 이러한 분석결과는 시 예산 수립에 적용된다.

현재 로스앤젤레스 시는 예산편성 시 사업효과 분석을 위하여 자동화 시스템(Automating Budget Process)을 준비 중이나 이는 시간과 인적자원을 절감하는 방안으로 간주됨

참고자료 1.

운영적 필요에 맞춘 예산편성 계획사례(건축관련 분야)

예산 작성에는 여러 단계가 있지만 크게 나누어 보면, 기초 예비예산 작성 단계, 사업 실시 승인에 관한 투표, 투표 후 구체적 예산 작성, 그리고 시공 중 예산 수정 단계 등으로 볼 수 있다. 이 장에서는 예산 부적합의 원인과 그 대책을 연구하며 편의에 따라 그 단계를 나눌 것이다.

가. 예산 부적합의 원인

다음의 항목들은 예산이 맞지 않게 되고 사업들이 연기되는 원인들이다. 모든 원인들이 다 포함된 것은 아니지만, 어떤 원인들은 사업 시행 중 흔히 일어나며 피하기 힘든 것들이다. 하지만 이들을 더 잘 관리할 수는 있는 것

이며, 많은 경우 예산 부적합은 시가 어떻게 구성되어 있는가와 어떻게 사업
을 운영하는가가 원인이 된다.

1) 예비 계획 단계

가) 투표 준비 단계에서의 부적절한 예비 계획

사업 계획은 많은 계획 단계를 거치게 된다―프로그램 개발, 구상 설계, 도
식적 설계, 설계 개발 설계, 시공 설계. 프로그램 개발 단계의 마지막에 아주
기초적인 예산안이 짜여지며, 도식적 설계 단계의 끝에 공식적인 'C 클래스'
예산안이 짜여진다. 사업 계획 단계가 더 진전될수록 사업에 대한 정의가 명
확해 지고 예산안(비용견적)의 신뢰도가 더 높아진다. 도식적 설계 단계 및
그 이전의 예산안은 매우 기초적인 것으로 시공 설계 단계에서 많이 바뀌게
된다.

많은 경우 사업 시행 여부에 관한 시 투표는(city ballot) 프로그램 연구가
되지 않은 상태에서 행해진다. 예를 들어 시청은 다시 내진 보강공사가 되어
야 한다든가, 혹은 3만 5천 스퀘어피트의 경찰서가 지어져야 한다는 결정들
이 그런 예이다. 예산(비용견적)을 내기 전에 먼저 결정되어야 할 중요한 문
제들은 사업 규모, 위치, 층수, 주요기능, 수용인원, 특별히 필요한 기능, 법률
적 제한요소, 신축 혹은 개축의 결정, 시공성, 임차인 재배치, 역사적인 필요
사항, 건축자재 및 마무리, 부지 확보, 위험 물질, 공정 계획, 자문 연구, 특별
연구, 환경 문제, 특례인가 필요 여부, 이사 비용, 채권보험 비용, 시의 지원
요원 등이다. 이런 문제들 중 대부분이 시가 투표 제안서를 개발할 단계에는
고려되지 않는다. 따라서 많은 경우, 예산이 위의 요소들을 포함한 실제 비용
을 반영하지 못한다.

나) 잠재적 비용요소들을 간과하는 예산안

시에서 몇 가지 예비계획 단계를 완성한 경우에도, 사업비용이 초과 혹은 적게 책정된 경우가 많았다. 그 중요 원인 중의 하나는 모든 잠재적 비용 요소들이 예산안에 포함되거나 규정되지 않았기 때문이다.

다) 뜻하지 않은 방해 요소

사업 중 어느 때라도, 뜻하지 않은 사태가 발생해 사업의 범위 및 필요조건들을 바꾸어 놓을 수 있다. 예를 들면 지진이 로스앤젤레스 시청 건물에 심각한 추가 피해를 주어, 시청 보수공사에 더 많은 작업이 필요하게 되었다. 또한 장애자 보호에 관한 연방법이 수정되며 장애자 보호를 위해 위험한 물질을 치우고, 석면을 제거하는 등 비용이 추가되어 훨씬 더 많이 비용이 소요되었다. 뜻하지 않은 요소의 하나로, 시의 정책이 바뀔 수도 있다. 원래 직원 보조비용은 일반 재정에서 충당되고 채권 자금에서는 상환되지 않는 것이 원칙이지만, 경기 침체가 계속되며 시의 예산에 영향을 주어, 채권 자금에서 직원보조 비용을 변제한 적도 있다.

라) 건축가와의 협력 부족

건축은 시 직원에 의해 수행되거나 혹은 외부 건축가에 의해서 이루어지지만, 어떤 경우에도 건축가는 특정 예산에 맞춰 설계하게 된다. 건축가들은 사용자가 소속된 과(user department)가 필요로 하는 것을 염두에 두어야 한다. User department가 건축가의 고객이 된다. 흔히 사용자의 요구와 그에 따르는 비용에 대해 충분한 검토가 이루어지지 않는다. 설계가 진행되는 동안 기계적, 토목적, 전기적인 여러 영역에서 상호 간 기술적 검토가 충분히 이루어져 계획이 완성될 때까지 시의 요구사항을 충족시키도록 해야 한다. 때때로 시의 담당 직원이 다른 일로 자리를 비우고 다른 직원을 대치해 주지 않아 계획이 지연되는 수도 있다.

계획의 각 단계의 끝에 비용이 초과될 것 같으면 가치공학적(value engineering) 조정을 해서 설계, 시공성, 자재 및 마무리에 덜 비싼 작업이 이루어지게 하거나 사업비용을 상향 조정하게 된다.

마) 사업계획의 잦은 수정

사업이 진행되는 동안 user departments가 사업의 세부계획을 여러 번 바꿀 수도 있다. 이 때 보통 추가 자금원이나 사업규모 축소를 명확히 하지 않을 경우가 많다. 이런 수정으로 인해 사업이 지연되고 설계 비용이 증가되게 된다. 하지만 이런 수정은 흔히 수정이 반드시 필요하지는 않은 곳에, 자유재량권이 있는 사람이 수정작업하도록 지시하는 경향이 많다.

2) 입찰 단계

가) 가장 낮은 가격의 믿을 만한 입찰자 선택의 어려움

시헌장에 의하면, 가장 낮은 가격으로 입찰한 믿을 만한 입찰자가 계약을 따내도록 되어 있다. 시 변호사에 의하면 시는 어떤 하청사가 예전에 만족할 만하게 작업을 수행하지 못했다는 이유만으로 입찰에서 제외시킬 수 없다. 결과적으로 비용상의 문제점을 일으켰던 하청사도 그 문제를 해결했다는 보장이 없이, 다른 사업 계획에는 다시 참여할 수 있게 된다.

3) 시공 단계

가) 시 직원이 그의 권한에 대해 명확히 알지 못함

사업계획을 주어진 예산과 시간 내에 완성하려면 사업총괄 책임자의 뛰어난 솜씨와 견실함이 요구된다. 계약서의 규정대로 실시하고, 수정 명령에 대해 협상하고, 의견대립을 조절하고, 건축가, 하청사, user department, 각 부처, 위원회 및 관리들과 상대하며 비용을 조정하기 위해서는 기술적 전문가 이상의 능력이 필요하다.

마찰이나 의견대립은 불가피한 것이고, 이런 경우 사업총괄 책임자와 간부들은 그들이 결정을 내리고 시행하는 권한의 한계를 명확히 모르는 경우가 많다.

나) 사업 예산 통제

사업 중 명령이 변경되는 것은 피할 수 없지만, 이 때 중요한 것은 변경했을 때의 비용이 정확히 계산되어 초과되는 비용이 없도록 계획이 짜여져야 하는 것이다. 그러나 일반적으로 변경이 일어났을 때 비용 증가분을 상쇄하기 위해 다른 요소에서 비용을 줄이려는 노력보다는, 사업 자체가 초과 비용이 드는 것으로 하여 결국 추가 자금을 요청하는 경우가 더 많다. 결과적으로 시의 자금을 더 요청하거나 다른 사업에 영향을 주게 된다.

비용초과가 예상될 경우 어떻게 해야 하는지 명확한 절차는 없다. 비용이 초과될 것이 명확해지더라도, 작업은 계속되고 초과 비용이 지출되게 된다. 비용초과를 사업의 다른 부분에서 상쇄하려는 노력은 작업이 계속되며 보통 사라지게 되지만, 작업이 지연되면 이에 따른 비싼 대금을 지불하게 된다.

다) 자유재량에 의해 변경되었을 경우의 영향

보통 User department는 사업의 질을 높이기 위해 증축 및 마무리 작업의 수준 향상 등 여러 차례 자유재량에 의한 변경을 요구하게 된다. User department는 이런 변경을 요구할 때 흔히 이것이 기능적으로 반드시 필요한 것인지, 예산에 합당한지, 이러한 수정이 예산과 공정에 어떤 영향을 미치는지를 분석하지 않고 한다. 계획 및 건축 단계에서 수정을 요구할 경우, user department는 수정 비용이 합리적으로 충당될 수 있을 정도의 일관성을 가져야 한다.

라) 사업예산 수정 절차가 사업 진행에 방해가 되고 시간적으로 맞
　　지 않음

현재로선 비용 초과를 해결할 수 있는 신속한 방법은 없다. 사업 총괄책임자는 비용을 낮추는 데 적극적이지 않고, 추가자금 지원 없이, 다른 분야에 드는 비용에 대한 삭감 없이, 수정은 계속 승인된다.

예산 수정은 여러 기관이 참여해야 하는 몇 달이 걸리는 과정이다. 궁극적으로 시장과 시의회가 수정을 승인하고 추가 자금을 지원하게 된다.

나. 예산 불일치를 방지할 수 있는 방법

다음의 City Administrative Office가 제안하는, 시가 자금 프로그램과 사업을 예산과 공정계획에 맞춰 실시하기 위해 취해야 하는 여러 단계들이다.

1) 투표 전 단계

가) 시에 필요한 설비에 관한 종합계획 작성

시에서 가장 자금이 필요한 곳에 자금 배정 우선순위가 두어져야 한다. 시는 앞으로 일반채권 투표 제안서가 승인되는 정도가 적어질 것이라는 것과, 그러한 사업을 위한 일반 재정이 줄 것이라는 전제하에, 투표 제안서와 일반재정 계획을 가장 필요한 사업에 초점을 맞추도록 해야 한다.

이를 위해선 자금 수요 종합계획이 사업부문별로 개발되어야 한다. 즉 경찰서, 소방서, 도서관, 공원, 운동장, 상점 등이 시 전체의 종합프로그램의 일부이면서 별도 부문의 계획으로 개발되어야 한다. 이런 계획들은 시가 필요한 것을 합리적으로 인식하고, 그런 필요에 맞는 계획 수행 단계를 포함해야 한다. 이런 계획은 사업 범위의 관점에서 정기적으로 검토, 수정되어야 한다.

최근 시는 경찰서 시설과 사무실 공간에 관한 종합계획 개발에 착수했다.

이 계획이 다른 시설에도 확대되는 것이 필요하다.

나) 투표에 부쳐질 가능성이 있는 중요한 사업에 대한 예비 재정계획

여기서의 목표는 투표 제안서를 작성하기 전의 적절한 예비계획이다. 일단 종합계획이 작성되면, 시 기술자, CAO 직원, 의회 분석관, 사업으로 인해 영향을 받는 부서, 시장실 직원을 포함한 시 직원과, 외부 자문관은 투표자들에게 제시할 자금 프로그램이 무엇인지 알게 된다. 이때부터 프로그램을 위한 자금 조달이 시작되고 건축가를 고용하게 된다.

예비 프로그램은 department가 제안된 시설에 대해 무엇이 필요한 가를 명확히 해야 한다-예를 들어 기존 시의 시설의 신축, 기존 건물 인수, 증축, 개축 등을 말한다. 사업 범위에서는 건축물의 규모와 높이, 층수, 사용될 자재 등을 포함한 건축 프로그램을 명확히 밝혀야 한다. 가능하면 시공의 불확실성을 감소시키기 위해 테스트를 해보는 것이 좋으며, 또한 가능할 경우, 구상 설계 및 도식 설계를 미리 해볼 수 있으면 예비 예산작성에 자신감을 더 해줄 수 있다.

다) 사용자의 요구와 예산의 균형 맞추기

시 기술자, 시공 관리사, user department는 각 설계 단계에서 건축가와 긴밀히 협조해 시공이 사용자의 요구를 충족시킬 수 있게 하고, 시공성과 비용 최소화에 기초를 두어, 주어진 예산 내에서 실시되도록 해야 한다. 각 계획 단계에서 덜 비싼 건축 자재 및 마무리를 선택해 시공 비용을 줄이는 것을 목표로 하도록 전 과정에 걸쳐 감독되어야 한다. 매주 건축가와 회의를 가져, 이 회의에서 user department 및 각 분야 기술자들(전기, 기계, HVAC, 토목 등)은 필요한 사항을 명확히 하고, 시공 진척을 검토한다. 이렇게 함으로써 설계된 부분의 자세한 비용이 산출되게 되고, 완성된 건축이 사용자의 요구를 만족시킬 수 있게 된다.

2) 투표 단계

가) 투표 마감에 쫓기며 작성된 제안서나 사전 연구를 하지 않은 제안서를 최소화할 것

채권 제안서(bond proposals)가 마감에 임박해 작성되지 않도록 해야 한다. 정치심리학적으로 볼 때, 투표자들은 기존의 종합 계획에 포함되어 있어서 이미 알고 있는 제안서들을 투표에서 승인하는 경향이 많다. 종합 계획이 포함되어 있지 않은 새로운 사업이나, 예비 계획이 없던 사업에 대해서는 거부하는 경향이 많다. 시 시설이 화재나 지진으로 파괴되었을 경우 같이, 비상시에만 bond proposal이 종합 계획의 범위 외에서 작성되게 해야 한다.

나) 투표 제안서에 제한적 조건을 포함시킬 것.

투표자들은 믿고 투표했지만, 시로서는 승인된 자금만 가지고 모든 사업을 다 완성시킬 수가 없는 경우가 많다. 투표 제안서의 지지를 받고자 하는 사람들은 시가 확실히 해 줄 수 없는 일을 약속해서는 안 된다. 예비 예산은 최대한 정확하고 완벽하게 짜는 것을 목표로 하지만, 사업이 늘 예비 예산 범위 안에서 시행되지는 않는 것이며, 중간에 수정 과정을 거치게 된다. 예를 들어 기존 주요 시설이 화재가 났을 경우, 수정이 불가피하게 된다. 따라서 투표 제안서에는 제한적 조건을 포함시켜야 하며, 예산 견적은 믿을 만하게 짜여졌지만, 어디까지나 예비 예산이며 수정될 수 있음을 명확히 해야 한다.

투표 제안서는 완성 가능한 것보다 더 많은 사업을 약속해서는 안 된다. 대신 주어진 예산으로 어떤 사업이 현실적으로 완성 가능하지만, 예측하지 못한 상황이 발생할 경우 완성하지 못 할 수도 있다고 밝혀야 한다. 이에 더해, 예정된 프로그램이 완성된 후에도 자금이 남을 경우, 시 종합계획에 다른 사업이 추가될 수도 있다고 역시 밝혀야 한다.

3) 투표 후 단계

가) 예산 검토 및 수정을 위한 절차를 포함할 것

User department가 사업 규모를 명확히 정의하고 승인했으면, 예비예산이 작성되고, 예비예산이 공식적으로 승인되고 나면 여러 계획 단계가 시작된다. 각 단계의 끝에 새로운 예산안이 개발된다. 각 계획 단계에서는 예산을 전 단계에서 승인된 총액에 맞추도록 노력한다. 그러나 거의 모든 단계의 끝에서는 비용이 전단계의 예산을 초과하게 되고 작업이 중단되게 된다. 다음 단계는 예산을 축소할 수 있게 계획을 조정하거나, 자금을 더 투입해 예산을 늘린 후에야 시작되게 된다.

이런 작업 중단을 방지하기 위해, 예산이 수정될 때마다 수정계획, 시공, 제한된 자유재량에 의한 변경 등을 위한 임시 준비금이 있어야 한다. 그리고 임시 준비금 사용을 관리하기 위한 표준 절차가 있어야 한다. 이러한 절차 중에 임시 준비금을 지출하기 전에 비용을 줄일 수 있는 대안을 모색해야 한다.

만일 입찰가가 예산을 초과하면, 사업은 다시 계획되어야 한다. 예산을 증액시키거나 사업을 축소 조정하거나 포기해야 한다.

시의 기술자는 사업 내에서의 상쇄 조정 혹은 사업 내 다른 부문에 할당된 자금의 전환 사용 등으로 지원될 수 있는 수정은 스스로 승인할 수 있는 권한을 가져야 한다. 하지만 추가 자금이나 다른 사업에 할당된 자금의 전용이 필요한 수정은 시장과 시의회의 승인을 받아야 한다.

나) 사업 공정계획서를 채택할 것

처음 예산안이 승인될 때 공정계획서도 채택되어야 한다. 공정 계획에 어떠한 변동이라도 있으면 감시 위원회에 보고되어야 한다. 공정 지연은 그 원인이 규명되어야 한다: 어쩔 수 없이 지연된 경우(예를 들면, 위험한 물질이 발견된 경우); 사업 총괄 책임자가 지연을 피할 수 있었던 경우(법적 절차에서 필수적인 것을 미처 생각지 못한 경우); 다른 위원회, 이사회, 혹은 간부가 무슨 조치를 취한 경우(문화위원회가 계획 변경을 요구한 경우). 이상의 경우 두 번째 경우에만 시 기술자는 그 지연에 대한 책임이 있다. 공정 계획을 준수하는 것은 예산 안에서 사업하는 것 다음의 두 번째 목표가 되어야 한다.

다) 시의 경상비로서의 관리

지원 담당 직원에 대한 비용은 각 프로그램의 예산에 배당되는 것보다 사업 전체 예산에서 지원되는 편이 낫다. 그래야 비용이 더 잘 감시되고 조정될 수 있으며, 그렇지 않을 경우 이 비용은 사업 결손액을 초래하게 된다. 지원 담당 직원이 제공하는 기능은 최소화되어야 하고, 이 기능의 최대한 많은 부분이 시공 관리 회사에 의해 행해져야 한다.

라) 특정 사업에 '설계/건축' 기술을 사용할 것

일단 시가 위의 과정들을 통해 사업을 정의하면, 시의 사업을 시공하기 위해 '설계/건축'과정을 실시한다. 이 과정에서, 개발업자/하청업자/건축팀은 정의된 사업을, 공정 계획대로, 예산에 맞춰, 시공하기로 합의하게 된다. 이 보장된 가격은 시가 사업 규모를 바꾸지 않으면 수정되지 않는다. 비용 초과 위험성은 이 팀이 미리 추정한다. 이러한 개념은 시가 예전에 시공 과정에 행사하던 통제 영역을 많이 포기해야 하는 것을 의미하며, 하청사의 작업을 지연시키는 위험을 줄일 수 있음을 의미한다. 계약에 들어가기 전에 사업의 필요조건이 명확히 정의되어야 한다. User department는 일단 계약이 시행된 후에는, 시가 추가 비용을 감당하겠다고 하지 않는 이상, 사업의 규모나 세부 사항을 변경할 수가 없게 된다.

마) 문제가 있는 하청사를 피한다

신뢰할 수 없는 하청사는 시의 사업에 입찰할 수 없도록 해야 한다. 이들을 배제할 수 있게 시헌장을 수정하는 게 좋을지도 모른다. 아니면 자격 있는 하청사만 입찰할 수 있게 예비자격심사 과정을 두는 것도 한 방법이다.

바) 입찰에 추가 작업과 취소된 작업도 포함.

입찰시 추가 작업뿐 아니라 취소 혹은 생략된 작업의 단위 비용도 포함시켜야 한다. 이 단위 비용이 가장 낮은 비용으로 입찰하는 하청사를 선택하는 데 사용될 수 있다.

사) 사업 완료 후 평가

사업이 완료되면 사업이 어떻게 진행되었는지 반드시 평가가 이루어져야 한다. 공정 계획, 직원, 그리고 비용 조정상의 문제점들이 명확히 밝혀져야 한다. 다음 사업을 위한 교훈을 얻을 수 있다.

참고자료 2.

로스앤젤레스 시 예산(항목별 비율)

※ 96-97 회계연도에 로스앤젤레스 시의 예산이 사용된 내역은 다음과 같다.
(단위: 퍼센트)

☐ 지역 안전: 39.6%
　　범죄 통제　26.4%
　　화재 통제　9.6%
　　시민 돕기　1.7%
　　기타　　　1.9%

□ 가정 및 지역 환경: 30.7%

　　오물 수거 및 처리　18.3%

　　쓰레기(고체) 수거 및 처리　4.0%

　　해충 확인 및 제거　4.1%

　　강제적 행위 계획 및 실행　1.5%

　　거리 및 공원 미화 및 청소　11.2%

　　기타　1.6%

□ 교통: 12.0%

　　도로 및 고속도로 교통　6.6%

　　교통 통제　4.9%

　　기타　0.5%

□ 문화, 교육 및 레크리에이션 서비스: 5.2%

　　레크리에이션　3.1%

　　교육　1.6%

　　문화　0.5%

□ 인적 자원, 경제적 보조 및 개발: 3.3%

□ 일반 행정 및 지원: 9.2%

　　행정적, 법적, 인적 서비스　1.2%

참고자료 3.

<table>
<tr><td>로스앤젤레스 시헌장(예산관련)
(Charter of the City of Los Angeles)</td></tr>
</table>

제51조.

1) 시 행정관은 시장 및 시의회에 시의 상황, 재정, 장래의 필요성 등을 조언하고 때때로 좋다고 여겨지는 방법도 조언한다. 행정관은 연간 예산 작성을 돕는 데 있어 시장이 정한 정책에 일치하고, 적절한 계획이 필요로 하는 작업 프로그램과 기준의 개발을 지도할 수 있게 유의한다.

2) 시 행정관은 다음 사항을 계획하고 지도한다:

가) 재정을 효율적으로 분배하기 위한 예산행정 시스템;

나) 시정부의 조직, 정책 및 정책수행을 보다 향상시키기 위한 행정관리 연구;

다) 시 사업의 효율성과 경제성을 높이기 위한 체계 및 절차 연구.

3) 시 행정관은 시장의 승인을 얻어, 자기 관할하의 일에 대해 규칙과 기준을 제정하며, 시의 각과 및 직원들은 이를 준수해야 한다.

4) 시 행정관의 권한과 의무 그리고 이 조항에 규정된 사항들은 수도 전력국, 항구, 공항의 각 부서에는 적용되지 않는다.

제18장 재　정

제341조.

시의 회계연도는 매년 7월 1일부터 다음해 6월 30일까지이다.

제342.1조. 세액 비율 변화

재산세에 관한 세액 비율이 1979년 1월 정한 규정에서 변화할 경우, 이 헌장 제3조 및 관계 법령에 규정되는 최대 재산세율은 예전의 규정으로 산출된 세액을 초과해서는 안 된다; 제158, 173조에 규정되는 최소 세액은 예전의 규정으로 산출된 세액과 동일해야 한다.

제18장 일반 예산

제343조. 시장에 대한 예산산정 보고

매년 1월 1일 이전에, 시장이 정한 날짜에 맞춰, 스스로의 재정 관리권이 있는 과를 제외하고, 모든 시정부의 과 및 사무실의 간부나 이사회는 시장에게(시의회 및 시 행정관에게도 사본을), 시장이나 조례가 정한 양식에 맞춰, 다음 회계연도에 각 과 및 사무실이 적절한 활동을 하는 데 필요한 예산을 자세하게 보고해야 한다. 예산안은 가능한 한 통일된 분류 형식을 갖춰야 하고, 각 과 및 사무실 그리고 다른 시정부의 활동의 기능을 명시해야 하며, 기능을 수행하는 목표 및 서비스도 명시해야 한다. 예산안과 함께 시장이나 조례가 정한 대로 계획표와 보충 데이터로 제출해야 한다. 각 과 및 사무실의 예산안이 전년도의 예산을 초과할 경우, 적절한 분류 양식에 따라, 각 인상분의 중요도를 급한 순서대로 표시해야 한다. 시장의 각 과장이나 사무실 책임자와 협의한 후, 시장이 정한 혹은 다시 정할 각 과 및 사무실에 배당된 최대한도 예산에 맞춰 다시 검토하도록 지시할 수 있다. 각 과장이나 책임자는 시장이 정한 날짜에 맞춰 수정된 예산안을 시장에게(시의회 및 시 행정관에게도 사본을) 제출해야 한다.

3. 로스앤젤레스 시 예산분석관련

(예산분석 시 분석기법 및 전문가 의뢰 여부)

□ LA서관 04040 – 271(1997.11.7.)호 관련 LA 시를 방문 예산담당부서장
James T. Sobject와 면담한 내용임

  ○ 면담일자: 1997년 11월 26일 10:00 – 11:30(오전)

  ○ 면담장소: LA 시 City Administration Office Library

  ○ 면담인사: 2명

   – James T. Sobject(City Administration Office)

   – Huibart W. Benjamins(City Administration Office)

  ○ 확인내용:

가. 예산편성 및 심의 · 의결과정의 전문화

LA 시의 경우 예산편성은 시 행정국(City Administration Office) 산하 예

산전담부서인 Budget & Capital Program Division에서 담당하며 약 35명의 전문 예산분석가들이 시예하 관련부서에서 기안한 소요예산들의 분석과 시세입 총액과의 균형예산(Balance Budget)을 기본원칙으로 한다. LA 시장실의 검토과정 후 시장에 의해 제안된 예산안은 시의회의 심의·의결을 통하여 확정하게 된다.

나. 예산분석의 자동화 시스템

현재 실행화 단계는 아니며 1998-99년에 대비한 사전 준비과정으로 1997-98회계연도 예산분석에 시험적으로 적용하는 단계이며 LA 시의 방대한 조직 및 행정업무상 단시일에 자동화 시스템에 어려움이 있으나, 사무자동화 추세에 따른 시간적, 인적, 재정적 손실을 저감하기 위한 행정방침이다.

다. 사회복지관련 예산편성 관련사항

LA 시의 경우 사회복지관련 예산편성은 LA 시를 포함하는 LA카운티정부에서 담당을 하며, 뉴욕 시의 경우에는 카운티정부가 아닌 뉴욕 시에서 사회복지관련 예산프로그램을 직접 담당하는 점이 미국 지방자치 시들의 특징이다.

라. 시의회의 예산관련 주요사항

시의원들의 예산심의 시 주요 관심사항은 지역구관련 예산편성, 공무원의 일시해고(Lay Off), 부서별 예산집행사항 등이다. 시의회에서 는 부서별 프로그램의 조정된 예산을 심의·확정 후 시장의 최종거부가 없으면 공고된다.

마. 연방 및 주정부 교부금(Grant)관련 감사주체

연방 교부금의 경우 주로 주택건설관련 교부금 수령 시 연방정부로부터 저소득자를 위한 주택 교부금관련 감사를 받으며 LA 시의 경우 자동차 휘발유세의 일부인(7센트/갈론) 약 70-80만 불의 예산 집행내역(도로건설, 교량건설 등)에 관하여 연방정부로부터 정기적 감사를 받는다. 이는 교부금 지원주체에 따라 지방자치정부에 감사권한을 갖는다.

바. 예산편성 시 사업효과 분석의 전문가 용역여부

전문가 집단에의 용역의뢰는 거의 없으며 시 예산관련 전문공무원으로써 구성된 평균경력 15년 내·외의 공무원들이 담당하며, 시공무원 급여 면에서도 이들에 대한 봉급수준을 상향 편성하여 타 부서로의 전출·입이 많지 않은 경향이다. 예외사항으로서 시장 및 시의회에서 부서별 효과적 운영 여부 감사요청 시 전문가를 고용하여 감사를 하는 경우가 있다.

1. 전문분야 보직관리제

가. 선발방법

전문분야 보직에 필요한 인원선발은 LA 시의 인사과(Personal Department)에서 담당하며 해당전문직에 대한 구인광고를 발표하는데 통상 승진을 위한 전문분야 보직은 LA 시의 내부인사를 우선 고려한다. 그 외 전문분야 보직에 대한 선출방법은 신문을 이용하고, 시고위직 및 담당부서장직은 전문고용회사를 이용하고, 대학 등 학교를 이용하고, 추천을 이용하여 공개적으로 선발한다. 이때 인사과는 시공무원 시험을 관장하며 시 행정사무시스템(the City Civil Service System) 위반사항에 관한 시공무원의 불만사항을 접수한다.

나. 전문분야 양성을 위한 교육훈련

1) 경찰학교 및 소방학교

LA 시에 있어서 전문분야 양성을 위한 교육은 오직 2개 분야인데 이는 경찰관 교육훈련 및 소방관 교육훈련과정이다. LA 시는 경찰학교 및 소방학교를 설립하여 소기의 교육과정 후에 경찰관 및 소방관으로서의 공무원 임무를 수행하며 소정의 수습과정을 마친 뒤 정식 전문직 공무원으로 임명된다.

2) 공·사립대학 위탁교육

자격 있는 후보자를 선발한 뒤 공·사립대학의 전문분야 프로그램에 위탁하여 교육과정 후 전문분야 종사자로서의 임무를 수행한다.

3) 인사과 제공 교육 프로그램

인사과에서 주관하여 제공하는 공무원교육 프로그램으로서 안전사항, 비상시 응급조치사항, 감독사항 등이다.

4) 해당부서 교육프로그램

해당부서별로 독자적인 공무원 프로그램을 준비하여 각 부서의 전문성을 고양하여 시민에 대한 서비스의 질을 높이는 데 있다. 참고로 City Administration Office의 교육 프로그램을 소개하면 다음과 같다.

1. CAO의 관리, 임무 및 절차

1) CAO의 목표 및 행정방침 조직
2) CAO공무원의 임무 행동지침, 절차, 공무원 교육내용 개관
3) 소수계 및 여성보호법안 소개 성희롱 금지안
4) 시의회 및 분과위 보고요령
5) 보고서 준비, 방법, 형식, 공개금지사항

2. 사무실습

6) 워드프로세스 절차, 컴퓨터이용 서비스 및 절차, 사무장비 및 보조품 신청방법 통근방법, 주차비 환불 및 공무원 여행 시 숙지사항

3. 예산준비 및 조정절차

7) 예산 및 재무 분야 소개
8) 예산프로그램의 개념, 예산절차, 예산분석가의 임무
9) 예산분석: 요구되는 공무원 수, 작업부담량, 경비, 장비, 분석적 기술
10) 봉급기준
11) 특별부과료, 세입, 교부금의 종류
12) 월별 현황 보고서－세입, 지출경비, 고용현황, 프로젝트 관리현황
13) 타 부서 협조내용
14) 주요 예산의 개략적 소개
15) 관련된 주요 계획
16) 컴퓨터 액셀을 이용한 예산준비
 ※ 항목별 예산설정　　　　　※ 항목별 연계성
 ※ 그래픽 이용방법　　　　　※ 매크로(Macro) 이용방법
 ※ 데이터 관리

17) 안내서(Blue book)준비, Form67소개

18) 교부금, 주택, 재개발 및 Economic Cevelopment

19) 채무예산관리

4. 경영관리 서비스

20) 경영관리 서비스 소개

21) 특별연구 내부감사/벤치마킹

22) 부서별 우선순위

23) 위기관리능력

24) 특별연구 시스템 그룹

25) 분과위원회의 지원방안

5. 공무원 관련사항

26) 공무원 처우 분야

27) 인사행정

28) 노사관계

6. 비상계획 및 구난대책

29) 비상계획 분야

30) 구난대책 관련 재정 및 교부금

2. 공무원 전보방법

가. 局단위 전보(Interdepartmental Transfer)

시헌장(City Charter)에는 2가지 경우의 전보를 명시하고 있는데 첫째는

승진을 위한 경우에 적용되는 공무원 기록표(Civil Service List)를 통하여 전
보가 이루어지는데 이 경우 인사과에서 주관한 필기, 근무평정, 구술시험 결
과 등이 기록되어 있어서 타 부서의 승진전보 시 우선 순위에 의거 전보가
가능하다. 둘째는 현재보다 낮은 직위로의 전보 및 동일한 직위의 타 부서로
의 전보인데 이는 현재 근무하고 있는 부서장의 허가 및 전보하려는 부서장
의 허가, 그리고 인사과의 사전승인 시 가능하다.

나. 課단위 전보(Transfer in the Organization)

동일한 부서 내에서의 전보는 인사관리 차원에서는 자유롭게 이루어지나
전보 시 해당 공무원의 부서장에 대한 편파적 임무부과라는 불만사항을 인사
과에 접수할 소지가 있는데 이와 같은 이유는 해당업무에 대한 명확한 구분
과 본인의업무량을 사전에 계약에 의하여 규정함으로써 시공무원의 업무에
대한 책임과 의무를 강조하는 데 있다.

다. 타 기관으로의 전보(Exchange Program; City, County, State, Federal Program)

LA 시에서 타 정부기관인 카운티, 주정부, 연방정부로의 전보는 거의 전
무하며 오직 비상시기에만 가능하다.

3. 계급 및 직위

현재 LA 시에는 약 1,000여 개가 넘는 분야의 분류직종이 있으며 이를 서울
시의 조직과 같이 분류하기에는 한계가 있으며 현재 LA서울종합홍보관이 인사
관련 제반 사항을 수집 · 연구 중에 있다. 일반적으로 일반부서장은 General

Manager(국장급), Assistant General Manager(부국장급), Chain of Command
(과장-계장-주임) 등이며, Bureau에는Director, Assistant Director, Chain of
Command 순이다.

4. 승진규정

승진에 대한 기회는 능력에 따라 모두에게 기회가 주어지며 이는 시헌장
(City Charter)에 있는 공무원규정에 엄격히 명시하여 누구나 승진시험에 응
시하여 자격이 인정되면 승진할 수 있다.

City Administration Office 공무원 교육프로그램 (중복)

1. CAO의 관리, 임무 및 절차

  1) CAO의 목표 및 행정방침 조직(자료 없음)
  2) CAO공무원의 임무 행동지침, 절차, 공무원 교육내용 개관(자료 없음)
  3) 소수계 및 여성보호법안 소개 성희롱 금지안
  4) 시의회 및 분과위 보고요령
  5) 보고서 준비, 방법, 형식, 공개금지사항

2. 사무실습

  6) 워드프로세스 절차, 컴퓨터이용 서비스 및 절차, 사무장비 및 보조품 신
    청방법 통근방법, 주차비 환불 및 공무원 여행 시 숙지사항

3. 예산준비 및 조정절차

  7) 예산 및 재무 분야 소개(자료 없음)

8) 예산프로그램의 개념, 예산절차, 예산분석가의 임무

9) 예산분석: 요구되는 공무원 수, 작업부담량, 경비, 장비, 분석적 기술

10) 봉급기준

11) 특별부과료, 세입, 교부금의 종류

12) 월별 현황 보고서-세입, 지출경비, 고용현황, 프로젝트 관리현황

13) 타 부서 협조내용

14) 주요 예산의 개략적 소개

15) 관련된 주요계획

16) 컴퓨터 액셀을 이용한 예산준비

　　※ 항목별 예산설정　　　　※ 항목별 연계성

　　※ 그래픽 이용방법　　　　※ 매크로(Macro) 이용방법

　　※ 데이터 관리

17) 안내서(Blue book)준비, Form67소개

18) 교부금, 주택, 재개발 및Economic Cevelopment

19) 채무예산관리

4. 경영관리 서비스

20) 경영관리 서비스 소개(자료 없음)

21) 특별연구 내부감사/벤치마킹

22) 부서별 우선순위

23) 위기관리능력

24) 특별연구 시스템 그룹(자료 없음)

25) 분과위원회의 지원방안(자료 없음)

5. 공무원 관련사항

26) 공무원 처우 분야(자료 없음)

27) 인사행정

28) 노사관계

6. 비상계획 및 구난대책

29) 비상계획분야(자료 없음)

30) 구난대책 관련 재정 및 교부금(자료 없음)

2. 사무서비스

가. The Office Group 소개

총 19명이 근무하는 사무담당부서로서 Chief Clerk이 대표직을 수행하며 2
명의 Principal Clerk이 Accounting Clerks, Senior Clerk Typists, Clerk
Typists를 관리한다. 주요 담당내용은 다음과 같다.

1) 예산관련 서류의 분기별 작성 및 보고서, 편지, 메모, 기타 등 연중보고
   담당.
2) 업무할당, 사무서류관리, 관련부서의 공무원에게 위원회 결정사항 및 시
   의회 일정 등에 관한 내용통보, 관련서류 유지관리
3) 우편물 배포 및 전자우편 전달
4) 관련부서 공무원 봉급관리 및 전달, 공무원 개인기록 파일관리, 출·퇴
   근관련 기록유지
5) 회계관리 기능으로서 시회계 감사관 요청사항에 관한 연간회계 보고준
   비, 교부금 수납, 계약서류 관리, 부서 내 복사기의 설치 및 제거담당
6) 사무용품의 주문, 관리, 부서 내 공무원의 명함 신청 및 배포담당
7) 사무 기자재의 유지관리 및 2년 간격의 재고조사 실시
8) 접수 및 안내담당자의 임무는 방문객을 안내하고 담당자에게 통보하며, 전

화문의사항을 접수하며, 우편물을 담당하며, Exeecutive Secretary를 보좌하며, 속달우편을 담당하며, 전화 청구서를 각 부서에 전달하고, 회의실 및 부서 도서실을 관리 및 예약업무를 수행한다.

9) 정보안내창구는 일반적인 공지사항에 관한 전화문의 및 방문문의 시 이에 대한 답변을 제공하며 대중교통 정보도 알려준다.

나. 사무용품 담당자 및 취급내용

사무관련 자료에 관한 취급부서 및 관련내용은 다음과 같다.

다. 사무서비스 담당자 및 전화번호

사무관련 서비스 담당자 및 부서 내 전화번호는 다음과 같다.

라. 결재 시 항목별 담당자

결재보고 시 항목별 결재담당자는 다음과 같다.

마. 결재서류 작성방법

1) 모든 부서 내 결재서류는 형식(Typing Request form)에 의거하여 서류별로 준비되고 시간별로 기록 유지되어야 하며 속달을 요하는 업무는 일반사무보다 우선권을 두며 최종결정사항(Final) 및 속달(Rush)사항은 필히 결재를 받아야 하며, 속달요청 시에는 이에 관한 이유 및 요청기한 및 부서담당 면회 가능한 날짜를 포함시켜야 한다.

요청내용	결재권자
초안(Draft)/일반	X
최종안(Final)/일반	부서장(Chief)의 자유재량
초안(Draft)/속달(Rush)	부서장(Chief) 및 권한대행의 결재
최종안(Final)/속달(Rush)	부서장(Chief) 및 권한대행의 결재

2) 서류보고는 타이프, 친필, 디스켓으로 제출할 수 있으며 서류양식에 의거 준비한다.

3) 서류교정 시 적색볼펜을 사용하며 내용첨가 시 서류 뒷장 또는 별도용지를 사용하고 첨가 부분을 기존서류에 명시한다.

4) 디스켓제출 시는 복사된 내용과 함께 서류명 및 업무번호를 서류양식(Typing Request form)에 기록한다.

5) 서류보고 시 특별한 서류보고는 워드프로세스 담당자와 사전에 의논하여 시각적이고 효과적인 결과를 얻도록 한다.

6) 컴퓨터 사용법을 숙지하고 문제점은 워드프로세스 담당자에게 문의하라.

7) 서류는 최종보고 이전에 수차례 교정과정을 거치는 것이 바람직하며 최종적으로 교정된 서류를 보고하라. 오래된 초안은 혼동될 뿐만 아니라 실수와 보고 지연을 초래할 가능성이 있다.

8) 요청서류가 준비되면 일반적인 요청서류는 워드프로세스 센터 대표실에 준비되어있는 Analyst용 서류철에서 순서를 기다리고, 속달을 위한 요청서류는 안내담당자가 Analyst에게 전화나 전자우편으로 통보하여 우선권을 부여한다.

9) 만일 서류작성 담당자에 의한 철자, 표기, 주석 등의 잘못 등을 발견하면 수정을 위하여 당사자에게 서류를 반려하고 담당자와 접촉이 어려우면 워드프로세스 센터에 반송한다.

바. Receptionist의 임무

업무수행 인원은 1명이며 주요 업무는 우편물의 접수 및 분배이며, 팩스수신 서류분류 및 방문자 안내 등이다. 또한 City Administration Office에 시장실 및 타 부서로부터 직접 송부된 보고서 검토를 위한 서신을 접수하는데 이 서신에는 요청날짜가 명시되어있고 첫 장에는 복사된 서류가 첨부되어 이는 Supervisors들이 서류원본 대신에 지시내용을 기록할 수 있으며 업무담당이 지정되고 지정날짜가 명시된 사본은 Executive Officer에게 보고된 뒤 검토 후 서명 뒤에 담당 공무원에게 전달된다. 담당자는 최종적으로 부서장에게 보고한다.

사. 자료보관실(Library)

자료보관실에는 지방정부관련 공공행정에 관한 자료를 비치하고 있으며 주요 사항은 다음과 같다.

1) LA 시 예산관련 자료
2) 가주규정(California Code) 소개자료
3) 시정연간보고서
4) 세금안내서
5) 시헌장
6) LA 시 도시행정규정안
7) 시연감

자료보관실에는 City Administration Office의 전 직원 카드가 비치되어있어서 관련 자료를 이용할 수 있으며 가능한 빠른 시일 내에 반납을 하여야 한다. 타 부서의 공무원들도 자료를 이용할 수는 있으나 허가 없이 관련 자료를 소유할 수는 없다.

아. 우편물 발송절차

우편물 발송 시 시청 내부 발송, 부서 간 발송, 국내발송, 시내속달, 심야발송, 소포발송에 따른 세부형식 및 절차는 다음과 같다.

자. Central Service 소개

이곳에는 총 7명의 직원이 근무하는데 부서업무관련 업무관련자 분배, 자료제공, 업무완결까지를 관장하며, 사무자동시스템을 운영하며, 시의회 및 분과위원회에 참석하는 Analyst에게 관련 자료를 제공하고 예산관련서류를 복사하고 배포하는 임무가 있다. 또한 제반서류관리 책임 및 정기적인 프로젝트 서류들에 대한 관리를 담당하며 부서사무규정을 준수하고 이를 배포한다. 다음사항은 세부적인 서비스 내용이다.

1) 컴퓨터 서류복원

Central Service에서는 모든 사무서류에 대한 컴퓨터관리를 주관하며 종종 발생되는 실수에 의한 서류의 삭제 및 중복된 서류입력 등으로 기인한 불편과 시간소모를 미연에 방지하는 서비스를 제공한다.

2) 파일관리

가) 컴퓨터 서류를 사용한 뒤 타직원에게 관련 파일을 양도 시 필히 Central Service에게 통보하여야 하며 불이행 시 파일관리상 어려움이 발생하는데 일례로는 시의회 분과위원회에 요청 시 업무분담을 재조정해야 하는 경우 등이다.

나) 관련파일은 사용 후 부서 내 우편을 이용하지 않고 직접 Central Service에 반납하여야 한다.

다) 타 부서 전출 및 퇴직 시 소유하고 있는 모든 파일을 Central Service 에 반납하여야 한다.

라) 업무수행을 위한 특수한 상황을 제외하고 장기간의 파일소지는 관련파 일의 분실 및 반납 기간이 길어지는 이유가 되며 모두에게 피해를 초 래한다. 공개가능한 자료의 사본은 요청 시 Central Service직원이 제 공한다.

마) 업무보고 마감시한에 보고준비를 못하는 경우 및 급행을 요하는 서류 준비 시에는 Central Service에서 관련된 요구 자료를 제공하며 사전 에 제공받은 파일은 서류작성이 끝나는 대로 반납하여야 한다.

3) 업무관련 참고번호

업무관련 참고번호는 부서 내 요청서류 및 기타 보고서에 사용되며 처음 4 자리는 업무코드번호가 부여되고, 중간 5자리는 조 번호, 그리고 마지막 4자리 는 처리번호를 의미한다. 예를 들면, 파일번호가 0150-05976-0001일 경우에

※ 0150은 파일의 업무코드를 의미하고 15는 계약, 리스, 협약내용, 시소유 재산매각, 권리포기 및 개별적 서비스 계약의 분석 시 부여되는 번호 이다.

※ 05976은 연속적으로 부여된 조번호이며 기존파일에 있는 관련된 주제는 비록 파일명(업무코드)이 다르지만 동일한 중간번호를 기입하여 연관 된 주제임을 알 수 있다.

※ 0001은 처음 보고된 파일을 의미하며 2번째 보고는 0002가 된다.

4) 자료공개

모든 정기적 보고사항 및 서신내용 등은 Central Service에서 일반 시민에 게 자료 공개되며 검증과정을 거친 자료담당 공무원은 공개자료 및 파일의 사본을 검증날짜를 첨부하여 Central Service에 접수하여야 한다. Central

Service에 지연접수 시 지급(Rush)을 요하는 시의원 및 시의회 분과위원회의 요구에 신속한 자료제공을 못 하는 중대한 결과를 초래한다.

5)

차. 업무별 관련 코드번호

Personnel Administration System

#Classification of Civil Service

#Types of Positions in the City Organization

#Title Code Book

#Transfer System

#Guideline: Removal, Discharge or Suspension

  (Counseling, Written Warning, Official Reprimand)

#Appeal Process(Disciplinary Action Plan)

#Demographic Information of City Employee

#City Employee Union System

#Type of Vacations & Leaves

#City Employee Efficiency Rating

Salary

#Salary Standardization(Range, Step):Title Book

#Salary Rates, Longevity Pay, Service Ratings

#Allowances or Fringe Benefits

#Retirement Benefit, Pension, Tenure

#Health Insurance

#Compensation Plan

#Suggestion Award Plan

Civil Service Job Training

#City Employee Orientation Manual

#Personnel Department Officer Training Program

#Trainee Evaluation

Exam. System

#Types of Exam.

#Exam. Subject

#Promotion

#Veterans Benefit & Handicaped Benefit

4. 지방 자치의 明暗

미국 도시의 지방 자치는 조직과 운영, 그리고 책임 면에서 일반 사기업체에 비교되기도 한다. 지방 자치 단체는 편리하고 효율적인 사회 하부구조(Infrastructure)와 양질의 행정 서비스를 통해 보다 많은 (혹은 보다 바람직한) 소비자, 즉 주민, 비즈니스, 또는 외래 방문객을 획득하며, 이들은 경영진(시장, 의회 그리고 고위 공무원)에 대한 지지와 지원을 보내거나 각종 세금과 요금을 통해 도시의 안정된 운영과 발전을 지원한다. 이와 같은 유기적 관계를 통해 도시가 번영하기도 하고 정체 또는 쇠퇴하기도 하며, 심지어 파산을 맞기도 하는 것이다. 이와 같은 이유로 상당수의 중소 규모 도시들은 도시 살림을 비정치적인 전문 경영인(City Manager)에게 책임 경영케 하거나, 아니면 (경영 능력이 있는) 인접 대도시에 위탁 경영을 의뢰하기도 한다.

이와 같이 지방 자치의 권리는 그에 상응한 책임을 수반하며, 따라서 도시 운영의 능력에 따라 시민의 삶의 질이나 기업체의 경영 환경이 도시마다 큰 차이를 보일 수 있다. 이번에 소개할 두 도시(워싱턴 D.C.와 샌프란시스코)들은 이와 같은 도시 경영의 차이로 인한 도시별 격차를 잘 보여주는 한 예로서, 지방 자치의 현실을 보다 사실적으로 조망해볼 수 있다는 점에서 상당히 교훈적이라 할 수 있다. 이 기사는 비슷한 시기에 각기 다른 신문에 게재된 것을 요약, 정리한 것이다.

워싱턴 시의 위기

Source: The New York Times(July 25, 1996)

1. 워싱턴 시의 오늘

세계 정치의 중심지이며, 세계 최강국 미국의 수도 워싱턴 시가 파산 직전에 놓여 있다. 소방 호수차의 2/3가 예산 부족의 이유로 운행이 정지되었고, 시 경찰들은 순찰차의 연료나 타이어 보수를 자신들의 주머니에서 부담하기도 한다. 시 보건소는 AIDS검사를 잠정 중단하였고, 거리는 수거해 가지 못한 쓰레기가 가득하다. 대부분의 도로가 웅덩이처럼 패여 있고, 시청으로부터의 용역 대금은 몇 달 연체가 일반적인 현상이 되어버렸다. 이처럼 땅에 떨어진 워싱턴 시정부의 공신력으로 인해 월 스트리트의 증권시장에 상장된 시 공채는 휴지나 다름없이 되어버렸다. 이와 같은 재정 파탄과 서비스 부재의 문제점은 자치 정부 20년(1975년 이후 현재까지) 동안에 거의 회복 불능의 상태로 악화되었고, 결과적으로 71만의 시 인구가 55만(약 70%가 흑인)으로 대폭 감소되기에 이르렀다.

2. 위기의 원인

이와 같이 악화되어 온 워싱턴 시의 문제에는 여러 가지 원인들이 있지만 그 핵심은 의외로 간단하다. 즉 연방의회가 워싱턴 시의 지방자치(Home Rule)를 놓고 시 대표들과 협상을 벌일 당시, 시정부에게 재정적으로나 정치적으로 불리한 제안을 하였고 이를 시 대표들이 대부분 수용 하였던 것이다. 이와 같은 구조적인 불합리성은 다음 세 가지로 압축될 수 있다.

가. 시 소득원의 제한

워싱턴 시의 재원은 미국의 여타 도시에 비해 상당히 제약을 받고 있다. 소득세, 재산세 그리고 사업세가 시 세원의 전부이며, 그나마 지역 내 43%의 재산이 연방 정부나 외교, 비영리 – 비과세 사유 기관 소유로서 과세가 불가능하다. 또한 시내의 경제 인구의 2/3가 시 경계 밖(메릴랜드 주)에 거주자로서 재산세를 과세할 수 없다.

나. 과다한 재정 부담

워싱턴 시는 비슷한 규모의 다른 도시에 비해 사회 복지 프로그램에 거액의 시 예산을 지출하여야 한다. 예컨대, 전액 연방 정부의 몫인 의료비(Medicaid)를 시에서 부담하고 있다.

다. 對 연방 정부 정치력의 빈곤

거듭된 실정으로 연방 정부로부터 공신력을 잃어 온 시 지도부는 首都의 문제점을 국가 차원의 정치력으로 타결할 능력이 약화되었고 따라서 빈곤의 악순환으로 이어져 왔다.

결국 제한적이나마 지방자치권을 얻기 위해 시 대표들은 경제적, 정치적 자승자박을 감수함으로써 市 운영을 제도적으로 불리하게 하였고, 나아가 운영 면에서도 실정을 거듭하여 오늘에 이르게 된 것이다.

3. 반성과 복구의 노력

이처럼 워싱턴 시의 위기는 연방 정부와 지방 정부 모두 부분적인 책임이 있음을 인지하고, 이를 해결하기 위한 양측의 노력이 최근 활발해지고 있다.

　가. 연방 정부: 면밀한 현지 조사의 결과를 근거로 워싱턴 시정부로 하여금
　　　기구의 축소와 인원의 감축을 통해 지출을 줄이도록 권고
　나. 백악관: 시청 각 기관들의 서비스 향상을 목표로 한 특별 전담반(Task
　　　Force)를 운영.
　다. 연방 의회: 워싱턴 주민의 소득 세율을 15%로 고정하여 중산층 이상
　　　의 주민이 교외로 이주하는 것을 억제하고 사업체의 신규 설립을 유도
　　　하여, 지역경제개발을 활성화하는 법안을 마련 중.
　라. 시장: 시청 조직의 군살 빼기 계획(Transformation Plan)을 통해 예산
　　　감축을 모색.

4. 새로운 정부 형태의 모색

이상의 중, 단기 처방에도 불구하고 백악관과 연방정부, 그리고 의회 일각
에서는 현재의 워싱턴 시 지방자치에 대한 근본적인 회의의 기운도 적지 않
다. 이들은 자치 정부의 조직이나 운영을 바꾸는 것이 보다 효과적일 것이라
고 생각하고 있으며, 대략 다음의 세 가지 형태로 요약된다.

가. 통제 위원회(Permanent Control Board) 형태

워싱턴 시의 지방 자치권에 대해 적절히 견제할 수 있는 연방의 통제 위
원회를 상시 기구로 두고자 하는 제도. 현재의 자치 형태와 1975년 이전의
연방 관할하의 정부 형태를 절충.

나. 메릴랜드 주 산하의 정부 형태

현재의 연방 관할 지역을 제외한 시 전 지역을 인접 메릴랜드 주로 귀속시키자는 극단적인 주장으로 메릴랜드 주와 워싱턴 주민 모두에게서 반대가 심해 가장 실현 가능성이 희박한 정부 형태.

다. 시티 매니저(City Manager) 형태

시장과 시의회가 채용한 전문 관리자(비정치가)로 하여금 市 업무를 책임 경영하게 하는 정부 형태. 비슷한 인구 규모의 샌디에이고市(캘리포니아), 샤롯데市(노스캐롤라이나), 리치몬드市(버지니아) 등 성공적인 사례에 힘입어 실현 가능성이 높은 정부 형태.

샌프란시스코市의 성장

Source: Los Angeles Times(August 16, 1996)

1. 샌프란시스코의 어제와 오늘

1980년대 이후 최근까지 샌프란시스코는 여러 가지 도시 문제에 시달려왔고 이에 대한 뾰족한 처방책 또한 제시되지 못한 체 침체 일로를 가는 듯하였다. 캘리포니아 주 전체의 경제침체의 여파로 인한 샌프란시스코市의 불경기는 장기화되었고 1989년에 발생한 로마 프리에타 지진사태의 후유증과 정치적 분열 등의 문제에 시달려 왔으며, 마약과 동성연애 그리고 AIDS의 천국이라는 건강하지 못한 도시 이미지가 확산되어 왔다.

그러나 과거의 명성을 희구하는 주민들과 이들의 지지를 등에 업은 시장 윌리 브라운의 열성적인 노력으로 샌프란시스코는 새로운 전기를 맞이하고 있다. 브라운 市정부는 지역사회의 비즈니스 활성화를 위해 특별한 노력을 경주 해오고 있고 주민들도 이에 적극 호응하는 등 관과 민이 옛 명성을 찾기 위해 힘을 합치고 있는 것이다. 예를 들면 지난 4월에 브라운 市정부가 개최한 경제회담에서는 400여 명의 미래의 경제주역들이 3일이나 계속되는 긴 회담일정에도 불구하고 열성적으로 회의에 참가하여 토론에 임하는 등 적극적인 반응을 보였다. 브라운 시장 또한 작년에 세워진 비즈니스 활성화를 위한 로비 그룹인 샌프란시스코 파트너십의 이사회에 적을 두고 있다. 이와 같은 비즈니스 활성화의 성공 사례를 들자면 U.S. Behavioral Health 회사의 경우이다. 이 회사는 동쪽 지역의 에머리빌레로부터 이곳 샌프란시스코市로 이전하여 많은 직원들이 먼 거리의 출근길을 고려, 회사를 그만두는 사태를 염려했지만 오히려 600여 명의 직원들이 샌프란시스코 시의 마켓 스트리트 지역으로 이사를 하는 등 좋은 반응을 보이고 있다.

다음은 샌프란시스코市의 정책의 성공사례 중 몇 가지를 요약 간추린 것이다.

2. 주거환경개선사업과 문화 예술 공간의 확산

1) 19-Block 프로젝트

이 프로젝트는 19-Block지대에 새로운 현대 미술관과 녹지 산책 광장 조성, 고급호텔 및 중하층 수준의 아파트 조성을 포함시키는 것이다. 또한 이 프로젝트로 인해 19-Block 지역 내뿐만 아니라, 10년 전만 해도 전당포와 버려진 창고들로 즐비했었던 주변지대가 소규모의 개인박물관, 미술관, 부티크(boutique), 레스토랑 등이 연이어 문을 여는 등 새로운 경제 활성화 지역으로 변모되고 있다.

2) 금융구역인 마켓 스트리트 지역 중 남부 지역의 활성화

3년 전만 해도 걸어 다니기조차 위험했던 이 지역이 멀티미디어의 산업 중심지로 변모되어 안전하고 멋진 주거 지역으로 바뀌었다.

3) 문화시설과 예술 공간의 확산

○ 지진사태로 부서진 샌프란시스코의 신고전주의 양식의 Civic Center가 완전히 재정비되었다.

○ 새로운 중앙 도서관이 그 건축디자인의 찬사를 받으며 문을 열어 많은 방문객들이 이용하게 되었으며 아시아 미술 박물관도 2000년도에 건립 예정이다.

○ 샌프란시스코 시청의 내부시설이 재정비되었으며, 공채와 민간기업재정의 도움으로 지진으로 피해를 본 오페라 하우스도 보수공사를 끝마치게 되었다.

○ 북서쪽에 위치한 샌프란시스코의 유럽고전 미술 박물관인 California Palace of the Legion of Honor이 수백만 불을 들여 지진피해의 보수공사를 마치고 작년에 다시 문을 열게 되었다.

○ 휘셜먼스 워어프 지역의 남동쪽의 차이나 베이진 지역에 42,000관중석을 배치할 수 있는 야구경기장 건설 프로젝트가 통과되었다.

○ 베이 브리지와 휘셜먼스 워어프 사이를 북남 쪽으로 잇는 3마일의 엠바카데로의 도시경관과 산책로 또한 샌프란시스코의 자랑거리가 되고 있다. 원래 이 지역은 수십 년 동안 엠바카데로 고속도로로 인해 고립되어 왔으나 89년 지진으로 인한 피해가 너무 심하여 보수공사대신 고속도로 자체를 없앤 이후 더욱 발전하게 되었다.

○ 한때 군 기지로 이용되었던 1,480에이커의 프레시디오 지역이 국립공원
으로 문을 열게 되어 아름다운 해안경관을 맛볼 수 있게 되었으며 이
곳의 해안 습지대와 모래언덕도 비치족, 달리기, 자전거들을 위해 편의
시설이 마련될 것이다. 이 군 기지의 건물들은 교육센터, 집 없는 사람
들을 위한 공간, 하룻밤 자고 가는 방문객을 위한 잠자리 제공, 프레시
디오의 220년 군·역사박물관으로 이용될 전망이다.

3. 샌프란시스코市의 경제 활성화

1989년 이래 처음으로 1995년도에는 13,000개의 직업증가로 샌프란시
스코市의 실업률이 감소되었다. 이는 1989년부터 1993년 동안 759,000명
의 샌프란시스코市의 총 인구가 37,000개의 직업을 잃게 된 점을 감안할 때
이와 같은 실업률 감소는 커다란 성과라고 여겨진다.

1995년도에 1,600만 명이 넘는 관광객이 샌프란시스코市를 방문하는 등 샌
프란시스코市가 관광도시로서 그 명성을 더해가고 있다.

1989년부터 1993년 기간 중 샌프란시스코市는 Fortune誌에서 뽑은 미국의
50개 도시 중 비즈니스 활성화 도시순위 49위에 머물 정도로 市 침체 현상을
경험하였으나 1996년 10월호 Fortune잡지에서는 중역진들의 연간 설문조사결
과 샌프란시스코市가 비즈니스를 하기 위한 가장 적합한 도시로 뽑힌 사례를
볼 때, 위에서 설명한 샌프란시스코 브라운 市정부의 정책이 효과적으로 반영
되어 결실을 맺고 있음이 입증된다.

　1928년도에 준공된 로스앤젤레스 시의 청사는 역대 4번째 청사이며 70여 년이 지난 현재까지도 LA 시를 대표하는 건물로서 변함없이 시민들의 사랑을 받고 있다. 1920년대 인구 60만 명의 LA 시가 예산의 40%를 넘는 막대한 공사비를 감당하면서 당시에는 보기 드문 28층의 시청사를 건설하였던 것은 쉽게 납득이 갈 수 있는 사안이 아닐 것이다. 더구나 시청사 건설을 위한 공사비 마련을 위해 공채 발행을 주민 투표에 회부하고, 시 전역에 시행중이던 건물 고도 제한을 예외적으로 해제하여 당시 가장 높은 건물보다 3배나 높은 시청사를 건설하고자 하였다는 사실이 더욱 그러하다.

　본 보고서는 로스앤젤레스 시민들이 신청사의 건설을 통해 무었을 보여주려 하였는지, 또 이를 위해 어떠한 과정을 거쳤는지, 그리고 어떠한 상황이 이러한 동기를 시민에게 부여하였는지를 조망해 봄으로써, 청사건립 70여 년을 맞아 새로운 보금자리를 마련하고자 하는 우리 시의 진로모색에 참고자료를 제공하고자 작성되었다.

1. LA市 新廳舍 건립 배경

　LA 시는 스페인 정부의 관할 아래 있던 1781년 市로 승격되었다. 미－멕시코 전쟁의 결과로 1850년에는 미 연방법에 의거한 시로 편입되었고 이후 지방 자치 단체로서의 골격을 형성해 나갔다. 1853년에는 현재의 청사 자리 인근에 처음으로 전용 청사를 마련하였고 이후 인구 증가에 따른 시청 조직과 규모의 확대로 1884년에는 새로운 2층 청사로 이전하였으며, 이후에도 계속된 '인구 증가 붐'에 따라 급격히 확대된 시정부는 4년 후(1884년) 세 번째 청사를 건립하여 입주하였다.

　새로운 청사 이전에도 불구하고 거듭되는 인구 증가와 市勢 확장으로 인해 세 번째 청사도 용량이 부족하게 되자 시는 네 번째 청사를 고려하지 않을 수 없게 되었다. 그러나 그간의 잦은 청사 이전의 교훈과 대륙 서해안의 대도시로 성장한 LA 시 시민들의 긍지는 네 번째 시청의 건립에 새로운 의미를 부여하기 시작하였다. 즉 그간의 시청사들이 市政 업무를 위한 단순한 공간 제공이었던 것에 반해 새로운 청사는 그 이상의 것, 다시 말해 시민들의 LA자치시에 대한 프라이드를 신청사를 통해 나타내고자 하는 강한 공감대가 형성되고 있었던 것이다. 이는 시 청사를 보는 시민들의 관점이 건물의 기능적 측면에서 상징적 측면으로의 방향 전환이 이루어지고 있었음을 의미한다.

이러한 시청사에 대한 의미 전환에는 나름대로의 연유와 배경이 있었다. 당시 발전을 거듭 해온 LA 시는 1920년경 이미 채터 시티(Charter City: 미국 지방 자치 단체 발전 단계상 가장 독립성이 강하고 발전된 시의 형태)로서의 기틀이 마련되었다. 시내 곳곳에는 하루가 다르게 대형 건물이 들어섰고, 풍부한 자원과 노동력을 바탕으로 한 지역경제는 미국에서 가장 빨리 성장하는 곳 중의 하나가 되었다. LA 시의 증권가는 이미 "서부의 월 스트리트"로 불릴 만큼 발전하였고 인구 또한 60만 명에 육박하기에 이르렀다. LA 시는 이미 지역 사회의 중심 도시를 넘어, 동부의 전통적인 대도시들과 어깨를 겨룰 수 있다는 자긍심과 자신감이 시민과 시정부에 팽배해 있었고 이러한 시기에 구상된 LA 시 신청사는 건물의 상징적 의미를 보다 강조하는 쪽으로 의견이 수렴되어 가고 있었다.

2. LA市 新廳舍 건설의 의의

1928년에 준공되어 아직까지 사용되고 있는 LA 시 청사는 몇 가지 점에서 그 이전의 청사 건립과 구별된다.

첫째, LA신청사의 가장 큰 의의는 청사의 상징성이라 할 수 있다. 신청사 이전의 다른 세 청사들은 시정 업무를 수행하기 위한 물리적 환경(공간) 제공이 주 목적이었던 반면 새로운 청사는 청사로서의 기능은 물론이고 미국 서부를 대표하고 동부의 유수 도시들과 어깨를 겨루는 메트로폴리스로 자리 잡던 LA 시를 웅변적으로 상징하는 기념비적인 성격이 크게 강조되었다. 즉 LA 시 신청사는 신장을 거듭해온 LA의 발전성과 이를 자랑스럽게 여기는 시민들의 자긍심(pride)을 상징하고자 하였던 것이다. 이러한 바람을 보여주는 표현들을 당시의 문헌들에서 발췌해 보면 시민들이 신청사에 걸었던 기대의 정도를 어느 정도 가늠해볼 수 있다. 즉

- 가장 기념비적인 시청사(the most monumental city hall)
- 로스앤젤레스의 자긍심을 전 세계에 알리는(--- herald to the world, the pride of Los Angeles)
- 전 세계에 정부 건물의 새 지평을 열어 보이는(--- set an example for governmental buildings all over the world)
- 가장 대담한 공공건물(--- the boldest sort of public buildings and spaces)
- 미국에서 가장 급성장하고 있는 지역 사회의 위엄과 이상을 건축적으로 승화시키는(--- be in keeping, architecturally, with the dignity and community idealism of America's most rapidly growing city) 건물
- 지역의 역사, 주민의 프라이드, 그리고 정치적 책임을 상징하는(design with a wealth of symbolism depicting local history, civic pride, and governmental responsibility)
- 시민의 능력과 포부를 분명하게 나타내는(unambiguously bespoke civic power and ambition) 청사
- 새로운 메트로폴리스의 총체적인 정체성과 의식을 표현하는(to symbolize the collective identity and shared consciousness of the new metropolis) 건물

이처럼 LA 시의 새 청사 건설은 단순히 규모가 확장되는 것만이 아니라 LA라는 도시를 미국은 물론 전 세계에 자랑스럽게 드러내 놓고 싶어 하는 당시 시민들의 pride를 구체적으로 표현하고자 하였던 노력의 일환으로 추진된 것이다.

둘째, LA 시 신청사 건설의 두 번째 의의는 신청사에 대한 <u>예외적이고 파격적인 배려</u>이었다. 당시 LA 시는 건축 규정(Building Code)에 의해 150 피트(약 12층 높이) 이상의 건물을 건축할 수 없었다. 그러나 앞에서 언급된 바와 같이 신청사는 LA 시민의 긍지를 구체적으로 표현할 수 있도록 크고 웅장하게 건설되어야 했으며 이에 따라 규정보다 훨씬 높은 건물의 건설이 불가피해졌다. 결국, 신청사에 대한 예외적인 고도 제한 해제가 1923년 주민 투표에 붙여졌고 그 결과 5대1의 압도적인 찬성을 받아 통과 되었다. 고도 제한에서 예외적으로 벗어난 신청사의 높이는 454피트(28층)로서 당시 가장 높은 건물의 세 배가 넘는 유일한 건물로서 1957년 고도 제한이 해제될 때까지 그 위용을 전 시가지에 자랑하였다.

시청사에 대한 파격적인 배려의 또 다른 한 단면은 공사비용과 이의 마련 방법에서 볼 수 있다. 청사 구상 당시 추정 건설비용은 750만 달러(1923년 기준 시가: 실제 완공 비용은 900만 달러가 소요됨)에 이르렀으며, 이 무렵 LA 시의 예산 규모가 약 2,200만 달러 정도임을 감안해 보면 예산 규모의 40%가 넘는 막대한 비용이 단일 건물의 건설비용으로 책정되었음을 알 수 있다. 이러한 비용을 조달하기 위해 시 公債 발행 여부가 주민 투표에 붙여졌고 시민들의 적극적인 지지로 통과되었다.

셋째, 시청사의 <u>미래지향적 고려</u>도 빼놓을 수 없는 의의 가운데 하나이다. 당시 LA 시는 지역경제의 발전과 인구의 꾸준한 증가로 시세 확장을 거듭하여 왔다. 신청사 건립의 초기 의도도 이와 같은 규모확대에 따라 늘어난 공간 수요를 충족시키기 위한 것이 사실이다. 그러나 실제로 설계된 신청사는 확대된 행정 기구를 수용하기 위해 필요한 여분의 공간 수요를 훨씬 초과한 규모였다. 즉 규모 산정의 기준을 몇 년 앞이 아닌 몇 세대 앞으로 설정하고 향후 늘어나는 공간 수요를 충분히 충족할 수 있도록 여유 있게 건설하고자 하였다. 실제로 세 번째 청사가 3층짜리 벽돌 건물인 것에 비해 새 청사는 28층의 철골 건물로서 당시에 보기 드문 초현대식 고층빌딩으로 건설되었다. 그러나 이러한 미래지향적인 배려에도 불구하고 70여 년이 지난 오늘날에는 부족한 공간으로 인해 많은 부서들이 여러 다른 건물에 분산 수요되어 있는 실정이다.

위에서 살펴본 바와 같이 LA 시민과 시정부는 신청사를 건설함에 있어 건물의 기능성 이외에 상징적 의미를 크게 강조하였고, 이를 실현시키기 위해 스스로 만든 법규를 고치고 막대한 재정 부담을 감수하였다. 시청 청사에 대한 시민들의 특별한 배려는 비단 LA 시뿐만이 아니었고 인근의 다른 도시들 예컨대, 베벌리힐스 시나 파사데나, 롱비치 시들도 비슷하였고 이들 시청사 역시 현재에도 사용되고 있으며 고풍스런 건물 자태가 시의 전통을 말없이 전해주고 있다.

한편 LA 시 신청사 부지선정 과정에 대해서는 관련 문헌이 거의 없어서 자세히는 알 수 없으나, 네 개의 시청사가 모두 시빅센터라 불리는 공공건물 지구에 위치하고 있다는 점을 고려하여 볼 때 위치 선정상의 혼란이나 의견 대립은 별로 없었던 것으로 여겨진다. 즉 미국의 도시들은 대개 도시 형성 초기부터 도시계획이 잘 정비되며, 이러한 도시계획은 지역용도 구분(Zoning)이 예외 없이 지정되기 때문에 정부 건물의 입지가 사실상 도시계획 단계에서 정해진다고 볼 수 있다. LA 시의 네 번째 청사 역시 공사 시작 16년 전(1910년) 시빅센터 지구 내에 매입해 놓은 부지를 이용하였기 때문에 부지 선정에 따른 별 문제는 없었던 것으로 사료된다.

3. LA 시 신청사 건립 과정

LA 시 신청사 건립을 위한 최초 공정인 착공식이 1926년 3월 4일 성대하게 개최됨으로써 공사가 본격적으로 시작되었다. 같은 해 5월 토공 작업이 마무리되고 기초공 작업이 시작되었고 한 달 후에는 건물 주탑의 기초 공사가 시작되었다. 이어 7월에는 구조물의 철골 작업이 시작되자 건물의 골격이 하루가 다르게 자라나기 시작하였다. LA 시가 지진의 영향권 내에 있다는 점을 감안하여 주탑 구조물은 각층마다 마치 사람의 척추처럼 신축 조인트를 삽입하여 웬만한 지진에도 견딜 수 있도록 시공되었다.

이듬해인 1927년 7월 22일에는 팡파르가 울려 퍼지는 가운데 定礎石(주춧돌)이 안치되었다. 이 정초석은 타임캡슐을 겸한 것으로서 1927 – 1928회계연도 시 예산서와 LA 시 전화번호부 그리고 당일의 LA 지역 신문들이 그 안에 보존되었다. 정초석을 안치하기 위한 모르타르(벽돌 사이를 고착시키는 시멘트와 모래 반죽)는 캘리포니아를 상징하는 재료로 만들어 졌다. 즉 모래는 캘리포니아 각 카운티에서 고루 운반해 왔고, 시멘트는 캘리포니아의 모든 시멘트 공장에서 가져온 것을 섞어 사용하였으며 반죽에 필요한 물은 캘리포니아 내 21개 미션에서 길어온 것이었다.

건물의 상당 부분이 준공된 1928년 1월에는 LA카운티 법원이 최초로 입주하였고 몇 달 뒤 공식적인 청사 준공식이 이루어졌다. 당시 미국 중서부를 통틀어 가장 성대한 정부 건물이었던 LA 시 신청사의 준공식에는 약 5Km에 걸쳐 3만 2천여 명의 시민들이 축하 행렬을 이루었다. 이날의 축제는 당시 할리우드의 유명한 영화 연출가들이 구성과 진행을 맡았고 MGM영화사가 제공한 서치라이트가 신청사의 위용을 화려하게 조명하는 밤 행사가 행사의 절정을 장식하였다. 준공 축하행사의 대미는 백악관으로 연결된 전보 통신선의 연결 스위치를 캐빈 쿨리치 대통령이 누름으로써 화려하게 마감되었다. 준공식 다음날인 1928년 4월 28일 신청사는 일반 시민에게 공개되어 웅장하고 화려한 내부 시설들이 시민들로 하여금 탄성과 감격을 자아내게 하였다.

표 1. LA 시 신청사 건설 약사

1910.	신청사 부지(일부) 구매($500,000)
1923. 6. 5.	청사 건설을 위한 공채(건물비 $5,000,000,
	부지비 $2,500,000) 발행을 주민 투표로 확정
1925. 8. 17.	3인의 건축가 임명
1925. 9. 16.	예비 설계안 승인
1926. 3. 4.	기공식
1926. 5. 7.	기초공 시작
1926. 6. 14.	주탑 기초공 시작
1926. 7. 24.	철골 구조물 작업 시작
1927. 6. 22.	정초석 안치
1928. 1. 2.	카운티 법원 입주
1928. 4. 26.	청사 준공

4. LA 시 신청사 건축 제원

가. 청사의 위치

LA 시 신청사는, 미국의 다른 시와 마찬가지로, 시내 중심의 시빅센터 내에 위치하고 있다. 시빅센터는 시청뿐만 아니라 연방, 주 및 카운티 정부의 건물과, 각급 법원, 경찰서, 우체국, 시립 도서관, 미술관등의 공공건물이 밀집된 지역으로서 1920년대 당시 LA 시 신청사도 별 이견이 없이 시빅센터 내에 위치한 것으로 보인다. 미국 도시의 거리와 지번 체계가 대개 시청을 기준으로 하고 있기 때문에 LA 시처럼 청사를 다시 지을 경우에도 그 이전의 청사 위치를 크게 벗어나기가 곤란하다고 할 수 있다. 예를 들어 LA 시의 경우 남북을 가로지르는 '메인스트리트(Main Street)'와 동서를 가로지르는 '1가(1st Street)'가 LA 시청을 중심으로 하고 있다. 도로의 지번도 시청을 중심으로 동, 서, 남, 북의 방향이 번지수에 추가되며, 시청에서 멀어질수록 숫자가 증가한다. 이러한 시청 중심의 도로 및 지번 체계의 통념상 신청사의 위치가 그전의 청사 위치에서 크게 벗어날 수 없었으며, 때문에 청사의 위치 선정과 관련된 큰 문제점은 없었던 것으로 사료된다.

나. LA 시 신청사의 규모

LA 시 신청사는 주변의 4개 도로로 구획된 장방형의 부지를 따라 남북으로 길게 자리하고 있으며 정문인 서측 입구를 포함하여 네 방향 모두에서 출입할 수 있다. 지하층(지하4층)부터 지상 3층까지 기단부(남북 길이 476피트, 동서길이 250피트) 위에 남북 각 100피트단면의 주탑이 28층 높이로 솟아 있으며 기단부 위에서부터 9층까지는 날개모양의 건물이 주탑을 남북으로 호위하듯이 붙어 있다. 이처럼 LA 시 청사는 넓은 기단부와 중간 넓이의 날개부 그리고 가늘고 긴 주탑부로 이루어져 시각적인 안정감을 주고 있다.

기단부에는 중앙홀, 시장실(집무실, 스위트룸, 개인 집무실), 의회(설계 당시 의원수가 15명이었으며 지금도 변함이 없음), 대소 회의장 등이 자리하고 있으며 날개부와 주탑부는 일반 사무 공간으로 이루어져 있고 주탑부 27층에는 전망대가 위치하고 있다. 전체 높이는 지상 28층(연면적 84,754 m2)이며 현재는 부족한 공간으로 인해 여러 부서가 시내 곳곳에 산재하여 업무에 임하고 있다.

5. 자료 조사와 관계자 면담에서 얻은 결과

약 70여 년 전 LA 시가 대규모 신청사를 계획하고 건설할 당시의 상황이 오늘날과는 많이 다르다는 것은 불문의 사실이다. 그 당시 미국의 지방 자치 단체들은 불어나는 인구와 이에 따른 시정의 확대와 세수 증대에 힘입어 크고 웅장한 시청사를 건설하는 일종의 '붐'이 일고 있었다. 또한 지역간 혹은 지방 자치 단체들 간의 경쟁심도 시청사를 최대한 크고 화려하게 건설하였던 원인 가운데 하나였다. 자료의 부족으로 인해 LA 시 신청사가 건립될 당시의 정황을 자세히 파악하기는 어려웠으나 지금까지 확보된 자료의 검토와 관계자들과의 면접을 통해 얻은 결과는 다음의 네 가지로 요약해 볼 수 있다.

첫째, LA 시가 막대한 예산을 투자하여 대규모 신청사를 기획하고 건설할 수 있었던 원동력은 당시 LA 시민계층에 폭넓게 형성되어 있었던 자치시에 대한 프라이드에서 그 근원을 찾을 수 있다. 즉 이민 정착의 역사가 오래된 동부의 도시들이 서부의 도시들과 시민들을 은연중에 무시하고 비하하던 당시의 시대 상황과 깊이 관련된 것으로, 인구의 증가와 산업의 발달 그리고 생활수준의 향상을 통해 동부의 도시들과 어깨를 겨룰 수 있다는 자신감과 자긍심이 LA 시민 저변에 확대되고 있을 즈음 제기된 신청사 건립안은 동부 도시에 비해 손색이 없는, 더 나아가 동부도시들의 시청보다 더 크고 웅장한 시청사를 건설하고자 하는 쪽으로 의견이 수렴되어 갔다.

당시 신청사에 대한 시민의 지지는 공채의 발행을 결정한 주민 투표와, 시청사를 위한 예외적인 고도 제한 해제에서 그 정도를 짐작할 수 있다. 결국 동부의 유서 깊은 도시들과 당당히 겨룰 수 있게 되었다고 자부하던 LA 시민들의 자긍심에 자연스럽게 편승한 신청사 건설 문제는 의회와 언론 모두로부터 호의적인 반응을 받으면서 신속히 실행에 옮겨졌던 것이다.

둘째, LA 시 신청사 건립이 무리 없이 신속히 진행될 수 있었던 것은 강력한 의회의 역할에 크게 기인하였다고 할 수 있다. 미국 자치시의 경우 시장과 의회의 권력이 어느 한편에 보다 집중되는 경우가 많은데, 당시 LA 시의 경우 의회가 시장보다 더 큰 권한과 영향력을 행사하고 있었으며, 따라서 의회가 청사 건설비용을 위한 공채 발행을 결정하고 고도제한을 해제하고자 한 결정이 이미 신청사 건립 여부의 중요한 분수령을 넘었다고 볼 수 있었고, 실제로 그이후의 과정은 별다른 곡절이 없이 신속히 진행되었다. 이처럼 시의회의 결정이 중요한 고비가 되는 가장 큰 이유는 의회의 의사 결정 과정이 일반 시민들의 의사가 가장 잘 반영되기 때문으로 보인다. 즉 시장의 의사 결정이 참모나 자문 위원회 등 제도권의 의견에 보다 많이 의존하는 반면, 시의회는 시장이 제시한 안건을 일반 시민들도 참석하고 발언할 수 있는 회의석상에서 시민들과 함께 토론하고 심의한다. 이처럼 시의회에서의 회의가 실질적인 여론 수렴의 가장 큰 기회이며 따라서 여기서 결정된 사항이은 시민의 의견이 가장 많이 반영된 것으로 볼 수 있다.

셋째, LA 시 신청사 건립은 짧은 공사 기간에도 불구하고 긴 준비 기간을 거쳐서 이루어졌다. 즉 최초의 청사 부지가 구입되었던 1910년부터 공사비용 마련을 위한 공채 발행 주민 투표가 있은 1923년까지 신축 여부와 규모, 위치, 건물의 형태 등에 대해 시민과 시청이 충분한 의견 개진을 할 수 있었다. 이러한 준비 기간을 통해 별도의 위원회가 구성되어 전문적이고 다각적인 타당성 분석과 신청사 건립이 왜 필요한가를 객관적이고 구체적으로 보여주는 계량분석적인 접근 노력이 꾸준히 이어졌고 다른 한편으로는 시민의 의견도 충분히 반영될 수 있어서 시민들로부터의 지지와 지원을 받는 데 큰 무리가 없었다고 할 수 있다.

미국 도시들이 공공 공사를 추진할 때 실제 공사 기간에 비해 사전 준비 기간 즉 실무진의 기초 자료 조사, 전문가 검토 및 자문, 이해 당사자(개인 또는 집단)의 의견 수렴 등의 과정에 상대적으로 긴 시일이 소요되며 필요하다면 이러한 일련의 과정이 몇 차례나 반복될 수도 있는 것이 일반적이다. LA 시에서 이에 해당하는 최근의 예를 시 컨벤션센터 건립과정에서 볼 수 있다. LA 시 컨벤션센터는 1985년 시장실 산하의 실무팀에 의해 대폭적인 확대, 개편이 제안되었다. 이러한 확대, 개편은 여러 가지 내용을 포함하고 있었지만 가장 중요하고 어려운 사안은 컨벤션센터 건물의 건설 문제였다. 실무팀은 이 건물이 왜 필요하며, 실질적인 기대효과가 무엇이며, 그 규모는 어느 정도여야 하는지를 구체적인 수치 자료를 가지고 설명에 나섰다. 실무팀은 이러한 자료를 시장실은 물론 이해관계가 있는 관내 기업체, 상공회의소, 시의회, 언론 기관 등에 제시하고 설득하기 시작하였다. 이 사안은 5년이 넘는 세월 동안 여러 관련 기관과 이해 당사자들 사이에서 꾸준히 검토되었고 그 결과 컨벤션센터의 건립이 지역경제에 큰 도움이 될 것이라고 의견이 일치되었다. 결국 건물은 착공 2년여 만인 1993년에 1차 준공식을 갖고 업무를 개시할 수 있었다. LA 시 컨벤션센터 건설을 위한 의견 수렴 과정에서 한 가지 특이했던 사실은 컨벤션센터의 규모와 외관이 당초 실무팀이 제시한 것보다 대폭 확장되었다는 점이다. 실무팀이 제시한 건물은 늘어난 업무를 수행하는 데 필요한 사무실 제공을 주 목적으로 한 전형적인 오피스 빌딩이었으나, 의견 수렴과정에서 이건물의 중요도가 당초보다 훨씬 크게 인식되었고, 건물의 외관도 이에 따라 보다 인상적일 수 있도록 바꾸자는 쪽으로 여론이 수렴되었고 이에 필요한 추가 재원을 지역사회 기업들이 부담을 자처하고 나섰다. 예를 들어, LA 시 호텔들은 호텔세를 자원하여 인상하였고 이 돈을 컨벤션센터 건설 추가 비용으로 납부해오고 있다. 이렇게 하여 LA 시 컨벤션센터는 당초의 계획을 바꾸어 대규모의 화려한 건물과 부속시설로 조성되었고 준공 시기도 연장되었으며 장기계획이 완료되는 1997년 말에는 기능 면에서나 시설 면에서 세계 최대규모의 컨벤션센터가 될 것이라고 시당국은 예측하고 있다.

　　물론 모든 공공사업이 위의 예처럼 항상 지지를 받는 것은 아니겠지만 구체적이고 객관적인 사전 조사와 효과적인 홍보, 그리고 충분한 의견 수렴의 기회를 제공함으로써 시민들의 지지와 협조를 얻어 수 있다는 점을 보여주는 좋은 예 임에는 틀림이 없을 것이다. 1920년대 당시 LA 시 신청사 건립과정에 대해서는 자료의 부족으로 자세히는 알 수는 없으나 1990년대의 LA 시 컨벤션센터 건립 과정과 비슷한 과정을 거쳤을 것이라는 것이 LA 시에서 28년을 근무해온 Mr. 머서의 의견이었다.

면담 인사

1. **Mr. William Mercer**

   Chief Administrative Analyst, City of Los Angeles.

   LA태생으로 시청에 28년간 근무해 왔으며 현재는 "LA 시 청사내진 보수공사" 전담팀에서 근무 중.

2. **Ms. Terry Luera**

   Senior Administrative Analyst Ⅱ,　　　City of Los Angeles.

   LA 시청에 15년간 근무해왔으며 현재는 "LA 시 청사 내진 보수공사" 전담팀에서 근무 중.

3. **Professor Kevin Starr**

   School of Urban Planning and Deveropement,

   University of Southern California.

   USC에서 도시사를 연구하고 있으며, 향토 사학자로서 LA 시에대한 다수의 저서를 갖고 있음

별첨자료

1. Los Angeres City Hall; LA 시청 공무국 편, 1928.

2. Los Angeres City Hall – A Brief Biography; LA 시 편, 1995.

3. Los Angeres City Hall; LA 시 내부 자료(2종).

4. Los Angeles City Hall – A walking tour; LA 시 편, 1992.

5. Welcome to CITY HALL; LA 시 편, 1997.

6. 1928년 4월 26일(청사 준공일) LA Times(부분).

7. 1924 –1925회계연도 LA 시 예산서(부분).

5. 샌프란시스코의 동사무소

□ 샌프란시스코 시 현황

샌프란시스코 시는 인구수가 73만 5천여 명(1995년 기준)이며, 면적은 46.7스퀘어마일이다. 시장과 11명의 슈퍼바이저들에 의하여 운영되는 시정부와 카운티정부의 혼합된 행정형태이다.

□ 동사무소(Neighborhood City Hall Program) 개요

샌프란시스코 시 윌리 브라운(Mayor Willie Brown) 시장은 시민들의 편의를 도모하고자 1996년 11월 13일 샌프란시스코 시 4개의 지역에 위성시청(Satellite City Halls)을 설치하였다.

□ 신설목적

서울시의 동사무소와 유사한 기능으로서 시민에 대한 서비스를 보다 직접적이고 시민의 생활반경에서 지원하고, 시민들에게 부서별 업무관련 상호대화의 여건을 제공하여 시의 대민업무를 향상하는 데 주요 목적이 있다.

□ 위성시청 신설 지역

가. China Town

차이나타운 도서관(수요일 오후) 및 핑옌 주민협회건물(월요일 오후)에 위치하고 있으며 담당자는 Ben Chen 씨이다. China Town Library

나. Bayview/Hunters Point

사우스웨스트 커뮤니티 시설(월요일 오전, 수요일 오후)에 위치하고 있으며 담당자는 Lavonne Barnes이다. Southeast Community Facility

다. the Sunset

타라발 경찰서(월요일 오전, 수요일 오후)에 위치하고 있으며 담당자는 Rich Rovetti이다. Taraval Police Station

라. OMI(Ocean, Merced, Ingleside)

OMI 필그림 커뮤니티 센터(월요일 오전, 수요일 오후)에 위치하고 있으며 담당자는 Brajah Norris이다. OMI Pilgrim Community Center

□ 목 표

가. 시정정보, 프로그램 소개, 서비스 등의 편의제공
나. 시 프로그램 및 서비스를 통한 지역사회 협조다. 시민의 문의사항에 대
　　한 효율적이고 신속한 처리
라. 시 산하부서들의 신뢰성 고양과 지역문제의 제고

□ 직원 수

8개 부서에서 차출된 총 28명의 시공무원이 업무를 교대로 담당하고 있으
며 지역별 배당부서 및 근무인원은 다음과 같다.

가. China Town(4명)

－토목과(1)
－주·정차관리과(1)
－공원관리과(1)
－도시계획과(1)

나. Bayview/Hunters Point(6명)

－토목과(1)

－주·정차관리과(1)
－공원관리과(2)
－도시계획과(1)
－시장실(1)

다. the Sunset(10명)

- 토목과(1)
- 주·정차관리과(1)
- 공원관리과(2)
- 도시계획과(1)
- 시장실(2)
- 응급지원실(1)
- 경찰(1)

라. OMI(6명)

- 토목과(1)
- 주·정차관리과(1)
- 공원관리과(2)
- 도시계획과(1)
- 시장실(1)

※ 별도로 2명의 건물조사관이 건물조사과(Department of Building Inspection) 부서에서 협조함.

□ 지원부서 및 주요 처리업무

　신설된 후 1달 뒤에 발표된 보고서(별첨1)에 따르면 동 기간 동안 시민요
청건수는 총 47건이었으며 항목별 분류는 주·정차관련(25%), 토목관련
(19%), 대중위생관련(6%), 치안업무관련(6%), 기타(44%)로 조사되었다. 종
합적인 관리 및 운영은 시장실 직속의 대민봉사과에서 관할한다.

　가. 대민 봉사과(the Department of Neighborhood Services) 시장실 산하부
　　서로서 Neighborhood Center들의 운영·관리 등 전반적인 사항을 분담
　　하고 있다.
　나. 토목공사과(the Department of Public Works) 건축허가 및 허가증 발
　　부업무 관련사항
　다. 공원관리과(the Recreation and Parks Department) 가로수 정지작업
　　및 식수
　라. 상기의 3개 부서 외에 기타 부서들도 시민의 필요에 따라 관련 서비스
　　를 제공하게 된다. 사례로는 낙서지우기, 주차 및 교통관련 서비스, 시
　　공무원직 구직 안내, 청소년 활동, 기타 시민의 요구사항 관련서비스
　　등이다.

□ 향후계획

　1996년 11월 최초로 시도한 4개소(Phase I) 위성시청에 대한 시민들의 호
응도에 의거 향후 약 11개소의 미니시청을 추가로 신설할 예정이다.

가. 제2단계(Phase Ⅱ)

○ Bernal Heights

○ Castro/Noe

○ Mission

○ Richmond

○ Western Addition

○ Haight Ashbury

○ Cow Hollow/Marina/Pacific Heights

나. 제3단계(Phase Ⅲ)

○ Nob Hill?Russian Hill/Telegraph Hill

○ The Waterfront

○ Tenderloin/SOMA

○ Japantown

□ 설치근거

샌프란시스코 시 슈퍼바이저인 Barbara Kaufman의 동사무소 설치안 제안
(Proposal)으로 슈퍼바이저위원회의 동의를 거쳐 시장이 실시하게 되었다.

6. 지방정부의 생산성 제고 방향

1. 서언

1960년대부터 미국 지방정부들은 행정조직, 예산집행, 시정관련 프로그램, 공무원 조직 등에 대한 생산성 향상방안에 대하여 깊은 관심을 갖기 시작하였다. 행정규모, 행정서비스, 거주인구 등 여러 방면에서 날로 성장하는 미지자체들이 이와 같은 새로운 변화에 대처하고자 노력하기 시작한 직접적인 계기는 미 국방성(Pentagon)의 생산성 향상방안 프로그램에서부터 기인된다. 국방성의 기획(Planning Techniques), 프로그램(Program Techniques), 예산기법(Budgeting Techniques)을 자체적으로 개혁하여 생산성 향상에 있어 성공적인 결과를 거두자 지방정부들도 자체적인 생산성 향상 프로그램을 도입하면서부터 본격적으로 알려지게 되었다. 이외에도 미국 내 경제악화 및 세금납부자의 의식변화 등을 포함하는 부가적인 요인들도 병행되어 미 지방정부들의 생산성 향상을 위한 노력이 1980년대까지 계속되었다. 현재도 각 지방정부들은 최소의 예산으로 양질의 서비스를 시민에게 제공하기 위하여 선출직과 일반 공무원 모두 함께 노력하고 보다 나은 향상방안을 강구 중에 있다. 우리가 현재 당면하고 있는 여러 가지 어려움을 극복하는 데 도움이 되고자 미 지방정부들의 생산성 향상을 위한 제고 방안과 일부 도시의 사례를 소개한다.

가. 생산성의 의미

일반적인 개념에서 보면 지방정부의 생산성은 두 가지로서 설명되는데 효과성(Effectiveness)과 효율성(Efficiency)으로 구분된다.

○ 효과성(Effectiveness)

지방정부의 대민 관련 프로그램이 당초의 목표와 비교해 어느 정도 성취되었는가하는 정도를 말하며, 이는 지자체가 공익의 요구에 부응하여야 한다는 것과 예산집행에 대한 신중한 판단과 결정에 의해 좌우된다. 이와 같은 성과에 대한 측정은 투표권 행사 시 시민의 요구와 기대감이 전적으로 표출되는 투표결과를 통하여 이루어지게 된다.

○ 효율성(Efficiency)

일반적으로 효율성은 지방정부가 행정자원을 최대한 이용하여 최소의 경비로서 대민 관련 프로그램 및 행정업무를 원활히 수행하는 상태를 의미하며, 지방정부의 효율성에는 공무원의 시간당 노동력에 대한 성과, 세수 및 세출에 대한 비율, 최저의 예산지출로 모든 재원을 다양하고 조화 있게 배분하는 것 등이 해당된다.

○ 생산성 증진(Productivity Improvement)

경제학의 기본논리와 같이 생산성의 증진은 투자(Input)에 대한 산출(Output)의 비율을 높이는 데 있으며, 지방정부의 생산성 향상의 의미는 예산의 증액 없이 보다 나은 시민서비스의 제공 혹은 예산절감을 통한 동질의 시민서비스의 제공 및 효과를 모든 시민에게 공평하게 제공하는 것 등이다.

지방정부의 경우, 투자(Input)에 속하는 항목으로는 내부적으로는 공무원이 해당되며, 외부적으로는 기업체 등으로부터 행정업무상 필요하여 지방정부가 구매한 물품과 이에 관련된 서비스가 해당된다.

이들 요소는 노동력 산출, 기계 작동시간, 단위당 경비 등 비교적 산출이 간단하지만 서비스의 질과 노력도를 산정하려고 한다면 간단히 파악될 수가 없다. 지방정부의 활동결과에 대한 산출(Output)은 더욱 어렵다. 일례로서 폐기물수거(Refuse Collection)는 민간 부분에서 제공되는 서비스와 유사할지 모르지만 주로 세금에 의하여 재정적인 지원을 받으므로 이러한 서비스에 대한 가치와 목적은 일반적인 시장기준(Market Criteria)으로는 판단될 수 없는 요소가 된다. 그러나 생산성 측정을 위하여 미 지방정부들은 이러한 산출 서비스도 계량화하여 나가고 있는 추세에 있다.

나. 생산성 향상을 위한 3단계 방안

지방정부의 생산성 향상을 위하여 공익의 요구와 조세부담을 잘 조화시키는 다음의 3단계 방안이 제고된다.

○ 목표와 목적을 명확히 설정하라

지방정부는 생산성을 높이고 시민의 욕구와 희망을 만족시키기 위하여 무엇을 하여야 하고 또한 무엇을 하지 말아야 하는가를 잘 파악하여야 한다. 대다수의 시민들은 지방정부가 무엇을 하는지 세부적인 사항을 모르고 있으며, 시정업무관련 공무원과의 접촉은 거의 없다. 단지 공공서비스관련 중대사건 발생시에나 관심을 보이게 되며, 좀 더 명확한 목표설정이 수립되지 못할 경우 소수의 이익집단의 압력에 의하여 목표의 수정이나 그들만을 위한 목표가 될 소지가 있게 된다.

○ 준비된 여러 가지 대안 중에서 선택하라

기본적인 목표와 목적을 성취시키기 위해서는 여러 개의 대안 중에서 선택하여야 하는데 이는 지방정부의 생산성 향상을 위한 최대의 기회를 제공한다. 저소득자를 위한 주택마련에는 어떤 대안이 선택되어야 하는가? 지방정부가 주택을 건설하는 방안, 주택융자금 지원방안, 소득향상 방안 중에서 최선의 선택은 무엇일까? 또한 범죄율 감소방안은 무엇인가? 체포율 증가방안, 경범죄인에 대한 유죄판결 및 강력처벌 방안, 범죄율이 높은 10대 실업자대상 직업교육 방안 중에서 바람직한 방안은? 소크라테스가 '시험받지 않은 인생은 가치 없는 삶'이라고 표현하였듯이 지자체도 '시험받지 않은 프로그램은 자주 관리되어야 할 가치가 없다'고 말할 수 있다. 이와 같이 여러 상황을 고려한 대안 중에서 시민의 욕구와 지방정부간의 최대공약수를 산출하는 대안을 선택하여야 한다.

○ 시행체계

지방정부의 계량화된 조직논리, 전문화, 감독기능, 대화기능, 절차수립관련 분야에 대한 준비는 완벽하지만, 대다수의 지자체는 상기 분야에 대한 행정관리자의 의지와 능력이 배제된다. 현대의 지자체는 과거에 비하여 규모 면에서 기능면에서 거대하고 복잡하여 공무원들은 보다 세부적인 분석기술과 기술적인 응용, 관리자적인 능력이 요구된다. 지방정부 정책시행 시 문제점은 수많은 지자체와 일반조직과의 상호작용, 분쟁대상에 대한 불충분한 이해 및 정치적인 균형에 대한 요구 등이다. 지자체장이 제시하는 정책입안사항은 너무도 광범위하고 모호하여 하부직 집행공무원의 손에 의해서 정책이 좌우되게 된다. 반면에 정책시행 시 주요 기능은 시민에게 서비스를 제공하고 지방정부를 대표하는 공무원 개개인(경찰, 교사, 쇼셜워커, 기타)에 부여된다. 대부분의 지방정부 운영 시에는 최고책임자(시장)-고급관리-중간관리자-공무원-시민 순의 지휘와 같은 수직적인 관계는 존재하지 않는다.

다. 생산성 향상 시 고려사항

○ 인력관리의 강화

지방정부의 생산성 제고를 위한 최대의 관건은 공무원 인력관리에 있다. 관리상의 결함 요인은 고위선출직(주지사, 시장, 행정관, 시의원 등)의 생산성을 위한 정치적 압력의 부재와 공무원의 봉급과 승진에 직접적인 책임이 있는 관리자를 평가하는 상호간의 연계가 존재하지 않는다는 데 주요한 이유가 있다.

이에 대한 개선점은 지자체 운영관리 시 3가지 주요 요소 즉 기획과 예산, 정책결정, 지침이행 등의 과정을 통하여 이루어지며, 보다 더 효율적인 인력모집과 관리자 양성이 요구된다. 공무원이라는 노동력 요소는 생산성 제고 면에서 절대적인 항목인데 이는 지자체 운영이 노동력 중심이나 아직은 이러한 분야는 일반기업처럼 발전되지 못하였다.

○ 첨단기술 도입과 사회간접자본 투자

지방정부들의 폐기물 수집장비, 새로운 소방장비, 경찰 통신장비 등 첨단기술을 도입한 결과 시행 초기의 예산과다 지출의 문제점보다는 장기적으로는 지자체들의 행정업무를 신속히 하고 시민들에게 보다 더 나은 서비스를 제공하는 직접적인 계기가 되었으며, 사회 간접자본 투자라는 인식변화의 기회가 되었다.

○ **평가기능의 향상**

기존의 공무원 평가기준 외에 새로운 평가기준에 의해 공무원 업무에 체계적이고 세분화한 기준을 적용하여야 한다. 이들 지표 중에는 사회상황, 프로그램 성과, 프로그램 효율성 등이 특히 중요하다. 정치적이고, 전문화된 판단, 사업경비 외에 평가 시에는 이 지표를 시켜 최고의 지방정부활동을 위해 전반적인 생산성 향상에 대한 더 많은 이해를 제공하여야 한다.

라. 문제제기
(미국 지방자치단체의 생산성 제고와 우리의 다른 점)

○ 엄격한 직무분석에 따른 적정수의 능력소유자를 관련보직에 채용
○ 세분화된 직책에 계속근무 및 신분보장으로 전문가 양성
○ 능력별 보수지급으로 안정된 직업공무원제 확립
○ 인사행정의 차이에서 오는 생산성 문제접근이 우리와는 근본적으로 상이
○ 우리의 경우에는 특정급수를 모집하여 집체교육을 함으로써 직무·직능 교육이 부실하고 게다가 빈번한 자리이동으로 승진만이 공무원 최고 관심 사항으로 인식되며, 생산성 향상을 위한 제도적인 결함으로 말미암아 명실상부한 담당전문가가 없어서 결과적으로는 막대한 사회적인 비용을 낭비하는 모순을 보임.
○ 본 내용의 구성은 미국 지자체의 생산성관련 참고서적을 통하여 원고를 작성하면서 느낀 점을 타산지석으로 삼아 생산성 향상을 위하여 미국 지방정부가 시행하고 있는 것들은 도깨비방망이 같이 기발한 제도의 도입만이 생산성이 급격하게 이루어지는 것이 아니라 미 지방정부의 생산성 향상방안이 우리에게 도움이 되느냐 여부는 이미 학계에서도 알고 있고 우리도 이미 알고 있는 평이한 것들이다. 조직의 이행자가 어떻게 우리 현실에 맞게 부합시키는가에 대한 노력이 큰 관건이라고 판단되

며, 생산성 향상이라는 현실과제를 극복하기 위해서는 우리의 인사행정
의 문제점이 가장 큰 장애물이라고 생각된다.

2. 생산성 제고방안

여기에서 살펴보고자 하는 생산성 증대를 위한 방법은 지방정부 여러 부서
에 일반적으로 적용되는 것들이다. 업무수행의 질을 높이고 세금 인상 없이
세입을 증대시키는 일, 새로운 방법을 동원하여 보다 질 높은 업무수행을 돕
는 일들을 살펴보고자 한다.

○ **대행방안**(Alternative Service Delivery System)

한정된 재원을 가지고 보다 나은 업무를 수행하기 위하여 계약직 공무원
채용, 유사한 기관과 공동업무 수행, 시민과 공동으로 업무수행, 인턴제 학생
고용, 파트타임제 고용, 자원봉사자 활용(의료진 순회진료 등)으로 더 많은
업무를 집행할 수 있다.

○ **예산혁신**(Budgeting Innovations)

기존의 지출 규모만 화폐단위로 기재하는 예산편성제도에서 그 지출로 얻
어지는 실적을 계량화하여 나타내는 예산편성제도를 도입함으로써 비용 산출
을 비교하여 비용개념을 공무원 모두가 인식하여 예산집행의 의미와 효과를
기대토록 유도한다.

○ **시민권고위 설치**(Citizen Advisory Bodies)

시민단체들의 조언 및 자문으로 지역 내의 공통이익을 찾아내는 일은 사업
의 비용을 절감하는 데 크게 또는 간접적으로 기여한다.

○ **부서장의 외부임명**(Civilization Practices)

소방서와 경찰서처럼 보수체계가 경력과 부대조건에 따라 기하급수적으로 많아지는 부서의 장을 외부에서 기용함으로써 내부기용으로 승진임명 시보다도 비용을 줄일 수 있다. 뿐만 아니라, 외부에서 임명된 부서장은 해당 분야 전문가이지만 신분보장이 없으므로 부서 내 생산성 향상의 성과를 위하여 적극적이고 실질적인 노력을 하여야 한다.

○ **커뮤니티관련 자원공유**(Community Resource Centers)

보건, 공원, 위락관련 업무의 경우 당해 지방정부이외에 타 기관이나 민간단체에 유사기능을 찾아내어 합동으로 시민에게 이 사실을 고지함으로 유사업무 중복비용을 줄일 수 있다.

○ **컴퓨터 및 신기술 도입**(Computers and New Technologies)

일상적인 반복업무, 즉 세무, 선거투표수 관리 등은 컴퓨터 등 신기술을 도입함으로써 담당인원 감축 및 시간절약 등의 생산성을 기대할 수 있다.

○ **경비부담 분배**(Cost Containment)

사업을 함에 있어 항상 비용을 부담할 대상을 찾는 것이 중요하다. 예컨대 동네 야구장의 사용과 전기사용은 무료이지만 민간야구팀이 그 야구장을 사용할 때에는 일정금액인 사용료를 부담시키는 등의 생산적인 사고를 갖고 업무에 임해야 한다. 공공이 이용하는 경우 외에 특정단체가 이용할 때는 반드시 사용료를 징수한다.

○ **경제 활성화**(Economic Development)

지방정부의 경제를 부양시키는 방안은 지역 내의 고용창출과 소득증대로 직접적으로 연결되기 때문에 경제부양시책은 세금인상 없이 세입을 증대시키는 시책이며, 이는 그 지방정부의 생산성을 제고하는 길이 된다.

○ **공공기금 조성**(Financing Public Services)

사업예산 충당을 순전히 세금에만 의존하지 않고 상급정부 보조금, 민간단
체의 부담, 자선단체로부터의 기부금 등을 다각적으로 발굴하여 재원을 확보
하도록 노력한다.

○ **사회간접자본**(Infrastructure Issues)

지금까지는 도시구조물을 건설만 했지 유지보수비용에 대하여는 세부적으
로 대비하지 않았으나 도시구조물(도로, 다리)은 지역경제와 시민의 삶의 질
에 큰 영향을 미치며 그 구조물이 피폐되어 재건설하는 방안보다는 사전에
유지, 보수를 잘하여 잘 운영되도록 하는 방안이 보다 더 효과적인 절약방법
이 된다.

○ **부서 간 연계**(Interdepartmental Cooperations)

단위 사업이 여러 부서에 관계되어 있는 분야, 즉 비상발령 시 대처방안,
예산절감제도, 시민불편신고 처리제, 일괄 구매제도 등은 각 부서가 긴밀히
협조하여야 그 사업이 더욱 생산적이고 효과가 배가되는 장점이 있다.

○ **조직통합**(Organization Consolidation)

부서 간 유사기능을 통합함으로써 인건비를 줄이고 서비스의 질을 향상시
킬 수 있다. 예컨대, 공원관리 부서의 공원유지관리 기능을 건설부서의 부지
관리 기능과 통합하고 문화, 도서관, 박물관, 동물원을 한 부서로 통합하는
방안 등이 이에 해당된다.

○ **공공요금부과**(Pricing Public Service)

공무원이 수행하는 개별사업에 각 비용을 계상하는 것이 필요한데 특히 사용료를 징수하는 경우 직접비용만 계산하지 말고 간접비용과 경상비(Overhead)도 계상하여야 한다.

○ **교양교육과 시민참여**(Public Education and Citizen Empowerment)

행정서비스를 제공하는 각 기관은 시민교양교육과 시민에게 행정의 일부를 집행하게 함으로써 행정서비스를 보다 많이 제공하는 효과와 그 서비스의 비용을 절감하는 효과가 있다. 예컨대 소방서에서 하는 일반직장 화재진압교육, 약물오용 및 남용 금지교육, 재활용 요령 교육, 관내 공원이용 안내 및 공원관리 유도 시책 등이다.

○ **집단화 기법**(Group Techniques)

조직의 업무실적 향상이나 조직 내 의사결정의 효율성을 높이기 위하여 집단화 기법(Group Techniques)이 이용되는데 단체토론(Group Discussion)과 위원회(Committee) 제도로 구분된다.

1) **단체토론**(Group Discussion)

어떤 사안에 대하여 형식에 구애됨이 없이 자유로이 의사를 개진하고 참석자 모두는 열린 마음으로 다른 사람의 지식과 경험을 들음으로써 합리적인 의사결정을 하는 데 큰 도움을 받을 수 있는 기법이다. 통일된 결론보다는 자유의사의 개진으로 다양한 방안과 조언을 청취할 수 있는 장점이 있다.

2) **위원회**(Committee)

일반적으로 격식을 갖춘 토론제도이며 어떤 통일된 결론을 모든 참석자가 도달하여야 하는 의무가 전제된 모임이다.

3. 생산성 향상을 위한 각 부서별 노력

생산성 제고를 위한 각 부서들의 추세는 부서별 기능에 관련되어 별도의 방법 및 제도 등으로 발전되고 있다. 그러나 궁극적인 목표는 행정서비스의 질과 양을 증대시키고 비용을 절감하며 세입을 증대시켜 조직의 생산성을 높이는 데 있다.

○ 시의회

시의회는 기능상 집행부의 예산을 심의하고 통과시키는 업무를 수행하는 기관이며 이러한 기능을 전담하면서 업무수행의 생산성, 효율성을 높이기 위하여 집행부에 여러 가지 사항을 요청하기도 한다. 사업예산을 심의함에 있어서 사업의 비용/편익 분석자료(Cost/Benefit Analysis)를 요구하며 예산심의 보충자료로서 사업의 성과에 대하여 자료를 요구하고 소요비용에 비해 성과를 높이려 노력한다.

○ 시 행정관(City Manager)

미국 지방자치단체의 형태 중에서 시의회-시행정관의 체제를 채택하고 있는 도시로는 주로 중·소도시에서 많으며 이 경우 시장은 시의회 시의원 중에서 호선하고 시 행정의 대부분은 시의회에서 많은 급료를 주고 시 행정관을 공모 채용하여 집행책임을 주고 시의회는 이를 감독하는 형태이다. 현대 지방행정제도 중에서는 시 행정관 제도가 경영개념을 도입한 형태라고 인식되어 이 제도가 확산되고 있는 추세이다. 그 이유는 시 행정관의 시 행정 관리능력이 만족하지 못하였다고 시의회에서 판단하면 언제든지 계약 기간 만료 후에 해임하고 다른 고용직 시 행정관을 선택할 수 있기 때문이다. 이러한 형태에서 시 행정관은 업무의 성격으로 볼 때 우리 시의 부시장을 포함한 시장단의 기능과 유사하다고 보면 무난하리라고 본다. 이러한 제도하에서 시 행정관이 집행부서의 생산성 향상을 위하여 취하고 있는 행정제도들 중에는 집행부서 간 전산화로 의사결정을 신속히 할 수 있게 하고, 집행예산의 비용개념을 전 공무원에게 확산시켜서 경영개념을 상시 갖고 임하도록 하기도 한다. 벤치마킹기술과 질적 향상 우선의 행정을 시 행정에 도입하여 민영화가 되지 않은 부분은 계약제행정으로 서비스를 제공하게 하기도 한다. 또한 지역경제 활성화를 통한 재원확보 노력도 시 행정관이 결정할 수 있는 중요한 대안이다. 시 행정을 집행하면서 이로 인하여 시민이 부담하여야 할 재정 부담원인 사고를 줄이고, 공무수행 중 직원의 사고를 예방하여 유발되는 비용을 줄이는 것도 생산성 향상의 한 방안이 된다.

○ **예산회계분야(Financing)**

예산. 회계분야 책임자들은 장기적 재원지출 규모, 세입규모를 예측하고 또한 재원발굴을 하는 등 시 행정의 아주 중요한 일을 한다. 재원의 많은 부분을 차지하는 사용료를 정기적으로 조정하며, 시 잉여재원을 수익성이 높은 곳에 투자하며, 개발이익부담금 징수, 전기가스관 설치부담금(전기, 가스관 설치 시 개인주택경계에서 부엌까지는 개인부담), 중과세 지역지정 등으로 세입을 늘리거나 시 세출을 줄이는 역할을 수행한다.

○ **보건복지 분야**

보건위생 담당 부서에는 장기적 의료비 지출을 줄이기 위해서 사전에 건강교실, 건강진단을 통하여 예방적인 서비스를 제공하며, 복지 부서에는 구호기금이 낭비되지 않도록 수혜자 선정에 엄격한 심사를 하고 기금지출에 부정이 없도록 감독하여 지출되는 예산의 생산성을 높이는 일을 한다. 이러한 부서에서 인건비를 줄이기 위하여 의사, 치과의사 등을 계약직으로 채용하기도 하고 비영리법인 등 자선단체의 유사한 서비스를 대체 이용하도록 안내하며, 이러한 사업에 민간의 재정기금을 받아 사용하기도 한다. 어떤 지방정부에서는 예산이 부족해져 변제능력이 있는 수혜자에게 사용료를 부과하여 기금으로 사용하기도 한다.

○ **공원, 레크리에이션 담당 부서**

이 부서들은 부서 내 사업의 특성상 적은 규모의 인력을 채용하고 있기에 계약직, 임시고용, 시간제, 자원봉사자를 이용하여 인건비를 줄이고 있다. 또한 행사기금도 예산과 민간자금이나 회사의 후원을 받아서 진행시키고 있으며, 뉴욕의 센트럴 파크처럼 시민들, 즉 민영화제도로서 공원 내 일정지역의 관리를 위임하여 시민의 공원에 대한 애착심을 고취하고 공원관련 뉴욕 시 예산을 절감하는 성과도 기대된다.

○ **도시계획 및 건축 분야**

이 부서들은 지방정부의 재원을 늘리는 사업들을 하는데 세제혜택 등으로 경제발전을 꾀하는 일, 도심 활성화 사업, 도시기반 시설자금을 마련하는 일 등이다. 특정 지역이 개발되어 지가상승으로 얻어지는 개발이익금에 대하여 부담금이 부과되는데 이와 같은 논리로서 일정 지역에 도시기반시설이 되지 않은 상태에서 개발하려는 개발업자는 도시 기반시설 재원을 부담하고 개발하여야 한다. 또한 경제발전을 위하여 도시에 필요한 시설들을 민·관 합동으로 설치하기도 하는데 이는 공공기관이 재원을 쉽게 확보할 수 있는 이점이 있고 민간업자는 사업의 차원에서 상호이득이 있는 분석하에 참여하게 된다.

○ **건설 분야**

최근 건설 분야 담당자들의 가장 큰 일은 사회간접시설 건설재원 충당계획과 현존하는 사회간접시설관리에 관한 것이다. 사례로는 연방정부의 지원을 받아 주, 카운티, 시정부들이 합동으로 교통처리시스템을 계획하는 것이며, 건설재원을 민간에 부담하는 형태로는 쓰레기처리에서 민간업자를 선정하는 것이 해당된다. 많은 지방정부에서는 전문직 기술공무원을 채용하여 업무를 처리하기보다는 그 업무자체를 민간기업과 계약하여 집행하는 경향이 있다.

○ **경찰·소방 분야**

미국에서 지역 내 치안을 담당하는 지방경찰은 당해 지방정부의 권한이며 의무사항이다. 경찰예산의 가장 큰 분야가 정규직 경찰관의 보수와 그 외의 혜택이다. 예산을 절약하기 위하여 정규직 경찰관보다 민간인을 채용한다든지 순찰의 효율성을 높이기 위한 순찰제도 개선, 시민참여 범죄예방운동, 민간구성 범죄예방단 운영을 하고 있다. 소방 분야에서는 화재발생감소를 위하여 빌딩건축규정을 개선, 위험물질 보관장소 등록제, 시민방재교육을 강화하여 소방서비스 출장 빈도를 줄임으로써 생산성을 향상시키는 방향으로 연결하고 있다. 화재가 빈번한 대형건물에는 일정액의 부담금(사용료)을 부과함으로써 소방서비스를 많이 받은 사용료를 징수하기도 하며, 허위 화재경보기 작동, 소방규정위반, 앰뷸런스 사용, 비상의료 서비스에 대해서도 일정액의 사용료를 징수한다.

4. 맺는 말

풀뿌리 민주주의의 시작점인 지방정부 자치제는 매일매일 시민과 접촉하고, 대응하고, 언론과 타 지방정부와 경쟁, 감독을 받고 있는 유기체라고 볼 수 있다. 지방정부는 원래 지역주민의 삶에 각 부분별로 서비스를 제공하기 위하여 조직되었기 때문에 이러한 형상은 당연한 것인지도 모른다. 당연한

귀결로 어느 때보다도 지방정부의 담당자는 외부의 환경에 더욱 적극적인 자세로 임하여야 하고 고객인 시민에 대하여 고객우선주의(User Friendly) 정신을 갖고 업무에 임하여야 되리라고 생각한다.

주민에 의해 선출된 선출직 공무원은 책임과 소명을 갖고 정책결정을 하여야 하며, 그 정책을 수행하는 데 경력직 공무원들을 감독하고 제도적, 생산적, 효율적으로 일을 처리할 수 있도록 지원을 하여야 할 것이다. 한정된 세금으로 구성된 예산으로 질 좋은 서비스를 제공하기 위해서는 인건비 절감, 컴퓨터 등 새로운 기술도입도 중요하며, 담당자의 교육훈련, 전문화도 중요한 요소이다.

공무원의 전문화는 현대 복잡한 지방행정, 지방의회제도 도입 등으로 그 중요성이 더 해가며 우리의 크나큰 숙제 중의 하나이다. 역시 중요한 요소는 그 조직의 구성인 모두가 생산성 향상을 위한 자발적인 노력이야말로 어떤 기술도입보다도 중요한 요소라고 본다. 하나의 사업을 계획, 집행, 사후관리하는 단계에서 비용/효과를 비교, 분석해 보고 가장 효율적인 방법을 취사선택하는 일이야말로 생산성 향상을 위한 중요한 요소라고 생각된다.

이러한 노력은 관리자나 선출직 몇 사람의 힘으로 모두 감독하고 지시할 수 없다. 결국 그 조직의 참모 내지 공무원들의 몫인데 이러한 제도, 기술, 정보를 어떻게 활용할 수 있도록 전체 공무원들을 독려하느냐가 중요한 관건이라고 생각한다.

□ **사례연구: 미국 지방도시들의 생산성 제고 사례**

> 미 지방도시들의 생산성관련 사례로 뉴욕, 달라스, 디트로이트, 피닉스 등 4개 도시의 경우를 정리하여 보았다. 이들 사례를 서울시 각 부서에 직접 적용하기에는 업무성격 업무집행 체계가 상이하여 다소 차이가 있으나 각 도시들의 생산성 향상 프로그램을 통하여 우리가 배울 점은 미국의 지자체들이 세부적인 업무에도 생산성 개념을 도입하여 더 나은 대안을 모색하고 이를 분석하여 시 행정에 적용하려 노력하고 있다는 점이다. 상기 도시들의 생산성 제고 사례는 다음과 같다.

1. 뉴욕 시의 향상성 향상 프로그램

뉴욕 시의 생산성 향상 프로그램을 위한 노력은 1972년 8월 존 린제이(John V. Lindsay) 시장에 의해 처음으로 시도되었다. 미국 내 도시보다 10 내지 15배의 규모이며 LA 시 인구의 3배가 넘는, 시라고 하기엔 너무나 복잡하고 방대한 스케일의 자이언트 시 뉴욕. 과연 어느 분야에 어떻게 생산성을 높이려 했는지 알아보고자 한다.

가. 경비절감 및 서비스 개선방안

○ 쥐 박멸업무

기존의 한 명에게 정해진 점검구역을 6곳에서 20곳으로 늘려 구역당 인건비를 절감했으며, 쥐 박멸 숫자도 2.3에서 11.1마리로 증가시킴으로써 쥐 한 마리당 \$22.50이던 소요경비를 \$4.89로 절감할 수 있었다.

○ **공원청소**

3명의 직원이 한 조가 되도록 편성한 결과 해당일의 스케줄에 맞춰 예상되는 시간 안에 공원 청소 일을 끝내게 함으로써 성과는 두 배로 늘고 일에 대한 불평은 줄어드는 결과를 얻을 수 있었다.

○ **도로공사**

도로공사관련 많은 소요인원 준비에도 불구하고 아스팔트용 재료의 운송문제 등으로 인해 평균 작업생산율이 37%였으나, 정확한 운송시간 엄수 및 250명의 인원을 감원함으로써 도로의 재포장 길이를 350마일에서 700마일로 높일 수 있었다.

○ **하수처리용 차량관리**

새로운 구역지정 차고제, 사전 안전관리, 개선된 배달체계, 새로운 경영기법 등 최신식 시스템을 도입하여 고장 난 차량의 비율을 38%에서 선에서 11%로 감소시키는 생산성 향상을 거두었다.

나. 신속한 대응방법 개선

○ **응급상황 시 안전하고 신속한 화재진압 조치**

신속한 화재진압을 위하여 새로운 시스템을 마련함

○ **경찰파견**

경찰파견 시 컴퓨터화된 시스템 사용으로 하루 2만여 통 전화의 87%는 15초 안에 조치하고, 95%는 30초안에 신속히 응답할 수 있게 함.

○ 하수처리과 현장파견 시간조정

노조의 승인을 받은 새로운 근무시간 조정으로 작업량이 많은 월요일과 화요일은 담당 공무원을 늘렸으나 결과적으로는 전체 근무시간을 절약하는 효과를 거둠.

다. 업무 및 절차의 개선

○ 건축공사(Capital Construction)

건축 관련 정보체계시스템을 도입 2,300개에 달하는 건축 관련 프로젝트를 통합적으로 모니터하여 건물의 계획. 건축에 소비되는 시간을 절반으로 줄임으로써 결과적으로는 연방정부로부터 건축공사관련 지원금을 향상시키는 결과를 거둠.

○ 기금관리(Fund Control)의 개선

시 소유물 사용 하청업자들의 납입금방식을 새로운 시스템의 도입으로 개선하여 과거에는 58.4일 걸리던 시간을 11.2일로 단축했으며, 전체적인 진행시간도 90일에서 35일로 단축하여 경비절감의 부가적인 효과도 얻음.

○ 업무처리의 컴퓨터화

불법주차단속 담당 부서 및 여러 부서에 새로운 컴퓨터 시스템을 도입하여 빠른 시간 안에 일을 신속히 처리할 수 있게 개선.

라. 뉴욕 시 생산성 향상 프로그램의 특징

첫 번째 특징은 시장실 산하 행정관리들의 생산력향상에 대한 강력한 의지가 가장 중요한 역할이 되었으며, 본 프로젝트 관리팀(Project

Management Staff)은 여러 프로그램에 대한 기본적인 분석을 담당하고, 점진적으로 예산집행에도 직접 관여하게 하여 효율을 높이는 계기가 되었다.

두 번째 특징은 적지 않은 시간을 투자한 것이다. 단 몇 개의 프로그램만이 정착되어 성과를 보기까지 2년 미만이 걸렸으나, 대부분의 생산성 향상 관련 프로그램은 최소 2년 이상이 소요되었다. 이 같은 결과는 조변석개식의 개선 방향은 생산성 향상이라는 대전제에는 불가능함을 여실히 보여준다 하겠다.

세 번째 특징은 외부인력의 채용결과가 내부적으로는 관료적 의식변화에 많은 영향을 끼쳤다. 기업에서 법, 비즈니스, 컴퓨터를 전문적으로 공부한 인원을 채용함으로써 전문성을 보다 향상시켰으며, 보다 경쟁적이고 능력이 중시되었으며, 이와 같은 상황이 비교적 적은 숫자이지만 장기근무 공무원들에게도 적극적으로 참여하는 계기가 되었다.

결과적으로 린제이 시장이 가장 심사숙고한 부분은 효율성(efficiency)보다는 실질적인 유용성, 즉 효과(effectiveness)이었으며, 이에 따라 생산성 향상관련 집행부는 변화와 개혁에 중점을 두고 각 부서의 업무 수행에 대한 분석과 평가 기법을 향상시킴으로 점진적으로 시의 생산성을 높임으로써 몇몇 부서에서는 직접적인 예산 감소효과까지 이루게 되었다.

2. 달라스

세계 2차대전 이후 꾸준히 인구가 증가하여 미 지방정부 중 전체 시 인구 수에서 8번째 도시가 된 달라스는 날로 성장하는 타 도시들이 당면하고 있는 모든 제반 문제를 안고 있었다. 생산성 향상을 위한 프로그램 중 여러 가지 성공적인 효과는 적극적으로 동참한 각 부서의 헌신적인 노력과 시 운영국 (Office of Management Services)의 기술적인 테크닉 제공이 근본적인 원천

이 되었다. 생산성 향상을 위한 달라스 시의 노력은 다음과 같다.

가. 건물관리과(Department of Building Services)

○ 건물 청소

스퀘어 피트(0.028 평)당 $2.50불이 소요되던 청소경비를 96센트로 절약할 수 있었던 이와 같은 성과는 자체분석결과 구식인 청소방법과 장비가 누적된 근본원인이었으며 생산성 향상을 위하여 전 청소원들에게 2주간의 교육을 실시하고 다목적용 청소기구 등 새 장비를 구입하여 40%를 웃돌던 장비와 재료비를 8%로 절약할 수 있었으며, 직원도 35%가 감원되었으나 서비스의 질은 동일한 효과를 제공하게 되었다.

○ 건물청소 시 왁스사용 금지

왁스청소 시 재료구입비와 긴 노동시간이 전체 공공건물 관리비 중 가장 비싸게 책정되어 있음을 발견하고 왁스청소에 대한 연구결과에 의거하면, 왁스청소방법이 마루 바닥을 수시로 교체하는 것보다 6배가 많은 경비가 지출됨으로 왁스청소방법을 금지하여 재료비의 절약과 노동시간을 효율적으로 사용하게 할 수 있었다.

○ 세탁비 절감:

시에서 제공하는 작업복에 대한 세탁비가 공무원당 하루 $2.03씩 지출되어 세탁비 지출을 줄이고자 작업담당 공무원들에게 4벌의 유니폼을 매 6개월마다 지급하여 53.4%인 $7,500를 절감하는 효과를 거두었다.

○ 컴퓨터 감지장치 설치

컴퓨터 감지장치(Honeywell Delta 2000) 시스템의 설치로 24시간 내내 감지장치가 작동하여 온·냉방 자동조절과 화재안전장치 및 방법까지 책임지는 기능으로 장기적으로는 많은 경비 절감하는 계기가 되었다.

○ **전기료 절감**

가로등 조명 조정, 태양열 사용, 영업시간내의 청소로 전기료 관련 경비를 절감하였다.

나. 도로 및 하수처리과(Department of Street and Sanitation)

○ **쓰레기 수거**

쓰레기 수거관련 세밀한 조사를 실시하여 쓰레기 트럭당 한 조에 3명인 쓰레기 수집인원을 조당 2명으로 감원하여 주택가 및 골목길을 담당하고 도심 지역은 기존의 조당 3명으로 담당하게 한 결과, 쓰레기 수거관련 공무원 중 48명을 수퍼바이저급으로 진급시켜서 조장을 담당하게 함으로써 결과적으로는 전체인원이 감원되고도 예산이 약 130만 불 절감이 되었다.

○ **일부 공무원 주단위 근무일자의 변경**

일부 부서 공무원들을 하루 8시간 주 5일 근무에서 하루 10시간 주 4일 근무제로 변경한 결과 대다수의 직원이 불만 없이 만족하였으며, 직원들의 과다업무로 인한 피로도 별로 보고되지 않고 결과적으로는 전기비를 포함하는 유틸리티비 절약과 개인적으로는 승용차비를 절약할 수 있는 이중효과를 거두었다.

○ **시청차량 운행감소**

주 4일 근무제 실시로 시청차량 운행이 210대에서 140대로 감소됨에 따 라 잔여분인 70대 중 노후화된 차량 36대는 폐기시켰으며, 34대는 대기 트럭으

로 준비하여 고장 난 트럭 발생 시 즉각적으로 대치하도록 조치할 수 있었다.

○ 쓰레기 이동시스템 설치

트럭들이 매립지까지 직접 가지 않아도 트럭의 실린 쓰레기를 비울 수 있도록 쓰레기 이동시스템을 설치하여 재활용과 트럭운행시간을 절약하였으며 결과적으로 트럭 운행거리도 줄일 수 있었다.

다. 수도전력국

○ 효율적인 경영자문

4개의 자문회사(Lifson, Wilson, Ferguson, Winick, Inc.)를 선정하여 수도전력국 내 11개 부서의 경영실태를 점검하고 관리문제를 담당하는 전담반을 편성하여 전반적인 문제점을 파악하게 한 결과 첫 3년간은 33만 달러의 자문비가 지출되었으나, 결과적으로는 연간 백만 불 이상, 즉 수도전력국 전체 예산의 4%를 절감할 수 있었다.

○ 인력관리 개선

날로 증가되는 유입인구로 인하여 달라스 시 수도전력국은 시민들에게 안전한 물을 공급하기 위해서 더 많은 공무원을 고용해야 하였으나 인력관리의 개선을 통하여 현재 고용직원만으로도 충분히 효율적으로 경영되도록 개선하였다.

다. 경찰국

○ 일용직 근무자를 감원

일용직 경찰공무원의 감원자문회사인 LWFW의 연구결과를 토대로 30여 명의 일용직 근무자를 감원하여 연간 21만 불을 절약했으며, 일반직과 사무직 공무원을 경찰서 내 일반사무직에 고용함으로 상대적으로 월급이 많은 정규직 경찰관을 대체하여 경찰국 내 인력관련 경비를 절감할 수 있었다.

○ **컴퓨터화된 경찰투입 방안**

컴퓨터를 이용한 순찰차량 자동 통제시스템을 도입, 범죄 진압에 큰 성과를 거두었다.

이와 같은 달라스 시의 생산성 전략은 조직적이고 포괄적이기보다는 기회적이고 실용적인 면이 많았으며 여러 다른 시에서 보여준 프로그램 이행보다는 시 행정국 산하 부서의 자체 훈련을 통해 이루어 낸 성과였다.

3. 디트로이트 시

단일 산업으로 한 도시의 경제를 지배하는 곳으로 세계적으로 유명한 디트로이트 시는 자원은 줄어들고 문제는 많아지는 전형적인 오래된 도심의 신드롬을 앓고 있었다. 시의 문제점을 분석, 효율적인 행정을 하기 위해 1974년 시 기금과 포드사의 기부금으로 디트로이트 시 생산성 향상 센터(Detroit Productivity Center)를 세우게 된다.

가. 디트로이트 생산성 향상 센터(DPC)

○ **인력구성**: 두 그룹으로 구성되어 있다.
  - 경영 전문인, 방법분석가로 산업기술자, 운영 연구원, 컴퓨터 시스템 분석가 등
  - 여러 부서에서 전보 발령된 공무원

○ 3가지 주요 기능

  -각 부서의 생산성 향상위원회와 협력하며 부서별 담당자를 교육

  -특정 부분의 생산성 향상을 성취하는 것.

   (이것은 단기계획이거나 중점 연구 분야임)

  -특별히 여러 부서를 포함하는 활동을 포함한 계획

   (통합된 중앙관리체계 또는 계약 상담을 통한 중앙 통합조직 방식 등)

나. 부서별 프로젝트 사례

○ 소방장비 정비소

디트로이트 생산성 향상 센터(DPC)에서 처음으로 시작한 계획으로 소방국의 응급처치 기구들을 포함하는 모든 장비들을 정비 및 보관하는 곳이 다. 고장 난 장비, 오래되어 구식인 장비, 재고장비, 소방차량 또는 예방 차원에서 준비할 수 있는 모든 것을 관리하고 체계화하여 성과를 거두었다.

○ 민간업체 하청

공원국(Department of Recreation)에서는 일반 민간업체에 하청을 주어 도로변의 수목전정과 고사목이나 병든 나무를 제거하게 함으로써 시에서 직접 운영할 때보다 약 1/3의 예산만 지출하였다.

○ 러셀 페리(Russell Ferry) 정비창고

공원국 소유 자동차, 잔디 깎는 기계, 분무기 등 특수 장비를 전문적으로 정비하는 창고를 만들어서 타 부서에 정비를 의뢰할 때보다 정비비용과 정비시간을 절약하는 효과를 보았다.

○ 차량관리 프로젝트

환경보호 관리국(Environmental Protection and Maintenance Depart- ment)에서는 매년 천오백만 달러의 예산으로 7개의 8개 창고에서 1,600대의 경찰차, 850대의 청소차, 600여 대의 특수차량, 950대의 승용차 등 총 4,000여 대의 차량정비를 관리하고 있으나, 많은 차량이 정비를 받기 위해 오랜 시간 이곳에 묶여 있으며, 운영방식도 개선되지 않는 문제점을 개선하고자 차량관리정보 시스템 및 작업기준과 스케줄을 컴퓨터화하고, 정돈된 작업환경을 조성한 결과 서비스의 양적 및 질적 향상과 인력감소의 효과도 보았다.

○ 교통국의 부품창고 운영방안 개선

시 소유의 소형차량과 980여 대의 버스 그리고 3만여 개의 부품을 4곳의 창고에 보관 관리하고 있는 부품창고 운영방안을 개선하기 위하여 디트로이트 생산성 향상 센터의 조사결과 부품 목록을 손으로 직접 작성하고 있으며 절반이 넘는 부품은 맞는 부품이 없어 제대로 정비가 되지 않는 실정이었다. 뿐만 아니라 손으로 부품을 관리하기 때문에 인적·물적 경비가 과다 지출되는 상황으로 결과적으로는 담당공무원들이 일하는 작업 시간의 절반만 효율적으로 일하는 것으로 조사되었다. 디트로이트 생산성 향상 센터(DPC)의 엔지니어들이 컴퓨터이용 관리 정보 시스템을 설치하여 각 버스의 정비내력, 모든 정비원과 일의 종류에 대한 업무수행을 기록, 예방 관리 프로그램, 작업 스케줄 시스템 등을 통하여 질적인 개선을 이루었다.

○ 수도 및 하수국(Water and Sewage Department)

6만 달러 상당의 동관이 관리부실로 분실되고 빈약한 재고관리 및 안전관리체계와 작업거리 및 초과근무 수당지급에 대한 많은 경비지출로 재정 적인 어려움을 경험한 수도 및 하수국에 대한 디트로이트 생산성 향상 센터(DPC)의 연구 결과는 세수와 경비에 대한 실질적인 관리개선이 요구됨을 지적하였다. 이에 따라 수로보수와 차량에 대한 새로운 노동 기준설정, 보수와 작업교대 규정을 향상시키고 한 단계 높은 수도 미터 기술과 자동화한 제고 관리 체제 및 구조변화로 광범위한 경영혁신을 함

끝으로 디트로이트시의 생산성 향상 노력에는 디트로이트 생산성 향상 센터(DPC)의 존재를 빼놓을 수 없다. 이미 존재하고 있는 관청에 아웃사이더로 들어가 일을 하기가 쉬운 것은 아님에도 불구하고 DPC는 시의 여러 기관 즉 화재. 교통. 환경보호. 수도국 등이 DPC의 서비스를 받게 하는 데 성공적인 기여를 했다.

4. 피닉스 시

미국의 다른 대도시들과 다르게 피닉스는 신흥도시에 속한다. 영토는 뉴욕 시보다 조금 작지만 인구는 뉴욕 시의 1/12 정도에 지나지 않는다. 피닉스 시의 생산성 향상 프로그램은 1969년 봄에 처음으로 시작되었으며, 피닉스 시의회는 예산을 맞추기 위해서 세금 인상이 불가피한 상황이었으나, 피닉스 시정부의 생산성을 향상시키는 방향으로 방침을 변경하였다. 다음은 생산성 향상 프로그램의 일부 사례이다.

○ 쓰레기차량 탑승인원 개선

쓰레기 수거 시 인원이 많이 동원되는 문제점을 보완할 수 있는 방안을 모색하고자 현재는 3명의 인원이 필요한 rear-loader 트럭을 교체하고 1명의 인원만으로도 충분한 shu-pak 트럭으로 대체하려 했으나, real-loader 트럭의 3/4 정도밖에 실을 수 없는 쓰레기 수거량을 고려하여 점진적으로 shu-pak 트럭으로 교체하는 계획을 마련하여 처음에는 19대를 우선 구입하고 다음해에 25대를 구입하여 향후 5년 뒤에는 인원 감원 효과로 약 90만 불을 절약할

수 있었다. 물론 혼자서 운전과 쓰레기 수거를 담당해야 하는 운전자에게는 5%의 상여금이 추가로 지급되었다.

○ **쓰레기 회수방식 개혁**

위생국과 예산관리 분석팀은 쓰레기 회수방식의 개선점으로 Rapid Rail을 시험하였다. Rapid-Rail 방식은 한 명의 인원으로, 쓰레기통을 비우 는 데 걸리는 시간은 단지 20초 정도로 간단하면서도 획기적인 기계이며, 이 Rapid-rail을 사용하는 데는 일정 규격화된 쓰레기통이 필요했다. 가격은 90갤런 70불, 300갤런은 125불이였다. 비용분석가들이 비교해본 결과 시에서 규격화된 새로운 쓰레기통을 구입해도 여전히 비용을 절감할 수 있었으며, 실행결과 rapid-rail 사용 후 과거와 비교해 최소한 35% 적은 숫자의 트럭사용 및 63%가 적은 인원으로 32%(약 2백만 불 이상)의 예산 비용절감을 할 수 있게 되었다.

○ **복사 시스템**

날로 가격이 상승되는 복사, 재료비, 복사기 관리비로 매년 25%씩 비용이 늘어갔다. 이에 피닉스 시는 복사분량이 많은 경우에 이용할 수 있는 고속복사실(Rapid Copy Center)을 만들어 50장 이상의 복사는 시 공무원들로 하여금 이곳을 사용케 하였다. 이 결과 과거의 한 매당 3.2센트 하던 경비가 1.7센트로 내려갔으며, 더 빠른 시간 안에 복사할 수 있게 되어서 불필요하게 소비되는 업무시간을 절약하여 업무의 질적 향상을 기대할 수 있게 되었으며, 센터 운영비를 빼고도 연 10만 달러 이상의 경비를 절감하는 성과를 거두었다.

○ **건축현장 점검(Building Inspection) 개선사례**

피닉스 시는 한 건의 건축현장 점검 시 4가지 세부조사를 실시하는데 건물, 전기, 배관, 기계점검 담당자가 동원되는 문제점을 개선하여 한 명의 담당공무원이 4가지 조사를 다 할 수 있도록 종합검사 프로그램을 만들어 담당공무원들에게 사전교육과 정기적으로 해당 분야 전문인과의 면담을 통한 문제점을 해결하게 하였다. 대부분의 건축현장 점검사항은 비교적 복잡하지 않은 건축물을 대상으로 현장점검을 실시한 결과 4가지를 한 번에 점검함으로 대민서비스 향상과 담당공무원들은 시간절약 효과 외에 연 75만 달러의 예산절감을 하게 되었다.

퇴근 전에 하던 건축현장 조사관들의 업무차량 반납을 생략하여 조사관들이 퇴근 시 이용하고 다음날 아침에 보고하게 하였으며, 차내에 무선장비(2-way 라디오)를 설치하여 할당업무를 전해 듣고 보고하게 한 결과 한 사람이 하루당 하던 조사업무가 13% 증가하는 성과를 보았다.

별도로 발급하던 4가지 건축허가서를 하나의 통합된 허가서로 발급한 결과 시민들에게는 4중의 시간소비, 관공서 방문, 혼동, 번잡함을 간소화하여 좋은 서비스를 제공할 수 있었으며, 건축허가부서도 종이 값, 복사비, 인원을 50% 이상 줄이게 되었다.

피닉스 시는 생산성 향상을 위한 사전방안으로 모든 부서(소방국과 경찰국 제외)를 아주 면밀히 분석 검토하고 각 부서 공무원에게 업무 수행기준을 책정하여 수행결과를 보고하게 하였다. 피닉스 시의 생산성 향상사례는 조직 재편성 또는 세부적 업무관리를 통해 이루어진 것으로 과거의 동일한 업무량과 작업 환경 안에서 공무원들에게 성과 없는 일을 더 하길 요구하며 이루어진 결과는 아님을 강조하고 있다. 피닉스 시가 성공할 수 있었던 주요 요인은 비교적 신흥도시로 비교적 오래된 도시의 문제점을 미리 알아 사전에 준비하고 현실에 맞게 대처할 수 있는 유리한 입장이었던 점도 빼놓을 수 없는 이유 중의 하나이다.

7. 시청 내의 재활용 방법

LA 시 시공무원들이 시청 내의 물자절약 프로그램에 따라 자발적으로 활발하게 참여하고 있다. LA 시 시공무원들이 추진하고 있는 시청건물 내의 재활용 프로그램이 우리 시에서도 실시하고 있는 물자절약운동에 참고가 되고자 소개한다.

1. 재활용의 의미

가. 재활용은 법이다.

캘리포니아 주법(Assembly Bill 939)에 의거, 지자체들은 2000년까지 기존 쓰레기량의 50%를 감소하여야 하며, 특히 LA카운티에 속하는 지자체들은 LA카운티정부 및 캘리포니아 주 폐기물관리위원회(CA Integrated Waste Management Board)에 재활용 리포트(Solid Recycling and Source Reduc-tion Report)를 반드시 제출하여야 하며, 불이행 시에는 매일 $10,000의 벌금을 지불해야 한다.

나. Lopez Canyon 매립지의 폐쇄

LA 시 매립지인 Lopez Canyon은 1996년 7월1일부터 폐쇄되었으므로, 72만 채의 주택과 14만의 사업체에서 발생되는 폐기물들은 고비용이 소요되는 다른 매립지로 전환되어야 하는 실정이다.

다. 쓰레기량이 많은 시청

LA 시청은 시공무원이 3만 8천 명이며, 약 500여 개의 시 소유 시설물에서 약 12%의 쓰레기가 발생된다. 시청공무원들은 약 30-45%의 고형쓰레기(Solid Waste)를 취급하므로 쓰레기 방지와 물자절약 프로그램의 참여에 보다 큰 의미가 있다.

2. 시청 내 물자절약 프로그램(CFRP)

가. 프로그램 소개

총무국이 시 산하 부속시설의 쓰레기 재활용을 효과적으로 실시하고자 1991년 5월부터 시작하였다. 이는 가주 법인 Assembly Bill 939에서 요구하는 재활용리포트(Solid Recycling and Source Reduction Report)관련 프로그램 중의 일부가 된다. 본 프로그램 담당부서에서는 프로그램 관리, 직원 훈련, 재활용품 계약, 재활용품 판매기금 관리 등을 담당하며, 이 프로그램은 LA 시청이 모범적으로 주정부의 재활용정책을 수행하는 지자체로서의 자발적이고 헌신적인 노력이 요구된다.

나. 쓰레기 방지와 재활용

가장 근본적, 환경적, 경제적인 방안이며, 쓰레기 처분에 소요되는 고비용을 감소시키며 LA 시의 미래를 지켜주는 계기가 된다.

1) 쓰레기 방지(Waste Prevention)

처음부터 쓰레기의 발생을 사전에 방지하는 것을 말한다. 재활용 가능한 서류종이나 관련된 자원을 재사용토록 하는 행정지시사항도 포함된다.

2) 재활용(Recycling)

쓰레기로 버려진 것 즉 폐기물들을 수집, 분류, 청소, 취급, 재구성하여 새 상품을 위한 새로운 재료로 경제성이 있도록 재활용 되는 것을 의미한다. 이는 사람들이 재활용된 제품을 매매하지 않는 한 완전하게 재활용되었다고 말할 수 없으며 LA 시청에서는 재활용으로 발생된 소득을 세외수입으로 잡고 있다.

다. 물자절약 프로그램의 당위성

○ 매립지로 가는 쓰레기량을 감소시키기 위한 자치도시(LA 시)의 쓰레기 절약, 재활용과 재생산에 기여
○ 가주 정부 AB939의 쓰레기량 감소기준(50%) 성취
○ 쓰레기 운반비용 절감 및 재활용품 판매수익의 세외수입 확보
○ 재활용과 재활용된 물건을 구입함으로 시청 공무원들에게 환경친화적인 효과 제공
○ 일반사업체와 정부기관들에게 재활용관련 프로그램의 선도

3. 재활용 기준과 절차

가. 쓰레기발생 억제 기초 아이디어

○ 사무용품과 비품 등을 검토한다. 쓰레기를 억제하고 절약하며 비품을 소중히 사용한다.
○ 본인 컵 사용
  식당이나 스낵샵 같은 곳에 본인 컵을 가지고 간다. 시청은 식당이나 스낵샵과 협력하여 컵을 가지고 오는 사람에게는 10센트를 깎아준다.
○ 자연퇴비(Composting) 자연적으로 쓰레기를 부패시키는 방법이다. 완전 부패는 돈과 비료를 절약하며, 매립지로 가는 쓰레기량을 줄인다.

나. 시청 내 물자절약 프로그램 추진

1) 분류

다음의 물질을 분류하여 각각 다른 재활용함을 이용하게 한다.

○ 일반백지와 컴퓨터 용지
○ 혼합용지
○ 신문지와 잡지
○ 전화부와 낡은 책
○ 주름잡힌 판지
○ 음식과 음료수 컨테이너

2) 수집

CFRP 담당자들은 여러 곳의 시청부속건물과 중소기업체를 돌아 다니 며 정기적으로 수집을 한다. 재활용품 수집에 필요한 통은 요청부서에 보내준다.

3) 판매

CFRP는 재활용하는 업체들과 수집과 재활용관련 계약을 한다. 재활용 업체는 재활용품을 수거하러 올 때마다 시에게 해당금액을 지불한다.

4) 재활용

재활용품 계약자들은 재활용품을 지방 공장이나 외국에 수출하여 재활 용 과정을 통하여 종이나 휴지 등의 제품을 생산한다.

5) 재활용품 구매

재생산 될 수 있는 물건이나 재생산된 물건을 구입하는 것으로 이 재활용 프로그램의 사이클은 완료된다.

다. 재활용품의 종류(CFRP)

모든 품목이 시에서 실시하는 재활용 대상은 아니다. 다음 종류 안에 있는 품목만이 재활용대상이 된다.

1) 재활용 용지

○ 사무용지

○ 선이 있는 백지

○ 컴퓨터 용지

○ 기타 사무용지

○ 어떤 컴퓨터 종이는 groundwood를 포함한다. 이 종이는 재활용을 할 수 없음으로, 컴퓨터 종이를 살 때는 groundwood가 있는지 없는지 확인하고 구입하여야 한다.

○ 다른 오염물질들은 휴지, 종이 타월, 왁스가 섞인 종이 등이다.

○ 청사진: 어떤 시청은 청사진이 많다. 청사진은 사무용 종이와 다르다. 그러므로 청사진은 따로 수집하여야 한다.

○ 주름진 판지: 칠하지 않은 것으로 보통 3층과 갈색 색깔이다.

○ 종이 가방과 크라프트 종이: 이것은 힘이 있는 종이로 깨끗한 식료품 종이와 식당용 배달종이 등이다.

○ 신문지와 잡지:

○ 전화번호부와 주소록:

○ 음식과 음료수통:

○ GAPS 프로그램의 오염균: 창유리, 유리, 거울, 플라스틱, 스티로폼 등.

○ 토너: 레이저 프린터의 프린트 토너 통은 재생을 할 경우 60%가 적게 든다.

○ 크리스마스트리: 나무를 다시 심을 수 있게 직원들은 살아있는 나무를 사도록 권장한다.

2) 재생이 힘든 물질

○ 컴퓨터 플로피 디스크와 소프트웨어

○ 건전지

○ 자동차 오일

○ 기타 위해물질

○ 카펫

3) 기증물과 다시 쓸 수 있는 기회

○ 연하장: 한번 쓴 카드의 그림을 잘라서 새로운 카드를 만든다.

○ 낡은 안경: 낡은 안경을 새로이 고쳐 후진국에 기증한다.

○ 나무 조각: 남은 나무 조각을 학교에 기증하면 아이들 기능 시간에 도구로 쓴다.

○ 물물교환 프로그램: 서로 필요한 물건과 필요 없는 물건을 교환한다.

○ 건설과 개작: 다시 이용할 수 있는 낡은 물건을 개작 재건설하여 쓴다.

라. 수집·재생한 물질로 무엇을 할 것인가?

재활용 시스템으로 재활용을 만들 공장에 팔 수 있어야 한다. 재생물질을 팔아야 모든 재생 사이클이 끝이 난다.

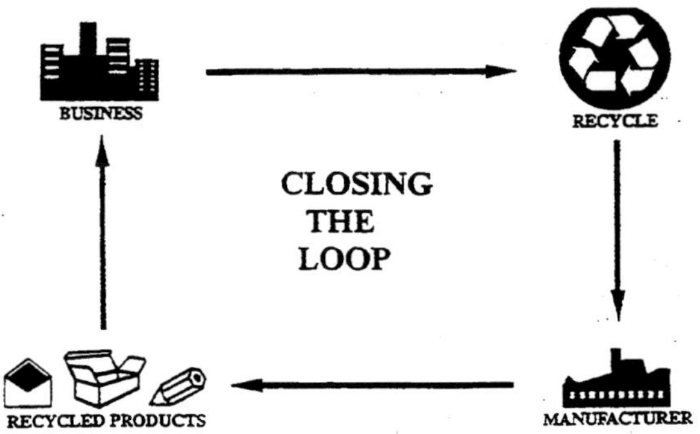

4. 입법방침과 지령

재활용 프로그램은 시의회와 시장의 후원 없이는 불가능하다. 입법적 지원
은 재활용의 지시, 임대 계약 등에서 온다. 다음은 간단한 필요 요청이다.

- ○ Council File 87 −0882 −S21

  시청의 재활용 프로그램의 수립
- ○ Ordinance No. 168313

  재활용품을 구입하는 프로그램
- ○ Council File 94 −0859 −S1

  재활용 프로그램관련 교육을 3만 8천여 공무원들에게 실시
- ○ Council File 94 −1667

  사무용지 절약관련 행정지시 − 예를 들면 양면복사를 유도
- ○ Council File 96 −0430

  재활용관련 행정을 총무국에서 담당
- ○ Council File 92 −1528

  재활용처리 및 재활용품 구매 관련 계약과 시의회에 매년 리포트를 보고
- ○ Council File 95 −1830

시는 청소약과 청소용품관련 조사연구를 캘리포니아대학과 협조한다.
○ Council File 94-0612-S6
시조달품들은 유해독성물질이 제거된 독성이 없는 품목으로 대체한다.

5. 재활용 프로그램의 성과

가. 재활용 프로그램은 고용창출에 기여

재활용프로그램을 시작하면서 신규직업이 1991년-1994년간 40%가 늘어났
다. 재활용사업은 많은 인력이 필요함으로 그만큼 더 많은 직업을 창출하여
지역경제 활성화에 도움이 된다.

나. 시청직원들이 재활용과 쓰레기 방지에 무엇을 기여하는가?

○ 매립지로 들어가는 약 1,300톤의 쓰레기량을 줄인다.
○ 시의 예산에 기금으로 일부 전용된다.
○ 매립지 운영과 운반비용 $45,500을 절약한다.
약 22,100여 개의 나무 자르는 것을 예방; 9백만 갤런(gallon)의 식수를
절약하며 다른 에너지 절약 프로젝트에 쓰이는 5백만 킬로와트
(kilowatt)의 전력을 줄인다.
○ 약 78,000여 파운드(pounds)의 공기오염원을 제거하는 효과

8. LA市 公務員대상 再活用 프로그램

LA서울종합홍보센터 관장 박용래

이 안내서는 LA 시 시공무원들이 시청건물 내의 재활용 프로그램관련 가장 일반적인 질문을 담은 책자이다. LA 시 시공무원들은 이 책자를 이용하여 재활용 프로그램에 자발적으로 참여하고 있다. LA 시 시공무원들이 시청건물 내의 재활용 프로그램이 본청에서도 실시하고 있는 재활용 노력에 많은 참고가 되고자 소개한다.

1. 재활용의 의미 및 프로그램 소개

가. 재활용은 법이다.

주법(Assembly Bill 939)에 의거 2000년까지 지자체들은 쓰레기량을 50% 감소하여야 하며, LA카운티에 속하는 지자체들은 LA카운티정부 및 캘리포니아 주정부 폐기물관리위원회(CA Integrated Waste Manage- ment Board)에게 재활용리포트(Solid Recycling and Source Reduction Report)를 제출하여야 하며, 불이행 시 매일 $10,000의 벌금을 지불해야 한다.

나. Lopez Canyon 매립지의 폐쇄

LA 시 매립지인 Lopez Canyon은 1996년 7월 1일부터 폐쇄되었으므로, 72만의 주택과 14만의 사업체에서 발생되는 폐기물들은 고비용이 소모되는 다른 매립지로 전환되어야 하는 실정이다.

다. 쓰레기 방지와 재활용

가장 이론적, 환경적, 경제적인 방안이며, 쓰레기 처분에 소요되는 고비용을 감소시키며 우리의 미래를 지켜준다.

1) 쓰레기 방지(Waste Prevention)

처음부터 쓰레기의 발생을 사전에 방지하는 것을 말한다. 재활용 가능한 서류종이나 관련된 자원을 재사용하는 사항도 포함된다.

2) 재활용(Recycling)

쓰레기로 버려진 것 즉 폐기물들을 수집, 분류, 청소, 취급, 재구성하여 새 상품을 위한 새로운 재료로 경제성이 있도록 재활용 되는 것을 의미한다. 이는 사람들이 재생된 제품을 매매하지 않는 한 완전하게 재생되었다고 할 수 없다.

라. 쓰레기량이 많은 시청

LA 시청은 시공무원이 3만8천 명이며, 약 500여 개의 시 소유 시설물에서 약 12%의 쓰레기가 발생된다. 시청공무원들은 약 30-45%의 고형쓰레기(Solid Waste)를 취급하므로 쓰레기 방지와 재활용 프로그램 참여에 보다 큰 의미가 있다.

마. 시청 내 재활용 프로그램(CFRP)

총무국이 시 산하 부속시설의 쓰레기재활용을 효과적으로 실시하고자1991년 5월부터 시작하였다. 이는 가주법인 Assembly Bill 939에서 요구하는 재활용리포트(Solid Recycling and Source Reduction Report)관련 프로그램 중의 일부이다. 재활용프로그램 담당부서는 프로그램 관리, 직원 훈련, 재활용품 계약, 재활용품 판매기금, 공공기관으로서의 모범적인 재활용 이행기관으로서의 헌신적인 노력이 필요하다.

2. 재활용 프로그램의 당위성

○ 매립지로 가는 쓰레기량을 감소시키기 위해 자치도시의 쓰레기예방, 재활용과 재생에 기여한다.
○ 가주 정부AB939의 쓰레기 축소목표를 달성하기 위해
○ 쓰레기 운반비용을 적게 하고 재활용품의 판매수익의 시 예산 협조
○ 재활용과 재활용된 물건을 구입함으로 시청 공무원들에게 환경친화적인 감회를 제공
○ 일반사업체와 정부기관의 재활용관련 선구자적 역할

3. 안내방법과 진행방침

가. 쓰레기방지 기초 아이디어

○ 사무용품과 비품 등을 검토한다. 쓰레기를 방지하고 절약하며 비품을 쓴다.

○ 본인 컵 사용- 식당이나 스낵샵 같은 곳에 본인 컵을 가지고 간다. 시청은 식당이나 스낵샵과 협력하여 컵을 가지고 오는 사람에게는 10전을 깎아준다.

○ 썩음: 이것은 자연이하는 재생이다. 썩는 물질은 돈과 비료를 절약한다. 또한 매립지로 가는 쓰레기를 줄인다. 그러므로 썩는 물질을 이용하도록 한다.

4. 시청재활용 프로그램의 기초 아이디어.

분류: 사무원들은 다음의 물질을 분류하여 각각 다른 통에 넣게 지시한다.

○ 하얀 종이와 컴퓨터 종이　　○ 혼합된 종이
○ 신문지와 잡지　　　　　　　○ 전화부와 낡은 책
○ 주름잡힌 판지　　　　　　　○ 음식과 음료수 컨테이너

나. 수집: CFRP 사무원들은 여러 곳의 시청부속건물과 중소기업체를 돌아다니며 정기적으로 수집을 한다. 재활용품 수집에 필요한 통은 요청을 하면 보내준다.

구매를 위하여 재활용하는 사람들과 계약을 맺는다: CFRP는 재활용하는 업체들과 수집과 재활용관련 계약을 한다. 재활용업체는 재활용품을 수거하러 올 때마다 시에 해당금액을 지불한다.

다. 진행: 재활용품 계약자들은 재활용품을 지방 공장이나 여러 나라에 수출하여 재활용 작업을 통하여 종이나 휴지 등의 물건을 만든다.

재생산된 물건구입: 재생산될 수 있는 물건이나 재생산된 물건을 사는 것으로 이 재생의 사이클은 끝이 난다.

5. CFRP의 재생물질 종류

모든 재생될 수 있는 물질이 수락될 수 있는 게 아니다.
다음 종류 안에 있는 것만이 재생이 된다.
○ 사무실 종이:
○ 선 그어 있는 흰색종이
○ 컴퓨터 종이
○ 다른 사무실 종이
○ 사무실 종이의 오염물질
○ 어떤 컴퓨터 종이는 'groundwood'를 포함한다. 이 종이는 재생을 할 수 없음으로, 컴퓨터 종이를 살 때는 groundwood가 있는지 없는지 확인하고 사야 한다.
○ 다른 오염물질들은 휴지, 종이 타월, 왁스가 섞인 종이 등이다.
○ 청사진: 어떤 시청은 청사진이 많다. 청사진은 사무용 종이랑 섞일 수가 없다. 그러므로 청사진은 따로 수집하여야 한다.
○ 주름진 판지: 칠하지 않은 것으로 보통 3층과 갈색 색깔이다.

○ 종이가방과 크라프트 종이: 이것은 힘이 있는 종이로 깨끗한 식료품 종이와 식당 음식점 종이가방 등이다.

○ 신문지와 잡지:

○ 전화번호부와 주소록:

○ 음식과 음료수통:

○ GAPS 프로그램의 오염균: 창유리, 유리, 거울, 플라스틱, 스티로폼 등.

○ 토너: 레이저 프린터의 프린트 토너통은 재생을 할 경우 60%가 적게 든다.

○ 크리스마스트리: 나무를 다시 심을 수 있게 직원들은 살아있는 나무를 사도록 권장한다.

6. 재생이 힘든 물질:

- 컴퓨터 플로피 디스크와 소프트웨어
- 건전지
- 자동차 오일
- 기타 위해물질
- 카펫

기증물과 다시 쓸 수 있는 기회:

○ 연하장: 한 번 쓴 카드의 그림을 잘라서 새로운 카드를 만든다.

○ 낡은 안경: 낡은 안경을 새로이 고쳐 3세기 국가에 기증한다.

○ 나무 조각: 남은 나무 조각들에 학교에 기증하면 아이들 기능 시간에 도구로 쓴다.

○ 물물교환 프로그램: 서로 필요한 물건과 필요 없는 물건을 교환한다.

○ 건설과 개작: 다시 이용할 수 있는 낡은 물건을 개작 재건설하여 쓴다.

수집한 모든 재생할 물질로 무엇을 할 건가?

재생은 시스템으로 재생품을 만들 공장과 팔 수 있어야 한다. 재생물질을 사야 모든 재생 사이클이 끝이 난다.

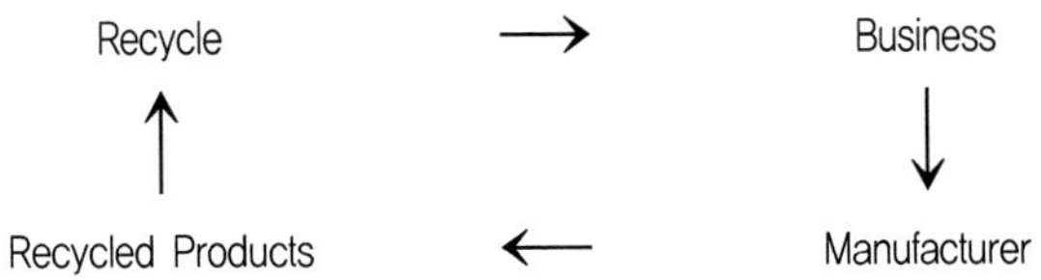

입법방침과 지령: 재활용 프로그램은 시의회와 시장의 후원 없이는 불가능하다. 입법적 후원은 재활용 지시, 임대 계약, 등에서 온다. 다음은 간단한 필요 요청이다.

Council File 87−0882−S21: 시청의 재활용 프로그램의 수립

Ordinance No. 168313: 재활용품을 구입하는 프로그램

Council File 94−0859−S1: 추가되는 더 많은 추가 물질의 교육을 공무원들에게 시킨다.

Council File 94−1667: 종이 줄이기 지령−예를 들어 양면복사를 유도

Council File 96−0430: 재활용관련 행정을 총무국에서 담당

Council File 92−1528: CFRP방침이 재생될 수 있는 물질은 재생프로그램에 넣는 것과 프로포설과 모든 계약과 매년 리포트를 작성한다.

Council File 95−1830: 시는 청소약과 용품 조사를 한다.

Council File 94−0612−S6: 유해독성물질을 제거하고 독성이 없는 다른 방법을 찾는다.

재생은 직업을 만들어냅니다: 재생프로그램을 활동화하면서 신규직업이 1991년부터 1994년까지 40%가 늘어났다. 재활용사업은 많은 인력이 필요함으로 그만큼 더 많은 직업을 창출하여 경제 활성화에 도움이 된다.

시청직원들이 재활용과 쓰레기 방지에 무엇을 기여하는가:

매립지로 들어가는 1300 톤의 쓰레기량을 줄인다.

시의 예산에 기금으로 사용된다.

매립지 운영과 운반비용 $45,500을 절약한다.

약 22,100여 개의 나무 자르는 것을 예방 9백만 갤런(gallon)의 식수를 절약하며 다른 에너지 절약 프로젝트에 쓰이는 5백만kilowatt의 전력을 줄인다.

78,000여 pounds의 공기오염원을 없앤다.

9. LA 시의 재활용관련 프로그램

LA 시의 청소행정 중 쓰레기의 재활용관련 프로그램은 지역 및 분야별로 홍보자료를 통하여 재활용에 대한 시민의식을 고취하고 궁극적으로는 무자의 재활용과 처리 쓰레기량을 감소시키는 데 있다. 시민들의 자발적인 재활용 습관과 시에서 제공하는 효과적인 재활용관련 프로그램들을 소개하고자 한다.

○ 상업 지역의 재활용 정보(Commercial Recycling Information)

상업 지역에는 사무실, 호텔, 식당, 제조업체, 학교 등이 포함되며 주요 쓰레기는 종이, 골판지, 음식쓰레기, 정원쓰레기, 건축폐기물 등이 해당된다. LA 시 청소과에서는 상업 지역에서의 재활용관련 프로그램(Mind Your Business: A Recycling Guide for Offices)을 마련하고 있다.

○ **아파트 지역(Apartments)**

　일반주택 지역과 마찬가지로 아파트 지역은 쓰레기량이 많은 편이다. 대부분의 아파트는 청소대행업체를 이용하고 있어 아파트 거주 시민들의 재활용 관련 정보가 부족한 점을 감안하여 LA 시에서는 아파트에 거주하는 시민들을 대상으로 다음과 같은 안내자료를 제공한다.

- 다세대가구 재활용 안내(Recycling in L.A's Multi-Family Com- plexes: Waste Reduction & Recycling Guide) - 재활용품 기부처 안내(Put It to Good Re-Use L.A! A Donation Directory)
- 위해폐기물 안내(Moving In/Out : Household Hazardous Waste Information)
- 페인트류 재활용(Paint Recycling)

○ **퇴비 조성(Backyard Composting)**

　시에서는 시민들을 위하여 퇴비조성 세미나를 준비하여 깎은 잔디, 낙엽, 해충 등의 퇴비조성방법과 다양한 종류의 퇴비장비(compost bins) 소개 및 정원손질법 등을 교육한다. 또한 가정에서 쉽게 퇴비를 만들 수 있는 장비를 저렴하게 판매한다. 다음 그림들은 시에서 염가로 판매하는 퇴비조성 장비들이다.

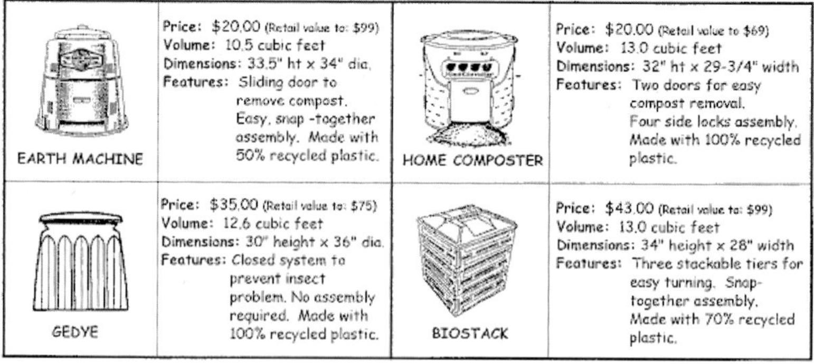

○ **부피가 큰 쓰레기 수거(Bulky Item Collection)**

정기적인 쓰레기 수거일로부터 최소 이틀 전에 로스앤젤레스 시에 전화통보(Call 1-800-773-CITY/1-800-773-2489)를 하여야 하며, 일반쓰레기 옆에 부피가 큰 쓰레기를 도로변에 놓으면 쓰레기 수거일에 쓰레기 수거용 청소차가 아닌 다른 차량이 수거해 간다. 시에서는 부피가 큰 쓰레기 중 수선이 가능한 냉장고, 스토브, 보일러, TV 등 가전제품과 가구, 침대 매트리스 등은 시민들이 자발적으로 이들을 필요로 하는 자선단체나 고물상에 연락하여 우선적으로 재활용되기를 권고하고 있다.

○ **재활용 구매("Buy Recycled")관련 청소과의 업무**

재활용품 구매 관련 시청소과의 주요 업무는 다음과 같다.

※ 시내에서 재활용품 구매업을 희망하는 창업자들에 대한 지원
※ 시에 납품되는 물품 중 재활용품으로 구입을 변경하고자 하는 경우 지원
※ 재활용품의 원자재 소개
※ 재활용품 판매력 향상 프로그램("Buy Recycled Programs.") 기획 및
  준비
※ 전미 재활용의 날(America Recycles Day) 행사에 대한 후원

○ **크리스마스트리 재활용(Christmas Tree Recycling)**

크리스마스트리 재활용을 위하여 시는 시내에 여러 장소를 지정하여 크리스마스트리를 수거하며 시민이 원하면 정원에 이용할 수 있는 톱밥(크리스마스트리를 분쇄한 것)을 무료로 제공한다. 일반 쓰레기로 버릴 때는 필히 트리장식물을 제거한 뒤 나무를 잘게 잘라서 녹색쓰레기 용기(green automated container)에 넣어 쓰레기 정기 수거일에 놓아두도록 홍보한다.

○ **건축자재관련 재활용품목(Construction and Demolition Recycling)**

다음은 건축 관련하여 재활용할 수 있는 품목들이다:

콘크리트 & 아스팔트   벽돌
석고/벽판   두꺼운 판유리   쇠 부스러기

시에서는 건축관련 재활용품목(C&D)에 관한 정보를 제공한다. "건축관련 폐기의 재활용 가이드" 또는 목재품목을 위한 "재활용을 하시겠습니까?" 등의 무료홍보물에는 여러 다른 품목의 재활용품 수집회사 전화부와 재활용관련 정보가 실려 있다.

○ **주택도로변 재활용품 수거(Curbside Recycling)**

재활용품처리를 위하여 정기적인 쓰레기 수거일에 매주 72만 가구의 LA 시 주민들은 다음의 방법을 이용할 수 있다.

1. 무료전화인 1-800-773-CITY(1-800-773-2489)에 전화를 걸어 알루미늄, 주철깡통, 양철통, 꽃병, 유리병, 플라스틱병 등을 노란 상자에 넣어 수거를 요청하면 회수한다.

2. 다음의 종이류 폐품을 쓰레기통 옆에 놓아두면 수거해 간다: 신문, 잡지, 종이봉투, 박스 우편물, 식료품 박스 컴퓨터용 종이, 전화번호부책 등. 이때 종이꾸러미나 마분지는 끈으로 묶거나 갈색포장지(brown paper)에 넣는다. 한편 마분지는 30cmX60cmX90cm(1' X 2' X 3')보다 크면 안 된다.

3. 노란 상자는 쓰레기 수거일에 도로변(커브)에 놓는다.

4. 퇴비조성, 포장 없는 물건 구입, 기타 재활용품을 자선단체에 기부함으로써 쓰레기량을 줄이도록 노력한다.

○ 동물사체 수거

동물사체를 발견한 시민은 800번 무료번호나 시청 담당 부서에 오후 4시 이전에 연락을 취하면 담당 부서에서는 수거 가능한 시간을 통보한다. 한편 수거담당 공무원은 집안, 차고, 뒷마당에서는 동물사체를 수거하지만, 어디에 올라가야 한다거나 지하실 및 천장의 작은 공간에서 기어 다니거나 하여 회수하지는 않는다. 동물사체 수거는 위생관리상 가급적 빠른 시간 안에 제거되도록 시에서는 최선을 다하고 있다.

○ 초과용량 용기(Extra Black, Green or Yellow Containers)

1996년 7월 1일부터 LA 시는 정원쓰레기 및 쓰레기량이 초과되는 경우의 수거를 위해 새로운 부과요금을 마련하였다. 기준치보다 큰 크기의 쓰레기통을 사용한다면, LA 시는 기준에 의거한 부과요금 통지서를 해당 가구에 보낸다. 만약 쓰레기 수거를 다른 청소대행업체에서 담당(대부분의 아파트 및 회사들의 경우)하고 있다면 제외된다.

1. 기준 허용량

가구당 첫 227 ℓ (60갤런) 부피의 검은 쓰레기통과 첫 60갤런의 녹색 쓰레기통에는 초과용량 부과료가 적용되지 않는다. 한편 토지 등록상 2개 이상의 토지등기번호를 갖고 있는 뜰이 넓은 가구는 추가된 부과료 없이 60갤런의 녹색 정원 쓰레기통을 하나 더 사용할 수 있으며 노란색 재활용 상자 사용

시에도 부과료는 걱정하지 않아도 된다.

2. 지속적인 초과 사용량 서비스 요금

매 30갤런 쓰레기 초과량에 매달 $5의 비용을 추가 지불해야 한다.

매 30갤런의 추가된 정원 쓰레기는 매달 $2.50의 요금이 붙는다.(최소 서비스 기간은 6개월이다.)

3. 말 배설물 수거

매 30갤런에 월 $10을 부담해야 한다.(과거 무료였던 기준 허용량 수거는 더 이상 무료가 아니며, 최소한의 서비스 기간은 6개월이다.)

4. 간헐적인 초과 사용량

초과되는 쓰레기가 있을 경우 시민들은 사전에 초과사용 표시 꼬리표(태그)를 한 장에 $1을 주고 구입한다.(최소 구입 매는 5매). 이 태그는 평상시에는 기준허용량이 넘지 않으나 가끔 임시적으로 쓰레기량이 초과될 때 사용할 수 있도록 마련한 것이다. 쓰레기 종류에 관계없이 한 가구당 매년 25장까지 사용할 수 있다.

5. 초과사용비 면제

○ 노인 및 장애자(Lifeline - LAMC 섹션 21.1.12)

노인 및 장애자(Lifeline-LAMC 섹션 21.1.12)에 해당되면 첫 30갤런의 초과에는 부과료가 없으며 그 외의 30갤런 초과 시마다 매달 $2.50만 지불한다. Lifeline에 해당되는 자격은 최소 62살 또는 장애자로서 연 수입이 2만 500불 이하여야만 한다. 신청 해당자는 LA 시 수도전력국에 신청하면 된다.

○ 다세대가구(High - Density)

수도전력국의 다세대가구(high-density) 수도 요금 프로그램에 속해있는 가구, 즉 한 가구에 7~10명의 거주자가 살고 있으면 첫 30갤런 쓰레기 초과 시 추가비용을 부담하지 않는다. 거주자가 10명이 넘으면 두 번째 30갤런 쓰레기 증가의 초과 요금도 무료이다.

※ 쓰레기초과량은 시의 여러 재활용관련 프로그램으로 최소화하거나 줄일 수 있다. 깨끗한 종이, 유리병과 꽃병, 알루미늄과 금속 캔, 플라스틱 병들은 녹색 쓰레기통에 해당된다. 한편 무료 워크숍에서는 주민들에게 정원쓰레기를 재활용하여 만드는 퇴비조성법 및 잡초 재활용방법을 가르쳐 준다. 초과사용량 태그 구입, 초과 사용 서비스 중단, 또는 초과사용에 관한 정보를 원하면 무료전화 핫라인 1-800-773-CITY(1-800-773-2489)로 전화하고, 직접통화를 원한다면, 오전 8-11시 또는 오후 2-4시 사이에 주중에 연락하면 된다. 노인 및 장애자(Lifeline) 서비스, 다세대가구(high-density)에 대한 무료서비스 조건에 관한 자세한 문의는 수도전력국(1-800-342-5397)에 문의하면 된다. 혹 현재 수도전력국에서 전기고지서만 받고 있으며 다세대가구(high-density) 자격에 신청을 원하면 쓰레기 수거 관련 부서(Bureau of Sanitation Collection)의 서비스 핫라인인 1-800-773-CITY에 전화하여 서비스를 제공받을 수 있다.

○ **초과용량 꼬리표 태그(임시 태그)**

봄 대청소 후 혹은 때때로 평소보다 많은 쓰레기를 버려야 할 경우 시에서 배부한 쓰레기통으로는 감당할 수 없는 상황이 발생된다. 이때는 쓰레기 초과사용 태그를 사용할 수 있다. 초과사용 태그를 사전에 구입하여 폐물 쓰레기, 정원 쓰레기량이 너무 많을 때 사용할 수 있는데, 각 태그는 30갤런 쓰레기봉투와 함께 $1.00이다. 구입 시 최소 5장을 구입해야 하며 한 가구당 1년에 25장까지 살수 있다. 태그는 폐물 쓰레기 또는 정원 쓰레기의 용량이 너무 많아 쓰레기통에 다 집어넣을 수 없을 때 아무 때나 사용할 수 있는 장점이 있다.

○ **음식물 재활용**

음식물 재활용에 관한 정보에는 음식 기부와 재활용 무료 가이드인 "Food for Thought", 또는 호텔을 위한 재활용 팁이 실려 있는 "Watch your Waste" 홍보물을 이용하면 된다.

○ **危害물질 수거차량(Household Hazardous Waste - Hazmobile)**

위해 물질 수거는 사전 약속제로만 할 수 있으며, HAZMOBILE이란 drive -thru 수거센터로 한해에 여러 동네를 돌며 운영된다. HAZMOBILE이 동네에 오게 되면 주민들에게 미리 통보하며 주민들은 시간 스케줄을 잡을 수 있는 충분한 시간을 사전에 통보받게 된다. HAZMOBILE 운행시간은 보통 목, 금, 토요일에 오전 9시부터 오후 1시까지이다.

1-800-98-TOXIC에 걸어 약속 스케줄을 잡는다. HAZMOBILE은 약속제만으로 이루어진다. 스케줄 날짜와 시간에 맞춰 HAZMOBILE 센터에 올 때 약속 카드도 가지고 온다.

1. 수거가 가능한 품목

세척제
자동차 부품
페인트 품목
방충제 및 제초제(Pesticides/Herbicides)
폐기계류 등(Outdated Medicine, etc.)

2. 수거불가능 품목

총기류(Ammunition)폭발물질(Explosives)방사선물질(Radioactive Material)의료폐기물(Medical/Biological Waste)회사 및 공장 쓰레기(Business/Commercial Waste)

3. 기타
주의사항사업체에서 나온 폐기물은 허용하지 않는다.
약속 없이 가지고 온 폐기물은 받지 않는다.
물건은 본래 상자에 넣는다.
상자가 새지 않는지 확인한다. 샌다면 새지 않는 큰 상자에 넣는다.
이동 시 모든 물건들은 사람들과 거리를 유지한다.

○ 가구별 위해 물질(폐오일) 수거

(Household Hazardous Waste-Used Oil Recycling)사용한 엔진오일도 위험 폐기물과 같이 제대로 폐기하지 않거나 재활용하지 않으면 자연환경에 큰 피해를 끼친다. 쓰레기통이나 땅에 그냥 버려진다면, 사용한 엔진오일은 우리가 마시는 지하수에 스며들게 된다. 만약 길에 버려지면 그것은 하수구로 내려가 결국 바다를 오염시킨다. 시민들이 사용한 엔진오일도 LA 시의 HAZMOBILE이나 LA카운티의 Household Hazardous Waste Round-up 프

로그램을 이용 재활용되도록 홍보하고 있다.

- 재활용 시 주의사항

  무료전화인 1-800-98-TOXIC으로 전화하여 인근의 엔진오일 재활용 센터를 찾는다.

  사용한 엔진오일은 깨끗한 플라스틱 용기에 담아 뚜껑을 닫는다.

  오일을 다른 이물질과 혼합하면 안 된다.

  이동 시 모든 물질은 사람들과 격리하여 먼 곳에 놓는다.

  공인된 재활용 센터에서는 5갤런보다 큰 용기에 담은 엔진오일은 받지 않는다. 그러나 하루에 한 개인당 20갤런(5갤런보다 작은 용기일 것)의 엔진오일까지는 가능하다.

○ **시에서 재활용품 수거를 못한 경우(Missed Recycling)**

시행정상 및 청소원의 착오로 수거일에 재활용품들이 수거되지 않은 경우에는 다음과 같은 절차를 통하여 수거하게 된다.

  무료전화인 800번이나 해당 부서(District Yard)로 전화한다.

  담당자는 수거시간을 통보한다.

  재활용품 수거는 수거일 또는 익일에 수거된다.

※ 공휴일, 신정, 독립기념일, 추석 또는 성탄절에 수거날짜가 걸리면 그 다음날 수거한다.

○ **제한된 기간의 정원수 전정쓰레기 수거(One-time Brush Collection)**

LA 시에서는 1년에 한번의 제한된 기간을 통하여 부피가 큰 나무쓰레기를 수거할 수 있는 무료서비스를 제공하고 있는데 이는 정원용 쓰레기를 청소하여 화재에 대비할 수 있는 장점이 있다. 이 서비스를 제공받기 위해서는 해당 수거날짜 최소 하루 전에 800번 번호로 전화 통보를 해야 하며 정원용 쓰레기는 정기적인 쓰레기 수거일에 한다.

○ 쓰레기량의 제한(Refuse Collection)

현재 LA 시의 72만 가정에 매주 자동화된 쓰레기 수거장비가 사용되고 있으며 과거 수동식에 비하여 2배의 효율적인 서비스를 제공하고 있다. 이와 같은 서비스의 향상에 따라 LA 시는 1996년 7월 1일부터 초과 용량 쓰레기, 정원 쓰레기의 수거 및 처리에 요금을 부과하기로 했다.

- 쓰레기 처리요령

1-800-773-CITY/1-800-773-2489로 전화한다.

재활용품이 아닌 쓰레기는 60갤런짜리 흑색쓰레기통에 버린다.

깎은 잔디, 낙엽, 가지치기, 꽃과 채소 쓰레기, 과일 껍질과 속은 60갤런짜리 녹색 통에 버린다.

쓰레기통은 거리에 놓고, 바퀴는 도로변에 마주보게 한다.

뚜껑의 화살표는 도로를 향하게 한다.

쓰레기통은 주차된 차나 다른 쓰레기통과 1미터(3피트) 사이를 두고 세워둔다.

검은 쓰레기통의 쓰레기 부피를 줄이려면, 알루미늄, 틴과 철깡통, 유리병, 플라스틱 병은 노랑 상자에 넣는다. 신문과 광고지, 잡지, 쇼핑백, 두꺼운 박스, 우편물, 젖지 않은 음식상자, 컴퓨터 종이, 전화번호부 같은 재활용 품목은 노랑 상자 옆에 놓는다.

정원 퇴비조성 워크숍에 출석하여 정원쓰레기 재활용법에 대해 배운다.

○ 폐타이어 재활용을 위한 수거장소

폐타이어가 있을 경우 시에서 지정된 장소에 폐기할 수 있다. 수수료는 없으며 자동차 바디숍 등 상업용 폐타이어들은 제외된다. 한 번에 4개까지의 폐타이어가 가능하며 LA 시 주민임을 증명할 수 있는 운전면허증이나 전기 및 수도 영수증을 지참하여야만 된다. 오픈시간은 토요일 오전 8시-오후 4시이다.

○ **정원 쓰레기 수거장소**

LA주민으로서 녹색 쓰레기통에 넣을 수 없을 만큼 너무나 많은 정원 쓰레기가 나올 경우, 시에서는 정원쓰레기를 처리할 수 있는 장소를 제공하고 있다. 이들 허가된 폐기부지로 정원쓰레기를 가져올 경우 경비는 무료이다. 단 이 서비스는 조경업에 종사하는 전문인은 이 서비스에서 제외된다. 깎은 잔디, 낙엽, 가지치기, 꽃과 채소 쓰레기 등의 허가된 폐기부지는 11201 Randall St. Sun Valley이다. 이 장소는 토, 일요일 오전 8시-오후 3시 사이에 이용할 수 있다. 전표 카드 유효 기간은 3개월이며 LA 시 주민임을 입증할 수도료나 전기료 사본을 제시하면 전표카드는 폐기물 부지에서 받을 수 있다.

□ **환경미화원이 지켜야 할 개별 작업수칙(근무지침)**

□ **기타 청소행정서비스의 질적 향상을 위한 참고자료**

SOLID WASTE MANAGEMENT

1. Solid Resources Citywide Recycling - Solid Resources Citywide Recycling Division(SRCRD)은 시의 계획인 쓰레기량을 줄이기 위한 감독기관이다. 비즈니스, 기관 그리고 대가족 주민들에게 교육적 자료와 기술적 보조 등을 제공하고 있다. SRCRD는 명확하고 계속적인 쓰레기 수거를 목적으로 시장 발전도 진흥하는 역할을 하는 곳이다. workshops, working groups, vendor shows, informational guides, collection programs,

campaigns, and pilot programs을 통하여 SRCRD는 지역 커뮤니티, 주민들, 비즈니스, 정부 에이전시에게 권한을 부여하여 그들이 자발적으로 그들에게 맞는 효과적인 쓰레기 프로그램을 실행하도록 하는 것이다.

Contact: Lupe Vela, Solid Resources Citywide Recycling Division, Division Director, (213) 847 -1444.

2. Curbside Program - 시 위생시설과는 현재 시의 72만 가정에서 매일 약 5천3백 톤의 쓰레기를 수거하기 위해 힘쓰고 있다. 쓰레기 수거뿐만 아니라, cutbside 재활용품목 수거와 분리된 낙엽 수거 서비스까지 확대하고 있다. 다음과 같은 프로그램으로 시는 완전한 서비스를 하고 있다:

Curbside recycling은 현재 1995년 4월 28일 기준으로 72만 가정(100%)에 제공되고 있다. 분리적인 자동 낙엽쓰레기 수거는 현재 1996년 1월 기준으로 72만 가정(100%)에 제공되고 있다. 자동 쓰레기 수거는 현재 1995년 8월 11일 기준으로 72만 가정(100%)에 제공되고 있다.

특별한 프로그램은 다음과 같다.

Bulky item picked up for all City residents

Appliances for recycling

Yard trimmings drop off

Christmas tree recycling

Recyclables collection from LAUSD schools

Backyard composting(including workshops)

Horse manure collection(for composting).

Dead animals picked up Once a year - bulky brush pickup

90%가 넘는 곳에서 주 멀티미디어, 다중언어 교육 프로그램을 하고 있다.:

완성된 학교교육 과정의 발달

시민들의 재활용품을 항목별로 분류하여 시 재원 조달 - 자동 쓰레기통, 상자 landfill construction elements 구입

TOPGRO LA의 자체 퇴비 판매 진흥으로 1994년도와 비교하여 부대 숫자가 400% 증가하는 결과를 가져옴

서비스 요구는 1-800-773-CITY

- 위험한 쓰레기 관리

Household Hazardous Waste(HHW) 모으기

1. 위생시설부는 LA 시와 함께 HHW 모으기 행사를 1989년 1월부터 실행하고 1994년 2월부터는 Mobile 프로그램이 뒤를 잇는다. 많은 사람들이 이 모으기에 많은 관심을 보였으며 다음은 이 계획과 관련된 흥미로운 사항이다:

43개의 모으기 행사에 6만 5천여 명과 3천5백 대의 차량이 6시간에 걸쳐 참여했다.

16만 6천 갤런의 모터오일 9만 5천의 페인트
7천 개의 오토 배터리 166,000 gallons motor oil(recycled)
만 6천 개의 55갤런의 가정용 위험 쓰레기를 모았다.

사기업과 협력하여 하루 수거 이벤트는 사기업과 협력하며 UnoCal에서 백오십만 달러의 기부를 받았다.
계속적인 캠페인은 주민들로 하여금 수거 이벤트에 참가하도록 했다.
멀티미디어와 이중 언어 교육 프로그램은 올바른 사용, 보관과 폐기 등에 대해 잘 알려주고 있다.

- 모빌 HHW 수거 프로그램

하루 수거 이벤트와 '모으기'의 뒤를 잇는 프로그램으로 1994년 2월부터 시작한 모빌 수거는 올바른 폐기와 재활용을 장려하며 더욱 편리한 날짜와 장소를 제공하여 보다 나은 서비스를 하고 있다. 트럭과 트레일러로 구성된 Hazmobile은 매년 24개의 장소를 돌면서 1-2주간 동안 주민들로부터 수거한다. Hazmobile은 약속제로 운영되고 있으며 LA 시와 LA카운티 주민들에게 목, 금, 토요일 9am~1pm까지 연다.

다음은 프로그램들의 자세한 설명이다.

1994년 2월부터 1996년 6월까지 57가지 모빌 수거 이벤트는 3만 천7백 명이 넘는 주민들에게 행해졌다.

HHW는 2백 6십만 파운드 넘게 수거했다:
4만 7천2백 갤런의 모터오일(재활용)
5천2백 갤런의 anti-freeze(재활용)
4만 6천백 갤런의 레이텍스 페인트(재활용)
3천3백 개의 오토 배터리(재활용)
8천6백 개의 55갤런의 hazardous 쓰레기(재활용과 폐기품),

위험한 폐기물과 오일 재활용(1-800-98-TOXIC)에 대해 24시간 자동 이중 언어 핫라인 설치

모빌 수거 프로그램과 접속해서 위생관리과는 멀티미디어와 이중 언어 교육프로그램과 더불어 안전한 사용, 보관, 위험한 쓰레기의 폐기 등에 관해 계속적인 정보 프로그램을 제공한다.

약속에 관한 정보는 1-800-98-TOXIC에 전화한다.

- 사용한 오일 재활 프로그램

위생관리과는 Unocal 회사와 미국 바다 캠페인은 팀이 되어 62Unocal 스테이션을 주에서 허가한 사용한 오일 수거 센터로 이용하는 프로그램을 만들었다. 19개의 오토 부품 상점도 용기 분배 프로그램을 만들어 허가 센터로 자리 잡았다. 모든 오일 수거는 다시 재활용된다. 1994년 5월부터 허가 세타에서 8만 8천 갤런의 사용한 오일을 수거했다. 이 프로그램은 California Integrated Waste Management Board의 보조금으로 가능했다.

1995년부터 1996년 사이에 위생관리과는 40개 커뮤니티에서 있었던 오일수거 이벤트를 감독했다. 이 기간 동안 재활용할 수 있는 만 갤런 이상의 오일을 가져온 2천1백 명의 주민이 참가했으며 대략 1만2천 개의 오일 용기가 수집됐다.

부에서는 회계연도 1996-97년에는 시안에 150여 개의 오일 센터를 만드는 것을 목표로 하고 있다. 위생관리부와 파트너로 하는 American Oceans Campaign은 계속적으로 한다.

더 제세한 문의는 1-800-98-TOXIC

Ⅳ. 교통관련 분야

1. 지하철·공공버스 운영회사 조직과 운영

1. LA대중교통체계의 기본 성격

LA대중교통공사(MTA: Los angeles County Metropolitan Trans- portation Authority)는 19세기 말의 마차 혹은 전차로 출발한 대중교통 체계가 오늘날에 이른 것으로서 이 지역의 토지이용, 도시 및 도로 형태, 통행 수단 분담률 등의 지역 실정에 적응되면서 변화되어 왔다. 따라서 MTA의 현재 위상은 우리 시의 대중교통 체계와 여러 면에서 상이하며 가장 두드러진 두 가지 특징으로는,

첫째, MTA는 이윤을 추구하는 개인 기업이 아닌 공사 형태의 공공기관이며 따라서 단일 기구가 카운티 소속 88개 시의 대중교통을 총괄적으로 관할하고 있는 점과

둘째, 미국의 일반적인 자동차 위주의 통행 경향에 따라 매우 낮은 통행 분담률을 담당하고 있다는 점을 들 수 있다.

우선 첫 번째 특징에서 파생되는 운영상의 장점으로는 첫째, 승용차를 이

용할 수 없는 특수 계층 즉 노약자, 지체 부자유자, 어린이(학생), 빈곤계층 등이 비교적 저렴한 요금으로 통행 수요를 충족시킬 수 있으며, 두 번째로 소위 황금 노선과 적자 노선을 두고 빚어지는 노선 경합 배제를 통한 형평성의 제고와 운영상의 통일성 및 일관성을 들 수 있다. 반면 단점으로는 단일 공사로서 경쟁력 저하에 따른 낮은 생산성과 다소 방만한 경영이 자주 거론되고 있으며 실제로 이러한 문제점은 지역 언론과 학계로부터 빈번한 공격을 받고 있다.

한편 대중교통의 낮은 통행 분담률도 우리 시의 경우와 다른 특징 중의 하나이다. 즉 서울시의 버스 및 지하철의 통행 분담률이 약 70%인 반면 MTA의 분담률은 10%를 넘지 않고 있다. 따라서 LA의 대중교통의 중요성도 서울시보다 한층 낮다고 할 수 있으며 시민들의 MTA에 대한 관심은 우리 시의 경우보다 상대적으로 적다.

이처럼 MTA는 우리 시의 대중교통 체계와 근본적으로 상이한 점을 보이고 있기 때문에 본 보고서에서 다루고 있는 MTA의 조직, 운영 등의 제반 사항들은 참고자료는 될 수 있겠지만 우리 시의 버스 체계에 여과 없이 바로 적용하기는 어렵다고 사료된다.

2. MTA의 조직

MTA는 LA카운티 전체의 대중교통과 기타 교통 체계를 관할하는 광역 교통 운영 기관이다. 설립 근거와 예산 보조, 그리고 업무의 성격에서 알 수 있듯이 MTA는 주정부와 긴밀한 관계를 유지하지만 운영 면에서는 상당한 독립성을 갖는다. 이러한 운영의 독자성은 MTA의 조직을 보면 보다 명확하게 알 수 있다. MTA의 조직은 최고 정책 결정 기구인 위원회(Board of

Directors)와 실무 조직으로 대별된다. 위원회는 카운티와 소속 88개 시를 대표하는 13명의 위원과 캘리포니아 주지사가 지명하는 위원 1명 등 총 14명의 위원들로 구성된다.

표 1. MTA위원회의 조직

위원의 소속 및 직위	인 원
LA카운티 감독관	5명
LA 시장	1명
LA 시장이 지명한 위원	3명
카운티 소속 시(LA 시 제외) 시의원	4명
주지사가 지명한 위원	1명
	계14명

표 1에서 알 수 있듯이 이들 위원들은 MTA의 위원회의 위원으로서의 역할 이전에 본연의 소속과 직책이 있으며 지역이나 소속을 대표하고 있다. 즉 인구가 가장 많은 LA 시(인구 약 350만)는 시장을 포함하여 4명의 위원이 할당되고, 나머지 시(인구 약 650만 명)에 4명과 카운티 정부에 5명의 위원 직이 할당된다. LA 시에 인구 비례에 비해 보다 많은 위원수가 배정된 것은 대중교통의 집중과 세금을 통한 기여가 반영된 것이다. 반면, MTA가 주 법에 따라 설립된 기관이고, 주정부로부터 많은 금액의 재정 보조를 받고 있음에도 주정부를 대표하는 위원은 1명에 불과한 것은 MTA의 지방 자치적 성격을 잘 나타내고 있다. 위원회가 MTA의 주요 계획과 정책, 예산 등을 심의, 확정하면 실무 조직이 이를 수행하게 되며, 실무 조직은 위원회가 위촉한 전문 경영인(Chief Executive Officer: 사장)이 책임 운영한다. 실무조직은 사장, 부사장, 그리고 업무 분장에 따른 6개 부서(계획, 운영, 재정, 행정, 건설, 공보)로 구성된다.

3. MTA의 주요 업무

MTA는 "Metro System"이라 불리는 종합 교통 체계를 담당하고 있다. 이 종합 교통 체계에는 버스, 지하철(전철 포함)의 계획과 건설 및 운영, 교통 수요 관리, 자전거 전용 도로의 계획과 운영, 도시 고속도로 개선 사업 등이 포함되며, LA 지역의 대기 오염 감소 프로그램의 일부도 시행하고 있다. 각 업무 영역과 그 내용을 요약하면 다음과 같다.

가. 버스 운영

- 미국 내 3대 버스 시스템의 하나(종업원 9000명, 버스 2,400대, 지하철 - 전철 3개 노선)
- 1일 승객 수송: 1백만
- 100% 휠체어 장치
- 전체 차량의 20%가 청정 연료 차량(향후 지속적인 확대 계획)

나. 파라트랜짓 운영

- 수요 대응 비정규 노선 미니버스
- 카운티 전역에서 지체 부자유 승객 수송
- 100% 휠체어 탑승 장비 설치

다. 도시 고속도로 프로그램

- 다인승차선(HOV Lanes): 200 마일의 다인승 차선 확보
- 스마트 도로(Smart Street): 도로 노면의 센서로 교통량을 감지하고 컴퓨터를 통해 신호 체계를 조정하여 통행 속도를 극대화
- 카풀 차선 연계: 카풀 차선을 고속도로로 연계

라. 지하철 및 도시 전철 운영

- 지하철 및 도시 전철의 계획, 건설, 운영
- Metro Blue Line: 롱비치와 LA를 연결하는 22마일의 경전철
- Metro Red Line: LA중심부와 서부 지역을 연결하는 6마일의 지하철로서 1996년에 부분 개통되었고 현재 연장구간의 공사가 진행 중
- Metro Green Line: LA국제공항을 기점으로 동서로 연결된 20마일의 경전철

마. 고속도로 운영 지원

- 고속도로 서비스 순찰: LA카운티 내 고속도로에서 일반 차량의 운행사고로 인한 혼잡을 신속히 해소하기 위해 144대의 무료 견인차량 운영
- 고속도로 전화박스: 500마일에 걸친 고속고로 구간에 4000대의 전화박스를 설치하여 일반 차량의 운행 중 사고 내용을 신속히 신고받음. 하루 평균 1400통의 전화 신고를 접수

바. 소속 지방자치단체 버스 운영 지원

- MTA의 서비스가 커버하지 못하거나 부족한 지역에 대해서는 지역 사정을 잘 아는 해당 지방 자치단체가 버스를 운영하고 MTA가 이를 지원
- 현재 LA 시와 롱비치시를 비롯하여 총 11개 시에서 자체 버스 라인을 운영 중

사. 기타 서비스

- 대중교통센터: 버스, 전철, 지하철과 Park-n-Ride 시설을 갖춘 종합 환승 센터의 건설과 운영
- 지하철 조형, 예술: 전체 지하철 공사비의 0.5%를 각 역의 예술 조형물

비용으로 할당

−MTA 경찰: MTA운영체계 내의 치안 담당

4. MTA의 수입과 지출

현재의 일반 승객의 요금은 운행 원가의 30%를 밑돌고 있다. 이러한 원가 이하의 요금은 버스 공영화 이후의 미국 대중교통 체계의 공통적인 현상으로, 이를 보전하기 위해 각급 정부에서 예산을 보전하고 있으며, MTA도 몇 가지 수익 프로그램(예: 버스 외장의 선전물 부착)을 시행하고 있다. 다음은 MTA의 최근 3년 동안의 수입과 지출을 요약한 것이다.

표 2. LACMTA의 수입

(단위: $1,000)

수입 내용	1994회계연도	1995회계연도	1996회계연도
요금	127,207	119,898	116,375
요금(정기권, 기타)	80,031	78,451	96,222
기타 직접 수입	28,725	16,444	14,388
직접 수입 소계	235,963	214,793	226,985
판매세 보조금	248,238	210,341	213,563
TDA※ 보조금	127,387	1258,282	138,369
기타 주정부 보조금	45,800	17,356	27,897
연방 보조금	46,947	48,020	51,182
기타 지방정부 보조금	2,4421	4,972	6,113
보조금 소계	470,814	418,971	437,124
총 수입	706,777	633,764	664,109

※ State Transportation Development Act 기금

표 3. LACMTA의 지출

(단위: $1,000)

수입 내용	1994회계연도	1995회계연도	1996회계연도
급 료	343,753	310,346	227,880
후생복지	189,456	152,661	148,592
용 역	42,747	10,841	27,852
재료, 자재	76,385	62,529	62,713
공과금	13,495	12,429	13,516
재해, 재난	22,232	34,163	28,376
기 타	13,934	16,601	14,953
이 자	17,056	21,061	22,427
경상비	0	18,334	58,700
총지출	719,058	638,965	655,009

가. 주요 수입원의 종류와 내용

제1차 세계대전 이후 꾸준한 승객 감소에도 불구하고 미국의 대중교통체계는 사기업의 형태로 운영되어 왔으나 제2차 세계대전 후 경영의 악화가 심각한 상황에 이르자 점차 정부가 적자를 보전해 주기 시작하였고 보전 방법과 비율도 시간이 흐름에 따라 계속 바뀌어 왔다. 다음에 소개하는 내용은 현재 LAMTA의 요금과 각 지자체와 상급 정부로부터 지원받고 있는 재정 보조의 종류와 그 내용을 간추린 것이다.

1) MTA의 요금

편도:

버스, 지하철 $1.35

토큰(10개단위로 판매) $0.90

고속도로 급행 버스 $1.85 - $3.85(거리 연동)

고속도로 급행 버스(노인) $0.70 - $1.70

환승권(1시간 이내 환승 시) $0.25

환승권(노인, 장애인) $0.10

1개월 패스:

무제한 패스 $49

고속도로 급행 버스 $64 – $124

노인, 장애인 $12

학생권(고등학생 이하, 21세 이하) $20

대학생, 직장인 패스 $30

2) 지방 자치 단체로부터의 수입

가) 법률안 A(Proposition A): 법률안 A의 재원은 판매세 1건당 0.5센트를 추가 징수한 것으로 1980년 LA카운티 주민 투표에서 결정되었다. 이 돈은 징수액의 5% 범위 내에서 MTA의 행정비를 지출하고 나머지 금액은 아래의 용도로 지출된다.

용 도	비율(%)
지방 정부 회수(교통 관련 예산용)	25
철도 사업	35
자유 항목	40

나) 법률안 C(Proposition C): 법률안 C의 재원은 판매세 1건당 0.5센트를 다시 추가 징수한 것으로 1990년 LA카운티 주민 투표에서 결정되었다. 법률안 C의 재원은 아래의 용도로 지출된다.

용 도	비율(%)
대중교통 치안(경찰)	5
전철(지하철) 환승 센터	10
지방 정부 회수(교통 관련 예산용)	20
철도 사업	25
자유 항목	40

다) 교통 수혜 지구 기금(Special Benefit Assessment District: SAD):
SAD기금은 일종의 개발 혜택 부담금으로서 州 입법으로 확정되었다. 이 법
에 따라 지하철이나 전철에 의해서 혜택을 입게 되는 시설이나 용역의 주체
가 되는 부동산에 대해 특별 혜택세를 징수하며 세율은 1년마다 조정한다.

라) 다인승 차선 위반 벌금(HOV Lane Violation Fund): 1989년 이후 시
행되고 있는 캘리포니아 형법 1464.26에 의거, LAMTA는 카운티 내에서
HOV차선 위반으로 징수된 벌금의 1/3−1/2(지역에 따라 차등)을 수입으로
획득하며 이 돈은 고속도로 사고 관리(토우카, 비상전화 시설 등)용으로만
지출할 수 있다.

마) 광고 및 기타 수입: 버스나 지하철의 광고와 기타 계약에 의한 수입.

3) 주정부로부터의 수입

가) 휘발유세: 1990년 8월부터 시행된 州 휘발유세에 의거 LACMTA는 추가
로 징수된 갤런당 9센트를 할당 받는다. 이 수입은 아래의 용도로만 사용이 가
능하다:

　　−TSM(교통체계 개선 사업)
　　−州정부−지방정부 공동 교통 프로그램
　　−환경오염 개선 프로그램
　　−교통 계획 및 개발 프로그램
　　−州 교통 향상 프로그램

나) 州 철도 공채: 1990년 주정부는 전체 20억 달러(법률안 108에 의거 10
억 불, 법률안 116에 의거 10억 불)의 철도 사업 관련 공채 발행을 승인하였다.
이 돈은 전철 또는 지하철의 신규 공사에 주로 배당되며 일부는 그 밖의 대중

교통 체계를 위해 집행된다. 주정부는 심의를 거쳐 각 카운티에 예산을 배정하며 법률안 118에 의거하여 조성된 기금을 지출하기 위해서는 해당 지방자치단체의 Matching Fund(주정부 지원에 상응하는 지자체의 자체 재원)가 있을 경우에만 지원이 가능하다.

다) 주 자동차국(Department of Motor Vehicle) 할당금: DMV가 자동차 등록 시 징수한 금액 중 일부(해당 카운티 등록 차량 1대당 1불씩)를 카운티 정부에 환불해줘 교통 관련 특정용도, 즉 고속도로 비상 전화 설치, 고속도로 견인차 운영의 비용으로 집행하게 한다.

라) 주 교통 개발법(State Transportation Development Act: TDA)할당금: 주정부가 관할하는 판매세의 일부(6센트의 판매세당 1/4 센트)를 해당 카운티에 되돌려줘 이를 대중교통 운영비와 자전거 및 보행자 시설 개선 사업, MTA의 서비스 영역 밖에서 운영되는 공공 버스의 운영비로 지출.

4) 연방 정부로부터의 수입

가) 육상 교통 효율 증진법(Intermodal Surface Transportation Efficiency Act: ISTEA): ISTEA법에 따라 조성된 기금은 주정부 및 지방 정부가 다음과 같은 육상 교통사업에 사용하도록 할당된다:

- 육상 교통 개선 사업
- 도로 혼잡 완화 및 대기 오염 개선 사업
- 국가 고속도로 유지 및 보수
- 교량 교체 및 보강 사업

나) 섹션 3캐피탈 프로그램: 철도(전철 및 지하철)와 버스 사업을 위한 연방 정부의 할당금으로 신규 철도 건설비(40%), 기존 철도 개량 사업비(40%), 버스 운영비(20%)의 구체적인 세목으로 구분, 지원된다.

다) 스마트 도로 및 IVHS 기금(SMART Street/Intellegent Vehicle Highway System Fund): 이 기금은 스마트 도로의 확장 및 개선 사업과 고속 도로의 비상전화 설치 운영비용의 명목으로 연방 정부가 지원하는 기금이다.

이상의 여러 가지 收入源은 LACMTA재원 조달의 근원이지만 일부 자동 배정 기금을 제외한 나머지 자금원은 일정한 금액이 항상 지원되는 것이 아니고 필요에 따라 조건을 갖추어 신청하면 해당 기관이 심사하여 배정한다. 따라서 LACMTA는 새로운 자금원을 발굴하고 이를 활용하기 위해 전담 부서의 직원들이 계속 노력하고 있다.

4. 요금 결정 체계

앞에서 살펴본 바와 같이 MTA의 운영 경비는 각급 정부의 보조금, 각종 기금, 그리고 승객의 요금으로 충당된다. 따라서 MTA의 기획-예산 부서(Planning Department)는 향후(장기 및 단기) 승객 수요와 요금 수입의 예측(Forcasting), 각종 기금 및 보조금의 지원 추이 등을 감안하는 한편 MTA의 지출, 신규 사업의 스케줄에 따라 앞으로 소요될 경비를 예측하여 산출한다. 이러한 예측된 수입과 지출 간의 차이가 발생하면 부족한 재원을 조달하기 위해

신규 자금원의 발굴 및 가급 의회 로비,
MTA 재정 확보를 위한 새로운 법률안을 위한 홍보 및 로비,
버스 요금 인상, 서비스(운행 빈도 또는 노선 연장, 노선수) 축소, 감원

등의 방법을 조합하여 수지의 균형을 맞추어 나간다.

이 중에서 요금이 인상되는 일반적인 과정을 살펴보면 우선 MTA의 설명

을 곁들인 요금 인상안이 15명의 위원회(Board of Directors)에 상정되고 이
를 검토한 위원회가 통과, 기각, 수정 후 통과 등 세 가지 중 하나로 의견을
모은다. 만인 위원회가 요금 인상을 결정하면 이에 대한 시민 공청회가 열려
시민의 의견을 듣게 된다. 이때 위원회는 지역 뉴스 미디어(신문, 방송, 마을
회보 등)에 공청회 개최사실을 30일 전에 공고하여 시민들이 이에 대한 의견
을 정리할 충분한 시간을 제공한다. 공청회는 통상 하루 종일 진행되며 위원
회는 시민의 의견을 경청하고 이에 따라 인상 계획을 수정 보완할 수도 있으
나 필수 사항은 아니다. 즉 내부 결정은 MTA 요금인상안에 대한 위원회의
결정 과정에서 사실상 확정이 된다고 할 수 있다. 따라서 공청회를 통해 시
민의 의견도 경청하지만 반대로 시민과 언론에 대한 요금인상의 불가피성을
설명하고 설득하는 것이 보다 중요한 공청회 취지로 보인다. 만일 시민 등의
의견을 충분히 반영하지 않은 인상안이 위원회에서 통과되면 시민은 이를 법
원에 제소할 수 있다. 실제로 MTA의 1994년도 요금 인상안은 시민 단체에
의해 피소되어 재판의 결정에 따라 3년 유예, 단계별 인상이라는 절충안으로
바뀌어 시행되었다.

5. MTA의 노선 체계 및 운행 지원

가. MTA의 노선 번호 체계

현재 MTA가 사용하고 있는 번호 체계는 1978-1983년 사이에 정비된 것
으로서 비교적 체계적인 도시 가로를 따라 격자 모양으로 분류되어 있다. 현
재까지 부여된 노선 번호는 1부터 899까지로서 100단위마다 노선의 성격을
달리하고 있으며 다음과 같은 원칙으로 부여된다.

번 호	노선 체계
1-99	다운타운에 들어오는 단거리(Local) 노선
100-199	다운타운에 들어오지 않는 단거리(Local) 노선(동-서 방향)
200-299	다운타운에 들어오지 않는 단거리(Local) 노선(남-북 방향)
300-399	다운타운에 들어오는 급행(Limited Stops) 노선
400-499	다운타운에 들어오는 고속(Freeway Express) 노선
500-599	다운타운에 들어오지 않는 고속(Freeway Express) 노선
600-699	비정기, 비정규 노선(행사용 셔틀 등)
700-799	장거리 특별 노선(Santa Clarita 및 Antelope Valley)
800-899	지하철(전철) 노선(Blue, Red, Green Line)

이처럼 MTA의 체계적인 번호체계로 승객들은 버스의 번호만으로도 개략적인 운행 특성을 짐작할 수 있다. 반면 격자형 노선체계로 인해 대각선 방향의 통행을 위해서는 비록 단거리 여행이라도 버스를 한 번 이상 갈아타야 하는 불편이 있다.

나. 신속 운행을 위한 배려

MTA의 신속하고 정확한 운행을 위해 카운티 소속 지방 자치 단체와 고속도로 관리기관(Caltrnas)은 여러 가지 배려를 제공하고 있다. 예를 들어 LA 다운타운은 대부분 일방통행도로이지만 노선버스는 예외를 인정받는다. 즉 MTA버스 노선 중에는 일방통행도로를 거슬러 올라가는 구간도 있으며 이 도로는 MTA버스만 이용할 수 있다. 또한 시내 곳곳의 교차로 중 좌회전이 금지된 곳도 필요하면 노선버스의 좌회전을 허용하기도 한다. 도시 고속도로의 경우에도 지체가 심한 일정 구간에는 HOV(High Occupancy Vehicle)을 설치하고 있으며 고속도로 진입로(상당 부분이 램프 미터링을 시행하고 있음)도 정지하지 않고 진입할 수 있다. 한편 대부분의 도심 버스 정류장이 교차로 직전 부분에 설치되어 있고 이곳에는 지정된 버스 이외의 차량들의 주정차가 엄격히 규제되어 있어 다른 차량의 방해를 받지 않도록 배려하고 있다.

LA일원의 비교적 양호한 도시 교통 상태와 앞에서 언급한 바와 같이 MTA의 낮은 통행 분담률로 인해 버스의 정시 운행은 잘 지켜지고 있으며 따라서 우리 시에서 고려 중인 첨단 버스 위치 확인 및 도착 시간 예보 체계는 실시하고 있지 않으며 관계자의 면담에 따르면 향후에도 실시할 계획이 없다고 한다. 다만 MTA버스는 무전 시설(Radio Communication)을 갖추고 있기 때문에 사고나 비상시에 신속히 본부와 연락을 취할 수 있으며, 본부에는 MTA 자체 견인차와 자체 경찰이 상주하여 이에 대비하고 있다.

2. 뉴욕 시 대중교통 조직 체계

뉴욕 시는 다른 미국의 대도시와는 달리 한국의 구와 같은 시의 하위 행정조직인 5군데의 보로(borough)로 이루어져 있다. 맨해튼을 중심으로 하여 북으로는 브롱스(Bronx), 남으로는 브루클린, 남동의 퀸즈(Queens) 그리고 남서쪽의 스테튼 아일랜드(Staten Island)를 시계로 하는 뉴욕 시의 대중교통 체계는 각 보로 내부와 보로와 보로 간, 그리고 시외인 뉴욕 주와 커네티컷, 뉴저지를 거미줄처럼 연결하고 있다. 따라서 뉴욕 시의 대중교통은 뉴욕 시의 관할일 뿐만 아니라 뉴욕 주, 뉴저지 주, 커네티컷 주와의 연계 속에서 이해되어야 한다. 뉴욕 시의 대중교통정책은 그 직접적인 통제와 운영보다는 간접적인 방법으로 바람직한 교통환경 창출에 주력하고 있는 듯하며, 직접적인 대중교통 수단의 운영과 규제는 최소화하며 따로 독립적인 교통공단의 설립을 통하여 정책이 이루어지고 있다. 뉴욕 시의 대중교통 시스템은 대략 세 부문으로 구성되어 있는데, (1)시청관할의 뉴욕 시 교통국(Department of Transformation)과 택시-리무진 위원회(Taxi & Limousine Commission), (2)뉴욕 광역시 교통공사(Metropolitan Transit Authority: MTA), (3)뉴욕-뉴저지 항만공사(Port Authority of New York and New Jersey) 등이다.

1. 뉴욕 교통국(DOT)과 택시 – 리무진 위원회(TLC)

1) 뉴욕 시 산하의 교통국(Department of Transformation)은 시내의 사람과 차량의 원활하고 안전한 소통에 주력하고 신호체계의 관리 감독하며 도로, 인도, 교각, 주차시설 등을 유지 보수하고 전세 및 관광 그리고 MTA버스를 제외한 다른 영업용 버스의 운영을 감독한다. 또한 맨해튼과 스테튼 아일랜드 간의 페리를 직접 운영하며 나머지 대중교통은 아래의 기관에서 관할한다. 또한 허드슨 강을 끼고 뉴욕 맨해튼 서남쪽과 북부 뉴저지를 연결하는 통근 여객선인 NY Waterway를 감독한다.

2) 뉴욕 시 택시/콜택시 커미션(NYC Taxi and Limousine Commis- sion) 뉴욕의 택시 운송체계는 옐로 캡(Yellow Cap)이라 불리는 일반 택시와 리무진 서비스(Limousine Service)라는 콜택시로 분리되어 운영된다. 뉴욕이 산하의 택시와 콜택시 커미션(Taxi & Limousine Commission)의 감독과 통제를 받는다.

3) 스테튼 아일랜드 페리(Staten Island Ferry)

이 페리는 맨해튼 남쪽과 스테튼 아일랜드 북쪽 해안 간의 5마일 거리의 두 섬을 연결하며, 하루 24시간 일주일 내내 출퇴근 시간에는 매 15분마다, 평시에는 30분마다, 주말과 밤에는 매 1시간마다 운행한다. 요금은 맨해튼에서 스테튼 아일랜드까지는 무료이며 그 반대쪽에서 배를 이용할 때는 50센트를, 장애자와 노인은 50% 할인한 25센트를 징수한다.

4) 전세 및 좌석 버스(Express Bus)

MTA버스 이외의 민영 버스로 주로 보로와 보로 간 또는 시와 시외를 운행하며 학생할인과 출근시간 외에는 만 65세 이상의 노인(senior citizen)과 장애자는 회사에 따라서 차이는 있어나 대체로 50% 할인을 받는다. 요금은 보로와 보로 간의 이용은 4불, 보로 내의 이용은 2불이다.

2. 광역시 교통 공사
(Metropolitan Transportation Authorities; MTA)

MTA는 다시 이전의 지역별로 분산되어 운영되던 교통 공사들을 뉴욕시 교통공단(New York City Transit Authority, NYCTA)이 마치 지주회사가 자회사로 통합하듯이 1968년에 롱아일랜드 철도(Long Island Rail Road), 롱아일랜드 버스(Long Island Bus), 매트로 북부 철도(Metro-North Railroad), 터널과 교량 공사(Bridges and Tunnels Authority)를 흡수, 통합하여 출범, 운영하고 있으며 1995년 새로이 MTA의 요금 관리와 징수를 전담하는 매트로 카드 회사(Metrocard Company)를 설립하였다.

MTA 산하의 제 교통수단들은 뉴욕 시민을 포함하여 뉴욕으로부터 반경 400마일 내 롱아일랜드, 뉴욕 주 남동 지역, 커네티컷 등지의 13,200,000명이 이용하는 서반구에서 가장 큰 대중교통 기관이다. 연간 17억의 사람들이 MTA의 버스와 기차를 이용하며 이는 전 미국에서 대중교통을 이용하는 사람들의 25%, 그리고 철도 이용객의 2/3에 상당한다고 알려져 있다. MTA는 17명의 이사에 의해 운영되며 이들은 뉴욕 주지사, 뉴욕 시장, 그리고 뉴욕 주 내의 7군데의 카운티 장들에 의해 임명되고 이 중 2명은 노동조합과 the Permanent Citizens Advisory Committee라는 시민 자문 단체에서 임명되나 투표권한은 없다.

1995년 기준으로 MTA는 57억$의 예산을 운용하였으며 하루 평균 이용 승객은 5,667,819에 달하고 65,421명의 직원을 고용하는 거대 대중교통공사이다.

1) 뉴욕 시 교통공사(New York City Transit Authority)

항만 공사(Port Authority of New York-New Jersey)의 성공을 바탕으로 하여 1953년 3월 10일 뉴욕 주지사 듀이(Dewey)의 입법 제안을 기원으로 한 독립적인 준 국가공사로 5명의 이사로 구성되어 있으며 이 중 2명은 주지사가 다른 2명은 시장이 임명하며 이사장은 이들 임명된 4명의 이사들이 합의하여 선출하며 만약 합의에 이르지 못하면 항만공사 이사장이 겸임하도록 되어 있다. 그러나 정부의 간섭으로부터의 독립이 시와 주정부의 책임 회피로 인한 공공지원의 부재와 증대하는 차량에 의한 운송률 때문에 늘어나는 재정적자를 해결하기 위하여 1967년 주지사 넬슨 록펠러의 입법제안으로 이듬해 1968년 광역 교통공사 설치령이 입법되어 뉴욕 시 교통공사(NYCTA)를 포함하여 the Manhattan/ the Bronx Surface Operating Agency(MBSTOA), Long Island Railroad, the Staten Island Rapid Transit Service, Triborough Bridge/ Terminal Authority 등의 다른 4개의 지역 교통기관을 흡수 통합하고 최근 1995에는 교통요금 징수를 독립적으로 전담하는 MTA Card Company를 신설하여 현재까지 운영해 오고 있다.

A. 지하철

세계에서 가장 길고 복잡한 시스템을 자랑하는 뉴욕 시 지하철은 4개의 보로(boroughs: 일종의 한국에서의 구와 같은 행정체계로 미국에서 유일하게 뉴욕 시에만 있는 듯함) 714마일의 선로와 491군데의 역으로 이루어져 있으며 스테튼 아일랜드에는 지하철 대신 지상철인 Staten Island Railway이 운행된다. 1995년 기준으로 23개의 노선, 5,870개의 차량 그리고 39억\$의 예산이 집행되었고 평일을 기준으로 하루 평균 5,129,629명의 승객을 수송하였다. 요금은 거리에 관계없이 일률적으로 1.50달러로 토큰이나 메트로 카드를 사용하여 탑승한다.

대부분의 노선은 복수로 일반 노선(local line)과 급행 노선(express line)으로 나뉘어져 있고 운행 스케줄은 출퇴근 시간대에는 2-5분 간격으로, 평시에는 10-15분 간격으로, 자정부터 새벽 5시까지는 20분 간격으로 운행된다. 65세 이상의 노인과 학생은 50% 할인된다.

학생의 할인은 주로 학교에서 구입하는 월간 정기 승차권으로 가능하며, 65세 이상의 노인의 할인은 MTA 본부에서 발행하는 카드(Senior Citizen Card)나 의료 보험증(Medicaid Card)으로 가능하다.

B. 버스

1) 231개의 노선에 3,707대의 버스가 5보로에서 운행되며 19곳의 차고지(depot)가 있다. 1회사용 운임은 1.50$로 지하철과 동일하게 토큰이나 메트로카드로 탑승이 가능하나 페니를 제외하고 1.50$ 상당의 동전은 사용 가능하다. 일단 탑승 후 1회에 한하여 다른 노선으로 갈아탈 수 있으며 환승 티켓은 제일 처음 탑승 시 운전기사에 요청 획득할 수 있다. 총 버스 노선 거리는 1,800마일에 달하며 노인과 학생과 장애자는 50% 할인된다.

2) 뉴욕 광역시 롱아일랜드 철도(MTA Long Island Rail Road) 이 철도 노선은 미국에서 제일 긴 통근 노선으로 뉴욕 시에서 롱아일랜드의 나소 카운티(Nassau county)와 서포크 카운티(Suffolk county)에 걸친 120마일 11개의 노선을 하루 평균 1,126대의 기차로 약 258,338명의 승객을 수송한다. LIRR은 135개의 정거장과 1,126대의 열차 그리고 총 701마일의 철로를 소유하고 있다. 1994년 한해 동안 73,200,000명을 수송했으며 89.7%의 정시 도착률을 자랑하며 6,145명의 직원을 고용하고 있다.

3) 뉴욕 광역시 롱아일랜드 버스(MTA Long Island Bus) LIB는 나소(Nassau), 서부 서포크(western Suffolk), 그리고 동부 퀸즈 카운티에 걸쳐

51개 노선 318대의 버스로 하루 평균 63,502명의 승객을 수송한다.

4) 뉴욕 광역시 매트로-노스 철도(MTA Metro-North Railroad) 이 MNR
은 1983년에 건립된 LIRR에 이어 미국에서 두 번째로 긴 통근철도로 주로
뉴욕 시와 뉴욕 주 남부, 그리고 코네티컷 주에 걸쳐서 주로 통근 승객들을
수송한다. 1995년 현재 119개의 정거장, 8개의 노선, 815대의 열차로 하루 평
균 216,350명의 승객을 수송했으며 레일 길이가 338마일에 이른다.

5) 뉴욕 광역시 교량 및 터널 사업소(MTA Bridges and Tunnels) 서쪽의
뉴저지를 제외한 뉴욕 시에 있는 7개의 유료 교량과 2개의 유료 터널을 관리
하는 사업소로 1994년 현재 하루 평균 734,105대의 차량이 통과하며 1,631명
의 종업원을 고용하고 있다. 여기서 얻어지는 수입은 MTA의 가장 주요한
운영 자금이 된다.

6) 메트로 카드 회사(MTA Card Company) 원활한 마케팅과 요금정산의
효율적인 관리를 위하여 설립된 회사로 카드는 지하철 매표소나 슈퍼마켓처
럼 지정된 장소에서 3$부터 20$한도까지 판매된다.

3. 뉴욕 뉴저지 항만공사
(Port Authority of New York New Jersey)

항만 공사는 뉴욕 주와 뉴저지 주 경계로 흐르는 허드슨(Hudson)강과 강
하류의 바다에 있는 항만을 공동으로 관리하려는 두 주의 협약
(Interstate Commission)을 모체로 발족하였다. MTA와 같이 뉴욕 시나
뉴욕 주와 뉴저지 주로부터 독립한 일종의 교통공단(Transit Authority)으로
1829년 런던 경찰법(the London Metro Police Act)을 기초로 1857년에 입법

된 뉴욕 주 경찰의 관할 구역 규정(the Empire State's Metropolitan Police District)을 바탕으로 하여 1921년 4월 30일 뉴욕과 뉴저지에 항만시설의 공동 관리를 목적으로 설립되었다. 이렇게 자유의 여신상으로부터 25마일 이내의 항만을 공동 개발 관리하는 일종의 정부기업으로 출발하였으나 점차 그 관할 범위를 확대하여 뉴욕 시와 뉴저지를 잇는 6개의 교량과 터널의 공동관리, 나아가 3군데의 공항－LaGuardia공항과 John F. Kennedy공항은 뉴욕에, Newark공항은 뉴저지 뉴왁에 위치함－관리와 뉴욕의 세계 무역센터(World Trade Center)와 PATH(the Port Authority Trans-Hudson)이라 불리는 뉴욕과 뉴저지를 잇는 지하철까지 공동 관리한다.

1974년 뉴욕 뉴저지 항만공사(the Port Authority of New York and New Jersey)로 개칭하여 오늘에 이르는 양 주로부터 독립한 이 교통공사(bistate agency)는 세금이나 정부 보조금에 의존하지 않고 자체의 수입으로 운영된다. 뉴욕과 뉴저지 주지사가 각각 6명씩의 운영위원들을 주 상원의 승인을 받아 임명하고 위원장은 이들 운영위원들이 선출한다. 주지사들은 운영위원들의 결정에 거부권을 행사할 수 있으므로 결국 항만공사는 뉴욕과 뉴저지 양 주의 협력하에서만 원활하게 운영될 수 있다. 1996년 현재 항만공사는 26억$의 예산을 사용하였으며 8,100명의 직원을 거느리고 있다. 112,500,000대의 차량과 3,125척의 선박이 95년 동안 공사 소유의 시설을 사용하였고 77,600,000의 승객이 공항을, 59,300,000명이 PATH열차를 이용하였다.

1) PATH 지하철

(the Port Authority Trans-Hudson Corporation)

1908년에 개통한 민영 허드슨 맨해튼 철도를 1962년 항만공사에서 인수한 맨해튼과 인근 뉴저지를 잇는 지하철로 뉴저지에서 뉴욕으로 오는 승객의 70%를 운송하며 주일 하루 평균 207,000명이 이용한다. 이들 중 2/3은 출퇴근용으로 이용한다. 하루 24시간 연중무휴로 1,100대의 전동차로 승객을 운송하며 출퇴근 시간에는 3-6분 간격으로 평상시에는 10-15분, 자정이후에는 30분, 주말에는 10-20분 간격으로 운행한다. 거리에 관계없이 한번 이용할 때마다 1$이며 만 5세 미만의 유아는 무료다.

2) 공항(Port Aviation)

뉴저지 뉴왁(Newark)에 있는 뉴왁 국제공항과 뉴욕에 있는 존 에프 케네디 국제공항과 라구아디아(LaGuardia)국제공항, 그리고 뉴저지 북부의 테트보로(Teterboro) 및 맨해튼 헬기 탑승소(Hellport) 등을 통하여 1995년 약 78,000,000명의 승객과 2,600,000톤의 항공화물을 수송하였다.

3) 터널, 교량 그리고 화물터미널관리소

뉴욕 시와 뉴저지 주 사이에 흐르는 허드슨(Hudson) 강을 잇는 4개의 교각과 링컨 터널과 홀랜드 터널이라는 2개의 수중 터널을 관리하며 1995년 기준으로 220,000,000대의 차량이 이용하였다.

3. 도심버스 운행

세계의 모든 고밀도 대도시가 공통적으로 당면하고 있는 도심 속의 주차 공간의 부족과 교통난해소 수단으로 활용되고 있는 LA 시 대시버스(DASH)제도는 LA 시 도심의 버스정류장과 지하철역 그리고 주요 공공장소를 연결해 줌으로써, 교통의 편리성과 주차난을 감소시켜주는 승용차 수요관리정책에 일조를 하고 있다. 저비용, 편리성 등으로 많은 엔젤리노의 사랑을 독차지하고 있는 LA 시 대시버스를 소개하고자 한다.

□ 대시(DASH)버스

LA 시에서는 저소득층 주민과 노약자를 위한 대시(DASH)버스를 교통국에서 운영하고 있다. 대시(DASH)버스는 1회 탑승비가 25센트로 저렴한 가격에 대중교통과의 연계를 용이하게 하는 기능을 수행한다.

일반적으로 대중교통수단인 버스와 지하철은 LA카운티 교통공사(MTA)에서 담당하며, LA 시에서는 시민들이 저렴한 가격에 대시버스를 이용하여 버스와 철도를 이용할 수 있는 장점이 있으며, 또한 LA를 방문하는 관광객들에게 대중교통을 이용할 수 있는 편의를 제공할 수 있다는 두 가지 효과가 있다.

□ 한인타운 지역 운행

금년 중반기에는 LA 시에서 한인타운을 통과하는 대시버스노선을 신설하여 보다 더 나은 한인타운의 위상과 상업활성화에 많은 도움이 예상된다. LA 시 교통국은 대시버스의 운행시간, 정류소 등을 소책자로 제작하여 LA 일원의 주요 호텔과 관광센터등지에 배포하여 외국인 관광객의 한인타운 유치에도 큰 도움이 될 예정이다. 한인타운에는 두 대의 대시버스가 운행될 예정이며, 대중교통수단인 버스와 지하철을 이용하는 시민들은 한달 승차권 또는 이동권으로 대시버스를 무료로 탑승할 수 있는 혜택을 부여한다.

□ 대시버스운영

대시버스운행과 관련하여 현재 LA 시 교통국은 LA 시 정부와 계약을 맺고 버스노선을 운영할 민간 운행업체에 대한 최종선정을 하고 있으며, 한인타운의 경우 MTA버스와 지하철에 이어 1997년 겨울부터 시작한 마을버스인 스마트셔틀 운행 중인 대시버스 이 운행 중이므로 대시버스가 등장하면 한인타운의 대중교통편이 크게 개선될 것으로 보인다.

□ 요금

○ 편도 25센트

○ MTA버스 및 지하철표 소지자(출퇴근시간대) 무료

○ 정기승차권(교통국 발행: 60장에 15불) 무료

□ 미국의 도로체계

도로가 격자형으로 되어있어 버스진행방향이 직선방향으로 운행하며 버스 이용 시 목적지까지의 진행방향에 따라 요금을 지불하지 않고 1번의 요금으로 다른 버스를 무료로 이용할 수 있다.(운전기사에게 Transfer 용지를 받아야 함)

□ 대시버스의 운행 지역

○ 다운타운 지역

○ 에로요세코 지역

○ 크렌셔 지역

○ 페어팩스 지역

○ 할리우드 지역

○ 라이머트/슬라우슨 지역

○ 미드타운 지역

○ 퍼시픽 팔리세이드 지역

○ 파크 라브레아 지역

○ 프에블로 델리오 지역

○ 셔만옥스 지역

○ 시남동부 지역

○ 밴나이스/스튜디오시티 지역

○ 워너센터 지역

○ 왓츠 지역

○ 북왓츠 및 윌밍턴 지역

□ 노인 및 장애인을 위한 편의

CITYRIDE 프로그램을 마련하여 저렴한 금액으로 노인과 지체부자유한 장애자들이 대시버스를 이용하는 데 편의를 제공한다.(안내전화는 국번 없이 808-7433이다.) 모든 버스는 휠체어 사용자가 탑승하도록 고안되어있다.

□ 대중교통과의 연계

LA 시에서 운행하는 대시라인과 LA카운티에서 운행하는 버스, 전철(Red Line, Blue Line), 지하철(Metrolink)과의 연계로서 대중교통이용에 편리하다.

□ 소비자 안내

○ 교통국 안내(국번 없이) 808-2272

○ 대시버스

  -연계 서비스 안내 1-800-COMMUTE

  -청각장애자용   1-800-252-9040

○ 불편신고(국번 없이) 808-2273

○ 분실물 신고 213)582-9779

○ 대시버스 승차권(우편구입) (국번 없이) 808-2273

□ 대시버스 주말사용 안내

주말에는 3개 노선만이 운행함.

○ Route E: 패션지구(Fashion District)

○ Route F: 금융가 및 엑스포지션 공원지역

○ Downtown Discovery: 차이나타운, 리틀도쿄, 그랜드 센트럴 마켓, 엔젤스 플라이트, 장난감 상가, 기타 지역

□ 운휴일(No Service)

- ○ 신정
- ○ 현충일
- ○ 독립기념일
- ○ 노동절
- ○ 추수감사절
- ○ 성탄절

4. 교통사고 예방노력

우리나라의 교통사고 발생률은 이미 세계적인 수준으로 유명하다. 현대 문명의 도시화는 교통수단의 발달로 인류에게 혜택과 교통사고라는 양면의 결과를 부여하였다. 교통사고율, 사망률이 낮다고 하는 미국의 각 관련단체, 연구기관에서는 계속 미국의 사고율 줄이기 위한 노력을 계속하고 있다.

특히 교통사고 관할업무가 지방경찰의 기능이 된 미국의 제도하에서 이 문제는 지방자치단체장이 해결해야 할 큰 숙제 중의 하나이다. 이하에서 미국에서는 과연 교통사고를 줄이기 위한 노력을 어떻게 대비하는가에 대한 구체적인 동향을 살펴보고자 한다.

□ 미국의 교통사고

교통안전관계자들은 해마다 미국에서 발생하는 교통사고 사망자수가 베트남전쟁에서 전사한 총인원수와 맞먹는다고 지적하고 있다. 주요 연령층이 5세-27세에 해당되는 사망자들을 원인별로 구분하여 보면 교통사고로 인한 사망이 가장 큰 원인으로 지적되고 있으며 다른 사고사와는 달리 교통사고로 인한 사망은 사전에 예상할 수 있는 사고이며 미연에 이를 방지할 수 있다는 데 큰 문제가 된다.

□ 최근의 추세

교통안전 관계자들에 의하면 교통사고 사망을 줄일 수 있는 대책은 도로체계, 자동차, 운전자 등의 세 가지 요소에서 해결방안을 찾을 수 있다고 한다.

미국 내의 교통사고 해결방안에 대한 최근 추세는 교통안전을 위하여 도로설계 당시부터 안전개념이 도입되어야 한다는 이론을 법제화하고 있다.

교통사고 사망률은 도로의 종류에 따라서 특히 다른데, 도심 지역에 위치한 6-8차선의 고속도로는 도심의 간선도로보다 사망률이 1/6에 지나지 않는다. 이와 같은 주요 요인은 간선도로보다 고속도로에는 각 방향에서 접근할 수 없는 전방통행 위주의 도로체계 때문인 것으로 분석되고 있다.

한편 도로 옆에 있는 고정된 물체들, 즉 나무나 전봇대를 제거하는 것도 교통사고 예방을 위한 하나의 방법이 된다. 대형사고의 28%는 이러한 장애물로 인한 것으로 분석되고 있다.

각종 안전조치에도 불구하고 주행 중 자동차의 속도도 사고발생과 큰 관련이 있다. 1974년 연방의회에서 시속 88킬로미터(55마일) 제한 입법이후 매해 사망자 수가 55,000명에서 45,000명으로 감소하였다.

각 주정부나 지방정부들이 고속도로나 교통관련시설을 설계할 때 사용하는 편람은 두 가지가 있는데 그 하나는 도로의 교차로, 커브 등의 기준을 제시한 「AASHTO」라고 불리는 "전미 고속도로 및 교통협회 설계기준"(The American Association of State Highway & Transportion

Officials' Manual)이고 다른 하나는 교통신호표지판, 차선에 대한 기준을 제시한 연방 교통통제장치 설계기준(The federal manual on uniform traffic control devices)이다.

1994년 버지니아의 차량충돌사고 분석에 따르면 충돌사고의 22%는 운전자가 교통신호나 정지신호를 무시한 데서 발생했으며 이러한 사고는 신호간격 조절, 운전자 눈에 잘 인지되는 신호대, 자동감시장치, 4방향 정지도로 확대, 그리고 교차로를 로타리식으로 바꿈으로써 사고를 감소시킬 수 있다고 설명하고 있다.

위 분석에서 사고의 18%는 차량후미를 받힘으로 인한 사고인데 이는 신호간격조절, 죄회전 차선설치, 정차된 차에 대한 주의 표시판 설치, 도로면 정비 등으로 사고를 줄일 수 있다고 아울러 설명하고 있다.

그러나 교통신호등이 언제나 사고를 줄일 수 있는 방법은 아니다.

필라델피아에서 1978년에서 1992년 사이 400개의 교통신호등을 4방향 정지표시로 바꾼 결과 충돌사고가 24% 감소하였으며 대형사고도 훨씬 감소하는 효과를 보았으나, 반면에 교통량흐름의 속도는 상대적으로 줄어드는 현상을 초래하였다.

한편 로터리 도로설치는 교통신호등에 대한 대안이 될 수 있는데 비용이 저렴하고 차량흐름속도를 감속시키지 않으며 많은 교통량을 처리할 수 있는 장점이 있다.

유럽, 캐나다, 호주, 뉴질랜드와 일부 미국 내 도시들에서 사용하는 자동감시카메라는 신호위반차량을 적발하는 데 탁월한 역할을 하고 있다. 1990년대 중반 뉴욕에서는 이 자동감시카메라 설치로 신호위반을 과거에 비하여 62% 감소시킬 수 있었다.

□ 교통사고 감소방안

○ 부디 천천히 운전하세요!(Slower, please!)

한 조사에 따르면 최근의 교통안전조치들은 운전자로 하여금 더욱 빠른 속도로 운전하도록 만들고 있으며 이는 보행자나 자전거 통행자들에게 보다 더 위험한 요인을 제공하고 있다고 지적하였다. 운전속도를 줄일 수 있는 방법으로는 speed bump(감속턱), rumble strip(도로상에 홈을 만들어 과속하면 소리가 나게 만든 지점), curb bulb(과속방지를 위해 노면을 볼록전구 모양으로 만든 것), small traffic circles(소규모 로터리), traffic diverter(일정 지역의 유입 교통량을 줄이기 위해 유입을 분산시키는 장치)와 보도를 넓히고 과속방지를 위해 차도에 큰 화분을 설치하는 것 등이다. 또한 교통사고예방을 위해 보행자 경고장치, 보행자 신호 표시판, 자동차 주의 육성 녹음장치들이 사용된다.

○ 더 안전한 미래의 차량 -Smart Vehicles-

차량탑승 시 안전벨트는 아주 효과적인 안전장치이다. 안전벨트 착용단속으로 사고를 미리 예방할 수 있으며 자동차 에어백의 장착으로 치명적인 사고를 예방할 수 있다. 안전벨트착용의 효과는 차량의 종류에 따라서 피해규모가 커질 수 있다. sport utility카는 일반승용차보다 차체가 크기 때문에 자주 전복되어 피해가 크다. 일본, 미국에서 개발한 미래의 자동차 Smart Car는 야간에도 식별이 잘되는 적외선 장치 부착, 자동브레이크 장치 등으로 과거에 비하여 자동차 충돌사고를 현격히 줄일 수 있을 것으로 예상된다. 문제는 이와 같은 기술개발이 일반화되기까지는 향후 10-15년의 시간이 필요하다는 점이다.

○ 운전자로부터 기인되는 교통사고원인

운전자의 연령, 주위환경의 정도에 따라 교통사고 발생원이 다르게 나타난다. 미국에서 1975년 음주측정 실시 이후 음주관련사고가 1997년에는 총 사고 건수의 38.6%라는 최저치를 나타냈는데 이는 그간 민간 부분에서의 캠페인과 무거운 처벌을 규정한 교통법규 덕분인 것 같다.

운전자의 연령 또한 사고 발생과 큰 관련이 있는데 10대 운전자는 25-34세 운전자보다 배가 많은 사망사고를 발생하기 때문에 캘리포니아 주 등에서는 10대 운전자에게 면허증 교부를 까다롭게 하고 보험료를 높게 책정한다. 교통안전 관계자들에 따르면 최근에 과속운전, 무질서한 차선 바꾸기, 정지신호 위반질주 등이 점차 늘어나고 있는 추세이다. 교차로에서의 사망사고가 92년에서 96년 사이 전국적으로 19%가 증가하였는데 샌프란시스코 시(City & County of San Fransisco)도 뉴욕 시(New York)처럼 교차로에서 정지신호 위반차량 적발을 위해 자동적발 카메라를 설치하여 시행하고 있다. 이와 함께 언론매체를 통한 안전 캠페인, 홍보 안내판 설치, 경찰의 단속 강화 등으로 교통사고 줄이기에 노력을 기울이고 있다.

○ **최근의 교통 안전기법 소개 － 도로하단에 야간조명등 설치 －**

최근 미국의 한 회사에서는 기존 신호등 설치가격의 1/10 비용으로 설치할 수 있는 도로면에 조명등을 부착하는 신호방법을 개발, 소개하고 있다. 보행자가 야간에 교차로를 건너기 전에 보도 옆에 세워진 보행로 표지판에 버튼을 누르면 도로면에 설치된 신호등에서 불빛이 발산되어 통과하려는 차량이 통행금지 신호를 쉽게 볼 수 있고 한편으로는 야간에는 도로면의 밝기를 환하게 하는 부수적인 효과도 주고 있다.(미도시계획 협회 1998년 12월판 자료소개: "The Road to Safety"-By Frank Markowitz and Michell DeRobertis-)

5. 로스앤젤레스 지하철 및 경전철(도시 철도) 현황

로스앤젤레스 지하철과 경전철은 LA 카운티의 대중교통을 통합 관할하고 있는 MTA가 운영하고 있다. MTA는 카운티 정부와는 독립된 기구로서, 대부분의 운영 경비를 주정부 및 연방 정부로부터 보조받고 있어 승객 운임 의존율이 매우 낮다고 할 수 있다. MTA의 특성과 업무 및 운영에 관한 상세한 내용은 당 홍보관에서 기 배포한 별첨 자료 3(로스앤젤레스 대중교통공사 운영현황 보고서, 1997. 6.)을 참고하기 바란다.

가. 일반 현황

1) 기관명: Los Angeles County Metropolitan Transportation Authority

2) 도시명: 로스앤젤레스 카운티

   (로스앤젤레스 시를 비롯한 88 시와 부속 지역)

3) 인구(1998. 1.): 9.2백만 명(로스앤젤레스 시: 3.6백만)

4) 개통년도

 가) 지하철(Red Line): 1993

 나) 도시전철(Green Line, Blue Line): 1990

5) 직원 수(Staff)

 가) MTA 전체: 8,320

 나) 지하철: 199

 다) 도시전철: 309

나. 운영 현황

1) 영업연장

 가) 지하철(Red Line): 8.7Km

 나) 도시전철(Green Line, Blue Line): 66.2Km

2) 노선수 및 역수

 가) 지하철(Red Line): 1노선 7역

 나) 도시전철(Green Line, Blue Line): 2노선 38역

3) 연간 수송인원

 가) 지하철(Red Line): 7.7백만 명(1995)

 나) 도시전철(Green Line, Blue Line): 18.8백만 명(1995)

4) 총 운영비 중 승객 요금이 차지하는 비율

가) 지하철(Red Line): 4.6%

나) 도시전철(Green Line, Blue Line): 26.8%

5) 재원 조달 및 보조금 현황: 별첨 자료 3 참조

다. 열차운행관련 정보

1) 차량 수

가) 지하철(Red Line): 30 Cars(1991/92형 Breda)

나) 도시전철(Green Line, Blue Line): 69 Cars(1988/89 Sumitomo/ Nippon Sharyo, 1994 Sumitomo, 1996/97 Siemens/ Duewag)

2) 동력

가) 지하철(Red Line): 750 V DC, Third Rail 방식

나) 도시전철(Green Line, Blue Line): 750 V DC Overhead 방식

3) 평일 열차 운행시간

가) 지하철(Red Line): 04:43/23:32

나) 도시전철(Green Line, Blue Line): 04:03/23:42

4) 운행 시격

가) 지하철(Red Line): 5분(PH) −10/15분(NH)

나) 도시전철(Green Line, Blue Line): 6분(PH) −10/15분(NH)

5) 요금체계

<u>편도:</u>

버스, 지하철 및 전철	$1.35
토큰(10개단위로 판매)	$0.90
고속도로 급행 버스	$1.85 − $3.85(거리 연동)
고속도로 급행 버스(노인)	$0.70 − $1.70
환승권(1시간 이내 환승 시)	$0.25
환승권(노인, 장애인)	$0.10

<u>1개월 패스:</u>

무제한 패스	$49
고속도로 급행 버스	$64 − $124(거리 연동)
노인, 장애인	$12
학생권(고등학생 이하, 21세 이하)	$20
대학생, 직장인 패스	$30

※ 15분 이상 늦게 도착하는 차량은 무료

6) 수송 분담률

(근거: 1990 O/D Survey와 1995년도 버스 및 지하철 수송 실적)

−지하철: 0.3%   −버스: 4.2%   −승용차: 81%

−기타(도보, 자전거, 오토바이, 택시, 스쿨버스 등): 14.5%

첨 부:

1. 1998-1999 확정 예산서 및 예산서 요약본 각 1부.

2. MTA버스 및 지하철 노선 안내도 1셋.

3. 로스앤젤레스 MTA 운영현황 보고서 1부.

6. 지하철 기술인력 양성: 로스앤젤레스County 사례

1989년 이래, 로스앤젤레스 카운티는 3개 노선의 지하철(Red Line 1-3) 및 경전철(Green, Blue Line 1-2), 그리고 통근철도(Metrolink) 등 총 연장 400마일(640킬로미터)에 이르는 대공사를 계획, 진행하고 있으며, 일부 구간은 이미 개통되어 운행 중에 있으며, 나머지 구간도 2020년을 전후로 하여 완공될 예정이다. 특히 미국 내 타 도시들에 비해 지하철 및 전철건설 및 운행에 대한 경험 및 제반 여건이 부족한 환경을 극복하기 위해 여러 가지 노력을 강구하고 있으며, 카운티정부는 로스앤젤레스 카운티 관내 지역 교육구와 합동(Partnership)으로, 지하철 및 전철운행에 따른 전문기술인력 양성을 위해 힘쓰고 있다. 다음은 지하철 및 전철 전문기술인력 양성을 위해 현재 실시 중인 Transportation Occupations Program(TOP: 교통직업프로그램)의 운영실태, 재원조달, 교육인원 등 전반적인 현황을 정리, 소개한 것이다.

○ **로스앤젤레스카운티의 Transportation Occupations Program**

Source:

Rail Construction Corporation. 1993. Fiscal Year 1993 Report. A Report for Los Angeles County Metropolitan Transportation Authority. Los Angeles: Los Angeles Metropolitan Transportation Authority.

Transportation Occupations Program(TOP: 교통직업프로그램)은 로스앤젤레스 카운티 지역교육구 내에 통학하는 고등학교 재학생 중 일반공학, 도시계획, 건축, 교통관련 직업에 관심을 둔 학생들을 대상으로 한 교통직업교육 프로그램이다. 1985년 개설된 이 프로그램은 학생들로 향후 지속적으로 수급이 요구되는 지하철 및 전철 관련기능인력 양성을 목적으로 하고 있으며, 그 동안 많은 성과를 거둔 것으로 평가받고 있다. 본 프로그램은 1990년 완공된 로스앤젤레스-롱비치구간(Metro Blue Line)주변에 위치하고 있는 고등학교들을 대상으로 실시되었으며, 이후 Metro Red Line 및 Metro Green Line 등으로 점차 확대해 가고 있다. 프로그램의 주요 요소는 다음과 같다.

※ **전문교육 및 일반교육:**

본 프로그램에 참여하는 학생들은 주로 11학년에서 12학년[10]에 해당하는 고등학생들로 교통관련 전문교육뿐 만 아니라, 일반학업도 병행하게 되며, 교육시간은 방과 후 및 주말을 이용하고 있다. 주요 교과목으로는 컴퓨터제도, 건축모형, 공업수학, 그래픽디자인 및 기타 관련학문 등이며, 매학기 주 12시간의 교육시간을 실시하고 있다.

※ **현장실습 및 경력:**

프로그램 참가학생들은 RCC(Rail Construction Corporation)의 재정 지원하

---

10) 현행미국교육제도하의 11-12학년은 한국의 고등학교 2-3학년에 해당한다.

에 매년 동하계 방학기간을 이용하여, 로스앤젤레스 지역 내 지하철 및 전철 관련 정부기관, 지방기관, 각종 건설회사, 그리고 유관기관에서 직업교육 및 현장실습을 실시하게 된다.

※ 장학제도:

본 프로그램을 이수한 학생들 중 공학, 건설관리, 도시계획 및 교통관련학과 등을 지원하는 학생들을 대상으로 $300-$1500을 장학금으로 지원하고 있는데, 지난 5년 동안 본 프로그램의 장학금을 수혜한 학생수는 103명이며, 총 $107,700이 지출되었다.

※ 지속적인 전문교육실시:

본 프로그램을 이수한 후 대학에 진학한 학생들을 대상으로 매년 하계방학 기간 동안 지하철 및 전철관련 전문기술을 익히도록 하고 있으며, 해당자에 한해 장학금을 수혜하고 있다.

1985년 이래 TOP프로그램은 250명 이상의 고등학생에게 지하철 및 전철 관련 전문교육을 제공하였으며, 이들 중 90% 이상의 학생이 프로그램 이수 후 대학에 진학했다. 또한 프로그램 등록학생수도 1988년의 24명에서 1993년 208명으로 대폭 증가하였다. 한편 전문기술인력 고용을 위해 본 프로그램에 참가하고 있는 기관 및 회사수도 초창기에는 15개에 불과했으나, 현재는 35 개에 이르고 있으며, 고용숫자도 1988년의 40개 직책에서 1993년에는 193개로 대폭 확대되었다.

향후 본 프로그램을 운영함에 있어 현안으로 부상하고 있는 과제로는 프로 그램 등록학생수의 증가에 따른 전문교육수준의 향상, 현장 중심의 교육과정 개발, 그리고 프로그램 확대에 따른 재원조달 등이 있다. 이러한 과제들 중 현장교육 강화를 위해, Metro Blue Line이 건설될 Passadena 소재 Franklin

High School에 현장교육 전문프로그램을 신설했으며, 재원조달 및 전문교육 수준향상을 위해 MTA, RCC, 그리고 해당 지역 교육구간의 대안 마련에 더욱 힘쓰고 있다.

다음 도표는 TOP 프로그램 운영사항을 요약한 것이다.

로스앤젤레스카운티 지하철/전철 전문기능인력 양성프로그램(TOP)

실시 지역	대상연령	교과목	운영주체	재원처 및 장학제도
Metro Green Line (LA–Long Beach) Metro Red Line (LA 인근) Metro Blue Line (Passadena 지역) ※지역선정기준: 지하철 및 전철 인근 지역	11학년 – 12학년 고등학교재학생 대학생(프로그램 이수자)	일반공학 공업수학 도시계획 교통 공학 그래픽디자인 건축 현장기술 교육	로 스 앤 젤 레 스 카운티 광 역 교 통 국 (MTA) 및 해당 지역 지역교육구	로스앤젤레스카운티 광역교통국(MTA) 및 철도건설공사(RCC) ※프로그램이수 중: 우수 학생선발 ($300~$1500) ※프로그램이수 후: 관련 전공우수학생선발

7. 지하철 객차 내에 위급신호 발송기 장착

<u>자료제공 동기</u>
- 서울 지하철 탑승객들의 성추행 사건 빈발.
- 위급사항을 역무원에게 알리는 수단제공.

<u>장치 설명</u>(토론토 지하철에 설치, 사진 참고)
- 객차 손잡이 부근에 누르면 역무원에게 위급사항을 알리는 띠 신호기를 객차 앞부분에서 뒷부분까지 설치.

<u>용도</u>
- 노약자 위급사항, 강도, 소매치기, 성추행범 등 위급사항을 역무원이나 청원경찰이 탑승해 있는 곳으로 연락이 되면 해당 객차 내로 출동.

<u>장점</u>
- 조용히 위급사항을 고지, 특히 성추행범인경우 피해자가 주위 시선 때문에 크게 소리 낼 수 없음.
- 시민의 안전을 위한 노력의 일환이라는 좋은 여론형성 가능
- 위 장치를 설치함으로 심리적 범죄예방 효과 거양

8. 지하철 사고대책

Metro Red Line은 1993년 일부구간이 완공, 현재 로스앤젤레스 다운타운 지역을 중심으로 운행되고 있는 지하철로서 로스앤젤레스 내 타 지역에 건설되고 있는 Metro BLue Line, Metro Green Line, 그리고 Metrolink 등과 연계, 총 400Mile에 이르는 대중지하철 및 전철교통망을 형성할 주요 지하철 노선 중의 하나이다. 비교적 짧은 운행역사를 지닌 Metro Red Line은 차량운행 시 발생할 수 있는 각종 지하철사고에 대비한 응급복구 계획 및 대응책을 마련하고 있으며, 대상범위도 차량고장, 신호 및 선로고장 등 운전 장애에 따른 응급상황에서부터 열차 간의 추돌, 화재 및 수해, 그리고 인명피해 등에 이르기까지 다양한 위급상황을 상정, 그에 대한 대응책을 수립하고 있다. 본 사례조사는 로스앤젤레스의 현재 운행 중인 Metro Red Line의 지하철사고에 따른 응급복구계획의 수립과정, 사고유형별 대응책, 그리고 이를 담당하고 있는 기구조직 등 지하철사고에 대한 대응책의 주요 요소들을 정리, 소개한 것이다.

○ Emergency Preparedness Procedures for the Metro Red Line
(로스앤젤레스 Metro Red Line 응급 복구계획 및 대응책)

Source:

Storey, Harold E. 1991. *Emergency Preparedness Procedures for Rail Transit Systems.* Los Angeles: Southern California Rapid Transit District.

Los Angeels County Metropolitan Transportatio Authority. 1994. *Familiarization and Characteristics of the Metro Red Line.* Los Angeles: MTA.

U.S. Department of Transportation. 1991. *Recommened Emergency Preparedness Guidlines for Urban, Rural, and Specialized Transit Systems.* Washington, D.C.: U.S. Department of Transportation

비교적 짧은 운행역사를 지닌 Metro Red Line은 차량운행 시 발생할 수 있는 각종 지하철사고에 대비한 응급복구계획 및 대응책을 마련하고 있으며, 대상범위도 차량고장, 신호 및 선로고장 등 운전 장애에 따른 응급상황뿐만 아니라 열차 간의 추돌, 화재 및 수해, 그리고 인명피해 등에 이르기까지 다양한 위급상황을 상정, 그에 대한 대응책을 수립하고 있다. 특히, 로스앤젤레스 사례의 경우, 지하철사고 발생 시의 응급복구대책(Reactive plan)보다 사고예방을 꾀할 수 있는 각종 대응책(preventive plan)이 더욱 강조되고 있다.

1. 대책기관

1.1. Rail Control Center(지하철/전철관제센터)

중앙관제센터는 지하철운행에 따른 모든 상황을 관장하는 핵심부로 연중무

휴로 운영되고 있으며, Rail Transit Operation Supervisor 관장하에 교통경찰, 지하철 차량운전자, 시설 및 차량관련 종사자들과 긴밀히 연계해 응급상황에 대처하고 있다. 특히 "Supervisory Control and Data Aquisition"(S.C.A.D.A.)이라 불리는 시스템을 이용, 지하철사고에 관련된 시설 및 장치들에 대한 정보 및 통제를 항시 수행할 수 있다.

- ※ Traction Power and related facilities(전원공급 및 관련시설)
- ※ Train Control and Communication Building(차량 통제/통신망시설)
- ※ Track circuitry(선로회로)
- ※ Passenger Stations(여객역)
- ※ Building Intrusion Detection(시설물 무단침입 감지)
- ※ Fire Detection at vital facilities(주요 시설물의 화재경보)
- ※ Radio Communication Systems(무선통신시스템)
- ※ Station Ticket Vending Machines(승차권 자동발매기)

1.2. Yard Control(차량 및 선로 정비창)

차량 및 선로정비창은 일반적인 차량 및 선로관리뿐만 아니라, 응급상황 발생 시 사고차량의 회수 및 정비에 관여하게 되며, 특히, 지하철/전철 관제센터에서 관리하는 중앙통제장치(Central Control Facility: CCF)가 기능 마비될 경우, 이곳에 위치한 제2의 S.C.A.D.A.를 통해 응급복구 및 정상운행을 관장하게 된다.

1.3. 기타 응급복구 시설물

Metro Red Line은 지하철 운행 중 발생하는 차량 및 시설물 장애의 응급복구를 위해, 사고현장에 접근하기 위한 지침(Access to Right Of Way: R.O.W.)과 접근시설 등을 마련하고 있는데, 접근시설의 경우, 구간 내 10개 승차역 및 터널에 54개에 이르러 응급복구를 위한 접근통로를 확보하고 있다.

2. 응급복구계획

2.1. 응급상황의 종류

로스앤젤레스카운티 대중교통국(LACMTA)는 지하철/전철운행에 따른 주요 사고 유형을 다음과 같이 정의하고 있다.

- ※ 신호장애
- ※ 선로장치 고장
- ※ 운전부주의
- ※ 차량 및 사설물 간 추돌
- ※ 관제 및 SCADA 장애
- ※ 차량결함 및 고장
- ※ 차량 간 추돌
- ※ 화재 및 인명사고

2.2. 응급복구체계(Emergency Response System)

로스앤젤레스카운티의 Metro Red Line의 경우, 응급복구체계는 다음의 3단계를 거쳐 이루어지고 있으며, 지하철/전철 운행감독관(Rail Transit Operations Supervisor : RTOS)의 지휘아래 사고현장책임자(On-Scean Coordinator) 및 지하철/전철 운행, 차량보수, 시설물 보수, 선로안전, 지하철 안전대책 등 응급상황 관련업무담당자 등이 참여하는 사고조사팀을 항시 구성, 지하철 사고로 인한 운행 장애에 대비하고 있다.

2.3. 응급복구지침

1단계 : 지하철사고 발생 시, 사고현장 목격자는 중앙관제센터(Central Control Center)와 즉각 접촉, 지하철/전철 운행감독관(RTOS)가 현장도착할 때까지, 사고경위에 관련된 각종 정보(사고위치, 방향, 성격, 현장상황) 등을 수시로 보고한다.

2단계 : 지하철/전철 운행감독관은 사고발생에 따른 관련조치(사고조사, 안전조치 및 사후보고서 작성)를 취하게 되며, 대외적으로는 타 응급복구기관(경찰, 소방서등)에 대해선 로스앤젤레스카운티 대중교통국(LACMTA)을 대표하는 현장책임자의 역할을 수행하게 된다.

3단계: 지하철/전철 운행감독관은 현장도착 후 중앙관제센터와 응급복구팀 간의 사고수습에 필요한 각종 정보를 전달하며, 현장에 주재하는 동안 사고피해, 인명손상, 승차역의 상황, 선로 및 전원공급 등에 관계된 평가를 중앙관제센터에 보고하게 된다.

4단계: 인명손상 관련사고 시, 사고관련 피해가 적절히 조치되었다고 판단될 경우, 지하철/전철 운행감독관은 지하철운행을 정상화시킬 수 있으며, 이를 위해 필요한 조치(전원공급, 선로 복구 등)를 취할 수 있다.

5단계: 지하철/전철운행감독관은 사고 발생 시 현장책임자(OSC)로서 타 응급복구기관이 필요로 하는 정보나 인력/장비지원을 행할 수 있으며, 비상대책기구의 응급복구에 대한 최종결정이 날 때까지, 현장에 주재하게 된다.

기타사항: 사고발생 시, 인명대피가 필요할 경우 이에 대한 조치는 지하철/전철 통제관(Rail Controller)의 허가가 반드시 선행되어야 하며, 이때 지하철/전철 운행감독관은 중앙통제처와 무선으로 상황에 대한 정보를 수시 교환하게 된다. 인명사고 시에는 인명구조에 관한 사항은 해당 지역 소방서의 책임으로, 이에 관련된 인적, 물적 지원을 요청할 경우 이를 최대한으로 수행하여야 한다.

지하철 응급복구체계 및 기관: 로스앤젤레스카운티 Metro REd Line

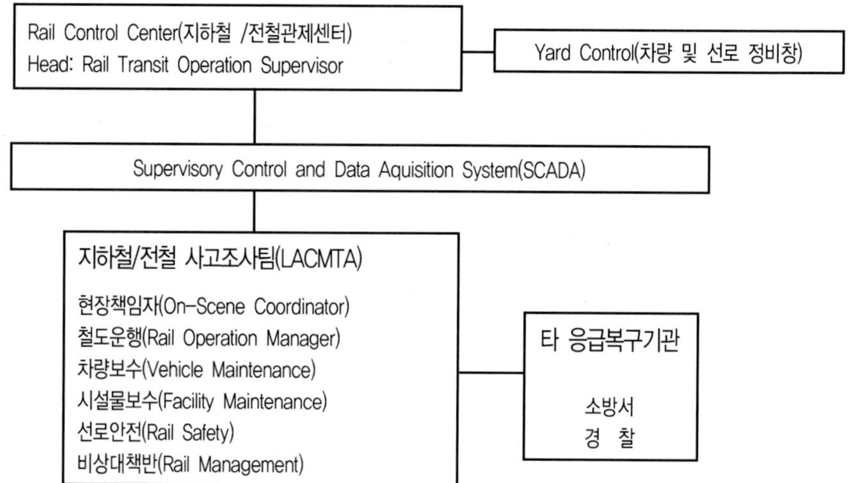

V. 건설, 건축 분야

1. 도심 · 지구의 활성화

1. 문제제기

가. 미 다운타운(도심) 활성화의 역사

미국 도시의 특징은 도심의 교통체증 및 공해로 인해 근교의 주택 지역으로 부도심이 발전(Decentralization)함에 따라 도심의 사업기능이 퇴화하는 공동화(空棟化) 현상으로 인하여 도심을 재개발하고 경제 활성화를 위한 도심개발(Revitalization)을 위하여 연방, 주에서 지원하는 각종 보조금(Block Grant)으로 다운타운의 활성화를 유도하고 있다.

나. 우리 실정에 적합한 접목가능성

우리의 경우는 도심이 아직까지는 비즈니스의 중심기능을 하고 있다. 하지만 우리도 앞으로의 지속발전가능한 개발(Sustainable Development)인 지역발전과 경기활성화를 위하여 미 지방자치단체들이 관심을 갖고 있는 도심개발

(Revitalization)에 대한 도시계획원리를 이해하고 도심이 계속 발전될 수 있도록 방향을 마련하는 데 도움이 되었으면 한다.

지방자치제가 실시되면서 우리 시도 과거의 종합도시계획에서 구청별 도심 지역개발에 대한 방향을 설정하는 데 참고자료로 이용되길 바라며 이 내용은 도시계획관련 전문가(Planner)뿐만이 아니라 구청단위의 기관장 및 실무공무원과 본 청의 실무진들이 모두 숙지하여 현재의 도심 중심적인 기능의 단점을 보완하여 다운타운의 공동화를 미연에 방지하고 이에 대비하는 데 필요한 관련 자료라고 사료된다.

2. 머리말

다운타운이 지역경제에 미치는 영향이 얼마나 지대한지는 전국의 모든 관련 공무원들은 다 알고 있다. 이러한 인식은 다운타운이 지역사회의 주춧돌 역할을 한다는 이해에서 비롯하고 있으며, 따라서 다운타운이 지역경제개발의 도약대임을 나날이 확인하고 있는 것이다.

지역 차원의 여러 가지 다운타운 활성화 노력 가운데 가장 성공적인 것은 역시 지자체(시정부)가 주도한 것이겠지만, 지난 수십 년 동안 시정부의 역할 역시 변화하여 왔다.

연방정부와 각 주정부가 모두 다운타운의 중요성에 대한 인식을 재고하여 왔으나 다운타운 개선에 필요한 이들 상급 정부의 보조금은 지난 20-30년 동안 계속 축소되어 온 것도 사실이다.

이와 같은 연방 및 주정부 예산 배정의 우선권의 전위는 다운타운 활성화에 필요한 지방정부의 (재정적) 역할을 축소시키는 효과를 초래하였다. 따라서 지방정부에게서 기대되는 역할은 지난 수십 년간 무진장한 재원 조달 자로서의 역할에서 탈피하여 이제는 다운타운 활성화 노력의 무한한 리더십이 기대되기에 이르렀다. 여기서 지방정부의 리더십이란 보다 적극적인 다운타운 활성화 전략의 준비에서부터 시작되며, 사업주, 부동산 소유자, 시민운동가 등 다운타운의 상태에 민감한 여러 계층의 공조가 수반되어야 한다. 잊지 말아야 할 사실은 다운타운 활성화 전략은 해당 지역 상업중심 지역을 활성화하는 데 필요한 실천강령의 청사진 역할을 한다는 점이다.

이 내용에서는 이러한 청사진을 실적이 검증된 여러 성공전략들을 바탕으로 해당 다운타운에 실전 응용할 수 있는 방법을 제시하고 있다.

3. 本 論

□ 다운타운 활성화에 대한 전국 관련 공무원들의 견해

미 도시연합(National League of Cities)은 1998년 샘플 설문 조사를 통해 전국 다운타운 활성화 관련 지방 공무원들의 의견을 수집한 바 있다. 이 조사의 핵심 질문은 "다운타운 활성화를 추진하고 있는 다른 지역의 공무원들에게 귀하가 하고 싶은 충고는?"이었으며 아래의 내용은 이를 요약한 것이다.

1. 관민 협조체계의 구축이 다운타운 활성화의 핵심 요소이다. 또 다른 중요요소는 다운타운 활성화에 대한 구체적인 비전(Vision)을 구축하는 것과 이의 실천을 들 수 있다. 다운타운 활성화과정은 진척이 매우 더디는 한편 계속적인 관심이 주어져야 하는 과정이다. 성공적인 다운타운 활성화는 많은 "작은 진전"에 의해 이루어지는 것으로서 경우에 따라서는 부분적인 퇴보조차도 불가피하다. 인내, 인내 그리고 또 인내하라. ─Ohio주 Miamisburg시에서.

2. 다운타운 활성화 과정은 열린 과정, 누구나 참여할 수 있는 과정, 다같

이 협력하는 과정이 필요하다. 우리가 성공할 수 있었던 중요한 요소는 단일 추진 기구(A Unified Downtown Development Authority [DDA] Board)를 꼽을 수 있고, 이 기구는 시청의 전문가(A Profe- ssional Downtown Director)와 긴밀히 협조하였다. 즉 DDA와 시청이 함께 개발한 종합 방안이 다운타운의 낡은 건물을 재단장하는 데 필요한 개인 투자를 증대시켰다. — Colorado주 Longmont 시에서.

3. 다운타운 활성화 계획의 초기 단계에서부터 투자가들을 접촉하고 자본가들을 끌어들이며 대중의 의견을 반영하되 여론에 끌려 다녀서는 안 된다. 시의회, 시청, 지역사회의의 통합된 의견과 행동이 성공의 열쇠이다. 우리 시의 경우 다운타운 활성화에 따른 수입 증대, 즉 판매세, 호텔세의 증가는 시 역사상 최고치를 기록하고 있다. —California주 Millbrae시에서.

4. 미래지향적 계획을 수립하되 지역사회의 주인의식 함양을 잊지 않아야 한다. 사업 추진상 이룩한 조그만 성공도 축하하고 격려하면 보다 큰 성공으로 쉽게 연결된다. 우리 시 시민과 공무원들은 우리 시 다운타운의 긴 역사성이 상업 중심가로서의 가치를 충분히 갖고 있음을 확신하였다. —North Carolina주 Monroe시에서.

5. 내일 할 수 있으면 오늘 당장 시작하라. 높은 관심과 관민의 유기적 협조가 우리 시 다운타운 활성화의 성공 요인이었다. 다운타운 비즈니스의 종사자와 이용자가 모두 자신감이 고취되었다. —Michigan주 Flint시에서.

이밖에도 지역사회의 지도자들은 다음과 같은 조언을 하고 있다.

1. 시간과 노력이 필요하다.

다운타운 활성화 사업이 시작되면 우선 구체적이고도 신속한 실적을 내야 한다. 그래야만 민·관 모두 사업의 동기를 부여받을 수 있기 때문이다. 그러나 다운타운 활성화는 본질상 장기 프로젝트이며, 따라서 노력과 시간이 필요하다는 점을 잊지 말아야 한다.

2. 다운타운 활성화는 경제개발 사업임을 주지해야 한다.

지난 수십 년간 많은 지역 사회들이 다운타운 활성화를 소위 "다운타운 병"을 물리적으로 치유하는, 예컨대 도로환경 개선, 노후 빌딩 재단장, 환경 미화 등으로 잘못 인식하기도 하였다. 이들 과업이 중요하지 않은 것은 아니지만 이러한 노력만으로 다운타운의 활성화가 이루어진 경우는 거의 없다. 오늘날 많은 현명한 지역사회들은 다운타운 병이 물리적 환경 개선만으로는 치유될 수 없음을 잘 알고 있다. 때문에 다운타운 활성화를 성공적으로 성취하기 위해서는 다운타운의 경기를 회복하는 방안, 예컨대 떠나간 비즈네스의 재유치, 새로운 비즈니스의 창업 동기 부여 등 다운타운의 물리적 환경개선과 수반하여 시장원리의 정확한 이해가 필요하다.

3. 명확한 행동 강령이 필수적이다.

바람직한 다운타운은 우연히 만들어지는 것이 아니고 계획되고 다듬어서 이루어진다. 귀하의 다운타운이 위대한 다운타운으로 만들어지기 위해서는 다음과 같은 분명하고 구체적인 행동강령이 반드시 필요하다.

- 우리가 추구하는 이상적인 다운타운 비전(Vision for Downtown)을 정의함에 있어 지역사회의 의견을 충분히 반영해야 한다.
- 다운타운의 비즈니스, 주거 및 사무 공간, 부동산 등의 잠재한계를 정량적으로 분석하는 정확한 시장 분석이 필요하다.
- 그 지역사회에 적응 가능한, 집행 가능한 계획이 되어야 한다.
- 다운타운 활성화계획은 민간과 관이 동시에 추진해야 한다.
- 파트너들의 역할과 책임은 구체적으로 부여하여 소위 "뒷짐 지는" 참여자가 생기지 않도록 행한다.

4. 시정부의 주도적인 역할이 필수적이다.

시청의 다운타운 활성화 사업 책임자들은 주도적인 역할과 계몽을 아끼지 말아야 하며, 이러한 시청의 주도적 노력은 그 누구도 대신할 수 없음을 인지해야 할 것이다. 시정부의 확고한 신념이 없다면 투자가들도 투자확신을 가질 수 없을 것이다.

5. 자원봉사자의 중요성

자원봉사에 동참하는 비즈니스 단체, 시민 조직, 지역사회의 정체성은 다운 타운 활성화를 주도하는 전문가 집단에 못지않게 중요한 요소이다.

6. 재원확보

다운타운 활성화사업은 과업 추진에 필요한 조직 운영 경비와 프로젝트 사업비용을 필요로 한다. 가장 성공적인 재원확보의 형태는 관과 민이 부담하는 것이다.

□ 다운타운 활성화사업에 대한 그릇된 속설

근래 들어 다운타운 활성화사업과 관련한 여러 가지 그릇된 속설이 널리 퍼져있다. 다운타운 활성화사업을 추진해온 관계자들은 경험을 통해 이러한 속설을 타파할 수 있어야만 사업을 성공적으로 이룩할 수 있다. 다음은 가장 흔한 10가지 속설을 나열한 것이다. 다운타운 활성화사업을 성공적으로 추진하기 위해서는 이들 오류를 정확히 인지하고 극복하여야 할 것이다.

속설 1: 다운타운 활성화사업의 혜택은 다운타운에만 한정된다.

이러한 잘못된 생각은 다운타운 활성화가 단지 경영상태가 악화되는 몇몇 사업체만을 대상으로 경기를 회복시키는 데 국한되며, 따라서 다운타운 내에 소재한 일부 사업자들에게만 혜택이 돌아간다고 일반적으로 믿고 있는 것이다. 그러나 다운타운 활성화사업의 본질은 지역사회 전체의 탄탄한 경제 능력을 높이기 위한 투자라는 점을 인식해야 한다. 다운타운의 경제적 침체는 지역사회 전반의 경제 여건을 악화시켜왔다는 사실은 미국 전역에서 목격되고 있다. 이들 다운타운의 경제적 상태가 투자가들이 중요시하는 두 가지 요소를 가늠하는 척도로 인식되기 때문이다.

첫째, 지역사회의 전반적인 경제적 건실성,
둘째, 지역사회 지도자(민간 및 관)의 능력.

최근 수년간 많은 지자체들이 여러 분야에서 침체를 거듭하고 있고 각계각층의 전문 인력을 다른 도시로 빼앗기고 있는바, 이는 다운타운의 침체에 크게 기인하고 있다. 투자가들이나 잠재적 거주자들은 다운타운을 그 지역사회 전체의 삶의 질을 가늠하는 척도로 여기는 경향이 있다. 그들은 쓰러져가는 다운타운을 한 번 보고는 전체를 판단하는 것이다.

속설 2: 건설만 해놓으면 사람/기업이 몰려온다.

이러한 믿음의 저변에는 지역사회가 물리적 환경만 잘 조성하면 투자가나 소비자들이 그곳을 몰려온다고 믿는 것과 그 궤를 같이하고 있다. 지난 2-30년 동안의 경험이 이러한 생각의 허구를 잘 반증하고 있다. 많은 지역사회가 대규모 도시환경 개선사업, 예컨대 새로운 보도 조성, 가로수 식재, 녹지 및 보행 편의 시설에 많은 투자를 한 후 할 일이 끝났다고 믿고 투자가나 소비자가 오기만을 앉아서 기다렸다. 불행히도 환경개선 사업만으로는 도시의 활기를 되찾을 수 없음을 이들 도시들은 깨닫게 된 것이다. 즉 물리적 여건개선은 경제 활성화 방안과 함께 할 때만 지역사회의 재건이 가능하다는 것을 인식하게 되었다. 다시 말해 다운타운 활성화사업은 "시장원리"에 기초하여야 하며 단지 물리적 개선만으로는 불가능하다.

속설 3: 우리가 슬럼 지역을 철거해놓으면 투자가들이 건설할 것이다.

이는 속설 2와 상반되는 생각으로, 다운타운 활성화사업을 도심 재개발 사업으로 동일시하고 있다. 낡은 빌딩을 철거하여 나대지를 공급하면 개발업자들이 앞 다투어 새로운 빌딩을 건설한다고 믿는 것이다. 불행히도 이러한 생각으로 낡은 건물을 철거했던 전국의 많은 도시들이 빈 땅을 그대로 놀리면서 투자가들이 몰려오기를 오늘도 막연히 기다리고 있다. 이러한 쓴 경험을 토대로, 취약한 시장 여건은 그대로 두고 투자가들을 기다릴 수는 없다는 것을 많은 지역사회가 깨달은 것이다. 오히려 낡았지만 아직 구조적으로 튼튼하고 고색창연한 빌딩들이, 깨끗이 단장만 하면, 매우 매력적인 유인 요소가 될 수 있다는 것도 깨닫고 있다. 실제로 잘 재단장한 고풍스런 건물들이 가장 가치 있는 상업 부동산임이 많은 도시에서 증명되고 있다.

속설 4: 도시 활성화 사업 중 가장 큰 프로젝트 하나만 완수해 놓으면 투자가들이 몰려오기 시작한다.

이 생각은 중요한 사업 또는 시책 한 가지만 성공적으로 수행하면 "나머지" 모든 일이 저절로 잘 이루어진다고 믿는 것이다. 한 예로, 다른 도시여건은 그대로 둔 채 다운타운의 컨벤션센터(혹은 경우에 따라 대규모 위락 단지나 주차 빌딩, 보행자 전용 거리)를 건설하는 일이다. 불행히도 이 방법은 대부분의 도시에서 실패로 끝이 났다. 다운타운 활성화사업은 다방면에서 추구되어야 한다.

속설 5. 다운타운 비즈니스가 성공적이 되기 위해서는 지역 내 영업시간을 통일시켜야 한다.

최근 수년 동안 많은 다운타운들이 다운타운 활성화사업 방안의 하나로 그 지역 내 소매업소의 영업시간을 통일시켰다. 즉 다운타운을 하나의 "거대한 쇼핑몰"화하고자 한 것이다. 대부분의 이러한 노력은 실패로 끝이 났다. 수많은 업체가 영업시간을 통일한다는 것 자체가 실현가능성이 희박할 뿐 아니라 영업 자체에도 유리할 것이 없다고 판단한 다른 도시들 즉 개별점포의 "시장기능"에 따라 영업시간을 자유롭게 실시한 도시들보다 실패율이 현저히 높았다.

속설 6: 다운타운 내 경쟁은 영업에 유리하지 않다.

사실은 이와 정반대이다. 가장 성공적인 상업 지역(오래된 곳이든 신흥 지역이든)은 동종의 업소들이 한곳에 모여 있는 경우가 많다.

속설 7, 8: 다운타운 활성화사업 추진 공무원들은 개발업자에게 고분고분해야 하며, 만일 그렇지 않으면 개발업자들이 그 지역을 기피한다. 또는 반대로, 관련 공무원들은 개발업자에게 엄격해야 하며, 만일 그렇지 않으면 공무원을 이용하려 든다.

이와 같은 속설이 잘못된 것이라는 것은 지난 15년간의 전국 지자체들의 경험이 잘 보여준다. 개발업자들은 그들의 사업을 필요로 하는 지역에서 필요로 하는 사업을 시행한다. 그래야만 그들의 사업이 지역사회로부터 보호받을 수 있기 때문이다.

관련 공무원들이 개발업자들을 필요 이상으로 까다롭게 대하는 지역들은 이들 업자들이 기피한다는 사실은 과거의 사례들이 잘 보여준다. 지역사회가 개발업자들을 일방적으로 이용만 한다는 인식을 불식시킬 필요가 있다.

양질의 개발 프로젝트를 성공적으로 달성한 다운타운들은 한결같이 공조체계, 즉 지역사회-자치단체-개발업자 간의 파트너십을 이룩하였다. 즉 흔히들 말하는 민·관 협조체계가 바로 그것이다. 관민 협조체계를 성공적으로 도출하기 위해서는 서로가 상호 협조하여 그 혜택이 양쪽 모두에게 돌아가게 함이 중요하다.

속설 9: 주차시설만 확충하면 다운타운 활성화는 잘된다.

이러한 생각의 기저에는 "모든 다운타운 병은 주차난에서 기인된다"라는 잘못된 인식이 자리하고 있다. 이 같은 생각을 가지고 있는 공무원들은 다운타운의 소비자들이 넓고 편리한 주차장이 있는 교외의 쇼핑몰로 가버렸다고 믿으며, 때문에 주차장 증설만을 역설한다. 그러나 다운타운의 여러 다른 문제들을 그대로 둔 채 주차 시설만을 확충한 바 있는 많은 도시들이 이러한 생각이 잘못된 것임을 이제는 알게 되었다. 많은 다운타운 주차장이 아직 텅 빈 채로 있기 때문이다.

주차난을 겪고 있는 많은 다운타운의 문제점은 주차 공간의 부족이 아니라 주차 관리 체계에 기인한다. 예를 들어 비즈니스 종사자들이 편리한 곳에 먼저 주차함으로써 정작 손님들의 주차를 어렵게 하는 것이다. 이러한 문제점은 주차 공간의 확충에 앞서 보다 합리적인 주차관리를 통해 해결할 수 있다.

과거의 손님들을 되찾는 데 성공한 다운타운들은 소비자들로 하여금 다운타운의 이점을 인식하게 하고 나아가 소비자 스스로가 그러한 비즈니스를 보호하고자 하는 생각을 갖게 하는 경우가 많다. 실제로 다운타운 비즈니스가 소비지의 욕구(소비지가 원하는 물건, 서비스, 친절, 독특한 아이템 또는 영업 방식 등)를 충족할 경우 주차는 큰 문제가 아님을 인식하게 되었다.

속설 10: 우리는 할 수 있으며, 마음만 먹으면 언제든지 다운타운 활성화를 이룰 수 있다.

다운타운 활성화는 경제적인 활성화를 의미한다. 경제적인 활성화는 다음과 같은 구체적인 도구가 없이는 이룩되기 어렵다.

- **비전(Vision)**

사업자, 관, 주민들이 동참하여 분명하면서도 지역사회가 공감하는 바람직한 '다운타운 비전'을 정립하여야 한다. 이러한 비전은 다운타운의 미래상을 구현하는데 필요한 모든 결정이나 행동을 가늠하는 기본 원리로 활용되어져야 한다.

– 시장분석

다운타운의 경쟁력을 높이기 위해서는 시장의 현실을 정확히 인지하는 것이 필수 불가피하다. 다운타운 활성화 노력은 다운타운의 비즈니스, 업무 공간, 주거 공간 등의 잠재성에 대한 철저한 시장 정보에 근거하여야 한다.

– 성장 전략

충분한 계획 없이 성공적인 비즈니스가 어렵듯이 다운타운 활성화를 위해서는 충분한 계획이 선행되어야 한다. 다운타운 경기회복과 지역사회 비전을 달성하기 위해서는 시장분석에 근거한 분명하고, 실현 가능하며, 실천적인 성장 전략이 필요하다. 이러한 정장 전략은 무엇을, 누가, 언제까지 마무리하는가 하는 구체적인 추진 스케줄을 통해 달성된다.

– 관·민 파트너십

사업자, 자치단체, 주민, 그리고 기타 유관기관 간의 파트너십은 성공을 위한 필수 불가결의 요소이다. 이러한 공조 체계는 민간부문이 주도하여야 한다.

– 재원 조달

다운타운 활성화 계획을 적기에 완수하기 위해서는 관민 파트너가 일정규모 이상의 재원을 확보해야 한다. 재원은 다운타운과 이해관계가 있는 특수 집단보다는 커뮤니티 전체의 다양한 분야에서 고루 조달되는 것이 바람직하다. 그간 많은 지역사회 지도자들이 너무 오랜 기간 동안 다운타운 활성화 사업을 '즉흥적'으로 시행해왔다. 시장 동태를 짐작에 의존하고, 분명한 비전도 정립하지 않았으며, 과업은 대충 대충 추진하고, 업계와 관은 손발을 맞추지 못하였고, 부족한 재원조달로 최소한의 비용만을 지출하여 왔다.

반면 업계의 거물인 쇼핑몰이나 대규모 할인 매장들은 그와 같은 주먹구구식 대신 강력한 비즈니스 도구를 활용함으로써 영업에 성공할 수 있었다. 그들이 활용한 똑같은 도구 없이는 다운타운 활성화를 성공적으로 추진할 수 없다. 이러한 도구들과 이의 활용방안은 다음 장에서 다룬다. 지금까지 살펴본 다운타운 활성화와 관련된 잘못된 속설을 잘 이해하는 한편 다운타운 활성화를 미루지 말고 오늘 당장 시작해야 할 것이다.

□ 시작: 귀하의 다운타운의 올바른 미래상을 정립하라

공감대가 형성된 다운타운 미래 관과 탄탄한 시장 정보를 바탕으로 한 다운타운 활성화 노력의 시작 단계가 종종 그 성패를 좌우한다. 성공의지가 담긴 비전과 정확한 시장정보는 다운타운 활성화 사업의 기초임을 잊지 말아야 할 것이다. 왜냐하면 이들 요소들이야말로 지역사회가 다운타운으로부터 기대하는 바는 물론, 당면한 문제점과 잠재성을 확인하는 요소가 되기 때문이다. 이러한 건실한 기초 위에서 비로소 다운타운 문제를 해결하고 잠재능력을 구현하는 데 필요한 행동을 도출할 수 있기 때문이다. 이러한 기초가 허약하다면 귀하의 다운타운 활성화 사업은 위기에 빠질 수 있다.

다운타운 미래에 대한 공감대적 비전을 정의하고 다운타운의 현실을 파악하기 위해서는 다음의 2단계 과정이 필요하다.

- 지역사회가 공감하는 다운타운 미래에 대한 바람직한 비전을 정의하라.
- 시장분석을 사실적으로, 철저하게 수행하라

성공에 대한 지역사회의 비전:

귀하의 다운타운이 이대로 변화해갈 경우 다운타운의 미래에 대해 귀하는 확신을 가질 수 있는가? 만일 미래를 정확히 예측할 수 없다면 다운타운 미래에 대한 귀하의 계획은 무엇인가? 다운타운은 끊임없이 변화해 가는 속성이 있다. 즉

- 비즈니스의 부침,
- 재산소유의 계속적인 전이,
- 소비 인구와 연령층의 변화,
- 경쟁관계에 있는 쇼핑 지역의 확대 또는 축소,
- 다운타운 최고 정책 결정자의 잦은 교체,
- 다운타운 관련 공무원의 교체 등.

다운타운을 둘러싼 환경의 다양한 변화는 다운타운의 미래 예측을 어렵게 하며, 다운타운의 관리를 더욱 어렵게 한다. 다운타운 활성화 과업의 많은 지도층은 민간부문에서 활용되는 비전 정립 기법을 적용하고 있다. 이들은 다운타운에 유익한 변화를 앞장서서 주도해 가는 지도자적 역할이 피동적 수혜 대상, 즉 다른 데서 연유한 혜택을 다운타운이 받도록 하는 것보다 경우에 따라 쉽다는 것을 경험하기도 한다.

시민 대다수를 기쁘게 하고, 희소한 자원을 가장 효과적으로 활용하는 방향으로 지역사회를 이끌고 나아가기 위해서는 민간 경영 기법이 필요하다는 인식이 많은 지자체 공무원들 사이에 자리잡아가고 있다. 다만, 이와 함께 지역사회가 공감하는 '비전'이 필요하다는 점도 이들은 잊지 않고 있다.

우리 자신들에게 다음과 같은 질문을 해 볼 필요가 있다. "우리 지역사회의 미래를 우연에 맡길 것인가 아니면 우리의 희망과 포부대로 이루어지도록

노력할 것인가?" 이 질문을 통해 우리는 지역사회의 비전을 정립하지 않을 수 없음을 깨달을 수 있다. 성취적인 지역사회 지도자들(관이든 민간이든)은 다음과 같은 신조를 견지하고 있다:

"위대한 시는 저절로 이루어지지 않으며 계획되는 것이다."

우리의 다운타운이 경제적으로 보다 밝은 미래를 맞이하기 위해서는 '비전정립'과 '계획'이 필요하다.

비전과 비전정립

비전이란 무엇인가? '지역사회 비전'이란 지역사회의 가치, 꿈, 이상을 집약한 것이며, 지역 주민의 이상향이다. 즉 지역사회의 바람직하고도 실현 가능한 미래를 함축한 정신적 지도이다.

지역사회의 비전은 그 구성원들을 격려하고 고무시키며, 열성적이게 만든다. 비전은 전체 지역사회가 보다 큰 선(Good)에 도달하고자 하는 노력을 집결시켜 준다. 그것은 어두운 터널 저 끝에 보이는 밝은 출구인 것이다. 공감대가 형성된 지역사회비전은 '너는 너, 나는 나'식의 방관자적 의식을 불식시키고 하나로서의 '우리'를 만들어 준다.

그렇다면 '비전정립'이란 무엇인가? 비전정립이란 미래창조의 한 방법이다. 즉 "비전정립은 지역사회가 자신에게 적합한 미래를 정의할 수 있도록 하는 과정이다."

위에서 강조된 4단어들은 비전정립이 성공하기 위한 열쇠이며 이를 상세히 설명하면 다음과 같다:

- 지역사회(Community): 비전정립 과정은 다운타운 구성 인구와 다운타운 미래에 영향을 받는 계층으로서 이루어지는 공동체를 전제로 하며

이러한 공동체가 바로 (다운타운) 지역사회이다. 따라서 비전정립이 성공적이고 정당하기 위해서는 공개적이고 공동 참여적이며, 민주적이어야 한다.

- 자신(Self) : 비전정립은 자결에 관한 것이다. 따라서 지역사회 구성원들은 열린 비전정립과정을 통해 스스로 다운타운의 비전을 결정해야 하는 주체이다.

- 미래(Future) : 비전은 다운타운의 미래형성에 관련된 모든 변화를 인도(guide)하는 등대이다. 비전이 '계획'은 아니지만 계획과정의 한 부분이다. 귀하의 비전은 귀하가 어디를 지향하는가, 어떤 미래를 창조하고자 하는가를 말해준다. 또한 그곳에 어떻게 도달할 수 있는가를 알려주는 계획의 일부이어야 한다.

- 과정(Process) : 일련의(개별이 아닌) 과정, 회의 연구 기법, 기타. 종합적인 비전정립에 충분한 시간을 할애하는 것은 매우 중요한 것으로서 꼭 필요한 데이터를 수집하고 다운타운 구성원 간의 깊은 대화를 가능하게 한다.

비전의 예

다운타운 비전은 자의적으로 제한된 하나의 짧은 문장이나 문단은 결코 아니다. 다운타운의 미래에 대한 지역사회의 이상과 의지를 자세히 기술하기 위해 다운타운의 비전은 충분히 길어야 한다. 다음의 예는 어느 다운타운 비전의 한 부분을 발췌한 것이다.

비전문 사례: Colorado주 Longmont시

2003년까지 우리 시의 다운타운은 축제적이고 문화적이며 역사가 살아 숨 쉬고 가족적이고 우호적이며 매혹적이고 안전한 거리로 조성하고자 한다. 다운타운은 전문 상점, 개성이 있는 매장, 야간에 더 활기가 있는 거리이어야 한다. 다운타운은 당신과 가족들이 평화롭게 산책할 수 있고 마음대로 길을 건널 수 있으며 거리 도처에서 콘서트를 감상할 수 있고 여러 가지 작지만 독특한 쇼핑 장소를 즐길 수 있게 된다.

다운타운이 번성하게 되면 다운타운은 물론 인접 지역까지 통행자 보호책이 마련될 것이다. 다시 말해 보행자가 크고 작은 길을 건너기 용이하며 일정 규모 이상의 트럭은 다운타운으로 진입할 수 없고 주차장이 넘쳐 인근 지역까지 주차혼잡을 야기하는 일이 있어서도 안 된다. 다운타운은 "일하기에도, 살기에도" 모두 좋은 장소이어야 함으로 다운타운과 인접지역이 업무와 주거지역으로 구분되어지는 일이 없이 기능적으로 통합되어져야 한다. 한편 상업활동이 주요 도로를 따라 이루어지므로 인접 주택가들이 이로 인한 불편이나 손해를 입지 않도록 배려되어야 한다.

다운타운 개선에 따른 우리 시의 이미지는 다음과 같이 변화해야 한다:

이 지역의 천연 건축 재료와 색조를 강조하는 매력적인 건축물로 이루어진, 역동적이고 활기차며, 우호적이고 성공적인 다운타운.

더불어 좋은 서비스와 품질 높은 독특한 상품을 제공하는 다양한 사람과 가계가 있는 다운타운.

콜로라도 주의 도시로서, 동시에 콜로라도 산맥의 도시로서 Longmont시, 즉 역사와 문화가 배합된 독특한 개성을 견지하는, 역사를 간직한 건물들로 이루어진 다운타운.

스스로의 문제를 현명하게 해결하는, 콜로라도의 가장 귀한 보물인 Longmont시 다운타운!

시장분석은 필수

다운타운은 대형 쇼핑센터, 할인 매장, TV쇼핑 채널, 인터넷 쇼핑 등으로 이루어지는 거대한 쇼핑 산업의 한 부분을 이루고 있다. 이러한 대형 판매회사들이 그들의 비즈니스를 시작할 때 시장분석을 최우선적으로 실시했음은 불문가지이다. 다운타운이 이들 거대 상권과 경쟁하기 위해서는 그들이 사용하는 도구를 갖추지 않으면 안 된다. 따라서

"다운타운 활성화의 첫 번째 과업은 시장분석이다."

시장 분석적 접근방법은 다운타운 활성화 성공의 기본 요소이다. 다운타운이 지역사회에서 의미하는 바가 다양하겠지만 가장 중요한 점은 그것이 경제집단이라는 점이다. 비즈니스는 반듯이 시장 지향적이어야 한다. 즉 고객을 이해하고, 시장을 공유하고 있는 다른 경쟁 업소를 이해할 필요가 있다. 다운타운 활성화는 물리적인 환경개선만으로는 이룩되기 어렵다는 것을 이해할 필요가 있다. 고용도 증대되어야 하고 부가가치도 생산되어야 하며, 공공부문 투자에 필요한 세수도 증대되어야 한다. 경제적으로 건실한 비즈니스는 고객에게 필요한 물건과 용역을 제공하는 한편 다운타운의 재원 조달의 역할도 한다. 다운타운 활성화를 성공적으로 이룩하기 위해서는 해당 다운타운의 경제적 잠재력을 정확히 이해할 필요가 있다.

시장분석이란 무엇인가?

시장분석은 결코 정밀과학은 아니다. 시장분석은 다운타운 비즈니스 소유주, 부동산 소유주, 개발업자, 투자자들에게 다음과 같은 정보를 제공할 뿐이다:

- 시장에 현존하는 기회에 대한 통찰력,
- 다운타운에 현재 또는 미래에 투자를 하고자 하는 투자가가 투자결정을 내리는 데 필요한 다양한 정보 제공.

그동안 다운타운의 활성화 과정에서 시장 분석은 다소 모호한 개념으로 이해되어 왔다. 과거 많은 사람들이 시장 인구 변화 자료와 사회경제 (Socio-Economy) 자료만으로 시장 동향을 완전히 파악하였다고 생각해 왔던 것이다. 요즈음은 많은 사람들이 다운타운 시장 내에 잠재하고 있는 기회나 고객의 욕구를 보다 정확히 이해하기 위해 전문가 집단을 활용하기도 한다. 이러한 접근 방법은 다운타운의 시장기회(Market opportunity)에 관한 보다 나은 이해에 도움을 주는 것은 사실이다. 그러나 시장분석의 핵심 내용은 몇몇 데이터나 조사방법의 동원만으로는 획득되기 어려우며, 다양한 데이터와 의견 교환을 통해서야 비로소 가능하다.

양질의 시장분석을 위해서는 석조 건물을 지을 때 쓰는 방법과 똑같은 방법이 필요하다. 석조건물의 내구력은 개별 석재의 내구력에 의존한다. 한 개가 모자라면 전체가 위태롭게 되는 것이다.

양질의 시장분석은, 특히 다운타운의 경우에는, 다양한 정보원에 크게 좌우된다. 다양한 정보가 잘 융합되면 시장 조사의 결과는 보다 분명하고 유효하게 된다. 귀하가 다운타운 활성화에 관계자이라면 최소한 다운타운의 장래 소매 규모, 업무용 및 기타 부동산의 동향을 파악할 필요가 있다.

<u>소매시장 분석</u>

다운타운의 시장기회와 시장 동향을 파악하는 최근의 접근방법은 아주 간단하다. 즉 다운타운이 현실적으로 대상으로 삼고 있는 고객의 요구와 욕구에 바탕을 둔 현실적인 시장 잠재성을 이해하면 된다. 다운타운 시장 분석의 첫 단계는 다운타운이 시장 단위(Market Unit)로서 어떤 기능을 수행하고 있는가를 파악하는 것이다.

다운타운의 기능이 지역마다 여러 가지 면에서 대동소이하겠지만, 시장관점에서 보면 저마다 특색이 있다. 어떤 다운타운은 지역사회의 가장 큰 상권을 형성하기도 하고 또 다른 다운타운은 전통적인 상권을 교외의 대규모 신흥 소매점들에게 빼앗긴 곳도 있다. 심한 경우에는 업무와 주거 공간마저도 교외의 보다 쾌적한 장소로 빼앗긴 다운타운도 많이 있다. 반면, 비록 다운타운의 상당기능을 외부로 빼앗겼더라도 아직 부흥의 가능성을 가지고 있는 다운타운도 있다. 이러한 다운타운의 경우 새로 창업하는 이 지역의 입주자 입장에서 보면 다운타운의 부동산 시세가 상대적으로 저렴하여 소규모 창업에 유리할 수도 있다. 많은 소규모 자영업자들은 이러한 다운타운에서 영업 공간을 쉽게 확보하며 이는 비즈니스 시작에 큰 도움이 된다.

다운타운 소매시장 파악에 유의할 점은 다음과 같다:

- 다운타운 영업자의 수익 향상을 위한 최선책의 파악,
- 현재 다운타운 상권을 이용하는 고객이나 잠재고객의 기대에 부흥할 수 있는 적정 비즈니스 규모 제시.

다운타운 시장분석이 중요한 이유는 다음과 같은 내용을 파악할 수 있기 때문이다:

- 다운타운의 현재 또는 미래 고객 파악
- 고객의 사회-경제적 특성, 즉 지출 규모, 지출 양태 등을 파악
- 다운타운에 대한 고객들의 의견 수집
- 다운타운의 가장 큰 경쟁 상대 파악
- 다운타운 내에서 업종별 유리한 장소 파악
- 다운타운 내에서 경제적으로 성공할 수 있는 업종 파악

한 마디로 요약하여

"시장 분석은 해당 다운타운의 재활에 필요한 구체적인 액션과 시장 기회의 포착을 가능하게 한다."

시장 분석은 시장 분석 자체로 끝나면 안 되며 이를 바탕으로 다운타운이 필요로 하는 요소를 가늠하고 다운타운의 경제 부흥에 도움이 되는 보다 적극적이고 실천 지향적인 경제부흥전략 수립에 적용되어야 한다.

시장분석의 수혜자는 누구인가?

시장분석을 통해 파악된 내용들은 다음과 같이 다양한 계층에 그 혜택이 돌아간다.

- 다운타운 비즈니스 소유주: 업종 전환, 규모 확대 여부, 영업시간 결정, 마케팅, 새로운 영업 개시.
- 다운타운 부동산 소유주: 건물 세입자 유형 파악, 안정된 임차 계약.
- 다운타운 고용자
- 지역 융자회사: 대출금에 대한 안정성.
- 지방정부: 지방 세수 증대.
- 일반 시민: 쇼핑 대안의 추가, 지역사회 구성원으로서의 자긍심.

시장분석의 결론: 귀하의 다운타운에 알맞은 구체적인 영업 분야(최적의 비즈니스 구성)를 제시하여야 한다.

□ 다운타운 활성화 프로그램: 귀하의 다운타운에 가장 알맞은 추진 전략을 정의하라.

비전을 정립하고 시장분석을 완료하면 다음 사항이 명확하게 나타난다:

- 상당한 분량의 문제점과 다운타운이 직면한 현황.
- 이용 가능한 경제 기회(Economic Opportunity).

다운타운 활성화 전략의 근간을 이루는 구체적인 실천 사항(Action)의 선정 및 스케줄을 세울 때 위에 나열한 정보를 근거로 한다. '알맞은' 실천 사항이란:

- 다운타운이 직면한 현안들을 해결하고, 정립된 비전을 성취하며, 다운타운의 주요 장기 발전책을 이룰 수 있도록 하는 실천사항.

'올바른' 실천사항이 다운타운마다 다를 수 있겠지만, 모든 다운타운의 활성화 노력을 성공적으로 이끄는 최소한의 공통적인 자세와 실천사항이 있음을 우리는 경험을 통해 알 수 있었다. 이들을 나열하면 아래와 같다:

올바른 자세(The Right Attitudes)

오늘날 미국에서 성과를 거두고 있는 다운타운활성화 노력은 대부분 비즈니스 경영기법을 적용한 경우들이다. 이러한 경영기법을 적용하는 것이 바로 다운타운활성화에 대한 올바른 자세라 할 수 있다. 다음은 올바른 자세를 보다 자세히 설명한 것이다.

시장 지향적이 되라

모든 다운타운 활성화 전략을 추진함에 있어 시장분석 정보를 반듯이 이용해야 한다. 경영 예측 기법, 가용한 모든 광고 수단의 동원, 각종 이벤트, 광범위한 물리적 환경 개선 등이 총동원되어야 한다.

특화 업종을 발굴, 육성하라

다운타운을 대표하면서, 타 지역의 초대형 매장들과도 견줄 수 있는 독특

하고 실질적인 경제적 특화 업종을 발굴, 개선, 창조하는 일이 다운타운 활성
화의 경제 목표이다.

실천 지향적이 되라

관민 파트너십을 공고히 하라

투자하라

활성화 과업을 수행하는 데 필요한 재원을 공공부문뿐만 아니라 민간 분야
(해당 업계)에서도 동시에 조달하는 것이 필요하다. 그래야만 이들 민간부문
참여자들이 다운타운 활성화에 보다 직접 연관을 갖게 되고, 따라서 과업 성
공에 대한 스스로의 동기를 부여받는다.

전문가를 위촉하라

자질과 경험이 있는 다운타운 사업 분야의 전문가를 유치할 수 있느냐는
다운타운 활성화 사업의 성패를 좌우한다는 사례가 비일비재하다. 이렇게 위
촉된 전문가는 잦은 행사나 개인적인 진급 문제 등에 연연할 필요가 없기 때
문에 다운타운 활성화 과업에만 전념할 수 있다.

비즈니스 경영식 접근방법을 구사하라

다운타운에 대한 재투자와 투자이익을 창출하기 위해서는 비즈니스 경영식
접근방법이 필요하다. 이를 위해 다음사항을 명심할 필요가 있다:

"성공적인 다운타운이란 그곳에 투자한 사람들 예컨대, 비즈니스 소유자,
부동산 소유자, 부동산 개발업자, 지방 정부 모두가 투자 이상의 이득을 확보
할 수 있는 곳이어야 하며, 따라서 이들이 계속 투자를 유지하는 그런 곳이
어야 한다.

올바른 실천(*The Right Actions*)

비즈니스식 다운타운 활성화 전략, 즉 귀하의 다운타운에 적용되는 일련의 올바른 실천 사항들을 정의하는 것은 비전 정립 및 시장 분석 과정의 정점을 이룬다고 할 수 있다. 쉽게 말해 다운타운 활성화 전략은 시장 분석에서 나타난 문제점과 그 대안에 근거한, 공격적이면서도 실현 가능한 실천사항들이다. 이들을 살펴보면 다음과 같다:

- 다운타운에 현존하는 비즈니스를 다른 곳으로 빼앗기지 말 것.
- 다운타운 내로 새로운 비즈니스를 유치할 것.
- 관민이 협심하여 관내 환경을 개선할 것.
- 다운타운을 안전한 공간으로 조성하는 한편 이에 대한 홍보를 계속할 것.
- 다운타운 내 유휴 공간의 개발 및 이용을 도모할 것.
- 다운타운 내 주차와 교통 통제를 소비자 위주로 개선할 것.
- 현재의 고객은 물론, 미래의 잠재 고객들도 다운타운 마케팅 대상으로 삼을 것.

기본적으로 다운타운 활성화 전략은 아래의 항목들을 실현하는 청사진을 제공한다.

- 지역사회의 비전 성취
- 규명된 시장기회의 획득 및 활용
- 다운타운 당면 과제의 해결.
- 다운타운 활성화와 관련한 참여 확보.

다음의 사항들은 다운타운의 경제 활성화 전략을 성공으로 이끄는 데 필요한 다양한 힌트를 나열한 것으로서, 미국 각지에서 성공을 거둔 다운타운 활성화 기법들을 발췌한 것이다.

현존하는 비즈니스에서부터 시작하라

다운타운 활성화의 구체적인 노력은 현재 영업 중인 비즈니스를 잘 돌보아 번창할 수 있도록 하는 것에서부터 시작된다. 이들 비즈니스의 소유주들은 귀하의 다운타운에 이미 투자를 시작한 사람들이며, 앞으로도 그 비즈니스를 계속할 사람들이다. 따라서 다운타운 경제 잠재력의 혜택은 당연히 이들에게 우선되어져야 한다.

다운타운의 기존 비즈니스 소유주들에게 줄 수 있는 가장 효과적인 도움은 그들에게 일대일의 상담기회를 제공하는 것이다. 이를 통해 그들과 허심탄회한 대화를 가질 수 있고, 이들이 필요로 하는 도움이나, 정보, 충고 등을 파악할 수 있다.

점포 밖에서부터 소비자의 시선을 장악하라

외관이나 주변이 변변하지 못한 상점가는 소비자들로 하여금 그 내용, 즉 상품이나 용역이 별로 구미가 당기지 않는 것처럼 만든다. 말할 필요도 없이 이는 영업에 유해하다. 다운타운 활성화는 민간과 공공기관이 모두 환경 정비에 노력할 것을 요구한다. 상점 주변의 환경을 개선하기 위해서는 건물 재단장, 거리 조경, 기타 환경미화를 실시하여야 한다. 민간부문의 환경 개선 사업을 효과적으로 유도하기 위해서는,

- 낡은 건물의 재단장에 필요한, 지역 특성에 맞는 '디자인 가이드'를 개발, 홍보해야 한다.
- 건물주들이 어떻게, 어느 정도 개선해야 하는지를 조언해 줄 수 있는 전문가를 선정하여 활용한다.

다운타운 조경 개선 시 지자체 공무원들이 견지하여야 할 항목을 살펴보면,

- 최소 원칙(Minimalist: 필요이상의 개선은 삼가),
- 보행자 친화적,
- 유지, 보수상 유리한 방향으로 개선

등을 꼽을 수 있다. 이로써 보행자들이 거리의 쾌적함에 너무 몰두하지 않고 다운타운의 빌딩이나 매장에도 시선을 할애할 수 있어야 한다.

새로운 비즈니스의 유치

기존의 다운타운 비즈니스가 사업기반을 확고히 하고, 다운타운의 주변 경관도 정비가 완료되면 그 다음의 노력은 새로운 비즈니스를 다운타운 내로 유치하는 데 모아져야 한다.

- 비즈니스의 유형을 구분할 것: 비즈니스를 유치할 때 아무업종이나 무조건 유치할 수는 없다. 시장분석을 통해 선정된 분야의 업체 유치에 주력해야 할 것이다.
- 동일 업종은 동일 구역 내로: 새로 유치되는 비즈니스는 동일한 또는 비슷한 업체들이 모여 있는 장소로 입주를 권장한다.
- 비즈니스 유치의 역할과 목표를 분명히 할 것: 특정 시점까지 목표치 즉 유치하고자 하는 업체의 숫자를 명확히 설정한다. 목표 유치 업체 수는 투입될 시간과 인원이 구체적으로 산정되기 전까지는 개략적으로 산정한다.
- 부동산 업계와 연계: 이상의 모든 노력은 지역 부동산 업계와 업무 연계하여 추진한다.
- 건물 소유주와의 협조 체계를 구축한다.

새로운 비즈니스도 키워가라

4-5년 정도만 해도 다운타운 활성화 담당자들은 관내에 새로운 비즈니스를 기피하는 경향이 있었다. 과거의 예로 볼 때 소규모 신흥 비즈니스의 유치 성과가 신통치 않았기 때문이다. 그러나 요즈음의 다운타운 관계자들은 두 가지 새로운 사실을 깨닫고 있다. 첫째로, 어떤 지역사회 내에서 새로 창출된 비즈니스나 고용은 외부인이 아니라 그 지역에서 이미 운영되고 있는 비즈니스에 의한 경우가 대부분이라는 사실과, 둘째로 요즈음의 새 비즈니스 창업자들은 과거의 창업자들과 다르다는 점이다. 따라서 다운타운 비즈니스 유치 방안의 하나로 새로운 비즈니스의 창업을 독려해 볼 필요가 있다.

유사 업종은 동일 지역으로

가장 성공적인 다운타운 활성화 시책의 하나로 '유사업종 모아두기'를 꼽을 수 있다. 이는 시장분석의 결과를 근거로 다운타운 내 비즈니스를 가장 효과적으로 배치하는 것이다. 이러한 모아두기식 배치의 목적은 특정 쇼핑 목적을 가진 손님들로 하여금 여러 가게에 들르기 편리하게 하며 나아가 다운타운전체를 보다 이용자 친화적으로 하기 위해서이다.

고품질, 종합 홍보책을 시행하라

현재 또는 미래의 소비자들은 여러 가지 다양한 쇼핑 대안을 가지고 있으며, 아주 현명하게 대안을 선택한다. 또한 그들은 쇼핑 홍보의 홍수 속에서 살고 있다. 다운타운 관계자들은 다운타운의 홍보 방법이 다른 경쟁 상대의 전문적이고 종합적인 홍보책에 필적해야 함을 알고 있다. 홍보가 성공하기 위해서는 홍보의 질이 높아야 하며, 시장분석 결과에 충실해야 하고 다운타운의 이미지를 분명히 하고, 다양한 방법을 동원해야 한다. 중요한 점은 다운타운의 종합 홍보책이 대중 매체, 즉 신문 및 방송과 유기적 관계를 유지하며 공동 광고, 우편 광고, 광고 전단, 인터넷 홈페이지 및 기타 가용한 방법을 총망라하는 종합적인 것이어야 한다는 점이다.

□ 활성화 프로그램의 발진: 올바른 다운타운 활성화 사업 관리 장치를 마련하라

정보 수집과 이에 따른 적절한 전략이 수립되었다면 다운타운 활성화 프로그램을 시행해야 한다. 시행에 필요한 두 가지 사항은:

- 활성화 전략 수행의 최선봉에 자리하는 파트너십,
- 다운타운 활성화를 질적으로 뒷받침할 수 있는 충분한 재원

다운타운 파트너십(The Downtown Partnership)

다운타운의 잠재능력을 충분히 구현하기 위해서는 다운타운 핵심 인적자원을 결속하고 추진력을 부여하는 장치가 필요하다. 이러한 장치를 마련하기 위해서는 강력한 관민 협조체계, 즉 파트너십이 필요하다. 이 파트너십은 여타 모든 다운타운 활성화 노력을 이끌고 나아가야 하며 장기적으로 지속되어져야 한다.

파트너십의 역할

파트너십은 다음의 역할을 충족시켜야 한다:

- 다운타운 활성화의 주요 참여자들이 다운타운의 발전에 필요한 계획과 집행이 하나로 결속시키는 우산 역할을 한다.
- 다운타운의 활성화를 지역사회의 가장 우선적인 사업으로 고양하는 리더십을 제공한다.
- 다운타운의 활성화 전략을 실행하는 데 필요한 리더십을 제공한다.

- 충분한 자원, 즉 인적 자원 및 재원을 축적하여 다운타운의 활성화 전략을 성공적으로 수행할 수 있도록 한다.
- 다운타운과 다운타운 활성화의 중요성을 홍보하는 주체가 된다.
- 다운타운의 주요 파트너, 지역사회, 다운타운의 이용자들과의 정보제공 및 교류를 담당한다.
- 추진사업의 목표를 제시하고 이를 따르게 독려한다.

파트너십의 구조

파트너십을 충분히 구현하기 위해서는 다음과 같은 수성 요소를 갖추어야 한다.

- 관련 조직의 관리, 감독, 업무 수행의 기능을 갖는 관민 합동 감독위원회
- 다운타운 활성화의 다양한 전략을 수행하기 위한 자원 봉사자들로 구성된 상설 위원회를 둔다.
- 다운타운 활성화 프로그램 추진 시 예측 못한 문제가 발생하면 이를 해결하기 위한 임시 태스크 포스(Task Force)를 설치하고, 문제가 해결되면 해체한다.
- 감독위원회, 자원봉사 상설위원회, Task Force, 기타 자원 봉사자들이 다운타운 활성화 업무를 효과적으로 추진할 수 있도록 전문지식을 갖춘 요원(Staff)들을 채용한다.

재원 조달

다운타운 활성화 사업을 차질 없이 추진하는 데 필요한 재원의 조달은 사업 성공의 중요한 요소이다. 따라서 파트너십은 신속하면서도 적극적인 재원 조달 노력을 경주해야 한다.

다운타운 활성화 사업 추진비용은 2가지, 즉 일반 비용과 특별 추진비용으로 대별되며, 재원조달 영역에 따랄 공공기관으로부터의 투자와 민간 분야로부터의 투자로 구분할 수 있다. 일반적으로 사업의 초기에는 연래 사업비 등 대부분의 투자가 공공 부문으로부터 이루어진다. 그러나 사업이 진척되고 성과가 가시적이 되어감에 따라 민간부문의 투자가 점차 증가되는 경향이 있다.

다운타운 활성화에 필요한 재원 조달을 추진할 시 다음과 같은 경험 법칙을 염두에 둘 필요가 있다:

- 재원 발굴 노력은 다운타운은 물론 보다 광범위한 지역사회 여러 곳을 망라해야 한다.
- 민간 및 공공 부문이 공동으로 재원을 출자함이 다운타운 활성화 사업 추진에 가장 유리한 형태이다.
- 다운타운 활성화 재원 마련의 최근 경향은 "다운타운 특별 조세 지구"를 설정하여 특별세를 징수하는 방안이 널리 쓰이고 있다.
- 그러나 이러한 특별세만으로는 일반적으로 충분한 재원을 마련할 수 없으며, 따라서 추가재원을 발굴해야 한다.

□ 다운타운 활성화 프로그램의 적용: 다운타운 활성화에서 지방 정부의 역할

다운타운 활성화를 위해 지방 정부가 해야 할 일, 할 수 있는 일은 무엇인가?

민간부문이 다운타운 활성화의 주체이지만, 지방정부의 조언, 홍보 및 고문으로서의 역할도 매우 바람직한 일이다. 지방정부의 역할을 좀더 자세히 살펴보면 다음과 같다.

홍보역할

지방정부는 다운타운을 대표하는 대리인 또는 홍보 사절의 역할을 담당해야 한다. 이를 위해 다운타운이 전체 지역사회에 얼마나 중요한지를 이해하며, 다운타운으로의 민간 투자에 대해 확신을 심어줄 수 있어야 한다.

리더십

다운타운의 활성화가 지역사회 최우선 과제임을 일반 시민, 관내 공공 조직, 지자체 공무원 개개인들에게 주지시키는 데 필요한 리더십을 제공하여야 한다.

프로 경영/프로급 품질

지방정부는 다운타운의 투자유치와 개선사업에 임함에 있어 그 수준이 프로급이 되어야 한다. 즉 추진하는 과업이 관계 법규와 상충되지 않도록 하면서도 과정이질을 계속 높여 나아가야 한다. 또한 다운타운 투자가들이 대 정부 업무를 한 곳에서 볼 수 있도록 기구와 창구를 일원화해야 한다.

공공재의 개선과 유지

지방정부는 모든 공공시설의 개선과 이의 유지를 확실히 해야 한다.

교통, 주차, 치안

다운타운의 주차 교통 흐름, 치안 활동이 시민 친화적이 되도록 노력해야 한다.

□ 지역 특성의 반영

귀하의 다운타운 활성화 과업이 성공하기 위해서는 다음과 같은 과정이 필요하다:

1 단계: 아래 사항에 근거한 실천 지향적인 다운타운 청사진을 만들라
 - 지역사회의 통합된 의사가 담긴 비전 정립,
 - 시장분석,
 - 지역적 특성을 반영한 다운타운 활성화 전략 수립,
2 단계: 관·민 다운타운 파트너십 조직
3 단계: 다운타운 활성화 전략 수행
4 단계: 적극적인 재원 확보
5 단계: 다운타운 활성화 및 행정 각 분야 전문가 영입
6 단계: 다운타운 활성화 전략 수행 강화
7 단계: 1년 주기로 결과를 주시, 분석한 후 다운타운 활성화 전략을 보완.

Ⅳ. 맺는말

서두의 문제제기에서 언급하였듯이 우리의 경우는 도심이 아직까지는 비즈니스의 중심기능을 하고 있다는 사실은 미지자체들의 도시들이 현재 경험하고 있는 다운타운에 대한 재개발노력과 문제점을 파악하여 이에 대비할 수 있는 계기가 될 수 있다고 생각한다.

모쪼록 구청별 도심지역개발에 대한 방향을 설정하는 데 참고자료로 이용되길 바라며 현재의 도심 중심적인 기능의 단점을 보완하여 다운타운의 공동화를 미연에 방지하고 이에 대비하는 데 도움이 되었으면 한다.

2. 폐허건물 관리

LA 시는 최근 "폐허건물 퇴치 프로그램(CNAP: City Nuisance Abatement Program)"을 수립 시내곳곳에 산재하여있는 폐허건물을 범죄 온상으로 지목하고 건물주로 하여금 철거, 보수 등 강력한 행정명령을 내리는 한편 LA 시 경찰, 검찰, 건물안전국, 주택국에서 차출된 전담반(Problem Property Resolution Team)을 두어 개인소유 건물에 대한 시청의 철거명령을 독려하고 있다. LA 시의 이와 같은 방침은 폐허건물에 대한 시 행정 권한을 강화하고 도시미관 및 안전을 확보하는데 있다. 동시 책을 소개하고자 한다.

LA 시는 다기관 공조 체제로 "폐허건물 퇴치 프로그램을 미국 최초로 실시하고 있다. 이 프로그램을 전담할 단속반은 이웃이나 지역사회를 병들게 하는 폐허건물을 폐쇄하거나 재건축을 명령하게 된다.

이 단속반은 LA 시 부 검사장을 팀장으로 하여 LA 시의 4대 핵심기관 즉 LA경찰국, 검찰, 건물안전국, 주택국의 차출된 요원들로 구성, 운영된다. 이 특별 전담반은 그동안 갱들의 거점이나 마약 거래처로 이용되어온 빈집과 버려진 빌딩들을 폐쇄하거나 철거 혹은 재건축하게 하여 인근 주민과 지역사회를 안전하게 지키는 것을 목표로 하고 있다.

한편 이 단속반의 운영전략을 살펴보면 우선 지역사회의 치안을 위협하는 건물의 소유주를 청문회에 출석시켜서 이러한 건물들의 폐해를 주지시키고 이를 방지하기 위한 가능한 조치들 예컨대, 완전 철거, 개-보수 등에 필요한 융자 제도 등을 설명해 준다. 근래에 수십 건의 청문회를 실시하였는데 만일 건물 소유주가 시 명령에 협조하지 않으면 보다 강력한 조치, 즉 민-형사 고발을 하게 된다.

현재 완전히 버려진 폐허들의 경우 단속반은 우선 건물을 봉쇄하여 출입을 막고 가까운 시일 내에 철거할 방침이다. 지금까지의 전담반 실적을 보면 3동의 단독 주택 1동의 아파트(31가구)가 철거되었거나 철거 중에 있고 시내 전역에 걸쳐 약 600여 동의 폐허건물 소재지를 파악해 놓고 있다. 책임자인 LA 시 부 검사장에 따르면 전담반은 업무와 관련된 자료를 유관기관으로부터 우선적으로 제공받도록 하고 있으며 이를 기초로 구체적인 작업계획을 진행 중에 있다.

LA가 이러한 프로그램을 운영하게 된 배경은 매우 간단하다. 즉 만일 지역사회를 병들게 하는 주택이나 건물이 있다면 이들 건물의 소유주는 당연히 문제를 해결해야 할 의무가 있다고 제임스 한 시 검사장은 역설하고 있다.

물론 건물주의 재정적 부담을 줄여주기 위해 시당국은 융자 등의 여러 가지 혜택을 제공하고 있으며 만일 건물주가 이러한 책무를 소홀히 하면 시 당국으로서는 가만히 보고만 있을 수는 없다는 것이 시 검사장의 입장이다.

LA 시의 폐허건물 단속반 운영에 대한 기자회견이 열렸던 장소인 한 폐허 아파트를 가리키며 시 검사장은 전담 단속반이 왜 필요한가를 역설하고 있다. 이 아파트는 오랜 기간 동안 버려진 채로 거리의 갱단들이 활동본부로 이용해 오던 건물이다. LA 경찰국에 따르면 이곳에서 지난 몇 해 동안 마약, 살인, 폭력, 강-절도혐의로 237명이 체포되었다. 이에 따라 시 건물안전국 검사관은 건물 소유주인 Ong 씨에게 1997. 3. 19.일자로 건물을 완전히 봉쇄한 후 철거할 것을 명령하였다. 만일 건물주가 3월 25일까지 이를 시행하지 않을 경우 건물주는 시조례(City Municipal Code 91.8904.1) 위반으로 형사 소추될 수 있으며, 6개월의 징역이나 벌금(폐쇄 명령 1일 위반당 1,000불)형을 받을 수 있다.

폐허 건물 단속반이 최근 거둔 실적 중의 하나는 인근 지역의 갱 소굴 및 마약 거래처로 이용되던 다세대주택의 소유주에 대한 기소이다. 이 소송에서 원고인 LA 시는 피고에게 마약사범이나 기타 범죄행위 입주자들을 퇴거시키고 아파트 내에서 비롯되고 있는 기타 갱 관련 범죄문제를 해결하고자 노력하는 경찰에 협조하라는 판결을 기대하고 있다. 이 소송이 있기 전인 지난해 3월 건물 소유주는 이미 한 차례 청문회에 초치되어 문제해결에 필요한 조치를 권고 받은 바 있다. 그러나 건물주가 지금까지 적극적인 협조를 하고 있지 않고 있으며 이후 아홉 차례의 유사 범죄가 발생하였고 1996년 한 해 동안 이 아파트에서 27건의 마약관련 사범이 체포된 바 있다.

단속반이 LA 시 고등법원 재판에 회부한 또 하나의 사례는 40세대거주 2층 아파트로서 이번 대법원 재판 이전의 가처분에도 불구하고 위험물 단속법 위반이 계속되었으며 이번 재판을 통해 입주자 완전 퇴거와 아파트 폐쇄처분을 받을 것으로 단속반은 기대하고 있다. 이처럼 이웃을 불안하게하고 각종 범죄의 거점으로 이용되고 있는 폐허건물을 집중 단속함으로써 단속반은 시민의 치안확보는 물론 지역사회의 범죄 확산을 저지하는 데 큰 몫을 하리라고 기대된다.

3. 도심이적지 활용방안

잔여 임기를 2년 정도 앞두고 있는 리처드 리오단 LA 시장이 1999년 3월 17일 발표한 LA창세기 계획(Genesis LA)은 리오단 시장의 사실상 마지막 작품으로서 기대되며, 15개 지역의 저소득층 지역개발사업에 2억 5천만 불의 민간자본을 유치하여 침체된 지역경기 활성화를 주요 목적으로 하고 있다. 리오단 시장은 임기 중에 15개 개별프로젝트를 착수시켜 최소한 5개는 임기가 끝나기 전에 마무리할 계획이다.

□ "LA 시 창세기 계획(Genesis LA)"

뱅크 오브 아메리카, 워싱턴 뮤추얼, 웰스파고 은행 등 민간업체들은 이번 프로젝트에 1,000만 불을 투자하는 대신 재개발상가나 상업용 단지에 자신들의 상호명을 사용할 수 있는 권한을 갖게 된다. 대표적인 사례로서는 현재 LA 시 다운타운에 건설 중인 종합위락장인 '스테이플 센터'가 해당되며 재정적인 지원을 문구류의 대표기업인 스테이플사에서 제공하고 있다. 이와 같이

공공사업에 민간기업 자본을 유도 참여하게 함으로써 LA 시는 앞으로 참여
업체에 대한 세금혜택과 필요한 인력들을 교육시키는 역할을 맡을 계획이다.

□ 기대효과

LA 시는 이 프로젝트가 낙후된 지역경기를 활성화시키는 동시에 약 5,000
명에 이르는 고용창출과 범죄율 감소에도 크게 기여할 것으로 전망하고 있다.
또한 각종 재개발사업의 하청공사에 소수계 하청업자에게도 입찰우선권을 부
여하여 소수계들의 경기진작에도 긍정적인 영향을 기대하고 있다.

□ 비전(Vision)

○ 민·관 협력 파트너관계(Partnerships): 리오단 LA 시장의 성공적인
　　민·관 협력 파트너 관계 확립
○ 지원회사 권한부여(Sponsorship): 재개발 지원업체의 투자 우선권 부여
○ 중점 지역(Focus): 개발이 낙후된 15개 저소득층 지역 재개발사업

□ 목표(Goals)

○ 민간 분야 투자: 2억 5천만 불
○ 신규 직업창출: 5,000개
○ 근린 지역: 범죄 및 도심황폐화 감소
○ 소수계 커뮤니티: 소수계 경제력 신장
○ 하이테크 분야: 선정된 15개 재개발 지역에 우선유치
○ 시 세입증가: 재개발 예정지역의 향후 세입증가 예상

□ 개발 분야 지원방향(Development Tools)

○ 민간 분야 지원
　　산업개발채권(Industrial Developmnet Bonds)
○ 산업특혜 지역 혜택(Empowerment Zone Benefits)

재정지원 108조(Section 108 Financing)

○ 엔터프라이즈 특혜 지역(Enterprise Zone Benefits)

커뮤니티 개발은행(Community Development Bank)

○ 저소득자 및 무직자 직업교육

도심개발기금(Block Grant Investment Fund)

○ 수도전력 요금 할인

폐공장지대 지원계획(LA Brownfields Program Fund)

○ 재개발 촉진(Project Expediting)

경제 활성화 협조(Econmic Alliances)

○ 지방세 면세 지역(City Tax Free Zone)

경제 활성화 지구(Business Improvement Districts)

○ 연방지원 기금(Federal EDA Funding)

사업(Business Watch Program)

○ 연방 재정지원(Federal EDI Financing)

LA One Stop Capital Shop

15개 재개발안 중 지금까지 확정된 12개 프로젝트의 주요 개요는 다음과 같다.

□ 테일러 야드(Taylor Yard)

글렌데일 인근 약 18만4천평(150에이커) 부지에 건설 중인 LA미디어테크 센터를 연예산업관련단지(State Enterprise Zone)로 조성 개발할 예정이며, 총 투자규모는 1억 5천만 불이다. 약 2,000명의 고용창출이 예상된다.

□ 콘필드(Cornfields)

차이나타운 인근 약 6만 1천 평(50에이커)의 공한지를 상가 지역(Federal Empowerment Zone), 연예산업관련단지(State Enterprise Zone) 및 사업자세금 면세 지역(City Tax Free Zone)으로 개발하며, 4천5백만 불이 투자된다. 약 1,000명의 고용창출이 예상된다.

□ **노스 할리우드 스튜디오(North Hollywood Studios)**

전철(MTA Red Line) 인근 약 3만 4천 평(28에이커)의 도시재개발 지역을 1억 2천만 불을 투자하여 오피스 및 소매상가로 개발할 예정이며 약 700명의 고용창출이 기대된다.

□ **산타 바바라 프라자(Santa Barbara Plaza)**

볼드윈스힐스 크랜셔 플라자와 인접한 약 2만 3천 평(19에이커)의 소매상가 지역을 재개발한다. 총 투자액은 1억 3천4백만 불이며 약 1,500명의 고용창출이 기대된다.

□ **오토클럽(Automobil Club)**

남가주대학(USC) 인근의 약 3800평의 사적지 건물인 오토클럽에 총 840만 불을 투자하여 멀티미디어 및 바이오메디컬 시설로 개조하는 프로젝트이다. 약 250명의 고용창출이 기대된다.

□ **버몬트/슬로슨 지역(Vermont/Slauson)**

버몬트와 슬로슨 도로 코너 약 4,530평의 상업 지역을 남미계 주민들이 주거하는 지역을 감안하여 남미계 슈퍼마켓으로 개발한다. 투자규모는 1,000만 불이며 150명의 고용창출이 예상된다.

□ **랜서 산업공단(Lancer Industrial Park)**

알라메다 재개발 지역에 위치한 약 1만 7천 평의 부지에 1천5백만 불을 투자하여 산업단지로 개발한다. 약 200명의 고용창출이 예상된다.

□ 굿이어 트랙 산업공단(Goodyear Tract Industrial Park)

흑인 밀집지역인 사우스센트럴 지역에서 가장 큰 규모의 산업단지(약 25만 5천평)로서 최근 연방자금과 민간자본을 유치하여 재개발작업이 한창이다. 총 투자규모는 약 1천4백만 불이며 1,000명의 고용창출이 기대된다.

□ 애덤스/라브레아 개발지역(Adams/La Brea Development)

산타모니카 고속도로 남쪽에 위치한 약 3만 2천 평 규모의 재개발 지역에 8,000만 불을 들여 소매상가로 조성하여 약 1,100명의 고용을 창출할 예정이다.

□ UPS 부지(UPS Site)

루고와 사우스 소토 지역에 위치한 약 2만 9천 평의 산업용부지로서 타주의 제조업자가 관심을 보이고 있으며 총 공사비 7천5백만 불이 투입될 예정이며 300명의 고용창출이 기대된다.

□ 교도소 부지(Prison Site)

주민들의 반대로 건설계획이 중지된 약 2만 4천여 평의 교도소 부지를 광전지 생산단지(Green Power Park)로 조성할 계획이다. 총 공사비 약 3천만 불이 투입될 예정이고 약 1,000명의 고용창출이 기대된다.

□ 시어즈 백화점 부지(Sears Site)

이스트 로스앤젤레스 지역에 위치한 약 3만 9천여 평의 시어즈 백화점 부지를 재단장하여 더 많은 소매상가를 유치할 예정이다. 약 1,500명의 고용창출이 예상된다.

4. 낙서 제거 노력

아무리 문화가 발전된 선진도시라 하여도 가장 골머리를 썩이는 요인의 하나가 도심의 낙서이다. 미국의 도시들도 예외는 아니어서 LA 시는 특히 도심의 낙서를 제거하기 위하여 막대한 예산을 사용하고 있다. 우리 시도 도심 지역이 낙서안전지대는 아니므로 향후 낙서관련 시정방향에 참조가 되고자 L. A. Times지의 기사를 인용 소개하고자 한다.

이곳 미국의 모든 곳에 존재한다 해도 과장이 아닌 낙서(graffiti). '태거(tagger)'라 불리는 대부분의 낙서 자들은 도시에서 시작하여 교외와 시골에까지 진출하고 있으며 자체적인 낙서사전뿐만 아니라 잡지와 웹사이트까지 가지고 있는 추세이다.

큰 스케일의 색채가 풍부한 낙서인 '피싱(piecing)'은 과거 80년대에 유행했지만 지금은 쇠퇴하고 있으나 갱단의 낙서는 날로 증가하여 주거 지역과 상업지역에까지 점점 확산되고 있는 추세다. 특히 두 라이벌 갱단의 경계지역은 그 정도가 매우 심각하다. 예전과 비교해보면 여러모로 주의 깊은 노력을 기울인 지역의 거리는 눈에 띄게 깨끗해진 것을 볼 수 있으나 다른 일부 지역들은 낙서가 뿌리를 내린 듯 가게 앞, 버스, 도로주변을 메우고 있는데 그 이유는 갱단의 끊임없는 유입과 새로운 갱단 조직에 기인된다. 하지만 낙서가 갱들만이 하는 활동은 아니다. 요즘은 과거의 낙서집단인 piecer보다 예술적인 면이 떨어지는 태거들이 집단으로 다니면서 단지 자신들의 갱단 이름이나 만족감 따위를 표현하고자 저지르는 경향이 높아가고 있다고 낙서제거 관련 관계자는 말한다.

LA카운티와 시 그리고 시민들이 '낙서와의 전쟁'을 시작한 지도 10년이 넘었다. 카운티 내 LA 시를 포함 총 88개의 시에 낙서제거를 위해 쏟아붓는 돈만도 매년 4천2백만 불에 이른다. LA카운티 교통공사(MTA) 한 곳에서만 매년 2백5십만 불을 지출하며, 그 밖에 카운티 산하기관, 교육구, 철도, 가주 도로공사와 사법당국이 낙서제거 관련 업무에 포함되어 있다. 시는 통행이 잦은 거리를 낙서금지(zero- tolerance) 지역으로 정하고 매일 이곳을 순찰하여 낙서가 보이면 그 즉시 제거하고 있으며, 직통전화(hotline)를 개설하여 지역주민들과 시의원들의 불만이나 불편신고에 대처하고 있다. 일부 시들은 이런 프로그램에 돈만 쏟아 붓고 막상 낙서와의 전쟁에서는 이기지 못하고 있다는 질책을 받기도 한다. 지우고 나면 다시 낙서가, 또 지우면 다시 그 자리에 또 다른 낙서가 생긴다. 물론 시에서 빠른 시간 안에 낙서를 제거하고 있지만 끊임없이 반복되는 싸움으로 깨진 독에 물 붓기 식으로 시 예산을 지출하는 것 또한 사실이다.

그러나 낙서가 비교적 많이 발생하는 상가나 건물주들은 한결같이 낙서제거단의 노력으로 아주 큰 효과가 있다고 환영한다. 아직도 빈번히 낙서가 행해지고는 있지만 예전에 비교해 상당히 양호해진 결과라고 호평한다. 시 행동위원회(City Action Committee)에 속한 낙서제거단원들은 태거(tagger)가자는 아침 시간에 나와 그들이 밤새 아무렇게나 써놓은 낙서들을 제거한다. 더럽혀지고 상처 난 벽, 공중전화 박스, 창문, 거리표지를 닦거나 다시 페인트를 한다. 또한 지우기 전에 낙서현장을 폴라로이드로 사진을 찍어 해당경찰서에 보내는 일 또한 그들의 몫이다. 어떤 경우에는 똑같은 곳을 하루에 두 번 지울 적도 있다. 낙서제거 후 5분도 안되어서 태거들이 다시 낙서를 하기 때문이다. 낙서 제거단들이 태거로부터 위협을 받을 때도 있지만 곧 피하고 맞서지 않도록 교육받고 있으며, 지역에 따라 경찰의 신변보호(에스코트)를 받을 때도 있다. 이들은 태거들이 시간을 들여 페인트로 낙서를 한 뒤, 다음날 아침이면 항상 감쪽같이 지워져 있음을 보면 언젠가는 그들도 점차 싫증이 나, 더 이상 낙서를 하지 않을 것으로 기대하고 있다. 그러나 또 다른 사람들은 이 이론은 상대적으로 시간과 공이 많이 드는 피서(piecer)한테는 통할지 몰라도 적은 페인트 스프레이로 몇 초안에 쓱쓱 써버리면 되는 태거들한테는 통하지 않는 소리라고 주장한다. 피서(piecer)는 그림이나 낙서를 예술적으로 표현한 것이라 여기기에 자신들의 작품이 지워지지 않고 오랫동안 남아 다른 사람들이 볼 수 있기를 기대함으로 낙서금지(zero-tolerance) 지역은 기피한다는 것이다..

낙서제거 노력에 시민으로 구성된 자원봉사자들은 아주 큰 역할을 한다. 낙서 현장의 사진을 찍고 태거들의 활동을 모니터해서 신고하는 등 태거 체포에 많은 도움이 된다. 검찰의 한 관계자는 비록 중범죄를 적용하지는 않으나 법률적 시행이 이뤄지고 있다고 말했다. 미성년자들이 페인트 스프레이를 구입하는 것을 법으로 금지하고 있으며, 자녀들의 도시환경파괴적인 낙서행위는 부모에게 그 책임을 지운다. 만약 낙서로 인한 손해가 총 5천 달러를 넘으면 중범죄를 적용시키고 있으나 문제점은 대개의 경우 경범죄에 머물고 있는 실정이다. 많은 사람들은 낙서와의 전쟁이 더 큰 효과를 거두기 위해선 계속적으로 시와 경찰국이 자체적인 프로그램 지속과 더불어 낙서 제거반(Community Tagger Force)과 같은 많은 개개인의 힘이 결집된 단체가 집중적으로 함께 낙서문제의 해결을 위하여 노력한다면 머지않은 장래에는 낙서를 근절시킬 수 있을 것으로 기대하고 있다. -LA Times(98. 9. 11일자) -

5. 도로상 구걸방지

1997년 7월 15일, 로스앤젤레스 시 리차드 리오단 시장이 서명한 구걸 금지 조례는 그동안 시민생활의 안전에 심각한 영향을 줄 뿐만 아니라, 지역 내 중소상인들의 영업악화와 관광객들에게 불쾌한 인상을 줌으로서 시 이미지뿐만이 아니라 지역경제에도 부정적 영향을 끼쳐오던 공공장소에서의 구걸행위를 단속할 수 있는 법적 근거를 마련했다는 점에서 큰 의미를 갖는다. 로스앤젤레스 시가 최근 마련한 공공장소의 구걸행위 금지조례의 배경 및 주요 내용 그리고 실시에 따른 문제점 등을 간략하게 소개하고자 한다.

1. 구걸행위 금지조례의 제정배경

이번 로스앤젤레스 시의 구걸행위 금지조례는 미국 내 사회복지정책의 쇠퇴와 연방 및 지방정부의 재정적자와 밀접한 관련을 맺고 있다. 1980년대 이후 계속되고 있는 연방 및 주정부의 심각한 재정적자는 시정부가 시행하고 있는 여러 가지 프로그램의 예산삭감 및 조직축소로 이어져, 공공행정 서비스분야의 감소를 초래하였다. 특히, 저소득층이나 무숙자들을 위한 사회보장 관련 프로그램이 대규모 예산삭감의 영향을 받게 됨에 따라, 그동안 무료숙식제공 프로그램에 대부분 의존하던 무숙자 및 걸인들이 생계를 위해 거리에서 구걸행위를 하는 실정이다.

이와 같은 걸인들의 구걸행위로 인한 각종 민원이 급증하였으나, 그간 단속을 위한 법적 근거가 없었고 일부 인권단체들의 반발로 경찰도 별다른 제재를 하지 못하는 실정을 감안하여 로스앤젤레스 시의회는 97년 6월 26일 최근 급속도로 퍼지고 있는 로스앤젤레스 도심 지역의 교차로와 고속도로 출·입구의 강압적인 구걸행위를 경범죄로 규정한 조례안을 통과시켜 경찰단속의 법적근거를 마련하였다.

2. 조례내용

시의회를 통과한 구걸행위 제재 조례안은 다음과 같은 노상행위를 단속행위의 근거로 삼고 있다.

가. 고의성 신체접촉, 보도 및 차도의 차단행위
나. 교통을 방해하는 행위
다. 폭력적이고 위협적인 몸짓
라. 거부의사에도 불구하고 구걸행위를 지속하는 경우
마. 구걸과 관련된 폭언

이상과 같은 내용을 강압적인 구걸행위로 규정하고 이 조례의 위반자에 대해선 초범의 경우 50달러의 벌금이 부과되나, 재범일 경우 최고 5백 달러의 벌금과 6개월의 징역형을 부과하도록 규정하고 있다.

3. 시행상 문제점

무숙자 및 구걸걸인의 강압적 구걸행위는 비단 로스앤젤레스 시만 국한된 문제가 아니라, 미 전역의 모든 도시들이 공통적으로 갖고 있는 문제로서, 로스앤젤레스 비즈니스저널에 따르면, 캘리포니아 주의 경우 산타바바라, 샌타크루즈, 새크라멘토, 그리고 샌프란시스코 등이 무숙자 및 구걸행위로 인한 심각한 문제가 야기되고 있으며, 그 외 워싱톤, 신시내티, 필라델피아, 볼티모어 등이 유사한 상황으로 파악되고 있다.

무숙자 및 걸인들의 강압적 구걸행위를 규제하는 조례에 대해 일부 인권단체 및 시민그룹들은 공공 공간에서의 개인의 행동자유를 부여하고 있는 연방 수정헌법(The First Amendment)에 대한 위헌 논란 및 벌금형 및 인신구속을 주 처벌내용으로 하고 있는 조례의 실효 여부에 회의적인 입장을 표명하고 있다.

이번 조례의 위헌 여부는 1960년대의 인권운동 이래 개인의 행동자유를 규제하는 움직임을 개인에 대한 헌법적 권리를 위협하는 것으로 인식하는 데 기인하고 있으며, 이러한 인식은 개인권리를 보호하기 위해 사회로부터 법적 보호를 받아야 하는 빈민층 및 소수인종에 대한 차별행위를 방지하고 있는 현행 수정헌법의 취지를 그 근거로 삼고 있다. 그러나 보호받아야 할 개인의 권리뿐만 아니라, 치안이나 공공안전등 지역공동체의 권리 역시 헌법에 의해 보호받아야 하며, 이를 위해선 지역공동체의 질서 및 안전을 저해하는 각종 개인의 행위(예를 들면, 강압적 구걸행위) 역시 제한될 수 있다는 의견이 대두되고 있는 실정이다. 실제, 그간 미국 대도시의 도심 내 공공장소(공원, 지하철 역, 육교)들이 급증한 무숙자에 의해 점거되어, 이 같은 시설을 이용하려는 일반인의 접근을 막는 사례가 빈번해짐에 따라 이에 따른 민원이 늘어나고 있는 실정이다.

4. 사회적 여론

이러한 견해를 바탕으로 강압적 구걸행위에 대한 조례를 지지하는 이들은 무숙자 및 걸인 등 빈민층에 대한 그간의 사회복지정책이 이들에 대한 근본적 치유보다는 사회 복지프로그램에 대한 의존도만을 제고 시켜, 결과적으로는 무숙자 및 걸인의 대량양산 및 이들의 구걸행위를 부추기는 결과를 낳았다고 주장하고 있다. 특히, 이들 옹호자들은 이번 조치가 빈민층의 어려움을 가중시키는 데 그 목적이 있는 것이 아니라, 안전한 시민생활을 확보하고, 시민들의 삶의 질을 높이기 위한 불가분의 조치임을 역설하고 있다.

이러한 강압적 구걸행위를 제한하는 법적 조례의 옹호자들과는 달리, 일부 인권단체 및 지역정치인들은 이번 조치가 궁극적으로는 가난을 범죄시하는 처사라고 맹비난을 퍼붓고 있으며, 더 나아가 생계의 위협을 받고 있는 무숙자 및 빈민층을 가난하다는 이유로 거리 등 공공장소에서 추방, 사회로부터 격리시키는 비인간적 처사라고 주장하고 있다. 또한 이들은 비교적 고액의 벌금과 인식구속형을 부과하는 것이 최저생계를 염려하는 무숙자 및 빈민층에게 과도할 뿐만 아니라, 실제 법 집행 시 이러한 벌칙규정이 구걸행위의 종식에 얼마큼 실효 있게 작용할 것인가에 대해서도 깊은 회의를 나타내고 있다. 따라서 이들은 조례규정 집행 시, 조례의 사항적용을 엄정하고, 중립적으로 적용하고, 징벌보다는 선도로써 강압적 구걸행위를 제한하며, 더 나아가, 이들 빈민층에 대한 보다 근원적이고, 적극적인 제도 및 프로그램의 창설을 주장하고 있다.

6. 무허가 건축물관리

1. 주재국 도시 무허가건축물 단속 관련 자료

가. 대상도시: 로스앤젤레스

나. 파악내용

1) 무허가건축물 단속부서 및 구성

가) 단속부서: 건물안전과(Department of Building and Safety)

로스앤젤레스 시의 한 과로 건축물 및 구조물들의 건축, 변경, 개축, 철거, 이전에 관련된 모든 조례, 법제 등을 강제, 집행하는 과이다. 또한 건축물 및 구조물의 난방, 하수 시설, 조명, 냉장 시설, 전기 및 기계 설비 및 장비 등을 통제, 관장한다. 이러한 목적을 위하여 건물안전과는 용도 지역 조례에 관한 권한을 가지고 있다. 이 부서의 주요한 사업들은 다음과 같다.

(1) 로스앤젤레스 시가 정한 기준 이하의 주거조건 지역, 상업 건물, 아파트, 주택, 호텔, 학교, 병원 그리고 공공 지역들에 대한 재개발을 위해 여러 가지 프로그램들을 제공한다. 그 프로그램들은 단순히 수정을 위한 것뿐만 아니라 예방적 차원의 프로그램들도 제공된다.

(2) 사유지에 대한 굴착과 메우기에 대한 조사 프로그램을 제공한다.

(3) 수영장의 규정들을 강제한다.

(4) 시 관내 전기, 하수관 관련 시설물들에 대한 판매를 관리, 감독한다.

(5) 건축물의 기록들과 판매 또는 교환 이전에 잠재적 구매자들에게 필요한 건물들에 대한 감정 평가를 제공한다.

(6) 그리고, 거주 지역의 건축물 또는 구조물들에 대하여 시가 제정한 법제에 저촉되는지 여부를 필요에 따라 조사하는 권한을 가지고 있다.

나) 구 성

(1) 업무 분장

총괄적인 업무 책임은 건물안전과의 검사국에서 관리한다. 중앙의 검사부는 건물 및 구조물에 대한 조사와 감독이 필요한 건물들에 대해서만 집중적으로 조사 및 감독을 하게 된다. 대부분의 무허가 또는 관련법에 저촉되는 건축 및 구조물들은 각 지역의 부들이 업무를 관장하고 있다.

지역 중심의 부들은 5가지로 나뉜다.

○ 조례 집행부: 상업지구나 아파트의 민원 참조 검사
○ 특별 검사부
○ 신규 주상 검사부: 증개축 포함
○ 지역 검사부: 신규와 기존 주거의 건축 검사
○ 일반 민원 정보부: 기존의 상업 및 주거 건물

(2) 인원구성:

○ 조례집행부: 로스앤젤레스 시 지역에 17개의 분소들을 운영하며, 그 근무자의 수는 지역의 특성에 따라 다르다.

○ 특별검사부: 특수 사항별로 분소가 나누어진다.

건축물 점검 및 이전 업무

계약 위반 사항 해제

광고판 검열

방범 철창 점검

범칙금 부과

부서 내 전담반 운영

유기 차량 처리

조명 및 소음

차량 개조 검사 프로그램

특별 검사 전담반 운영

특별 행사 시설 검사

○ 신규 주상(住商) 검열부: 분야를 건축, 전기, 하수, 난방, 냉방과 整地로 나누고, 로스앤젤레스 시의 네 지역에 각각의 사무실을 두어 담당하고 있다. 사무실은 로스앤젤레스, 서부 로스앤젤레스, 밴 나이스, 산 페드로에 위치하고 있다.

○ 지역검사부: 22개의 분소들로 구성되어 진다.

○ 일반 정보민원부: 4개의 분소가 있다. 로스앤젤레스, 서부 로스앤젤레스, 밴 나이스, 산 페드로에 위치하고 있다.

(3) 물적 장비(사용기자재 등)

대부분의 작업들은 민간 기업들과 시의 해당과, 즉 건물안전과와의 계약에 의거, 민간 기업에 의해 시행된다. 따라서 중요 기자재들과 기기가 필요한 경우에 각 부는 자율적으로 민간 기업들과 계약을 맺고, 그 기업들에 작업의 분석 및 시행을 의뢰한다.

(4) 법령, 조례 및 지침

무허가 건축물에 대한 법령, 조례 또는 지침은 따로 제정된 것이 아니라, 각각의 사례들에 의해 정해진다. 이런 사례들은 건축물을 건축할 때의 법령과 조례들을 중심적으로 발전되었다(참조: 주택소유자 안내; 건물허가취득요령). 무허가 건축물에 대해서는 기존의 무허가 건축물을 적발하고, 관련법을 시행하기보다는 주민홍보에 의존하고 각 지역의 조직들과 중앙의 유기적인 노력을 기준으로 예방적 차원에서 시의 관련 행정이 이루어진다. 관련 부서들의 공식적인 견해는 로스앤젤레스 시에는 무허가 건축물이 없다는 것이다.

2) 단속활동 시스템

(1) 적발부터 철거까지의 방법

적발은 주로 주민들의 신고에 의존한다. 일단 주민이 신고를 하면 해당 지역의 공식 검열관들이 그들의 권한 내에서 건축 및 구조물의 위법 여부를 가린다. 조사 결과 그 건축 및 구조물이 무허가이거나 관련법에 저촉이 되면, 자발적인 철거를 명령하게 된다.

지역 중심의 부들의 명령들이 건축주에 의해 자발적으로 시행되지 않을 경우, 부들은 중앙의 건물 검사국으로 보고하게 된다. 이에 따라 중앙의 부서는 민간 철거업자들과 철거 계약을 맺은 후 철거 집행을 의뢰한다. 이에 따라 민간 기업은 해당 건축 또는 구조물을 철거하게 된다.

(2) 주민 신고 체제

주민 신고는 22개의 지역 검사 분소들과 17개의 조례 집행 분소 등을 통하여 접수된다. 경우에 따라서는 특별검사부의 조사가 필요한 경우도 있게 된다. 이러한 모든 연락망들은 잘 구비되어 있다. 주민들은 홍보자료나 전화번호부를 통하여 손쉽게 해당부서의 연락처를 알 수 있으며, 불만 사항을 신고할 수 있게 되어 있다.

(3) 단속 및 벌칙 내용

무허가 건물의 단속은 로스앤젤레스 시 정부의 잘 짜여진 조직망과 주민들의 적극적인 신고정신, 그리고 경찰력의 엄중한 경계 등에 의존하고 있다. 건물검사부는 무허가 건물의 사후 단속보다는 사전 단속에 주력하고 있다. 인가된 건축업자에 의한 건축 및 구조물의 건축, 철저한 인허가 과정과 절차, 시민의 준법 및 신고정신과 안전에 대한 인식 등으로 불법 무허가 건물은 축조되기가 어렵다. 실제로 건물 안전부 담당자들과의 면담에 의하면 무허가 건축물을 단속하는 일이 이 곳에는 없다고 한다. 다만, 주민에 의해 신고된 건축 및 구조물이 관련법에 저촉이 되면 대부분 건축주에게 자발적인 시정명령을 내리거나 벌금을 부과하는 것이 단속과 벌칙의 주를 이룬다.

(4) 대(對) 시민홍보 내용

로스앤젤레스 시는 시민들이 가장 편한 방법으로 건축에 관한 제반 문제들을 상담 또는 해결할 수 있도록 여러 가지 배려를 하고 있다. 각 지역별 부서는 전화상담원을 두고 시민들의 민원사항을 일괄 처리하고 있다. 그리고 중앙 부서는 각 부서들의 관리에 치중한다. 중앙 부서는 또 시민들이 필요한 정보를 안내계를 통하여 얻을 수 있도록, 건물안전과의 입구에 안내계를 설치하고 있다. 그리고 이 안내계를 통하여 지속적으로 시민들의 민원사항을 접수, 처리하고 있다.

2. 가로판매점(KIOSQUE) 현황 조사의뢰

가. 대상도시: 로스앤젤레스

로스앤젤레스에는 공식적 또는 비공식적인 가로 판매점이 존재하지 않는다. 이러한 특성은 도시 자체가 차량 위주의 도시이고, 거의 모든 상업 활동이 일정한 건물 군(群), 즉 몰(mall) 안에서 일어나는 데에 그 이유가 있다. 도시와 거리의 미화, 환경 등은 공공 사업과에서 관리, 감독한다. 그리고 구조물과 건축물의 관리와 규제는 건물안전과에서 전담한다. 양 부서는 건물과 분리된 거리의 판매점이 로스앤젤레스 시에는 존재하지 않는다고 말하고 있다.

나. 규격 및 수량: 해당사항 없음.

다. 재질 및 색상: 해당사항 없음.

라. 관리방법: 해당사항 없음.

마. 취급품목: 해당사항 없음.

바. 계약조건(계약서 사본 번역의뢰): 해당사항 없음.

사. 광고허용 여부(허용 시 광고부착 규격 및 조건): 해당사항 없음.

참고로 로스앤젤레스의 거리와 대중교통 등에 부착되어 있는 광고는 공공사업부에서 관리, 감독하고 있다. 공공사업부는 로스앤젤레스 시청 내 과 중에서 가장 규모가 큰 과라고 할 수 있다. 그 과 중 가장 상위의 조직으로 공공사업 자문단이 있어 하위 7개 부들의 운영 등에 관해 지원, 관리 및 감독을 한다. 하위(下位) 7개의 부들로는 회계부, 계약집행부, 기술부, 관리 및 직원 서비스부, 위생부, 가로등부, 및 가로 정비부 등을 두고 있다. 이 부서들 중에서 계약 집행부와 가로 정비부가 거리나 대중교통 수단에 부착되어 있는 많은 광고물들을 주로 관리하고 있다.

아. 운영주: 해당사항 없음.

자. 실물사진: 해당사항 없음.

7. LA 한인타운 재개발 계획

1. 서 론

가. 개요

로스앤젤레스 시의회와 시재개발위원회는 1995년 12월 13일 한인타운을 포함하는 윌셔/한인타운 재개발계획을 만장일치로 통과하였다. 이 재개발계획은 30년간에 걸쳐 로스앤젤레스 시의 역사적 도심 지역인 윌셔/한인타운에 $3억불 이상의 공공투자가 예상되는 재개발계획이다.

약 1,200에이커(약 490정보)가 포함되는 재개발 지역은 윌셔거리와 올림픽 거리 그리고 버몬트거리와 웨스턴거리를 주경계로 설정되어 있다(참고1). 주요 목표는 도시의 황폐화 방지, 경제력 향상유도, 녹지 공간과 여가시설의 제공, 관광요소개발, 역사적 유적지 보존과 직업창출을 통한 장, 단기 종합계획이다.

로스앤젤레스 시 재개발국의 주요과제는 60여 회 이상의 지역주민의 공청회에서 제안되고 입안된 사항을 수행하는 것이다. 재개발 자문위원회(Community Advisory Committee)의 구성은 3명의 시의원이 임명한 위원들과 윌셔상공회의소의 회장인 Richard Mcdermott 그리고 고암토건의 Stuart Ahn으로 모두 5명이다.

로스앤젤레스 시 재개발국에서는 우선 한인타운을 포함하는 윌셔센터의 도로 단장계획을 중점적으로 실시하고, 이 중 Social & Public Art Resource Center에서 제공된 재개발기금 $50,000을 아드모어 공원에 30피트(9.1미터)의 기념비 건립기금으로 사용한다. 또한 역사적인 윌셔거리의 네온사인은 시 문화국과 재개발국의 협조로 재탄생되며 윌셔가의 교통량을 개선하고 거주주민의 사회적 요구인 경제적 향상의 노력을 통한 생활안정을 제공하여 새로운 사업을 창출하도록 적극 노력한다.

장기적 재개발을 위한 주요 기금조성은 재개발지역 내 새로운 개발 및 기타 개선사업을 통한 세수입의 증가(Tax Increment)에 의거하여 조성된다.

나. 전망

1995년 재개발계획이 확정되기 이전의 한인타운을 포함하는 윌셔센터 지역은 1992년 이후 미국경제의 불황과 지하철공사 등 도심의 교통체증 요인으로 인한 일부 회사들의 도심외곽 이전 및 건물 입주율의 저조로 과거의 역사적, 경제적 부흥을 복원하기 위한 노력이 윌셔상공회의소 및 지역사회를 중심으로 강구되었다.

1995년 윌셔가의 100주년 기념을 맞이하여 시작되는 재개발계획으로 1996년에는 3개의 지하철역 완성과 도시미화를 위한 도로개선 사업의 실시 등으로 건물 입주율은 향상되고 있으며 주민들의 이주도 대중교통수단의 연계가

용이하여 증가 중에 있다. 재개발지역 내 신규 점포수의 증가는 지역경제가 향상되고 있다는 청신호이며 셔틀버스의 운행으로 주민, 사무근로자, 방문객들이 지하철을 이용하여 한인타운과 윌셔센터를 상호 연계하는 기회를 제공하며 재개발국에서는 도심센터(Urban Village)를 건설하여 도보 거리 내에서 생활하고, 일하고, 쇼핑을 할 수 있게 할 예정이다. 또한 관광자원을 개발하여 타 도시 주민 및 외국인들을 할리우드, 유니버설 스튜디오, 베버리 힐즈, 디즈니랜드와 함께 관광명소로서 개발예정이다.

한편으로 치안에 중점을 두어 자전거 순찰경관을 통한 범죄예방 및 거리낙서 등의 방지에도 도움이 되고 있다. 이와 같은 재개발 효과는 단기적인 효과, 즉 범죄감소, 도시미화, 그리고 주민이주 증가 외에도 장기적 효과인, 경제효과, 세수증대, 도시개발 등의 부가적 혜택이 기대된다.

다. LA 시 재개발국(Community Redevelopment Agency)

1948년 시의회의 재개발국 활성화 이후 LA 시와 재개발국은 상호 협력하여 생동감 있는 도시건설, 지역주민의 삶에 대한 자신감 부여, 시의 번영에 동참하는 의미부여 등에 노력하였다. LA 시 전 지역을 재개발국에서는 공공의 목표에 부합하는 질적 향상을 위한 용매제로서 노력하여왔다. 다양한 임무들은 도시 폐허화의 방지, 도시재건사업, 저소득 주택건설, 경제향상유도, 직업창출효과, 최적의 도시설계, 건축, 그리고 예술의 지원, 재개발국의 노력에 시민의 동참유도 등이다.

재개발국의 새로운 LA 시 조성을 위한 노력은 중앙도서관 개선사업, 컨벤션센터 확장공사, 그리고 5,000개의 직업과 1,000개의 새로운 보직의 창출을 위한신설 도매상가(Wholesale Produce Market) 건설 등이며, 무숙자들의 최후 피난처인 저렴한 숙소마련 및 사회보장 서비스 제공 등의 선두부서이다.

도심 지역의 재개발뿐만이 아니라 도시외곽의 경제향상 및 직업창출을 위한 노력들로서 1992년 LA폭동으로 회복되지 않고 있는 Crenshaw Corridor, Brodway-Manchester, South Central, Watts, 기타 지역에 대한 재개발계획과 1994년 노스리지 지진으로 파괴가 심한 San Feranando Valley, East Hollywood 지역 경제회복 노력 등이다.

재개발국은 그간 Hollywood의 영광회복을 위하여 10억 불을 소요하였으며, 이로 인하여 대다수가 소수민족인 지역에 미주 최초로 백화점(Baldwin Hills Crenshaw Plaza)을 건설하였고, LA Harbor Industrial Center를 개발하여 약 1,000개의 직업창출을 하였다.

재개발을 통하여 리틀도쿄에는 박물관과 문화관을, 중국타운에는 새로운 저소득층 대상주택을, 노스할리우드에는 상업활성 중심을, 남가주대학(USC) 주변에는 주택보존을 통한 재개발사업을 하였다. 시 전체적으로는 약 25,000여 개의 저소득층을 위한 주택건설 및 개축을 하였으며, 약 100,000여 직업창출의 효과를 이룩하였다. 재개발국의 기술적, 디자인, 재정적 협조를 통한 재개발 지역의 민간투자액이 약 $80억 불을 초과하였다.

시 전역의 재개발계획 및 연구대상 지역이 약 30여 군데이며, 가주 재개발법에 의거 재개발 지역의 프로그램은 시장, 시의회, 그리고 해당 지역의 재개발 권고위원회(Citizen Advisory Community)에 의하여 조정된다. 전반적인 재개발국의 업무 및 정책결정은 7인으로 구성된 상임위원회이며 시장에 의하여 임명되고 시의회에 보고한다. 상임위원회는 재개발국의 277명의 전문가─엔지니어, 도시계획, 재정, 감사, 주택, 부동산, 건축, 고용평등 및 인사관리─를 책임지는 행정책임자(Administrator)를 임명한다. 재개발 운영기금의 주요 모체는 연방정부 및 지방정부재원으로서 연방사회개발기금(Federal Community Development Block Grants), 경제개발기금(Economic DEvelopment Administration Funds), 도시개발기금(Urban Development

Action Grants), 도시재생기금(Title I Urban Renewal Funds), 지방정부세 (Local Tax Uncrement Financing), 공채 및 어음판매(Sale of Notes and Bonds), 토지 판매수입(Land Sale Proceeds) 등이다.

2. 본론: 한인타운 재개발 계획

가. 재개발 지정 및 법적배경

가주 재개발법 33352조항(Section 33352(c))에 의거 모든 재개발계획은 실시계획(Implementation Plan)에 구체적인 목표들과 수행업무를 명시하고, 향후 5년간의 소요경비와 재개발 프로그램을 통한 재개발의 실질적이고 경제적 증진방법을 포함하는 세부계획을 준비하여야 한다.

나. 계획목적(Goals) 및 목표(Objectives)

한인타운 재개발계획의 주요 계획목적 및 목표는 다음과 같다.

1) 재개발계획, LA 시 윌셔지역계획, 재개발국 연간 업무 프로그램들과 상호 협조하여 재개발 대상 지역의 도시황폐화 방지 및 요인제거
2) 재개발 대상 지역 내의 건물주, 주민, 사업자, 종교계 및 지역대표의 참여를 통한 다양한 요구의 수렴
3) 대상지역 내의 주거 지역, 상업 지역, 공장 지역의 재생을 통한 경제적, 사회적, 교육적, 문화적, 실질적 향상유도
4) 생활개선사업을 통한 주민의 결속력과 친밀감 향상
5) 다양한 형태-종류, 가격, 임대, 소유조건 등-의 주택개발 프로그램
6) 주거 지역, 상업 지역, 회사원 및 관광객의 신변안전 제고

7) 재개발 지역 내 주민의 고용기회 부여

8) LA 시 교육구, 공·사립 취업단체와의 협조로 대상 지역 내 주민의 직업교육 기회제공

9) 용도지구, 거주밀도, 교통 등의 원활한 순환체계를 제공하고, 대중교통 개선을 통한 대중서비스 향상에 기여

10) 다양한 문화인식 및 지원 프로그램 개발

11) 오픈 스페이스, 여가활동, 여가시설물의 제공

12) 고속도로와 연계되는 남북방향의 일반도로에 대한 단장계획

13) 재개발 대상 지역 내 음악가, 기능인, 미술가의 주거 및 창작 기회부여

14) 문화적 센터로서의 명성을 얻기 위한 문화 공간 조성

15) 역사적 건물 및 기념물의 보존

16) 복잡한 사인간판기준 마련으로 정돈되고 친밀한 분위기 조성

17) 연방, 주, 그리고 타 지자체의 재개발관련 프로그램을 통한 재개발계획 에 반영

18) 자전거 이용을 통한 주민의 친밀화와 쾌적성 기여

다. 향후 5년간 주요 재개발계획 프로그램

1) 경제향상 방안(Economic Development Program)

이 방안은 재개발 지역 내의 기업유지 및 사업증가 유도, 그리고 새로운 기업의 지역 내 유입방안이다. 재개발국에서는 재개발 대상 지역의 잠재적 사업자들을 위한 혜택방안 및 세부방침을 마련하여 투자유치를 기한다. 재개 발 향후 5년간 약 $1,000,000이 예상된다.

○ **상업융자(Commercial Loan)**

저리이자 혹은 무상의 융자금으로서 건물외부단장, 건물안전 위반사항공사,

혹은 내부장식에 사용된다. 또한 역사적 상업건물의 재단장에도 보조되며 재개발기금 마련은 민자를 이용하기도 하며 타 정부기관 보조기금인 Community Development Block Grant("CDBG") Program, National Park/Secretary of the Interior Grants, Federal Economic Development Administration("EDA") Grants, U.S. Small Business Administration("SBA") 등을 통한 조정을 한다.

○ 재개발국의 사업면허 혹은 요금의 일부 환불방안

○ 재개발 지역 내의 통근자를 위한 무료유아원 시설확충

○ 주정부 재개발계획에 일치하는 나대지에 대한 마스터플랜을
   유관기관과 협조하여 개발유도

Ⅵ. 환경 분야

1. 지방환경 관리청 조직·운영

대기오염은 전 세계 대도시들이 거의 공통적으로 안고 있는 문제이다. 더구나 우리나라 수도권은 급속한 도시화와 자동차 이용으로 인해 대기오염이 지속적으로 심화되어 왔으며 앞으로도 계속될 전망이다.

이러한 대기 오염 문제의 심각성은 첫째, 오염이 대기 순환에 의해 광역으로 확장되기 쉽고, 둘째, 수많은 개인(자동차, 공장)에 의해 이루어져 책임의 소재가 상대적으로 모호하다는 데 있다. 이러한 이유로 대기오염의 통제는 한두 도시가 아닌 광역단위에 기초한 동시적인 노력에 의해서만 효과가 기대될 수 있을 것이다.

여기에 소개하는 미국 남가주 대기오염통제국(AQMD)은 이와 같은 취지에서 설립, 운영되고 있는 광역 기구이다. AQMD의 구체적이고도 세심한 정책들은 유사한 정책을 마련해야 하는 우리에게도 교훈이 되리라 사료된다.

1. 대기오염통제국의 설립배경:

대기오염통제국은 연방정부의 Clean Air Act의 준수와 주정부의 공기정화 프로그램의 실행을 위하여 주의회에 의해 설립되었다. 연방법과 주법의 지침 아래 대기오염에 관련된 규제들을 만들고 감독하는 대기오염통제국은 로스앤젤레스와 오렌지카운티 전역과 그리고 리버사이드와 샌버나디노 카운티들의 일부분을 포함하고 있으며, 이 지역들에서 대기오염의 한도를 연방정부와 주정부의 기준에 맞추는 것을 기본 목적으로 활동하고 있다.

연방정부에 의해 정해진 대기오염 허용 한도치는 공해 등으로 건강에 해를 입기 가장 쉬운 사람들을 기준으로 하였으며, 다음의 여섯 가지의 물질들을 기준으로 삼고 있다: 아황산가스, 납, 오존, 이산화질소, 탄소, 일산화물, 미세한 분진. 대기오염통제국이 관할하는 지역들은 처음 두 물질의 기준치는 합격하였으나 뒤의 네 가지가 기준치에 합격하는 데 실패하였다. 또한 대기오염통제국은 주정부가 정해놓은 선명도와 다른 수소황화물과 황산염 등의 기준치에도 도달하도록 힘쓰고 있다.

가주정부는 위의 기준치들에 들지 못하는 지역들에게 기준치에 도달할 때까지 매년 5% 이상의 배기유출 감소를 요구하고 있다. 또한 가주정부는 주정부 차원에서의 배기유출의 제한을 두고 있다.

2. 대기오염통제국이란 무엇인가?

대기오염통제국은 앞에서 언급한 것처럼 가주 남부의 네 곳의 카운티를 포함하는 공기오염관리국이다. 이 지역은 12000스퀘어 마일의 방대한 넓이에 천4백만이라는 가주 전체 반 이상의 인구를 보유하고 있는 미국 내 두 번째 크기의 도심 지역이다.

여러 가지 자연적 현상과 인위적 배기유출 등(9백만 대 이상의 자동차들의 매연을 포함)이 어우러져 이 지역을 공해로 뒤덮이게 만들고 있으며 이는 눈병과 호흡기 질환으로부터 암에 이르기까지 다양한 질병들의 발생원인이 되고 있다. 이 지역의 매연문제가 상당히 심각하기 때문에 대기오염통제국은 공기오염을 감소시키려는 국가차원의 노력에 최일선에 서있는 것으로 인식되고 있다.

3. 대기오염통제국은 어떤 일을 하는가?

대기오염통제국은 공장 등과 같이 공기오염의 고정된 출처(STATIONARY SOURCES)를 책임지고 관리하고 있다. 이것은 거대한 발전소에서부터 도로 구석에 위치한 주 요소 등을 모두 일컫는다. 3만여 개 이상의 비즈니스 업체들이 대기오염통제국의 허가 아래 운영되고 있다. 현재 약 30% 정도의 광화학 스모그가 비즈니스와 주거지 등의 고정된 곳(STATIONARY SOURCES)에서 나오고 있으며 나머지 70%가 유동 물체들(MOBILE SOURCES) – 승용차와 트럭 그리고 버스들이 주종을 이루나 건설장비와 기관차와 기차 그리고 비행기 등도 포함됨 – 에서 배출되고 있다.

대기오염통제국에서 자동차 등의 유동 물체들을 직접 통제하고 있지는 않지만, 자동차 수요를 줄이고 깨끗한 휘발유와 오염을 줄일 수 있는 자동차등을 사용하도록 하는 교통관계 프로그램을 운영하고 있다. 한 예로, 대기오염통제국의 자동차 같이 타기 프로그램은 고용주가 자신들의 업체종사자들에게 출퇴근 시 혼자 차를 운전하기보다는 함께 차를 이용하거나 또는 대중교통이나 자전거를 이용하는 것을 권장해 줄 것을 부탁하고 있다. 대기오염통제국은 또한 1-800-CUT-SMOG의 수신자부담 전화번호를 운영하여 수많은 시민들이 매연을 배출하는 차량들의 신고를 통하여 매연 배출 차량들의 수를 줄일 수 있도록 유도하고 있다.

4. 대기오염통제국은 어떤 식으로 공해를 관리하는가?

대기오염통제국의 규제는 전문적인 기기와 산업 제조과정에서부터 소비자 품목까지 다양하게 이루어진다. 대기오염통제국이 처음으로 실시한 교육프로그램은 많은 업소들이 가장 효과적인 비용으로 대기오염의 연간감소를 이룰 수 있는 방법을 선택할 수 있는 융통성을 부여하고 있다. 대기오염통제국이 발행하는 허가서에는 공해를 배출하는 기기와 공정과정들에 대한 상세한 지침사항이 명시되어 있다.

대기오염통제국의 직원들은 지침사항들이 잘 지켜지고 있는지를 정기적인 검사를 통해 확인하고 있다. 또한 비즈니스 운영자들이 공해배출과 관련된 법규의 이해와 새로운 규칙에 대한 정보를 손쉽게 접할 수 있도록 교육프로그램을 운영하고 있다. 대부분의 비즈니스들은 자신들의 책임감을 인식하고 법을 준수하고 있다. 그러나 경우에 따라서 대기오염통제국은 비즈니스들이 법을 준수하도록 강제로 법을 집행하기도 한다. 주법에 의거하여 최악의 경우 법을 위반한 날의 하루를 기준으로 벌금 5만 불, 또는 일년간의 징역에 처한다. 그렇지만 대부분의 벌금은 천 불 이하로 정해지고 있다.

AQMD의 활동이 가시적인 성과를 거두고 있건 없건 간에 근본적인 문제는 우리가 숨쉬는 공기의 질의 문제를 다루고 있다는 것이다. 대기오염통제국은 네 곳의 카운티들의 30개 이상의 지역에서 깨끗한 공기를 위한 끊임없는 모니터를 해 오고 있다. 이러한 AQMD의 활동들은 공기가 깨끗하지 못할 때는 언제나 학교들과 언론사 그리고 기타 공공단체에게 알리 수 있도록 하고 있다.

5. 대기오염통제국의 기금은 어디서 나오는가?

대기오염통제국의 연간 운영 예산은 9천8백만 불이다. 많은 부분의 예산은 많은 양의 공해를 배출하는 비즈니스들이 지불하는 요금에서 충당하고 있다. 이처럼 가장 많은 공해를 배출하는 업체나 사람이 가장 많은 기금을 공해관리를 위한 노력에 지불하는 것이다. 또한 비즈니스들은 매년 공해배출의 허가서(또는 갱신허가서)를 발급받기 위해 허가요금을 지불해야 한다.

그러나 차량들이 배출하는 공해가 이곳 지역 공해문제의 50% 이상을 차지하는 것으로 밝혀졌다. 그래서 1991년을 시작으로 자동차 등록세에 공해관리를 위한 요금이 추가되기 시작했다. 이 추가징수된 금액은 한 대당 4불이 주정부 환경공해 프로그램으로, 1불은 해당 지역 담당기관에 배정 된다. 대기오염통제국의 경우 주정부에 배당된 4불의 30%와 해당 지역 담당기관에 배당된 1불을 기금으로 받게 되며 이 기금들은 자동차 같이 타기와 깨끗한 가솔린 쓰기 등의 차량관련 프로그램에 쓰이게 된다. 주정부에 배당된 4불 중 40%는 차량관련 공기정화를 위한 프로그램을 위해 시정부들에 직접 보내게 된다. 나머지 30%는 독립 심사위원들의 심사를 거처 차량들의 대기오염 배출의 감소를 위한 프로그램들에 나눠지게 된다.

급격한 인구증가와 차량증가에도 불구하고 이 지역의 공기는 끊임없이 정화되고 있다. 한 예로 1950년대와 비교하여 인구수는 세배가량이 늘었으며 차량의 수는 네 배가량이 늘었음에도 불구하고 우리의 가장 심각한 문제 중의 하나로 최고치까지 도달했던 오존의 수위가 1950년대에 비해 절반 이하로 감소되었다.

과거 10년 동안 학교 어린이들을 운동장에 나오지 못하도록 하는 수준인 스테이즈 1(Stage Ⅰ) 스모그 경보 일수를 70% 이상 감소시켰다. 그리고 1988년 이후 스테이즈 2(Stage Ⅱ)를 경험하고 있지 않다. 스테이즈 2수준은 1970년대에는 연간 15-20회 가량이 일어나곤 했었다.

6. 앞으로의 전망

깨끗한 공기 만들기 노력은 아직도 많은 길을 가야 한다. 최근의 상황이 가장 깨끗한 기록을 나타내고 있다 하더라도 아직도 이 지역에서의 건강에 해로운 오존이 1994년에만 118번이나 되고 있다. 공기오염의 수준은 연방기준치의 두 배 이상을 웃돌고 있다. 연방정부와 주정부는 오는 2010년까지 이 지역이 깨끗한 공기의 기준치를 통과하는 것을 요구하고 있다.

7. 시민들은 어떻게 도울 수 있는가?

수많은 공해가 우리가 매일 사용하는 물품들과 서비스에서 발생하고 있다. 우리가 조금씩 우리의 생활 습관을 바꿈으로써 깨끗한 공기 만들기에 동참할 수 있다: 자동차 같이 타기, 대중교통이용, 깨끗한 가솔린 사용, 수성 페인트 사용, 에어솔 형태의 생산품 사용의 자제, 재생산, 에너지 절약.

8. 유독성 공해(TOXIC AIR POLLUTANTS)

가. 유독성 공해에 대한 위험도 측정(RISK ASSESSMENT)이란 무엇이며 어떻게 실행되는가?

위험도 측정은 유독물질이 건강에 미칠 영향의 정도를 측정하는 것이다.

상대적으로 최근에 등장한 새로운 과학인 이 분야는 원래가 정확한 숫치를 측정할 수 없기 때문에 유독성의 위험 가능성을 바탕으로 공공건강전략을 수립하게 된다.

- 첫째로, 동물과 인간을 대상으로 한 실험을 통해 건강에 유해한 독성 물질을 파악한다(THE HAZARD IDENTIFICATION).
- 둘째로, 유해물질의 노출 정도에 따라 어느 정도의 건강이 영향을 받는가 측정한다(THE DOSE-RESPONSE ASSESSMENT).
- 셋째로, 유해물질에 노출된 사람의 수와 노출 정도를 측정한다(THE EXPOSURE ASSESSMENT).
- 넷째로, 위의 실험을 통한 결과를 토대로 대중건강에 미칠 영향을 측정한다(THE RISK CHARACTERIZATION).

위의 위험측정 단계들은 최악의 상황을 고려하여 보수적인 방법들을 사용하고 있다. 기본철학: 조금이라도 의심이 들 때는 안전한 쪽에서 실수를 만드는 것이 최선의 방법이다.

나. 건강위험을 줄이기 위해 대기오염통제국은 여러 가지 법규를 정해 이를 시행하고 있다.

- 대기오염통제국의 법규 1401 – 모든 새로운 물질들은 발암물질 공기 제어의 검사를 받는다.
- 대기오염통제국은 현존하는 물질들로부터 배출되는 유독성 물질들을 엄격히 관리하는 새로운 법규를 준비 중에 있다.
- 대기오염통제국의 법규 212 – 대기오염 배출을 위한 허가서를 받기 위한 기준치 마련.
- 기타 대기오염배출의 억제를 위한 다양한 프로그램들.

다. 선생님, 학부모, 학생들을 위한 안내서

연방건강기준치 - 스모그의 기준이 이 아래로 내려간 상태에서는 심장이나 폐가 좋지 않은 사람들은 밖에서의 활동을 제한하고 주의를 기울여야 한다. 일년에 140일 정도 발생한다.

건강주의치(오존에 한함) - 이 상태에서는 모두가 밖에서의 지나친 활동을 삼가는 게 좋으며 심장이나 폐가 좋지 않은 사람들은 밖에서의 활동을 삼가야 한다. 일년에 100일 정도 발생한다.

스테이지 1 - 모두가 밖에서의 활동을 삼가하고 심장이나 폐가 좋지 않은 이들은 실내에서 생활한다. 일년에 40일 정도

스테이지 2 - 모두가 외출을 삼가야 한다. 1988년 이후 발생하고 있지 않다.

스테이지 3 - 모두가 실내에 머물며 육체적인 활동을 삼가야 한다. 1974년 이후 발생하고 있지 않다.

이러한 단계들은 대기오염통제국의 공공정보센터에 의해 매일 오전 11시에 측정된다. AQMD는 이 결과를 각급 학교와 주요 산업체는 물론이고 주요 언론매체들에게 통보한다.

라. 에너지 절약

일년에 한 가구가 사용하는 전기량은 평균 4.5톤의 탄산가스 및 다른 공해물질을 대기로 내보내고 있으며 이는 지구 온난화 현상과 매일 매일의 스모의 한 영향이 되고 있다. 심지어 스토브에서 쓰는 천연가스조차도 많은 스모그를 배출한다. 다음은 에너지를 절약할 수 있는 몇 가지 품목들이다.

압축형광등	절전 타이머	전기스토브
전자렌지	자동온도조절기	
천장 환풍기	절전 냉장고와 기타 절전 가전제품	

마. 가정에서의 건강

수성 페인트를 사용

에어솔 형태가 아닌 물품을 구입

유독물질 배출의 원인이 되는 가정용품들을 다른 것들로 대체

헬론이 없는 소화기를 구입

바. 집 밖에서

깨끗한 가솔린을 사용

레디알 타이어를 사용

가능한 한 운전거리를 줄이고 자전거나 도보를 이용

포장이 많이 되지 않은 물품들을 구입

재생산이 가능한 물품들을 구입

시장바구니나 쇼핑백을 가지고 다님

화학약품이 섞이지 않은 옷이나 수건 등을 사용

영구적인 잉크 펜 대신 수성 잉크 펜 등을 사용

사. 깨끗한 공기를 위한 운전자들의 안내서

엔진을 수시로 점검하고 깨끗하게 유지할 것

주정부의 스모그 검사 프로그램에 협조해 줄 것

가솔린을 주입할 때 밖으로 흐르지 않도록 주의할 것

레디알 타이어를 사용하며 적합하게 관리할 것

깨끗한 가솔린을 사용할 것

에너지가 절약되는 자동차 오일을 사용할 것

에어컨디셔너의 지나친 사용을 삼갈 것

항상 운전하기 전 뚜렷한 목적지와 계획을 세울 것

디젤엔진을 운전할 시에는 운전하는 습관에도 주의할 것

만약 차량이 매연을 뿜어내고 있다면 즉시 적합한 조치를 취할 것

9. 스몰 비즈니스를 위한 안내서

가. 공청회

주법에 따라 대기오염통제국은 5명의 심사단으로 이루어진 독립적인 공청회를 두고 비즈니스들의 요구에 따라 그들의 입장을 심사하고 경우에 따라서는 임시적으로 AQMD의 규정을 면제해 주기도 한다. 이것은 비즈니스들의 각자의 상황에 따라 바로 AQMD의 규정을 따를 수 없는 사정을 감안한 조치이다. 이러한 결정은 공청회만이 할 수 있으며 AQMD의 조사관들이나 기술자들은 이러한 권한을 가지지 못한다.

나. 스몰비즈니스들을 위해 대기오염통제국에서는 다음과 같은 일들을 돕고 있다.

각 비즈니스에 해당되는 법규들을 설명해 준다.

모든 서류 작성을 도와주며 현재 상태를 알려 준다.

필요에 따라 대기오염통제국의 공청회에 접수하여 법규 시행의 임시 면제를 받는다.

각 비즈니스에 전문가와 기술자들에 도움을 받을 수 있다.

요금에 대한 정보를 알려 준다.

또한 우리는 기술지원서비스와 재정지원도 하고 있다. 현재의 비즈니스가

대기오염통제국의 법규를 준수하고 소기업연방청의 기준에 맞는다면 공해감소를 위한 설비나 수리를 위한 정부보증 융자를 받을 수 있다. 보통 스몰비즈니스는 500명 이하의 고용인과 5백만 불 미만의 연수입을 말한다.

공기오염에 대한 신고   전화) 1-800-CUT-SMOG

당신이 매연 차량이나 공장 등에 대해서 신고를 한다면 차량번호와 차종, 그리고 시간과 장소 등의 상세한 내용을 알려주어야 한다. 신고자의 신분을 밝히는 것을 법에서 규정하고 있지 않으나 대기오염통제국에서는 앞으로의 기록과 상세한 정황을 위해 신고자들의 이름과 주소 그리고 전화번호를 남길 것을 권장하고 있다. 이러한 신고자들의 신상명세는 본인들의 허락 없이는 절대로 대기오염통제국 밖으로 유출되지 않는다. 대기오염통제국은 관할 지역 내의 대기오염에 관한 문제만을 처리하게 돼있으므로 그 외에 문제들은 각 부서들 간에 상호 불편한 사례연락망(INTER-AGENCY COMPLAINT REFERRAL)을 통하여 적합한 곳으로 넘겨지게 된다. 신고자가 이름과 주소를 남길 경우 대기오염통제국의 민원업무 상태를 파악하기 위한 설문지를 보내고 있다. 그것을 통해 시민들은 우리의 신고된 매연차량이나 건물을 처리하는 업무상태를 평가할 수 있다.

10. 온존을 덮는 공해 원인들

거리의 차량-50%

페인트류-14%

기타 유동물체들-19%

고정된 장소에서의 연료/가연성 물질-8%

페트롤리움 처리과정, 저장, 이동-4%

산업 공정과정 -2%
기타 처리과정 -3%

11. 대기오염통제국의 일반 수입원

공해배출요금 -25%, 차량유와 정화연료 -23%, 배출허가서 -8%, 허가서갱신 -26%, 기금/보조금 -7%, 교통프로그램 -3%, 유독물질 집중 지역 -2%, 기타 -5%, 벌금 -1%(1995-96회계연도 기준)

12. 상호불편사례연락망
(INTERAGENCY COMPLAINT REFERRAL)

연료배출 정밀도 - DEPARTMENT OF WEIGHTS AND MEA- SURES
농산물 악취관련 - 미연방농무국
비행기 유출 - 연방항공국(FAA)
자동차 차체 설비 - 자동차 수리국
바비큐 연기나 냄새 - 지역 시/카운티 경찰국
해협유출 - 지역수도관리위원회
소비자물품 - 가주소비자위원회
디젤유 차량 - 가주대기자원위원회
폐수 - 지역수도관리위원회
모닥불이나 굴뚝 등에서의 연기나 냄새 - 지역 시/카운티 경찰국
가스의 냄새나 유출 - 남가주 가스회사
하수구관련 - 지역수도관리위원회
유해물질 - 보건국

불법비즈니스 - 시/카운티 규제국

불법폐수 또는 유출 - 보건국

비즈니스에서의 실내 공기문제 - CAL/OSHA

13. 공기를 깨끗이 할 수 있는 25가지 방법

1) 수성페인트를 사용한다.

2) 붓이나 롤러로 페인트를 한다.

3) 에어솔 형태가 아닌 물품들을 구입한다.

4) 포장이 많이 되지 않은 것을 구입한다.

5) 나무를 심되 많은 손이 가지 않아도 되는 것으로 고른다.

6) 다른 방법으로 야외에서 바비큐를 한다.

7) 에너지를 절약한다.

8) 에너지가 소비될 필요가 없는 다락이나 방들은 항상 문을 닫는다.

9) 태양력이나 수력으로 집의 에너지를 대체한다.

10) 매연이 심한 날은 가급적 육체적 활동을 삼간다.

11) 출퇴근 시 차량을 함께 타거나 대중교통을 이용한다.

12) 가능한 한 자전거를 타거나 걷는다.

13) 자동차를 타기 전에 항상 분명한 목적지와 계획을 세운다.

14) 자동차의 에어컨디셔너가 잘 작동하고 있는지 항시 확인한다.

15) 자동차에 가솔린을 주입 시 흐르지 않도록 잘 맞춘다.

16) 자동차의 엔진을 깨끗이 한다.

17) 깨끗한 가솔린을 사용한다.

18) 레디알 타이어로 운전한다.

19) 가주정부의 스모그 검사 프로그램에 협조한다.

20) 매연차량을 1-800-CUT-SMOG에 연락한다.

21) 항시 재활용을 생각하고 실천한다.

22) 고용주에게 바쁜 시간을 피해 출퇴근할 수 있는 변경된 시간을 건의 해 본다.

23) 산업공해는 1-800-572-6306으로 연락한다.

24) 지역 정치인들이 깨끗한 공기 만들기에 동참할 수 있도록 호소한다.

25) 자신을 포함한 자신의 가족들을 대기오염에 관하여 교육시킨다.

15. 스모그(오존)의 숫자는 무엇을 의미하는가?

공해표준수치(PSI)

0 - 50: 좋은 상태

50 - 100: 보통의 상태

100 - 138: 연방공기정화기준을 넘어섬 - 건강에 이롭지 않음

138 - 200: 건강주의단계 - 건강에 이롭지 않음

200 - 275: 스테이즈 1 - 건강에 아주 이롭지 않음

300 - 400: 스테이즈 2 - 유해함

400 - 500: 스테이즈 3 - 아주 유해함

2. 스모그와의 전쟁

로스앤젤레스: SMOG와의 전쟁50년

1947년, 로스앤젤레스가 대기정화를 위해 시작한 스모그와의 전쟁은 그간의 놀라운 성과에도 불구하고, 스모그를 제거하기가 흔히들 생각하는 것보다 훨씬 많은 시간이 걸린다는 것을 경험적으로 증명해 주고 있다.

1997년 4월 30일, 대기정화를 위한 지방정부의 본격적인 노력이 50주년을 맞이한 것을 기념하는 행사가 열린 로스앤젤레스 시에서는 그간의 성과에 대해 많은 참석자들이 자신들의 노력을 자축하였다. 실제로 지난 한 해 동안 일급 스모그 경보(First-stage Smog Alert) 발생 일수가 1995년의 절반에 해당하는 7회에 그쳐 로스앤젤레스 지역의 대기오염이 급속히 줄어듦과 동시에 그간의 대기정화 노력이 상당한 실효를 거두고 있음을 증명해 주고 있다.

대기정화를 위한 로스앤젤레스 지방정부의 노력은 1947년이 아닌 1905년부터 시작되었다. 금세기 초 자동차, 가정 및 산업 연료 등에서 발생하는 스모그와 매연으로 인한 대기오염을 지역 주민들이 태양을 가리는 일식 현상으로 착각할 만큼 심각해지자 1903년 로스앤젤레스 시의회는 당시로는 전례가 없는 7개년 공기정화조치를 입안, 시행하였다. 남가주대기오염정화국(AQMD)에 따르면, 이러한 로스앤젤레스 시정부의 조치들은 그 당시 공해 주범이었던 대기오염 배출공장을 단속하는 근거가 되었으며, 그 결과 이후 25년 동안 적정 수준의 대기오염을 유지하는 등 상당한 실효를 거둔 것으로 평가하고 있다.

한편 시정부 차원에서의 본격적인 대기정화 노력은 1947년 당시 캘리포니아 주지사 Earl Warren이 대기오염 방지를 위한 지역별 규제 확대안에 서명과 카운티대기오염정화국이 설립됨에 따라 시작 되었다. 이러한 주 및 지방정부의 대기오염방지노력의 배경에는 심각해진 대기오염과 깊은 관련이 있는데, 1939-43년 기간 동안 급속한 시 팽창과 더불어 지역 주민의 대기오염 관련 질병의 급증과 도심 지역을 통과하는 항공기 운행의 지장 등 많은 문제가 야기되었다. 이에 대한 구체적인 후속조치로 1943년 로스앤젤레스 카운티정부는 대기오염대책위원회(Smoke and Fumes Commission)를 신설 했으며, 1945년에 스모그통제국을 카운티정부 내에 상설화 했다. 또한 이때부터 스모그(SMOG)라는 용어를 Smoke(매연)와 Coastal fog(해무; 海霧)의 합성어로 정의, 사용하기 시작해 현재에 이르고 있다.

이와 같은 시 및 카운티정부의 노력과는 별도로, 지역 언론들도 대기오염 분야 전문가의 고용을 촉구하는 등 이 분야에 대한 지대한 관심을 내 보였는데, 한 예로 Los Angeles Times는 스모그의 효과적인 규제를 위한 지방정부 내 대기오염 담당자의 노력 및 법적 재량권의 부족을 지적하기도 하였다.

이 같은 지적에 대해 카운티정부 내 신설된 스모그통제국은 스모그 문제가 한 지역에 국한된 문제가 아니라 여러 행정구역이 중첩되는 범지역 문제라는 인식하에 1977년 남가주대기오염정화국(South Coast Air Quality Management District)으로 확대 개편하게 된다. 1967년 설립된 캘리포니아

주 대기자원위원회(California Air Resources Board) 역시 대기오염 방지를 위한 노력에 참여, 오늘날 획기적인 대기오염 방지책으로 손꼽히는 자동차배기점검제도(SMOG CHECK)의 근간이 된 신규 자동차의 촉매전환장치 강제 부착을 법제화시키는 데 큰 공헌을 하기도 했다.

대기오염 방지를 위한 공공 부문의 이 같은 노력과 함께, 민간부문, 특히 학계의 노력도 끊임없이 지속되어 대기오염의 원인, 인체에 대한 유해 여부, 그리고 대기오염으로 인한 환경 파괴 등에 관한 연구 결과를 밝혀내기도 하였다. 예를 들어, 1949년 캘리포니아공과대학 교수 Arie J. Haagen-Smit와 스모그의 정체를 정확히 규명하는 데 일조했던 대기오염규제국의 Pet Brunelle가 공동 연구한 결과, 스모그 속에 포함된 산화 물질이 인체의 호흡기(폐) 및 안구뿐만 아니라 일반 농작물에도 유해함을 입증해 내기도 하였다. 이듬해인 1950년엔 이들에 의해 오존이 해당 유해물질임을 밝혀내기도 하였다.

한편 지역 내 제련소 등에서 채집한 대기샘플을 분석한 결과, 차량배기가스 및 석유화학물질 등에서 배출된 각종 화학물질들이 광화학 반응을 일으킨 후 생성된 물질이 오존임이 밝혀지기도 했다.

그러나 이 같은 연구결과의 신뢰도에 대한 의문이 지역 상공업계 및 시민운동가들을 중심으로 제기되기도 하였다. 이들은, 오존이 지구의 성층권에서 발생, 해안으로 강하한 후, 내륙으로 부는 바람에 의해 도시 지역으로 확산된다고 주장하였다. 이러한 주장에 대해 Brunelle을 비롯한 관련 전문가들은 각 지역 커뮤니티를 순회하며 지역주민들을 대상으로 스모그의 주범인 오존이 자연현상에 의해 생성되는 것이 아니라 자동차 배기가스 등 공해유발시설에 의해 발생하는 것이며, 이에 따른 대기오염방지의 필요성을 역설하였다. 한편 이들의 노력과 함께 주민들도 다양한 대기오염방지책을 즉석에서 제안하기도 했는데, 예를 들면, 하수관과 같은 시설을 공해유발업체에 부착, 오염물질을 고산지대로 연결한 뒤 배출할 경우, 이들 오염물질이 강우현상을 동반, 대기

중의 스모그를 없앨 수 있다고 주장하기도 했다. 또 다른 예는 지구 대기권에 대형 제트터빈을 설치한 후, 전리층 위로 스모그를 날려 보냄으로써, 대기오염을 방지할 수 있다는 주장이 제기되기도 했다. 이 같은 주민들의 제안들은 그 비현실성이나 비과학성에도 불구하고, 많은 주민들 역시 대기오염문제에 상당한 관심을 가지고 있음을 대변해 주는 것이기도 했다.

오늘날 대기 전문가들은 로스앤젤레스 지역의 대기오염수준을 그 당시와 비교, 기적이란 말로 표현함으로써 그간의 대기오염방지를 위한 노력을 높이 평가하고 있다. 남가주대기오염정화국은 오는 2000년도에는 스모그 경보일수가 전무하도록 대기오염방지를 위한 지속적인 노력을 기울이고 있다.

3. 도시의 쓰레기 소각장 설치 및 운영 현황

1. LA카운티와 소속 지방 자치단체

LA카운티는 LA 시, 롱비치 시, 베벌리힐스 시 등 88개의 크고 작은 시들로 이루어진 행정 단위로서 미국 내 카운티 중 인구 면에서 최대이다. 카운티 정부는 각 지방자치단체들이 독립적으로 처리하기 어려운 업무나, 규모가 너무 작아 지방 자치 행정 중 일부 자체 처리가 어려운 시의 업무를 통합 처리하는 한편 연방 정부나 주정부의 업무를 대행하기도 한다.

카운티 소속 시들의 쓰레기 수거와 처리 업무는 LA 시나 롱비치 시 등 인구나 예산 규모가 큰 경우 자체적으로 처리하고 있으며, 작은 시(인구가 만 명이 되지 않는 시도 있음)는 카운티 정부가 관할하거나 인근의 대도시와 행정 협정을 통해 위탁하기도 한다.

2. LA카운티 지방 자치 단체들의 쓰레기 처리 방식

이처럼 다양한 도시가 밀집되어 있는 LA카운티의 쓰레기 처리 방식은 매립과 소각 두 가지 방식으로 대별되나 거의 대부분의 쓰레기는 매립에 의해 처리되고 있다. 즉 카운티 내 88개 시들 중 소각로를 설치하고 있는 곳은 롱비치 시와 커머스 시 등 2곳(각 1개씩)뿐이며 나머지 도시들은 소각시설이 없이 전량 매립 방식으로 처리하고 있는 실정이다. 한편 처리되는 쓰레기의 양을 비교하여도 소각 방식은 전체 쓰레기의 약 5% 미만이라고 카운티 정부의 담당자는 밝히고 있다.

LA카운티 소속 지방 자치 단체들이 이처럼 매립 방식을 압도적으로 선호하고 있는 이유로는 첫째, 카운티 내의 넓은 유휴지(대개가 사막으로서 거의 이용되지 않고 있음)와 폐광산 등 매립지와 매립 후보지가 넓게 분포하고 있는 점, 둘째 매립 방식의 가격 우위, 셋째로 기존의 소각로에 대한 주민과 환경 단체들의 끊임없는 반대를 들 수 있다. 특히 기존 소각로에 대한 주민의 반발은 전형적인 NIMBY(Not In My Back Yard) 현상으로서 소각로 건설 단계부터 지금까지 계속되고 있다. 이와 같은 주민의 반발과 가격 경쟁력의 상실 등의 이유로 LA카운티는 소각로의 신설이나 규모 확장을 현재로는 고려하고 있지 않다고 담당 공무원(Mr. Ayetiwn: LA County Solid Waste Manage- ment Engineering and Planning Department)은 밝히고 있다.

3. 롱비치 시 쓰레기 소각장 운영 현황

본 자료를 조사함에 있어 롱비치 시와 커머스 시의 쓰레기 소각장 운영 현황 조사의 중요성을 인지하여 양 시의 소각장 관계자들에게 면담 및 자료 제공을 종용해 왔으나 커머스 시의 경우 장기간 이를 지연하여 현황파악이

사실상 불가능하였고, 롱비치 시의 경우 소각로 운영에 대한 간단한 답변만을 제공하였다. 다음은 롱비치 시 쓰레기 소각장의 환경 담당자인 MR. Charles Tripp의 답변을 정리한 것이다.

현재 롱비치 시에 설치, 운영되고 있는 소각로는 10여 년 전에 준공된 것을 규모의 증설 없이 현재까지 쓰고 있으며 연간 47,000톤의 쓰레기를 처리할 수 있다. MR. Tripp에 따르면 가까운 장래에 규모의 증설이나 새로운 소각로의 건설은 없을 것으로 사료된다. 이 소각시설은 자체의 다이옥신 배출 규정(연간 0.0000218 파운드)을 준수하고 있으며, 이는 연방 EPA 기준인 연간 0.00640 파운드보다 훨씬 엄격한 것이나 주민들은 이러한 수치에 관계없이 소각시설 차체에 대해 반발을 보이고 있다고 관계자는 밝히고 있다. MR. Tripp에 따르면 커머스 시의 소각로는 롱비치 시의 시설보다 규모면에서 훨씬 작으며 다이옥신 배출로 인한 운영 여건의 곤란은 롱비치와 비슷하다고 한다.

4. 다이옥신 배출의 연방 정부 규정

자연 현상이 아닌 각종 산업 활동에 의해 배출되는 다이옥신의 배출에 관한 규정은 연방 정부의 환경청(EPA: Environmental Protection Agency)이 관할하고 있다. 1993년도의 EPA 자료에 따르면 쓰레기 소각장은 미국 내 다이옥신 배출의 7번째로 기록되었으나 그 후 환경단체들에 의한 의의 제기와 새로운 연구 결과로 1994년부터는 전체 다이옥신 배출의 2번째 원인으로 공식 공표되었다. 이에 따라 쓰레기 소각장의 다이옥신 배출 기준도 한층 강화되어 생성된 다이옥신의 99.9999%를 제거해야 한다고 규정하고 있어 일반 유해물질의 제거 기준인 99.99%보다 100배 강한 규정을 지키도록 하고 있다. 만일 이 규정을 준수하지 못한 소각로는 운행 정지 혹은 폐쇄될 수 있다. 그린피스를 비롯한 미국 내 환경 보호론자들은 이처럼 다이옥신 배출 규제가 상대적인 것에 반발하고 있다. 즉 99.9999% 제거는 소각로의 규모가 클수록 보다 많은 양의 다이옥신을 배출할 수 있기 때문에 실효가 적으며, 따라서 총량 제한으로 규정을 바꾸어야 한다고 주장하고 있다.

5. 미국 내 기타 도시들의 쓰레기 소각로 운영 현황

미국 내 전체 쓰레기 소각로의 설치 및 운영 현황은 자료의 부족으로 자세히 알 수 없었으나 소각로의 채산성에 대한 문제점을 보도한 1993년 8월 11일자 월스트리트저널 기사에 따르면 개인 전기회사(미국의 전기 공급은 개인 회사에 의해 이루어짐)가 쓰레기의 소각과 전기의 생산(화력 발전)의 목적으로 지방 자치단체와 계약에 의해 설치, 운영하는 것이 대부분으로 나타났다.

이러한 전기회사와 지방자치단체 간의 소각로 운영 계약은 쓰레기 처리 단가(예: 50달러/톤)와 연간 최저 쓰레기 공급량(전기 생산을 위한 최저량의 쓰레기)에 대한 사전 계약이 전제가 되며, 만일 지방 자치단체가 계약된 쓰레기량을 공급할 수 없을 경우 이로 인한 발전손실을 소각로 운영회사(전기회사)에 납부하는 것이 일반적인 계약 관례이다. 따라서 쓰레기 소각 방식은 쓰레기를 그대로 태우는 저열 방식(스토커식)이 일반적이며, 쓰레기를 태우기 위해 추가의 비용이 요구되는 고열식(프리즘마식)의 소각로는 채산성이 없다고 할 수 있다.

같은 날자 월스트리트저널에 소개된 미국 주요 지방 자치 단체의 쓰레기 소각로의 소유, 운영, 규모 등을 살펴보면 다음과 같다.

가. 위스컨신주 La Cross시: 노던스테이트 전기회사가 소유주이자 운영
자이며 하루 400톤을 소각할 수 있으나 1988년 준공 이후 반입 쓰레기의 저
조로 하루 평균 200톤의 쓰레기를 소각하고 있다.

나. 플로리다 주 Bay 카운티: 웨스팅하우스 전기회사가 운영을 맡고 있
으며 1987년 준공되었고 하루 처리 능력은 510톤이다.

다. 플로리다 주 Broward카운티: Wheelabrator전기회사가 소유주이자
운영자이며 하루 평균 2,250톤을 처리할 수 있는 소각로가 2대 설치되어 있
다. 카운티 정부는 톤당 55달러의 쓰레기 처리비용을 지불하고 있지만 계약
된 양의 쓰레기를 충분히 공급하고 있지 못하고 있으며 이에 따라 전기회사
에 미공급 쓰레기에 대한 손실 보전을 해 주고 있다. 전기회사는 유휴 처리
능력을 활용하기 위해 Broward 카운티가 아닌 곳에서 나온 쓰레기를 톤당
42달러에 처리해 주고 있다.

라. 플로리다 주 Pinellas카운티: 카운티 정부가 소유주이며, Whee-
labrator사가 운영을 맡고 있다. 1983년에 준공되었으며 하루 3,150톤을 처리
한다. EPA의 대기 오염 규제를 충족시키기 위한 공기 정화 시설 공사를 추
가로 해야 할 형편으로 약 2.5억 달러의 손실이 예상된다. 이에 따라 카운티
정부는 원래 계약 단가인 톤당 37.5달러의 처리 비용을 100% 인상된 톤당 75
달러로 인상시켜주었다.

마. 펜실베이니아 Mongomery카운티: Montenay전기회사가 소유, 운영
하고 있으며 1992년 준공되었으며 하루 1,200톤을 처리할 수 있다. 카운티 정
부는 톤당 63.5달러의 처리 비용을 지불하고 있으며 그 밖의 지역은 톤당 41
달러를 주고 처리를 의뢰하고 있다.

바. 뉴햄프셔 주 Claremont시: Wheelabrator사가 소유와 운영을 맡고

있으며 1987년에 준공되었다. 하루 200톤을 처리할 수 있으며 Claremont시는 톤당 96.5달러, 다른 도시는 톤당 40달러를 주고 처리를 의뢰하고 있다.

첨부 자료

1. 시당국 쓰레기 전략에 제동을 건 법원 결정 사례
2. 1993년 8월 11자 월스트리트저널 기사
3. 볼티모어 시 소각장 건설 지연 소식
4. 플로리다 주 소각장 건설 지연 소식
5. EPA의 새 다이옥신 정책과 이에 대한 환경 단체의 반박
6. Environmetal Research Foundation 뉴스 레터 31
7. Environmetal Research Foundation 뉴스 레터 45
8. Environmetal Research Foundation 뉴스 레터 311
9. Environmetal Research Foundation 뉴스 레터 312
10. Environmetal Research Foundation 뉴스 레터 325
11. Environmetal Research Foundation 뉴스 레터 326
12. How to Eliminate Dioxin ?
13. EPA 다이옥신 재평가 보고서

4. 토양오염방지

우리나라의 경우 오염의 종류는 대기오염과 수질오염이 대표적으로 생각되나 미국의 경우에는 토양오염도 중대사안으로 간주하여 건축허가뿐만이 아니라 굴착공사 시 토질검사(Soil Test) 결과를 시에 제출하도록 명시하여 오염된 토지는 반드시 오염원인을 제거해야만 건축허가증을 발급하도록 하여 토지의 오염 여부를 중요하게 취급하고 있다. 캘리포니아 주의 토양오염관련 규정을 소개한다.

우리에게는 생소한 규정인 토질 오염관련 규정은 미국에서는 환경보호관련 규정으로서 지난 10여 년 사이에 연방정부 및 캘리포니아 주정부에서 환경을 보호하고 오염된 토지로부터 시민들의 건강 및 자원을 보호하기 위한 노력의 일환으로 여러 가지 법규를 제정하였다. 예로 들면 캘리포니아 슈퍼펀드, 연방정부의 슈퍼펀드, 건강 및 안전에 관한 규정 등이 이에 해당된다.

이러한 규정에 따르면 시민의 안전을 위하여 건강 및 안전관리를 담당하는 부서에서 유해물질 또는 오염물질 등을 정부의 예산을 사용해 제거할 수 있도록 하고 있으며, 이 제거작업이 끝나면 3년 이내에 캘리포니아 주 검찰국은 오염 및 유해물질을 발생시켰다고 판단이 되는 토양오염 관련자를 상대로 정부에서 사용한 소요비용을 청구하는 소송을 제기할 수 있도록 명시하였다.

이와 같은 정부기관의 토질관련 규정은 시민들이 토지구입이나 건축공사 시에는 사전에 토질검사(preliminary soil report)를 철저히 실시함으로써 토양오염에 대한 막대한 복구경비와 벌금을 사전에 예방하는 1차적인 효과와 시민들의 안전하고 건강한 생활환경조성이라는 2차적인 효과를 기대할 수 있다.

일반적으로 토양오염이 많은 토지는 공장부지, 자동차 정비업소, 주유소, 매립 지역 등이 해당되며, 이러한 지역의 토지 및 주택구입 시에도 토질검사를 받아서 토양오염 시 책임 유·무를 명확히 하도록 부동산 매매규정에 포함하도록 하고 있다.

CALIFORNIA CODES

HEALTH AND SAFETY CODE

SECTION 17953-17955

17953. Each city, county, and city and county shall enact an ordinance which requires a preliminary soil report, prepared by a civil engineer who is registered by the state, based upon adequate test borings or excavations, of every subdivision, where a tentative and final map is required pursuant to Section 66426 of the Government Code.

The preliminary soil report may be waived if the building department of the city, county or city and county, or other enforcement agency charged with the administration and enforcement of the provisions of this part, shall determine that, due to the knowledge such department has as to the soil qualities of the soil of the subdivision or lot, no preliminary analysis is necessary.

17954. If the preliminary soil report indicates the presence of critically expansive soils or other soil problems which, if not corrected, would lead to structural defects, such ordinance shall require a soil investigation of each lot in the subdivision.

The soil investigation shall be prepared by a civil engineer who is registered in this state. It shall recommend corrective action which is likely to prevent structural damage to each dwelling proposed to be constructed on the expansive soil.

17955. The building department of each city, county, or city and county, or other enforcement agency charged with the administration and enforcement of the provisions of this part, shall approve the soil investigation if it determines that the recommended action is likely to prevent structural damage to each dwelling to be constructed. As a condition to the building permit, the ordinance shall require that the approved recommended action be incorporated in the construction of each dwelling. Appeal from such determination shall be to the local appeals board.

CALIFORNIA CODES

HEALTH AND SAFETY CODE

SECTION 25369

25369. The department shall establish an abandoned site program to survey counties where abandoned site surveys have not been completed. As part of the program, the department shall do all of the following:

(2) Description of the California Superfund Program, including the availability of state funds for cleaning up abandoned hazardous waste sites, and that discovery of a site does not impose liability for cleanup.

5. 그린에너지

LA 시는 1999년 5월 13일부터 시행되는 무공해 전기이용 프로그램인 "Green Power for a Green LA program"을 발표하였다. 날로 심각해지는 자연환경을 보호하고 전기가 절약되는 효과를 기대할 수 있는 이 프로그램은 가입희망가구당 월 3천6백 원($3)을 전기료에 추가 부과하게 된다. '그린 에너지(Green Power)'라 불리는 이 프로그램은 매월 3달러의 추가 비용으로 현재 LA 시에서 소모되는 전기의 20%를 차지하는 태양력, 풍력, 지열 등 환경보호를 위한 대체에너지 자원개발기금으로 충당되게 된다. LA 시의 그린 에너지관련 프로그램을 알아보면 다음과 같다.

□ 그린 파워란?

그린 파워는 자연정화 과정에서 환경에 영향을 주지 않고 에너지로 이용하는 대상을 의미한다. 즉 풍력, 태양열, 지열(geothermal), 생물량(biomass) 및 수력(hydroelectric)자원 등이 해당되며, 이들 천연자원들은 환경에 악영향을 초래하지 않으므로 그린 파워에 비유된다.

□ 참여대상

LA 시에 거주하는 시민, 기업, 단체 등 전기를 사용하는 모든 대상

□ 프로그램 참여경비

가입 희망가구당 월 3불

□ 그린 에너지 프로그램의 개요

수도전력국(DWP)은 LA 시내 소재한 360만 가구 중 첫 해인 올해에는 10여만 가구가 가입할 것을 예상하고 있으며, 향후 3년까지는 20만여 가구수가 '그린 에너지' 프로그램에 가입할 것으로 기대하고 있는데 가입자에게 연간 $30불의 전기료가 절약되는 2개의 에너지절약 형광전구와 전기절약요령을 담은 책자를 선물로 제공할 예정이다.

빌 리처드슨 연방에너지장관은 '그린 에너지 프로그램에 가입하면 미국에서 살아갈 후세들이 깨끗한 환경을 영위하도록 준비하는 재정적인 적립금을 마련하는 것'이라고 강조하고 'LA 시 수도전력국(DWP)이 부유층만이 아니라 시민 누구나 참여할 수 있는 프로그램을 마련한 성과에 클린턴 미국대통령과 연방에너지국이 박수갈채를 보낸다'고 치하했다.

처드슨 장관은 이어 에너지국이 2010년까지 수백만 채의 주택과 건물에 태양력지붕을 설치할 계획으로 우선 LA 시내에 소재한 10개 우체국을 해당 건물로 선정 중에 있다고 밝혔다. 리처드 리오단 LA 시장은 그린에너지 프로그램의 첫 가입자로 등록됐으며 LA 시에 소재한 단체로는 LA다저스팀, 남가주(USC)대학, 게티센터, 사이언톨로지 교회(Church of Scientology), 플라야 비스타(Playa Vista), 로빈슨 메이(Robinson's May), 대표적인 종합병원들(Cedars Sinai, Kaiser Permanente) 등이 이미 가입했다. 현재 LA 시는 소모되는 전기 가운데 70%가 화력 또는 핵발전소에서 공급되

고 있는 실정이다.

□ 그린 에너지 프로그램의 장점

1. 낮은 전기사용료(Low Energy Rates)

비영리로 운영되는 수도전력국(The Los Angeles Department of Water)의 전기요금은 남가주 지역에서 가장 저렴하게 로스엔 젤레스 시민에게 공급된다.

2. 로스앤젤레스를 위한 공헌(Our Commitment to the LA Community)

시정부와 시민단체들과의 연계를 통한 에너지의보다 더 효율성 있는 방안과 에너지 절약에 도움을 준다. 특히 학교주변의 식수행사를 통하여 여름에 운동장 및 교실에 응달을 조성하여 에어컨 사용이 줄어들어 전기료도 절약되고 신선한 공기 속에서 학생들이 공부할 수 있는 여건을 만들 수 있다.

3. 환경보호(Our Commitment to the LA Environment)

화력을 이용 시 발생되는 가스의 양을 감소시켜 로스앤젤레스 시의 대기를 깨끗하고 주변환경을 푸르게 하고자 노력하고 있으며, 그린에너지 가입 시 부과되는 기금으로 태양열, 풍력, 수력을 통한 전력의 공급을 배가시킬 수 있는 장점이 있다.

4. 에너지 사용의 효율성(Our Commitment to the Efficient Use of Energy)

사무실과 주택 내의 효율적인 전기사용 및 절약을 계몽하여 지역사회에 이바지한다. 공공뿐만이 아니라 시민들의 전기를 이용한 교통수단(전기버스, 전

기승합차량, 전기차)을 이용하도록 지원하고 시내 전 지역에 전기충전소를
증설한다.

□ 천연자원 중 전력의 재활용이 가능한 분야

○ **태양력**(Solar)

1. Photovoltaic(PV) systems
   태양광선이 직접적으로 작용하여 전기를 발생하는 시스템
2. Solar thermal systems.
   태양에너지로 액체를 가열하여 이때 발생되는 수증기로 발전기를 작동
   하여 전기를 생산하는 시스템

○ **풍력**(Wind)

바람은 청정하고 재활용이 가능한 에너지자원으로서 풍차를 통한 전기를
발생시킴으로써 환경오염이 없는 중요한 천연물이다. 바람이 부는 지역 어디
서나 활용이 가능하다.

○ **수력**(Hydropower)

댐들은 흐르는 물을 저장하여 낙차를 이용하여 고속의 터빈을 통하여 전력
을 얻는다. 수질문제와 어류 및 야생 서식처에 대한 환경변화가 다소 문제가
되기도 하지만 재활용이 가능한 에너지원이다.

○ **지열**(Geothermal)

지하면 내부에 저장된 고온의 지하수와 수증기를 이용한 전력 이용방법이
다. 미량의 대기오염이 발생되나 환경에 심각한 영향을 끼치지는 않는다.

○ 바이오매스(Biomass)

유기물인 바이오매스는 용광로에서 태워져서 전력을 발생시키는 데 새로운 기법으로는 소각 시 발생되는 가스를 이용한 효율적이고 청정한 도시가스로 활용되기도 한다.

□ 재활용이 불가능한 에너지원

전기를 발생하기 위하여 현재 세계 각국에서 사용되는 석탄(Coal), 원유(Oil), 핵원료(Nuclear), 천연가스(Natural Gas) 등은 재활용이 불가능한 에너지원이 된다.

○ 석탄(Coal)

미국 내에서 발생되는 아황산가스(SO_2)의 65%, 이산화탄소(CO_2)의 33%, 이산화질소(NO_2)의 25%가 화력발전소에서 사용되는 원료인 석탄이 대기오염의 주요 원인 중의 하나가 되며, 지구온난화, 산성비, 환경관련 질병 등의 문제를 야기하고 있다. 현재 가 주의 경우에는 전력발생의 17%를 화력발전소에 의지하고 있다.

○ 원유(Oil)

원유를 사용하면 석탄에 비하여 대기오염이 덜하지만 대기보전의 차원에서는 상당량의 오염물질을 발생시킨다. 현재 가주에는 원유를 사용하는 발전소가 없지만 자동차로부터 발생되는 대기오염의 주 원인이 되고 있다.

○ 핵원료(Nuclear)

핵원료를 사용하는 핵발전소는 대기로 방출되는 물질은 없으나 인류 및 환경에 치명적인 위험을 항상 내재하고 있다. 핵발전소의 사고로 인한 방사능

의 유출사고가 이에 해당된다. 가주에는 전체 전력에너지의 14%가 핵발전소
에서 제공되고 있다.

○ 천연가스(Natural Gas)

천연가스는 경제적이고 자연 친화적인 에너지원이다. 다른 에너지원에 비
하여 많은 양의 대기오염을 발생시키지는 않지만 대기오염의 일부 발생원인
이 되고 있다. 가주에는 전체 전력의 35%가 천연가스를 사용한 화력발전소
에서 제공된다.

□ 그린 에너지 프로그램 옹호기관(Program Advocates)

ADRO Environmental Inc.

ADVANCE

All Peoples Christian Center

American Philantrophy Association

Asian American Drug Abuse Program

Beacon House Association

Carmona Ave. Association

Centro Latino De Educacion Popular

Cypress Park Library

East 60th Street Youth Center

Econewstv Environmental Directors

Radio

FAME Renaissance

Family Helpline

Founders National Bank

Hathaway Family Resource Center

Hollywood Police Support Association

Inglewood Coalition

Kentwood Elementary School

Korean Youth & Community Center

Lafayette Community Senior Center

Los Angeles Neighborhood Initiative

National Council Negro Women

Studio City Residents Association

Teen Post Inc.

Tomorrow's Entrepreneurs Today

Van Ness Ave (1200) Block Club

□ 그린 에너지관련 기관(Green Energy Organizations)

American Solar Energy Society

American Wind Energy Association

AG Solar

Center For Energy And Environmental Studies

Center For Renewable Energy & Sustainable Technology

Greenlight Consortium

International Solar Energy Society

National Energy Foundation

Northeast Sustainable Energy Association

Solar Energy Research and Education Foundation (SEREF)

Solar Information Center

□ 그린 에너지 프로그램 공인협회(Program Endorsments)

The Natural Resources Defense Council

Environmental Defense Fund

Center for Energy Efficiency and Renewable Technologies

Union of Concerned Scientists

California League of Conservation Voters

6. 대기오염 감소방안으로 자전거 순찰제를 도입한 LA 시

자전거 순찰제를 통하여 대기오염을 감소시키고자 하는 LA 시의 노력이 단기적으로는 미약하게 보이지만 장기적으로는 대기정화에 기여하는 바가 클 것으로 기대되며 이 프로그램이 소기의 성과를 거두기 위해서는 여기에 참여하고 있는 LA 시, 대기정화국, 주정부 등 공동의 책임과 노력이 중요하다. 대기오염 저감방안에 도움이 되고자 소개한다.

LA 시 경찰국은 남가주 대기정화국(Air Quality Management District)의 지원으로 대기오염발생을 미연에 방지하고자 자전거를 제공받으며, 이 프로그램은 자동차관련 대기오염 저감방안 위원회(the Mobile Source Air Pollution Reduction Review Committee)에서 기금을 지원받게 된다. 또한 환경국(The Environmental Affairs Department)과 수도전력국(Department of Water and Power)은 '대기정화를 위한 자전거 순찰(Bike Patrols for Clean Air) 프로그램'에 총 $116,000의 기금을 제공 받으며, 이 기금으로는 시 순찰구역 내를 담당할 115개의 산악용 자전거들과 44개의 최신의 전기용 자전거 구입에 사용될 예정이다.

이 기금과 관련하여 남가주 대기정화국의 운영위원이며 시의원인 리차드 알라카는 '이 프로그램은 LA 시의 자전거를 통한 순찰계획에 커다란 지원방안이 되며, 지역사회, 사업체, 대기정화, 경찰관 본인 등 모두에게 최대의 효과를 제공하는 결과를 기대할 수 있다.'고 극찬하였다.

자전거를 이용함으로써 LA 시는 향후 5년간에 걸쳐 거의 4만 파운드의 오염원을 저감시키는 결과와 순찰차량 이용 시 소비되어야 할 연간 150만 마일의 주행거리를 무공해 순찰수단인 자전거로 대체하는 일거양득의 효과가 기대된다. 오염원 배출원인의 하나가 될 수 있는 순찰차량과 트럭 등 자동차에서 자전거순찰로 경찰관의 순찰패턴을 조정하는 방안이야말로 법질서 수호와 안전을 담당하는 LA 시 경찰국의 이상적이고 경제적인 방법(Cost-Effective Way)이 되며, LA 지역의 대기정화를 위한 노력에 동참하는 실질적이고 효과적인 계기가 된다고 볼 수 있다.

LA 시 수도전력국의 운영기획관인 안젤리나 갈리티바는 'LA 시 경찰국에서 자전거순찰을 실시함으로써 일반자전거의 약점을 보완한 전기자전거를 통해 수도전력국에서는 대기오염을 정화시킬 수 있는 전기의 올바른 사용과 다양한 혜택을 시민에게 홍보하고 교육시킬 수 있는 좋은 계기를 마련할 수 있다.'고 기뻐한다. 수년 전부터 LA 시는 베니스 비치, 할리우드, 다운타운 지역 등에서 자전거를 통한 순찰을 실시하고 있는데, 순찰차량으로는 보도 및 골목길에 대한 방범상의 한계점을 발견하고 대신에 자전거를 통한 순찰을 시범적으로 실시하여 자전거 이용에 따른 장점을 권장한 바 있다. 경찰국, 공원관리과, 주차단속반, 동물원 경비원 및 수도전력국 검침원들은 이러한 재정적 지원금을 통하여 새 자전거 구입, 액세서리, 장비, 관리교육 등의 혜택을 받게 된다.

LA 시 경찰국의 경우, 매일 자전거 순찰을 실시하는데 약 200명에서 250명의 경찰관들을 대상으로 다양한 종류의 업무, 즉 갱단진압, 마약단속, 순찰지원, 특별행사 질서유지 등의 업무를 자전거를 사용하여 실시하고 있다.

한편 교통국 산하부서인 주차위반 단속반은 주차위반 관련업무를 순찰차량이 아닌 자전거로 실용화할 예정이며, 공원국의 공원관리인들은 공원, 해변가, 레크리에이션 센터, 박물관, 노인회관 등의 전 지역순찰에 자전거를 사용하기 시작하였다. 로스앤젤레스 동물원에서도 경비원들이 응급상황 대처 시, 미아 발견 시, 범죄자 신고 시에 신속히 대처하도록 자전거를 사용하도록 권장하고 있다.

남가주 대기정화국(SCAQMD)에서 제공하는 지원금의 출처는 가주정부의 AB 2766이며, 이 규정은 자동차에 의한 대기오염원을 감소시키고자 주정부에서 자동차 소유주가 매년 납부하는 자동차등록세 중에서 $4불을 대기정화 기금으로 사용하도록 규정한 법이다.

Ⅶ. 상하수도 분야

1. 하천관리청 조직 · 운영

로스앤젤레스 시 및 카운티 사례

고온건습한 사막기후인 로스앤젤레스 지역은 River of Los Angeles를 제외하곤 대규모 하천이 전무한 실정이며, 일년 중 동계 기간에만 강우가 집중됨에 따라, 하천범람 및 홍수 등의 하천관리에 대한 중요성이 타 지역에 비해 매우 떨어지고 있는 실정이다. 그러나 통계에 따르면, 1861년 이래 대규모의 홍수 및 수재가 아홉 차례 발생하였으며, 특히 1938년에는 인명손상이 113명에 이르며, 재산피해가 4000만 불에 이르는 큰 재해가 발생하기도 하였다.

이에 따라, 1915년 캘리포니아 주정부는 주 입법을 통해 홍수조절 및 수자원 보호를 위해 로스앤젤레스 지역을 Los Angeles County Flood Control District (로스앤젤레스 홍수방지구역)로 설정되었으며, 1985년엔 현재의 Los Angeles County Department of Public Works(LACDPW)로 통합, 지역 내 홍수 및 하천 관리시설의 운영 및 건축을 담당하고 있다.

본 사례연구에선, 현재 LACDPW가 운영하고 있는 수해관리 및 환경보존을 위한 하천관리 현황 및 운영사항들을 소개하기로 한다.

1. 하천관리 현황

로스앤젤레스 지역 하천관리시설의 현황에 따르면, 하천으로 유입되는 배수로(Storm drain) 및 일반수로(Channel)의 연장이 1,500마일에 이르고 있으며, 그 외 하천 관리를 위해 설치한 Maintenance Holes의 수가 16,000개, 배수구역(Drainage areas)의 수가 2,000개, 그리고 하수구의 오물수거시설(Catch Basin)이 50,000개에 이르고 있다.

한편 수해 발생 시 하천으로 유입되는 배수경로는 폭이 240피트에 이르는 콘크리트 수로관(Watercourse)을 통하거나, 일반도로의 노견, 주거 및 공공시설 등에 설치되어 있는 각종 집수 및 배수시설(Detention or Retention facilities), 그리고 구경이 12인치의 콘크리트파이프나 12피트 폭의 배수관을 이용하게 된다. 특히 수해 시 발생하는 배수로는 시조례(Municipal code section 17.05M)에 의해 반드시 일반 폐수 및 정화조 시설과 구별되어 설치하도록 규정되어 있으며, 수해 예상빈도 및 피해에 따라 설치요건을 주기적으로 (10년, 50년, 100년) 차별화하고 있다.

2. 하천관리체계

1936년 입법된 The Flood Control Act(홍수관리법)는 현재 로스앤젤레스 카운티정부가 실시하고 있는 하천관리시책의 법적 근거를 이루고 있는데, 이 법에 따르면, 하천관리 및 홍수조절에 관한 업무에 대한 기존의 LACDPW 역할과 함께, 미육군공병단(the United States Army Corps of Engineering: COE)의 역할 또한 규정하고 있다. 예를 들면, 로스앤젤레스 및 산가브리엘 지역의 하천관리 시 COE의 역할이 종래의 비상재해시의 구조활동에 제한되던 것을 상시관찰 및 보호라는 보다 적극적인 하천관리역할을 부여하고 있다.

한편 홍수범람이 빈번한 지역의 하천관리 및 재해방지를 위해 로스앤젤레스지방정부는 상습침수 지역을 대상으로 수재로 인한 피해를 극소화하기 위해 마련된 연방정부의 The National Flood Insurance Program(NFIP)을 활용, 해당 지역 내 신규건축을 억제하고 있다. 특히, 30평방 마일에 이르는 상습침수 지역을 연방재해관리청(Federal Emergency Management Agency: FEMA)의 100년 특별수해관리지역(100 Year Special Flood Hazard Areas: SFHAs)으로 설정하고 있는데, 이 지역 내에서는 전체 지역의 50%(15평방 마일)만 건축이 가능하도록 규정하고 있다. 이러한 수해방지를 위한 건축규제는 상당한 효과를 거두어, 최근 DPW의 Stormwater Management Division이 발표한 통계에 따르면, 전체 로스앤젤레스 시의 2.25%에 해당하는 48,000동의 건축물만이 수해특별관리 지역에 분포하고 있는 것으로 나타나고 있다.

한편 1980년에 제정된 Floodplain Management Ordinance(Ordinance No. 154405)에 따라, 수해로 인한 인명손실이나 재산피해가 예상되는 지역에 한해선 신규 건축물의 건설을 철저히 제한하는 등 수해로 인한 각종 재해를 사전 예방하는 조치를 취하고 있는데, 이 조례에 따르면, 대규모 하천 범람에 따라 발생할지도 모르는 수재를 방지하기 위해, 현장조사 및 수해관리 등급 설정 등 예방적 조치의 상시화를 규정하고 있을 뿐만 아니라, 필요한 경우 안전성이 확보될 수 있도록 가능한 모든 사전안전조치를 할 것을 규정하고 있다.

3. 수재 지역(Flood Zone) 지정

수해 지역의 설정은 먼저 수재발생 시 예상되는 피해 및 보상 여부와 밀접한 관계를 가지게 되는데, 예를 들어 특별수해지구로 지정된 지역 내 대지나 건축물을 소유할 경우, 연도별 수해 보상보험의 가입을 의무화하고 있다. 즉 해당 지역 내 재해 발생 시 수익자부담 원칙에 따른 재해대비를 강제로 규정하고 있다. 로스앤젤레스의 경우, 100년 특별수해관리 지역 내 주거용도의 대지나 건축물을 소유한 지주 및 건물주는 연간 400-800달러에 이르는 수재보험료을 납부하고 있는 실정이다. 한편 수해지구의 지정을 담당하고 있는 지방정부는 NFIP (National Flood Insurance Program: 전국 수해보험 프로그램)에 의거한 지역기준(Zone Determinants)을 설정, 적용하고 있는데, 대지나 건축물이 수해관리 지역에 해당하는지의 여부를 문의하는 일반인들을 위해, 로스앤젤레스 시의 경우, Stormwater Management Division을 중심으로 Flood Control Map 등 하천관리 및 수해방지를 위한 각종 정보를 제공하고 있다.

4. 환경보호를 위한 하천관리

로스앤젤레스 시의 Department of Public Works는 Bureau of Sanitation과 함께, 폐수 및 오물의 적정처리를 통한 하천보호 및 관리에도 힘쓰고 있는데, 주요 프로그램으로는 Liquid Waste program(폐수처리 프로그램), Stormwater Program(수해관리프로그램), Integrated Solid Waste Program(통합 폐기물처리 프로그램), Curbside Program(보도관리 프로그램), Household Hazardous Waste (HHW) Roundups, Mobile HHW Collection Program, Used Oil Recycling Program 등이다.

이러한 프로그램들 중, 폐수처리 프로그램, 수해관리프로그램, 각종 폐기물 및 유해물질 프로그램 등은 하천관리를 위한 대표적인 프로그램으로서, 다음은 이들 프로그램의 운영현황을 소개한 것이다.

- Liquid Waste Program

로스앤젤레스의 경우, 매일 450백만 갤런의 폐수가 배출되고 있는데, 이를 처리하기 위해 6,520마일에 이르는 하수관, 54개소의 펌프장, 그리고 4개소의 처리장이 가동되고 있다. 특히, 산업폐수의 재처리, 환경감시제도가 시행된 1984년 이후, 산업폐수 중 중금속의 비율이 종전에 비해 70%가 감소하는 등 획기적인 개선효과를 거두고 있다. 한편 산업폐수 중 오염찌꺼기(Sewage Sludge)를 생화학적으로 재생처리, 100% 재활용(TOPGRO)되고 있으며, 이를 주요 원예관련업소(FEDCO, Home Depot, Armstrong's Garden Center) 등에서 판매하고 있다.

한편 Hyperion Plant를 통해 폐수를 제2차 처리함으로써 하천오염을 방지하고 있다.

- Stormwater Program

오물 및 폐수처리의 개선과 함께, 집중강우 시 폐수가 적정한 처리 없이 하천을 통해 바다로 유입되는 것을 방지하기 위한 노력이 bureau of Engineering Stormwater management Division 및 Los Angeles County Department of public Works를 중심으로 민관합동으로 추진되고 있는데, 대규모 Stormwater의 방류를 위해선 NPDES 허가를 얻도록 규정하고 있으며, 환경감시그룹과 함께 특정지역을 선정 Stormwater의 방류를 감시하는 한편 공공교육프로그램을 통한 일반주민의 Stormwater의 방류로 인한 환경오염 및 하천관리의 중요성을 제고하는 노력을 기울이고 있다. 특히, 시정부 내에 관민 합동으로 구성된 Stormwater Management Committee를 구성, 이러한 노력을 뒷받침하고 있으며, 지리정보시스템(Geographical Information System)을 통한 stormwater의 오염방지를 관리, 조절하고 있다.

- Household Hazardous Waste Roundups/Mobile HHW Program

1989년 로스앤젤레스 시 및 카운티정부는 민간이 참여하는 가정용 유해폐기물질 수거행사를 운영, 유해물질의 수거뿐만 아니라, 이에 대한 일반의 관심 및 경각심을 제고시키는 프로그램을 진행하고 있는데, 1994년 2월 Mobile Program으로 대체될 때까지 많은 성과를 거둔 것으로 평가받고 있다. 특히, 이 프로그램에 참여한 연인원이 65,000명에 이르며, 동원 차량수도 3,500대에 이르는 등 일반시민의 적극적인 참여를 유도하였다. 1994년 이후, Mobile HHW Collection Program(이동 가정용 유해물질 수거 프로그램)으로 개편된 본 프로그램은 하천오염의 주 원인인 각종 생활폐수 및 유해물질의 유입방지에 커다란 공헌을 하여, 1994년-1996년 사업 기간 동안,

47,200 갤런의 엔진오일의 재생
5,200갤런의 부동액 재생
46,100갤런의 유해페인트의 재생
3,300개의 자동차 배터리 재생
8600개에 해당하는 55-갤런 가정용 유해물질의 수거 및 폐기

또한 지속적이고 상시적인 유해물질의 처리를 위해 24시간 가동되는 다중 언어 전화응답시스템을 운영, 일반인들의 가정용 유해물질폐기를 돕고 있으며, 나아가 하천오염원을 방지하는 노력을 기울이고 있다.

2. 비굴착 하수관 장비

미국의 많은 도시들과 기관들은 하수관이나 우수관을 유지 보수하기 위해서 비굴착 장비와 공법을 이용하고 있다. 이 공법의 장점은 비굴착으로 인해 기존의 방법보다 공사비용과 공기를 줄일 수 있다는 점이다. 이러한 장점 때문에 미국 내에서 비굴착 공법을 도입하는 지방자치단체와 기관의 수가 점차 증가하고 있는 추세이다.

비굴착 시공법의 공법과 장비는 특허품이기 때문에 이를 이용하는 시나 기관들은 장비를 구입하여 직접 시공하기가 곤란하므로 지역 독점권을 가진 대리점(Local Dealer)과 계약(Contract)을 체결하여 공사를 위탁하고 있다.

이러한 비굴착 장비와 공법은 파이프 청소와 파이프 보수로 나누어 적용되는 것이 일반적이다.

비굴착 하수관 청소(Pipe Cleaning) 장비 및 공법(벡터 시리즈)

1. 장비의 종류: Vactor 2103 - Vactor 2115
   - 장비의 종류는 기본 장비(Vactor 2100)부터 가장 Heavy duty (Vactor 2115)까지 다양함.
   - 이들 장비 간의 차이는
        Vacuum System 용량
        Water Tank Capacity
        Jet power(최대 2,500 psi)
        엔진 출력(보조 엔진 유무 등)
        차량 크기
      등에 따라 달라지며, 가격은 $110,000(Vactor 2103)부터 $200,000 (Vactor 2115)까지임(세금 미포함 미국 국내 판매 가격).

2. Vacuum 파이프의 규격:
   최대 8inch, 최소 6inch이며 4inch는 주문 시에만 제작 공급함.
   (※ 작업 대상 관로의 크기는 3feet[약 910mm] 이상도 가능)

3. 주요 고객:
   남가주 일대에서만 약 300여 시에서 구입하여 사용하고 있음.
   전 세계적으로는 약 80%의 시장 점유율을 가지고 있으며, 이 분야 기계의 표준(Standard)으로 인정받고 있다고 함.

4. 부품 및 부수 자재:
   높은 시장 점유율로 부품이나 부수 자제의 공급에는 별 어려움이 없다고 함.
   가장 빈번한 소모품은 Jetting Hose로 1년에 한 번 정도 교체하여야 하며, 가격은 약 $1,500 정도임

5. 중고품 여부:
   가끔 시장에 나오기도 하지만 현재는 없다고 함(남가주 딜러)

비굴착 하수관 보수(Pipe Re- Lining) 장비 및 공법(AM-Liner)

1. 개요

AM-Liner는 지하에 매설된 하수, 오수 관거의 균열이나 파손 부위를 굴착하지 않고 보수하는 공법으로, LA 시의 경우 지진으로 파손된 관거의 보수에 이 공법을 적용하였고 미국 내 여러 도시(LA 등)나 정부 부처(미 육군 공병단, 철도 회사, 국립공원 등)와 회사 등에서도 다수 사용되고 있는 공법임.

2. AM-Liner 시공에 필요한 장비

- AM-Liner,
- Jet Cleaner Truck,
- 보일러 트레일러,
- 로봇 TV카메라 및 가지관 절단/봉합기.

3. AM-Liner의 재료 특성

- 재질: PVC
- 열팽창률: $4.17 \times 10\text{-}5$ in/in oF
- 인장 강도: 3600 PSI
- 인장 계수: 155,000 PSI
- 인장 신축률: 150%

4. AM-Liner 제품의 규격

- 직경 100mm - 460mm: 규격 생산품
- 직경 500mm 이상은 특별 생산하며, LA 시청의 경우 직경 2미터(72인치)의 관을 보수한 적이 있음.

5. 시공 방법

1) 제트 클리너로 파이프 내부를 청소

2) 로봇 TV 카메라로 파이프 내부 검사

3) 양쪽 맨홀을 이용, 파이프 내에 AM-Liner 장착

4) 뜨거운 물(섭씨 약 67도)을 주입하고 압력을 높여(약 5기압) AM-Liner를 기존 파이프에 압착시킴

5) 분기관의 접촉 부분을 로봇 장비로 절단하고 봉합.

※ 약 100미터의 관을 보수할 경우 약 2시간이 소요되며 공사 후 즉시 통수가 가능.

6. AM-Liner의 공법 및 재료상 특장

- 굴착 및 복개 불필요
- 신속한 시공
- 저렴한 비용
- 연결 부위가 없는 내부
- 원래 관보다 강한 재질
- 관 내부의 가스나 화학 독성에 대한 내성
- 부식에 대한 내성
- 뛰어난 통수 능력(낮은 마찰 계수)

3. 수질관련

1. 병원성 미생물관련 규정

미연방 환경보호국(EPA)에서 발표된 한시적 표면수 취급강화규정(the Interim Enhanced Surface Water Treatment Rule:IESWTR)」과 「1단계 살균 부산물 규정(the Stage 1 Disinfection Byproducts Rule: DBPR)」은 수돗물 속에 있는 병원성 미생물 제거규정을 강화하는 규정들이다. 미연방 환경 보호국(EPA)에서는 미생물 발병원인 크립토스포리디움(Cryptosporidium) 관련 수돗물규정을 발표할 예정이며, 1996년 수정된 안전식수법안(The Safe Drinking Water Act:별첨참조 1)에서는 1998년 11월까지 「한시적 표 면수 취급강화규정(the Interim Enhanced Surface Water Treatment Rule:IESWTR:별첨참조 2)」과 「1단계 살균 부산물 규정(the Stage 1 Disinfection Byproducts Rule: DBPR:별첨참조 3)의 완수를 요구하였다. 이러 한 법률적 제안은 미연방 환경보호국(EPA)이 1994년 제안한 결과이다.

2. 병원성 미생물관련 주요사항

가. 상기 두 가지 규정이 중요한 이유와 상호관련성

미생물학적 오염물-박테리아, 프로토조아(protozoa), 바이러스-등은 1990년 미 연방 환경보호국(EPA)의 Science Advisory Board에서 보고된 바와 같이 식수원에 중대한 건강문제를 야기할 가능성이 있다. 일반적으로 사용되는 살균방법은 건강상 문제를 야기하므로 미생물학적 오염물의 통제는 더욱 어려운 점이 현실이다.

전통적인 방법은 더 많은 화학적 살균제를 첨가하는 것이며, 이 방법은 많은 유해한 미생물유기체(Microorganisms)들을 제거하는 데는 효과적이나, 반면에 수돗물속의 유기물과 비유기물질을 혼합시켜 유해한 살균부산물(DBPs)을 형성시키는 문제점이 있다.

수돗물 공급 전문가에 있어서 가장 중대한 현안문제는 살균부산물(DBPs)의 유해성을 최소화하는 점과 미생물적 오염물을 제거하는 것이다. 「한시적 표면수 취급강화규정」과 「1단계 살균 부산물 규정」은 병원성 미생물 발병원의 제거로 건강에 해를 끼치지 않고, 살균제 및 유해부산물(DBPs)의 포함률을 감소시키고자 하는 노력이다. 이와 같은 규정으로 수돗물이 병원미생물로부터 안전하고 살균제로부터도 무해한 식수가 될 수 있다.

나. 관련 자료공고(The Notice of Data Availability)의 필요성

1994년 두 가지 법안이 상정된 뒤, 미연방 환경보호국(EPA)은 병원미생물관련 자료가 미비하였으며 추가적인 자료수집과 연구가 필요하여 정보수집규정(Information Collection Rule: 별첨참조 4)을 통하여 1996년 수정된 안전식수법안(SDWA)에 새로운 완수일자를 규정할 수 있었다.

1997년 2월에 두 가지 규정안과 참여를 최대화하기 위하여 연방권고위원회법(Federal Advisory Committee Act)하의 미생물/살균부산물 권고위(the Microbial/Disinfection Byproducts Advisory Committee)가 신설되었다. 위원회의 목적은 자료수집, 새 정보 및 자료의 분석과 공유, 새 정보의 법률적 공감대 마련 등이다. 총 17명의 위원들 구성은 미연방 환경보호국(EPA), 주 및 지방자치단체의 공중위생과 규제입안부서, 지자체 선출직 단체장, 수도국 관리자, 살균제 제조업자, 환경단체 등이다.

관련 자료공고(The Notice of Data Availability)에는 미생물/살균부산물 권고위(M/DBP Advisory Committee)의 발견사항 요약과 미연방 환경보호국(EPA)에의 권고사항 등이 포함되며, 1998년 2월 3일까지 일반에게 공개된다.

다. 미생물/살균부산물 권고위(M/DBP Advisory Committee)의 주요업무

1997년 3월부터 7월까지 5번 회합하여 「한시적 표면수 취급강화규정」과 「1단계 살균 부산물 규정」관련사항을 토의하였으며, 기술적 지원사항은 위원회의 기술분과위에서 담당하고, 위원회의 활동결과는 두 가지 규정관련 새로운 정보와 부수적 자료의 수집, 개발, 평가, 발표 등이 주된 업무이다.

라. 위원회의 주요 권고사항

1997년 미연방 환경보호국(EPA)에 제출된 권고사항은 다음과 같다.

1) 「1단계 살균 부산물 규정(the Stage 1 Disinfection
   Byproducts Rule:DBPR)」관련 권고사항

○ Trihalomethanes(TTHMs), haleoacetic acid 5(HAA5) 혹은 bro- mate
  의 총량을 위해 제안된 최대오염레벨(MCLs)의 변화 없는 유지
○ 응집제(Coagulants) 및 유화제(Softening)의 강화를 위한 요구사항의
  수정
○ 살균을 용이하게 하기 위한 「한시적 표면수 취급 강화규정(IES- WTR)」
  하의 살균요구사항을 성취하기 위한 권고사항 변경 등이다.

2) 「한시적 표면수 취급 강화규정(IESWTR)」관련 권고사항

○ TTHMs 및 HAA5의 최대오염레벨(MCLs) 완수를 위한 수정된 살균법
  의 결과로서 미생물유기체(microbial)의 방지에 심대한 감소가 없음을
  강조하고, 주정부와 함께 노력하는 방법론 및 과정에 대한 미생물유기
  체(microbial)의 항목설정(Benchmarking)/윤곽설정(Profiling)
○ 유출된 불순물(turbidity)제한 혼합필터(combined filter)의 강화 및 개
  별적 필터의 점검
○ 크립토스포리디움 최대오염레벨 설정
○ 크립토스포리디움의 제거
○ 위생연구(Sanitary survey)의 확대 등이다.

4. 수돗물 절약방안

☐ 실내에서의 물 절약

1. 사용한 수돗물을 하수구를 통하여 버리기 이전에 화분이나 정원 또는 청소용으로 재활용할 대상을 고려한다.

2. 집안에 물이 새는 곳은 없나 확인한다. 수돗물을 사용하지 않는 상태에서 전후 2시간의 미터기를 읽어보고 만약 수치가 같지 않으면 수도관 중 누수 되는 곳을 확인해야 한다.

3. 물방울이 떨어지는 수도꼭지를 신속히 수리한다. 만약 1초에 한 방울씩 떨어지는 것으로 계산하면 1년에 713리터(2700갤런)의 물을 낭비하는 셈이다.

4. 변기 탱크가 새지 않는지 조리용색소(Food Coloring)를 넣어 확인한다. 만약 변기가 샌다면 30분 안에 색깔이 나타날 것이다. 한편 변기가 노후하였거나 부식 또는 굴곡이 있나 확인한다. 대부분의 모든 부품의 교체가 저렴하며, 규격에 맞고, 쉽게 설치할 수 있다.

5. 용변 중 필요 이상의 변기물 내리는 회수를 자제한다. 휴지, 벌레, 일반

쓰레기는 변기 속보다는 휴지통에 버린다.

6. 목욕은 가능한 짧은 시간 안에 샤워를 한다. 샤워 꼭지를 수돗물 조절이 가능한 장치(ultra-low-flow)로 교체한다.

7. 목욕 시 물은 욕조의 1/3만 채우며. 마개를 막은 뒤에 물을 받으며, 처음 나오는 찬물은 그냥 흘려보내지 말고 나중에 뜨거운 물을 더하여 따뜻한 물을 유지한다.

8. 면도나 세수 시 물을 틀어놓고 하지 않는다. 뜨거운 물을 기다릴 동안 이를 닦은 다음, 세면기에 물을 채우고 세안 및 면도를 한다.

9. 화장실 및 주방의 하수꼭지를 하수관에 맞는지 점검한 뒤 이상이 있으면 교체한다.

10. 식기 세척기(Dishwasher)나 세탁기 사용은 허용량에 맞는 물을 사용하며 항상 용량에 맞도록 조정레벨에 맞추어 사용한다.

11. 손으로 설거지할 때는, 한쪽 싱크대를 비눗물로 채우고 약하게 흐르는 물로 신속히 세척한다.

12. 가급적 수돗물을 틀어 찬 물을 먹지 말고 냉장고에 보관된 식수를 이용한다.

13. 냉동식품이나 고기를 녹이기 위해서 흐르는 물을 사용하기보다는 하루 전 냉장고에 넣어 다음날 사용하거나 시간이 없으면 전자렌즈를 이용한다.

14. 부엌싱크대의 음식쓰레기 분쇄기(Disposal) 작동은 많은 양의 물을 필요로 하며, 이들 음식 쓰레기들은 하수관 막힘, 위생, 관리 등의 주요 문제점이 된다.

15. 부엌 싱크대에 물가열기를 설치하면 물을 틀고 더운 물이 나올 때까지 기다릴 필요가 없다. 난방비도 절약된다.

16. Water pipe을 절연하면 뜨거운 물이 빨리 나올 뿐 아니라 뜨거워지는 동안에 물 낭비를 막을 수 있다.

17.

18. 물 소프트닝 시스템은 정말 필요하면 설치하라. 부드러운 물을 유지할 수 있는 필요한 최소량의 재생을 위해 사용하면 물과 소금을 절약할 수 있다. 여행 중엔 소프트너를 끈다.

19. 펌프를 검사할 것. 집에 우물이 있으면 물을 사용하지 않는데도 소리가 들렸다 안 들렸다 하는지 들어보고 만약 그렇다면 물 새는 곳이 있는 것이다.

20. 물의 온도를 조절할 때 물을 더 틀지 말고 물줄기를 줄여라. ‒

21. 변기 손잡이가 물 내린 후에 상태로 정지될 때가 잦아 물이 새면 고치거나 새것으로 바꾸는 것.

☐ 실외에서의 물 절약

1. 잔디에 물을 너무 많이 주지 말 것. 잔디에 물주는 횟수는 여름엔 5-7일마다 한 번, 겨울에는 10-14일에 한 번씩 주면 된다. 풍족한 비가 내린 후라면 2주 정도는 물을 주지 않아도 된다. Xeriscape Lands-caping은 나무심기와 관개시스템에 있어 디자인과 설치. 유지하기에 아주 좋은 방법으로 시간, 돈, 물을 절약할 수 있다. Xeriscape Lands-caping을 쉽게 소개한 Plant it Smart 책자를 무료로 받기 원하면 각 지역 수도국에 연락하면 된다.

2. 기온과 풍속이 낮은 이른 아침 잔디에 물을 주면 물의 증발을 감소시킬 수 있다.

3. 길, 사설도로, 인도에 물을 뿌리지 말 것. 물뿌리개의 위치를 조정해 포장 지역이 아닌 잔디나 작은 나무에만 뿌려지게 하라.

4. 물 사용이 가장 효율적인 물뿌리개를 설치하라. 마이크로. 드립형. 소컬 호스는 효율적인 물 사용에 있어 좋은 예이다.

5. 스프링클러 시스템과 시간 장치가 잘 작동되는지 정기적으로 검사하라. 자동잔디스프링클러를 구입하거나 설치할 땐 비센서장치를 설치해야만

하는 것이 법으로 규정됐다. 현재의 시스템을 바꾸기 원하면 irrigantion professional에 연락하면 정보를 얻을 수 있다.

6. 잔디 깎는 기계의 날을 3인치 정도로 올려라. 잔디를 높게 깎는 것이 그냥 깎는 것보다 잔디 뿌리가 더 깊게 자라고 뿌리시스템을 보호하며 흙을 촉촉하게 유지시키는 데 도움이 된다.

7. 과다한 비료는 삼가. 비료를 가하게 되면 그만큼 물도 많이 주어야 한다. Slow-release와 질소의 물에 녹지 않는 것이 함유되어 있는 비료를 쓸 것

8. 흙을 촉촉하게 유지하려면 뿌리덮개를 하라. 뿌리덮개는 잡초관리에도 도움이 된다.

9. 토착종족 식물이나 건조한고 그늘진 곳에서도 잘 자라는 잔디, 관목을 심을 것. 이들은 한번 심으면 물을 자주 주지 않아도 잘 자라며 건조한 시기에도 물 없이 살아남는다. 물 필요가 비슷한 식물끼리 심을 것.

10. 인도나 드라이브 웨이에 호스로 물을 뿌리지 말 것. 나뭇잎이나 그 밖의 너저분한 것들을 청소하려면 빗자루를 사용하라. 드라이브 웨이를 깨끗하게 하기 위해 호스를 사용하면 몇백 갤런의 물을 낭비하는 것이다.

11. 필요시에만 물을 쓸 수 있게 조정된 shut-off nozzle이 부착된 호스를 장만할 것. 사용 후엔 nozzle에서 물이 새는 것을 막기 위해 잠금에 고정시킬 것.

12.

13. 호스나 스프링클러를 두고 자리를 비우지 말 것. 2-3시간 동안 호스에서 나오는 물의 양은 600갤런이 넘는다. 자명시계를 이용하여 물 잠그는 것을 기억하라.

14. 호스의 연결 부분과 마개 부분을 정기적으로 검사할 것.

15. 물을 재활용하는 세차장 사용을 검토할 것. 본인이 직접 닦을 땐, 잔디 위에 차를 세워두고 할 것.

16. 재활용하는 물이 아닌 경우에는 분수대 같은 물이 필요한 장식을 설치

하지 말 것. 설치할 경우엔 증발과 바람으로 인한 물손해가 가장 적은
곳에 놓을 것.

17. 집에 수영장이 있으면 새로운 물 절약 필터 사용을 검토해 보라. 종전
의 필터는 backflushing할 때 180에서 250gallon의 물을 더 소비한다.

□ 일반적인 물 절약

1. 아이들에게 물 보존의 필요성을 인식하게 할 것. 계속적인 물줄기를 필
요로 하는 장난감의 구입을 피하라.

2. 당신 지역의 영향을 끼칠 수 있는 모든 물 보전, 물 부족 때의 제한 규
정을 의식하고 따르라.

3. 직원들에게 물 절약정신을 장려할 것. 오리엔테이션 매뉴얼과 트레이닝
프로그램에 물 절약 제안을 실을 것.

4. 물 절약을 실행, 장려하는 비즈니스를 후원할 것.

5. 물 손실이 있는 곳은(새는 파이프, 열린 소화전들 기타 등등) 소유주,
지역 당국, 또는 지역 수도관리국에 알릴 것.

6. 학교 시스템과 자체지역이 어린이와 어른들에게 물 절약정신을 발전, 장
려하게 하도록 할 것

7. 재생물(reclaimed waster water)의 사용을 늘릴 수 있도록 하는 프로젝
트를 지지하라.

8. 우리 주를 찾아온 방문객과 여행자들을 위한 물 절약의 중요성을 창조
하는 노력과 프로그램에 참여할 것.

9. 친구와 이웃이 물 자각의식 커뮤니티의 한 부분이 되도록 권장하라. 블
러튼 볼드, 지역신문에 물 보전에 대하여 장려하는 글을 예목과 함께
선전할 것.

10. 물을 절약하라. 호텔에 묵을 때든지 본인이 수도비를 내지 않는다 하여
물을 낭비하는 일이 없도록 할 것.

11. 물을 절약하는 일을 하루에 하나씩 하도록 하자. 극소의 절약이더라도 좋
    다. 각자 한 방울 한 방울을 아끼는 것이 큰 차이를 만든다. 친구, 동료,
    이웃들에게 Turn it off, Keep it Off라고 말하라.

5. LA 시 하수처리방안 및 공무원 참여유도

남가주의 경우 태평양 해안선에 유입되는 하수오염물의 주요 원인은 내륙의 하수구를 통하여 유입되는 정화되지 않은 각종 오물들이며 홍수 시에는 더욱 더 많은 오염량이 바다에 흘러들어가게 된다. 하수오염물질에 의한 해안오염을 방지하고자 LA 시에서는 하수오염방지 프로그램을 실시하여 미 전국에 이 프로그램이 널리 홍보되고 있어 서울시도 한강으로 유입되는 하수오염물질 제거에 도움이 되었으면 한다.

LA 시 리오단(Riordan) 시장은 7월 13일 LA 컨벤션 센터에서 시 산하부서 국장들과의 조찬모임을 갖고 국장들에게 로스앤젤레스 지역에서 파생되는 수질오염의 심각성을 해소시킬 수 있는 방안으로 "시 공무원을 대상으로 한 교육훈련 프로그램을 통해 점진적으로 해안가의 수질오염을 저감시켜야 한다."고 강조하였다.

리오단 시장은 LA 시 공무원의 역할의 중요성을 상기시키며 다음과 같이 역설하였다. "우리의 해양과 바다는 남가주 지역을 대표하는 귀중한 자연자원의 보고이며, LA 시의 하수처리(storm water) 프로그램은 남가주의 아름다운 자연을 지킬 수 있을 것으로 기대됩니다. LA 시민들과 사업자들은 해안가의 수질오염을 줄이는 이 프로그램에 동참하도록 각자의 수질오염방지의 임무를 맡고 있으며, 이는 정화되지 않은 자동차오일이나 화학비료, 도시 오염물질 등이 직접 하수관을 통하여 강이나 바다로 흘러가지 않도록 주의하는 등의 간단하고 사소한 일에서부터 비롯됩니다. 우리자연을 보존하는데 LA 시 공무원 모두 선구자적인 역할을 수행합시다."

이 프로그램과 관련하여 하수구 오염방지 프로그램(Stormwater Program)의 게리 무어국장(Gary L. Moore)이 밝힌 몇 가지 중요한 행동지침은 다음과 같다.

○ 법적 이행의 중요성 인식(연방법)
○ 허가기준 목표달성
　예: 최적의 운영관리방안(Best Management Practices) 실행
　　　하수구 오염방지 계획(Stormwater Pollution Plans) 수립
○ 담당 공무원들의 헌신적인 공헌
○ 하수처리 운영위원회(Stormwater Management Committee)의 부서별 참여 강조, 시 보유차량 허가기준 부합

시 공무원을 대상으로 하는 하수구 오염방지 교육(Stormwater Train- ing)은 연방 오염물 폐기장치(Federal National Pollutant Discharge Elimination System)의 허가기준에 부합되어야 한다. 이는 매일 이 오염물 폐기장치를 통과하는 1억 갤런의 배수량을 다양한 방법으로 오염도를 측정하여 LA 시가 하수구를 통과하는 배수량의 오염수준의 질을 향상시키도록 연방기준은 요구하고 있다.

한편 건설안전국(Department of Building & Safety)의 앤드류 애들맨(Andrew Adelman)국장은 연방기준을 이행하는 데 있어서 타 부서 국장들이 혹시나 업무에 방해되거나 문제가 생기는 경우를 대비해 조언하기를 "하수구 허가에 부합하는 것은 우리가 생각하는 것보다 훨씬 쉬운 일이다. 관련 자료를 보니 그것은 우리가 할 수 있는 일들이다."라고 설명하였다.

전국적으로 홍보되고 인식되어진 수질개선 프로그램의 일환으로 LA 시의 하수구 관리 프로그램(Stormwater Management Program)은 LA 시내의 초·중·고교의 학생들과 로스앤젤레스를 포함하는 여러 시와 카운티의 지방정부 및 관련기관을 대상으로 해안가의 수질오염을 감소시키는 방법을 홍보하게 된다.

하수구 오염관련 시민교육 담당 공무원들은 여러종류의 홍보자료를 제작하여 배포할 예정인데, 포스터, 브로슈어, 어린이용 스티커, 자석 등의 수질오염관련 교육용 자료들이다. 현재까지 미국 내의 30여 개가 넘는 관공서들이 LA 시의 수질오염 홍보관련 자료를 복사하고 사용하기 위하여 사용허가를 신청하였으며, 1995년과 96년에는 미국 환경청(Environmental Protection Agency)이 선정한 미 전국 하수오염 저감 프로그램 관련 부분 우수상을 수상한 LA 시의 하수구 오염 방지 관리 프로그램(Los Angeles Stormwater Management Program)은 미 전국의 깊은 관심과 찬사를 받고 있다.

LA 시는 하수구 오염방지관련 교육프로그램을 LA 시 웹사이트(www.cityofla..org)에 소개할 예정이며 다음과 같다.

○ 산업 및 상가 지역 방문 프로그램
○ 오염완화 방안
○ 지적정보체계(GIS)
○ 불법폐기 신고안내

○ 교육담당부서 소개 및 관련정보

○ 홍수조절 및 용도지구 정보안내

○ 불법폐기 및 유출 사례

  - 집수구(Catch Basin) 주변의 자동차 오일, 페인트 재료, 쓰레기, 먼지 등의 불법폐기물

  - 홍수로 인한 도로침수 시 쓰레기와 진흙으로 인한 피해

  - 홍수대비 수로변의 불법 폐기된 동물사체, 쇼핑 카트, 귀저기, 기름병, 나뭇조각 등

  - 주택가 하수도 내 쓰레기 투입행위

  - 유독성 폐기물을 시에서 시민요청 시 무료로 수거(1-800-98- TOXIC)하지만 그대로 방치하여 홍수 시 하수구로 유입

  - 1997년의 경우 LA 시 내륙 지역에서 해변으로 유출된 쓰레기량이 40톤 이상을 상회함

6. LA 시 정수장(LA Aqueduct Filtration Plant)

1. LA 시 정수체계

하루 600 Million gallon의 물을 정수하는 능력을 보유하고 있으며 1987년 4월 착공 이후 현재까지 최고의 수질정수장치인 오존처리(Ozonation)방식을 사용하며, LA 시민이 이용하는 수자원의 75%를 338마일(약544Km)거리의 시에라네바다 동부 지역에서 수입하고, 15%는 LA 시 보유 지하수를 이용하고, 10%는 콜로라도 강의 물을 이용함으로써 대부분의 수자원을 타 지역에 의존하고 있는 실정이다. 한편 산하연구소인 State-of-the-art technology는 LA 시의 DWP(수도전력국)와의 상호협조체계로서 정수체계의 전산화 작업을 전담한다.

2. 정수과정

저수지를 통하여 유입된 물은 6단계의 정수과정을 통하여 시민에게 전달되며 초기작업인 스크린 과정, 오존가스 투입, 응집제(Coagulant)를 이용한 빠른 혼합과정, 느린 혼합과정, 필터통과과정, 염소화과정 등이다.

가. 스크린 과정

초기에 유입된 물은 스크린 과정을 통하여 나뭇잎, 가지, 자갈 등을 제거하는데 이는 정수장비의 손상 및 관이 막히는 현상을 미연에 방지하는 과정이다.

나. 오존처리 과정

가장 강력하고 신속한 소독원인 오존은 물속의 유기물과 박테리아를 살균하고 수돗물의 맛, 향기, 색상 등 미적 향상에 기여하며 자연발생적인 유기물을 살균함으로써 실험실의 결과, 즉 물속의 유기물이 염소와 반응하여 발암물질인 THMs(trihalomethanes)가 형성되는데 오존처리는 염소처리 이전에 소독과정을 통하므로 THMs가 형성될 수 없으며 마지막 단계인 염소처리과정을 절감한다. 이 과정에서 산소와 오존은 가스화되어 윗부분에서 수거되며 잔존하는 오존은 물과 반응하여 오직 산소만 대기로 방출된다.

다. 빠른 혼합과정(응집제)

오존처리 후 물은 빠른 혼합 과정을 통하여 응집제(Coagulant)를 신속히 분사하여 물과 골고루 혼합하여 물속의 미세입자와 반응하여 응집된다.

라. 느린 혼합 과정(Flocculation)

이 과정은 응집된 입자들이 서로 충돌하면서 Floc라고 불리는 큰 입자를 형성하는 과정이며 이들은 필터에 의하여 쉽게 제거된다.

마. 필터통과 과정

약 24개의 필터로 분산되며 각기 필터는 6피트(1.8미터) 높이의 탄소층이 고른 자갈층위에 위치하여 정수된 물만 통과되고 floc입자는 제거된다. 한편 필터들은 정기적으로 청소를 위한 역류를 실시하며 이때 청소된 물은 지정된 장소(Backwash Water Reclamation Ponds)에서 침전물은 바닥에 모이고 윗부분의 물은 리사이클링된다.

바. 염소화 과정(Chlorination)

이 과정은 수돗물이 정수장으로부터 시민에게 전달되는 과정에서 소독효과가 지속되게 하는 과정이다.

3. 응집제(Coagulant)

가. 응집제 선택이유

"turbidity"라고 불리는 미세입자를 응집시켜서 더 큰 입자로 만들어서 필터장치를 통하여 이를 쉽게 제거할 수 있으며 빠른 혼합 과정 및 느린 혼합 과정을 통한 완벽한 정수를 기대하며 오존처리 방식을 이용하여 응집제의 사용절감 및 정수시설 경비절감에도 도움이 된다.

나. 오존처리의 세계적인 추세

오존을 이용한 정수과정은 19세기 말부터 유럽에서 소독물질로 사용되었고 현재는 프랑스, 스위스, 독일 등이 제일 많은 비중을 두고 사용 중이며 미국과 캐나다에서도 오존처리방식을 이용하는 추세이다.

Ⅷ. 문화관련 분야

1. 게티 문화센터 소개

　　지난 1997. 12. 16, 로스앤젤레스의 새로운 문화 공간인 게티센터(Getty Center)가 일반에게 그 문을 열었다. 총 10억 달러의 공사규모와 첨단 건축물의 아름다움, 태평양 바다와 로스앤젤레스가 한눈에 내려다보이는 빼어난 주변경관, 진귀한 문화재가 전시되어있는 박물관을 비롯 남녀노소 온 가족이 함께 할 수 있는 다양한 활동 등 LA를 비롯한 전 미국에 커다란 관심과 화제가 되고 있다.

　　기존의 박물관이나 문화예술기관에서는 사례를 찾아볼 수 없는 복합적인 기능으로 지역사회의 문화 창달에 새로운 전망을 제시하게 될 게티센터는 21세기를 맞이하는 우리 시의 문화시정에 시사하는 바가 많아 동 센터에 대해 정리해보았다.

1. 예술관련기관을 한데 묶은 복합문화센터

게티센터는 말리부에 있던 <u>게티박물관</u>(J. Paul Getty Museum)이 현재의 장소로 새로이 확장 이전한 것을 비롯하여 게티센터의 자산을 관리하고 있는 <u>게티재단</u>(J. Paul Getty Trust), 인류의 역사와 문화에 관한 폭넓은 연구를 수행하는 <u>게티 예술사 및 인류학 연구소</u>(Getty Research Institute for the History of Art and the Humanities), 사적지, 문화재, 예술작품 등 인류의 문화유산 보존을 위한 <u>게티문화유산보존소</u>(Getty Conservation Institute), 미 전국의 각급학교에 예술교육의 확대와 보급에 앞장서는 <u>게티예술교육원</u> (Getty Education Institute for the Arts), 전산망을 통해 문화예술에 관한 체계적인 정보를 전 세계에 제공하는 <u>게티예술정보소</u>(Getty Information Institute), 전 세계의 문화예술증진 및 보존을 위한 사업에 재원을 기부하는 <u>게티기금</u>(Getty Grant Program) 등 7개의 기관이 한 장소에 모인 복합문화센터이다.

2. 첨단 전시조명 등 초현대 문화복합단지

게티센터는 LA인근 브렌트우드 시의 샌타모니카 산 중턱에 위치하고 있는데 유명 건축가 리차드 마이어에 의해 설계된 첨단건축물이 주변경관과 어울려 웅장하고도 초현대적인 아름다움을 나타내고 있다. 총 110에이커의 대지에 건평 5에이커, 건축물 6동에 갤러리만도 54군데에 이르며 그밖에 450석의 극장, 정원, 분수대, 광장, 테라스, 식당, 기념품점 등 각종 부대시설이 갖추어진 대규모의 문화 공간이다.

특히 게티센터 방문자는 입구의 주차장에서 건축물들이 자리 잡고 있는 산마루까지 약 1마일 정도의 구간을 전기로 구동되는 소형기차(Tram)를 타고 올라가게 되는데 박물관이라기보다는 온 가족을 위한 위락단지에 들어서는 느낌을 갖게 된다. 또한 박물관의 화랑은 그림이 그려질 때와 같은 조명환경에서 회화작품을 감상할 수 있도록 자연채광이 실내로 들어오면서도 직사광선이 배제되는 특수설계 등 최첨단 시설로 꾸며져 있다.

○ 승합트램 구동시스템: 대부분의 방문객이 이용하게 될 승합트램은 시간당 14마일의 속도로 달리며 풍력에 의해 지면으로부터 약간 떠서 움직인다. 현재 전 세계에 이와 같은 기차는 6개가 있으나 게티센터의 트램이 가장 가파르고 많이 굽어진 길을 이동한다.

① 강철케이블: 각각의 트램은 무게 70톤을 지탱할 수 있는 1.75마일 길이의 강철케이블에 의해 움직인다.

② 광선 빔: 적외선이 트램의 전방을 교차하면서 장애물의 유무를 점검한다.

③ 가드레일: 트램 몸체의 측면에 장착된 바퀴가 레일을 따라 구르면서 진행방향을 고정시킨다.

④ 전력공급선: 트램을 바닥 면으로부터 띄우는 풍력기를 가동시킨다. 전력공급이 중단되면 트램은 바닥의 지지대위로 내려앉는다.

⑤ 풍력패드: 풍력패드에 있는 작은 구멍들에서 평방인치당 27파운드의 강력한 바람이 불어나와 트램을 지면으로부터 띄운다. 각각의 트램마다 60개의 패드가 있으며 36톤까지 띄울 수 있다.

○ 공기 및 채광조절 시스템: 게티박물관은 첨단기술의 응용으로 문화재에 손상을 입히지 않으면서도 작품감상에 최적의 조건인 자연채광을 실현시켰다.

① 일광차양장치: 아침에는 활짝 열렸다가, 해가 점점 떠오름에 따라 점차로 닫히게 되고 오후로 기울면서 반대로 움직인다. 계절이 변화하면서 태양의 각도가 바뀜에 따라 매 2주마다 기본위치가 변경된다.

② 조도감응장치: 화랑의 벽면과 건물 밖의 조도를 측정하여 이에 따라 차양의 위치와 실내조명의 개폐를 조절하여 최적의 실내조도(200-250 룩스)를 유지시킨다.

③ 방재장치: 스프링클러의 물마개로 압축공기가 사용되며 작품에 미치는 손상을 최소화하기 위해 구리파이프와 자주 순환되는 정화수를 사용한다.

④ 공기조절장치: 각 화랑방마다 바닥과 천정으로부터 1분당 2,000입방피트 분량의 정화된 청정공기가 주입된다. 작품보호와 쾌적한 관람환경을 위해 온도는 화씨 72도, 습도는 52%를 항상 유지한다.

3. 진귀한 예술품이 소장되어 있는 게티박물관

게티센터의 중심기관인 박물관에서는 유럽회화와 장식예술품뿐만 아니라 선별된 필사본, 소묘, 사진 등을 감상할 수 있다. 소장품 중 하이라이트는 대가들의 걸작품들로서 **안드레 맨테그나**의 Adoration of the Magi, **렘브란트**가 미국에서 그린 회화 네 점과 최고수준의 소묘들, **빈센트 반 고호**의 Irises, 그리고 **모네, 르노와르, 세잔느**의 회화 등이 있다. 또한 **미켈란젤로, 레오나르도, 라파엘**의 소묘를 비롯하여 중세기 화가들의 뛰어난 소품들이 있다. 조각작품으로는 셀리니, 버니니, 휴돈, 카노바의 작품이 있다. 사진작품으로는 현존하는 작품들 중 최고의 걸작들이 소장되어 있는데 1839년부터 현재까지 나다르에서 데이비 호크니까지를 망라하고 있다. 또한 전 세계의 유명 박물관과 연합하여 개최되는 순회전시회도 있게 된다.

4. 문화와 예술에 대한 새로운 체험을 제공

게티센터를 방문하는 관람객이 제일 처음 찾게 되는 안내소에서는 오리엔테이션 영화를 감상하는 등 그날 있을 프로그램과 전시회에 대한 각종 정보를 얻을 수 있다. 가족을 위한 패밀리 룸에서는 지속적으로 열리는 문화예술 관련 활동을 비롯하여 어린이와 어른을 위한 게임박스, CD 등 각종 안내를 받을 수 있다. 게티센터를 방문하는 시민들은 각종 대화, 강연, 영화, 콘서트, 예술시범 등 다양한 프로그램에 참여할 수 있으며 주말 가족축제에서는 어른과 어린이에게 문화와 예술작품 뒤에 있는 인간에 대한 새로운 아이디어를 제공할 것이다.

게티박물관의 화랑동에는 각각 별도의 예술안내소가 있는데 18세기의 탁자 제작에 사용된 목재를 관람객이 직접 다루는 등 예술작품의 제작을 체험해 볼 수 있고 예술가가 대리석을 깎는 광경을 지켜볼 수도 있다. 또한 안내소에 비치된 컴퓨터정보시스템과 각종 서적을 통하여 전시품과 관련한 자세한 내용을 살펴볼 수 있다. 화랑에는 영어와 스페인어로 관객의 질문에 답할 수 있는 선생님들이 상주하고 있어 전시된 작품이나 예술품에 관한 궁금한 사항을 언제든지 물어볼 수 있다.

게티센터는 가족, 이웃, 학자, 학생, 관광객, 교사 등 모든 시민이 함께하는 문화의 장이며 예술작품과 그 의미를 새로이 조망하는 각종 활동이 펼쳐질 복합문화센터이다. 게티센터는 시민의 휴식처일 뿐만 아니라 예술과 문화를 공부하는 새로운 방법을 제시하고, 전 세계의 고고학적 유적과 예술작품의 보존, 예술과 문화인류학 연구에 첨단기술 응용, 미 전역의 학군에 예술교육 프로그램을 신설하는 등 지역사회와 전 세계의 문화예술 증진에 기여할 것이다.

- 주소: 1200 Getty Center Drive, Brentwood, CA
- 전화: 310-440-7300
- 인터넷: www.getty.edu

5. 거부 폴게티의 개인박물관에서 출발

게티센터의 시발점인 게티박물관을 설립한 Jean Paul Getty(1892- 1976)는 1892년 미국 미니아폴리스에서 유복한 집안의 외아들로 출생하여 부친이 운영하던 Getty Oil 회사를 물려받아 부를 축적, 1957년 포춘지에 의해 미국최고의 부자로 선정되기도 하였다. 1930년대부터 유럽 중세의 예술품을 수집하기 시작하여 1954년 남가주 해안가에 소재한 자신의 별장에 개인 소장품을 전시한 박물관을 개설하였다.

1953년 개관한 이 박물관은 한동안 일반대중의 관심을 끌지 못했으나 폴게티가 새로운 박물관을 건립할 것을 발표한 1963년부터 일반인의 방문이 늘어나기 시작했다. 1974년 지금의 남가주 말리부 지역에 로마건축양식으로 지어진 새로운 게티박물관이 개관되었고 그리스 로마의 골동품, 르네상스와 바로크의 그림, 18세기 프랑스의 장식예술품 등 폴게티의 개인소장품이 전시되어 관람객이 폭발적으로 증가하였다. 말리부 빌라로도 불리는 이 박물관은 현재 대부분의 소장품이 새로이 개관한 게티센터로 이전하여 폐쇄되었다. 2001년 골동품 박물관 및 연구기관으로 재개관될 예정으로 개축공사 중에 있으며 새로운 정원, 극장 등 부대시설을 갖추고 그리스-로마시대의 골동품을 전시하여 비교고고학과 문화학의 중심지가 될 것이다.

폴게티는 1976년 세상을 떠나면서 게티오일사의 주식 4백만 주를 말리부에 있는 그의 박물관을 위해 남겼는데 이는 그 당시 약 $7억 불에 달하는 금액이었다. 1982년에는 이 기금이 12억 불로 불어나고 현재는 45억 불 규모로 성장하여 게티센터 건립 등 게티재단의 운영재원이 되고 있다.

6. 게티센터에 대한 미 주요언론의 시각

○ **뉴욕타임즈(New York Times)**

게티센터는 로스앤젤레스를 위한 문화적 특권과 관광증진을 위한 꿈의 실현이며 공공긴축의 시대에 민간이 이룩한 예술을 위한 거대한 꿈의 실현이다. 로스앤젤레스에는 이미 노톤시몬박물관, 로스앤젤레스 카운티 예술박물관이 있으므로 게티센터가 LA의 문화적 공백을 채우는 시급하고도 필수적인 것은 아니다. 그러나 게티센터는 다른 것과는 비교할 수 없는 무형의 가치를 지니고 있다. 그것은 시민의 문화증진에 박차를 가하는 상징물로서 문화적 상승 욕구를 충족시키는 것이다.

○ **월스트릿저널(Wall Street Journal)**

다음달 게티재단의 새로운 이사장으로 취임할 배리 무니츠 캘리포니아 주립대학 총장은 그동안 과거의 게티박물관이 소수의 앨리트를 위한 것이라는 일반의 인식에 우려를 표명해왔으나 새로운 게티센터에 대해서는 매우 긍정적인 찬사를 아끼지 않았다. 게티센터가 LA의 일상생활과 거리를 둔 높은 언덕에 세워진 이유에 대해서 앞으로 많은 논객들의 토론거리가 될 것이다. 새로운 게티박물관에서 우아하고 유혹적인 전통화랑을 감상하는 것은 색다르고 초현실적인 경험이 될 것이다. 새로운 게티센터는 고요함이 깃든 이상향으로 이곳에는 시간이 정지하는 휴식이 있다.

○ **워싱턴포스트(Washington Post)**

크고 다양한 게티센터의 건물을 바라보면 뉴욕메트로폴리탄 박물관만큼의 소장품을 전시하기에 충분할 것으로 보이나 사실은 그렇지 않다. 게티박물관은 커다란 엔터프라이즈의 일부분에 불과하다. 뉴욕메트로폴리탄 박물관과 같은 사전적인 의미의 박물관을 상상하며 게티센터를 방문하는 사람은 기대에 못 미치는 소장품의 규모에 틀림없이 실망할 것이다. 그러나 건축가 리차드 마이어의 아름다운 건축물 안에는 매우 뛰어난 진귀품들이 소장되어 있다. 게티센터를 방문하는 것은 정말 값진 체험이 될 것이다. 많은 예술품이 한 개인의 손에 매우 긴 시간 동안 놓여 있었고 그것은 마치 오랫동안 잃었던 훌륭한 친구를 위한 대대적인 환영파티와도 같다.

2. 샌프란시스코의 문화시책

　　AIDS확산문제, 캘리포니아 주 전체의 경제침체의 여파로 인한 샌프란시스코市의 불경기, 1989년에 발생한 로마 프리에타 지진사태, 정치적 분열 등의 문제에 시달려 왔던 샌프란시스코市가 문화와 경제 분야에 새로운 활기를 띠워 시 전체의 발전성장을 가져오고 있다.

　　이와 같은 샌프란시스코市의 발전성장은 샌프란시스코 시장 윌리 브라운의 열성적인 노력으로 인한 시정책의 새로운 전략 및 정책반영으로 만들어진 결실이라 보인다.

　　다음은 샌프란시스코市의 정책의 성공사례 중 몇 가지를 요약 간추려보고자 한다.

　　크게 두 분야로 나눌 수 있는데, 그 첫 번째로는 샌프란시스코市의 *주거환경개선사업과 문화시설 및 예술 공간의 확산이다.*

<u>1) 19-Block 프로젝트</u> - 43년 전에 처음으로 제안된 이 프로젝트가 드디어 현재 시점에서 그 완성 및 결실을 보고 있다. 이 프로젝트는 19-Block지대에 새로운 현대 미술관과 미술의 중심지 건축, 여르바 부에나 가든의 녹지 산책 광장 조성, 고급호텔 및 중하층 수준의 아파트 조성을 포함시키는 것이다. 또한 이 프로젝트로 인해 19-Block의 경계선 안에서만의 활성화뿐만 아니라 10년 전 만해도 전당포와 버려진 창고들로 즐비했었던 이 경계선의 외곽 지대가 소규모의 개인박물관, 미술관, 부티크, 레스토랑 등으로 인해 활성화 지역으로 변모되어지고 있다.

<u>2) 금융구역인 마켓 스트리트 지역 중 남부 지역의 활성화</u> - 3년 전 만해도 걸어 다니기조차 위험했던 이 지역이 멀티미디어의 산업 중심지로 변모되어 안전하고 멋진 주거 지역으로 바뀌었다.

<u>3) 문화시설과 예술 공간의 확산</u>

○ 지진사태로 부서진 샌프란시스코의 신고전주의 양식의 Civic Center가 완전히 재정비되었다.

○ 새로운 중앙 도서관이 그 건축디자인의 찬사를 받으며 문을 열어 많은 방문객들이 이용하게 되었으며 아시아 미술 박물관도 2000년도에 건립 예정이다.

○ 샌프란시스코 시청의 내부시설이 재정비되었으며, 공채와 민간기업재정의 도움으로 오페라 하우스도 지진피해로부터의 보수공사를 끝마치게 되었다.

○ Civic Center과 이어지는 중앙 플라자가 재고안으로 새롭게 단장할 예정이다.

○ 북서쪽에 위치한 샌프란시스코의 유럽고전 미술 박물관인 the California Palace of the Legion of Honor이 수백만 불을 들여 지진피해의 보수공사를 마치고 작년에 다시 문을 열게 되었다.

○ 휘셜먼스 워어프 지역의 남동쪽의 차이나 베이진 지역에 42,000관중석을 배치할 수 있는 야구경기장 건설 프로젝트가 통과되었다.

○ 베이 브리지와 휘셜먼스 워어프 사이를 북남 쪽으로 잇는 3마일의 엠바카데로의 도시경관과 산책로 또한 샌프란시스코의 자랑거리가 되고 있다. 원래 이 지역은 몇십 년 동안 엠바카데로 고속도로로 인해 고립되어 왔으나 1989년 지진으로 인한 피해가 너무 심하여 보수공사대신 고속도로자체를 없앤 이후 더욱 발전하게 되었다.

○ 한때 군 기지로 이용되었던 1,480에이커의 프레시디오 지역이 국립공원으로 문을 열게 되어 아름다운 해안경관을 맛볼 수 있게 되었으며 이곳의 해안 습지대와 모래언덕도 비치족, 달리기운동가, 자전거운동가들을 위해 편의시설이 마련될 것이다. 이 군 기지의 건물들은 교육센터, 집 없는 사람들을 위한 공간, 하룻밤 자고 가는 방문객을 위한 잠자리 제공, 프레시디오의 220년 군 역사박물관으로 이용될 것이다.

샌프란시스코市의 성공정책 중 두 번째 분야는 *경제 활성화 계획이다.*

브라운 市정부는 비즈니스 지역사회의 활성화를 위해 큰 역할을 해오고 있다. 예를 들면 4월에 브라운 市정부가 개최한 경제회담에서는 400여 명의 미래의 경제주역들이 3일이나 계속되는 긴 회담일정에도 불구하고 열성적으로 회의에 참가하여 토론에 임하는 등 적극적인 반응을 보였다. 브라운 시장 또한 작년에 세워진 비즈니스 활성화를 위한 로비 그룹인 샌프란시스코 파트너십의 이사회에 적을 두고 있다. 이와 같은 비즈니스 활성화의 성공사례를 들자면 U.S. Behavioral Health 회사의 경우이다. 이 회사는 동쪽 지역의 에머리빌레로부터 이 곳 샌프란시스코市로 이전하여 많은 직원들이 먼 거리의 출근길을 고려, 회사를 그만두는 사태를 염려했지만 도리어 600여 명의 직원들이 샌프란시스코 시의 마켓 스트리트 지역으로 이사를 하는 등 좋은 반응을 보이고 있다.

　1989년 이래 처음으로 1995년도에는 13,000개의 직업증가로 샌프란시스코市의 실업률이 감소되었다. 이는 1989년부터 1993년 동안 759,000명의 샌프란시스코市의 총 인구가 37,000개의 직업을 잃게 된 점을 감안할 때 이와 같은 실업률 감소는 커다란 성과라고 여겨진다.

　1995년도에 1,600만 명이 넘는 관광객이 샌프란시스코市를 방문하는 등 샌프란시스코市가 관광도시로서 그 명성을 더해가고 있다.

　1989년부터 1993년 기간 중 샌프란시스코市는 Fortune잡지에서 뽑은 미국의 50개 도시 비즈니스 활성화 도시 순위 중 49위에 머물 정도로 市 침체 현상을 경험한 이래 1996년 10월호 Fortune잡지에서는 중역진들의 연간 설문조사결과 샌프란시스코市가 비즈니스를 하기 위한 가장 적합한 도시로 뽑힌 사례를 볼 때, 위에서 설명되어진 샌프란시스코 브라운 市정부의 정책이 효과적으로 반영되어 결실을 맺고 있음이 입증된다.

3. 민자유치 스포츠 센터 건립

1. 개요

LA 시는 다운타운에 종합 스포츠타운인 "Staples Center"를 건립예정으로 추진 중에 있다. 이는 LA 다운타운을 문화, 스포츠, 연예 등 관광메카로 조성하는 초대형 건축 프로젝트이며, 총 3억 불의 공사비가 예상되는 이 계획은 LA 시 사상 최대규모의 기부금인 1억 불을 스테이플社에서 희사하여 민·관 협력(Private & Public Joint Venture)의 바람직한 사례라고 본다.

2. "Staples Center" 건립현황

○ 위치: LA 컨벤션 센터 북쪽(다운타운 11가와 피게로아 에비뉴)
○ 개관예정일자: 1999년 10월
○ 총 공사비: 3억 불
　-스테이플社: 1억 불(33%)

　　-LA 시: 5천8백만 불

　　-LA 시 재개발국: 1천2백만 불

　　-기타 협력업체: 1억 3천만 불

○ 수용능력: 2만 명

　　-농구경기: 2만 명

　　-아이스하키: 1만9천 명

　　-상가: 160개소(각종 음식점, 스포츠바, 선물점, 기타점포들)

　　-회원전용석: 2,500석

○ 주차장: 약 8,000대수 이상 주차능력

○ 대중교통수단: 지하철(MTA Red Line) 연계

○ 도보가능인구: 35만 명의 다운타운 근무자

3. 활용방안: 연간 230-250회 이상의 대형 이벤트 유치가능

○ LA 레이커스(프로농구) 및 LA 킹스(아이스하키) 홈구장활용

○ 그레미상, 에미상, 아카데미상 시상식 개최장소로 제공

○ NCAA 농구 플레이오프 게임유치

○ 각종 콘서트 개최: 음향조절 장치구비

○ 정치 전당대회장소

○ 가족을 위한 쇼 개최

4. 기타 민·관 협력 건축 프로젝트 현황

☐ 디즈니 콘서트홀

월트 디즈니社의 기부금 2천 5백만 불 희사로 다운타운에 건설 중

○ 완공일자: 2001년

○ 총공사비: 2억 2천만 불

○ 입주예정: LA 필하모니

　하단체인 엄브렐라

　California Institute of the Art

○ 주요행사: 각종 콘서트 및 문화행사

○ 스폰서 업체: 총 공사비의 80% 확보

　　-월트디즈니

　　-웰스 파고 은행

　　-타임스 미러 재단

　　-아코 석유회사

　　-푸드퍼리스 식품회사

4. 지붕 있는 종합경기장 관련 자료(루지에나 슈퍼돔)

1. 개요

○ 루지에나 주 법에 의거 1966년 11월 8일 공고

○ 공사개시일: 1971년 8월 11일

○ 공사완료일: 1975년 8월 3일

○ 세계최대의 기둥 없는 철골구조물 방식도입

○ 미 최초로 민간운영체계 방식(소유는 정부)

○ 5차례의 슈퍼볼(미 프로축구 결승전) 개최

○ 1981년 롤링스톤즈 콘서트에 87,500명 입장

2. 경기장 규모

○ 대지 면적: 52에이커(약 21.3정보)

○ 돔 높이: 82.3미터

○ 경기장 직경: 210미터

○ 지붕면적: 9.7에이커(약 3.9정보)

○ 콘크리트 양: 169,000톤

○ 구조용 철근 양: 20,000톤

○ 에어컨 용량: 9,000톤

○ 컨벤션센터 및 회의실: 52개

○ 화장실: 102개

○ 주차능력: 승용차 5,000대 및 버스 250대

○ 전구 수: 27,869개

○ 전선길이: 640 Km

○ 에스컬레이터: 32개

○ 엘리베이터: 14(관중용), 1(화물용)

○ 관중 수용능력: 미식축구경기 76,791명

  음악회용   24,500명   농구경기   64,659명

  야구경기   63,525명   대형콘서트   87,500명

○ 기자석: 334개

3. 경기장 건설재원

○ $1억 6천5백만 불(1975년)

○ 1990년 슈퍼볼 경기를 개최하여 $2억 3천7백만 불의 경제효과를 비교
   하면 슈퍼돔의 건설의미를 잘 알 수 있다.

4. 주요경기

○ New Orleans Saints(프로미식축구)

○ NOKIA Sugar Bowl(미식축구, 야구)

○ 슈퍼볼(1978, 1981, 1986, 1990, 1997)

○ 대학농구 결승전(1982, 1987, 1993)

5. 경기장 관리인원

○ 140명(행정, 주차장 및 안내, 회계, 판매, 운영 등 담당)의 정식직원

○ 주요 경기 시 약 2,000명 소요

○ 특정일에는 300여 명 소요

6. 경제 파급효과 및 수익현황

○ 1975-95년(20년간) : $46억 불의 경제효과

  ― $20억 불의관중소비액

  ― $26억 불의 부수효과

○ $20억 불 관중 소비액의 세수현황:

  ― $1억 6천8백만 불의 주정부 세수원

  ― $8천4백만 불의 지방정부 세수원

○ 경기장주변 주민과 상업효과: 16억 불의 소득향상

○ 연평균 직업창출 효과: 1,223개의 직업창출

○ 부동산 상승효과: ―인접 지역($2천7백만 불)

  ―경기장($6천3백만 불)

IX. 공원 녹지 분야

1. LA 뉴욕 시의 공원관련 시책

미국의 도시공원은 소극적 공원(Passive Parks)과 적극적 공원(Active Parks)으로 대별된다. 소극적 공원이란 잔디와 조경 식재, 벤치 등을 갖추고 시민 등이 조용히 산책하거나 휴식을 취하는 공원을 의미한다. 반면, 적극적 공원이란 단순한 공원 시설뿐만 아니라 활동(Action, Event, Education, Program)이 강조되는 공원을 말한다. 금번 공원-녹지 기획 특집을 준비하면서 알게 된 새로운 사실은 미국의 도시공원이라 함은 거의 모두가 적극적 공원을 지칭한다는 점이다. 적어도 미국인에게 있어 공원이란 조용히 휴식을 취하는 장소만은 아닌 것이다. 뉴욕의 센트럴 파크나 LA의 그리피스 파크는 박물관, 미술관, 그리고 다양한 체육시설로 가득하며, 연중행사가 그치지 않고 계속된다. 때문에 공원 관계자들은 행사 아이디어의 제안과 이에 필요한 재원 조달을 위해 분주하다. 이들은 상급 기관에서 주는 예산만을 기다리지 않고, 재원을 발굴하고 조달하기 위해 전담부서 설치, 상급 기관 로비, 기업 스폰서 접촉, 각종 프로그램의 홍보 등 일반 기업의 비즈네스를 방불하게 한다.

미국 공원의 다른 한 가지 인상 깊은 점은 시민과 시정부가 모두 공원의 확장에 매우 적극적이라는 점이다. LA나 뉴욕 모두 세계 유수의 도시들과 비교해 볼 때 손색없는 도시 공원을 갖추고 있으나 이들의 공원 확충 노력은 오늘도 계속되고 있다. 예컨대 LA 시는 도시 면적의 5.3%가 공원이며, 시민 1인당 공원 면적은 17.6㎡에 이른다. 그러나 LA 시 장기 공원 목표에 따르면 현재의 공원은 목표의 1/4에 불과하며 목표 달성을 위해 다양한 프로그램을 시행하고 있다. 그나마 이러한 장기목표는 LA 시가 추구하는 최저선(下限)을 의미하며 상한은 없다고 도시계획안은 명시하고 있다. 이들은 도시 속의 공원이 아니라 공원 속의 도시를 지향하고 있다고 하겠다.

1. LA 시 공원의 개요

LA 시는 미국 내 최대규모의 도시공원인 그리피스파크를 비롯해 약 350 개의 크고 작은 공원과 150여 곳의 레크리에이션 센터를 가지고 있다. 도시 면적의 약 5.4%가 공원이며 1인당 공원면적은 17.6㎡로 뉴욕보다 높다. LA 시의 공원은 시 공원국(City of Losangeles Department of Recreation and Parks)가 관할하며 2,000여 명의 상근 공무원과 2000여 명의 성수기 한시직 직원들에 의해 관리되고 있다.

이러한 방대한 시설을 운영하기 위한 기본비용은 LA 시의 시헌장(City Charter)에 의거한다. 즉 재산세 부과를 위한 재산 감정가 총액(LA 시내의 모든 과세 대상 부동산)의 0.13%가 자동으로 공원국 연례 예산으로 반영이 된다. 그러나 이 금액은 공원국 운영에 필요한 액수에 절대적으로 부족하므 로 시장과 시의회는 추가의 예산을 반영해 준다. 이 외에 공원국 전체 예산 의 약 27%가 공원사용료, 즉 골프장 입장료, 수영장 입장료, 박물관 입장료 등으로 충당된다.

공원국의 살림은 공원위원회(Board of Recreation and Park Commissioners)가 장악하며 시장이 지명하고 위회가 승인한 5인의 시민대표로 이 루어져 있다. 공원위원회는 공원정책을 수립하고, 공원사용료(입장료)를 결정 하며 공원 내 유전의 채굴허가를 결정한다. 공원국의 실질적인 행정은 공원 위원회 직속기구인 공원국장(General Manager)과 이하 직원들이 담당한다.

2. LA 시 공원의 조성 방법

미국의 다른 지방 자치 단체들과 마찬가지로 LA 시청도 공원 조성과 확충에 매우 적극적이며 이러한 적극성은 시헌장(City of Los Angeles Charter), 시 조례, 캘리포니아 주 공원법 등으로 구체화되어 있다. LA 시가 공원을 조성하거나 확장하는 여섯 가지의 방법을 소개하면 다음과 같다.

가. 기부 또는 기증

미국에서 공원 용지를 기부 또는 기증받아 이를 공원으로 조성하는 방법은 그리 드문 일이 아니다. 이러한 공원 기부는 시민을 위한 휴식 공간을 제공하고 지역 사회를 위해 기여함으로써 보람을 느끼는 개인이나 단체가 제공하는 것이 일반적이나 경우에 따라서는 막대한 세금 문제 때문에 혹은 단순히 토지이용 능력 부재 등의 복합적인 사유로 기부하기도 한다. LA 시의 경우 초기에 조성된 상당부분의 공원이 기부에 의한 것이었으며, 지방 자치 단체가 소유한 도시 공원 중 세계 최대 규모인 그리피스 공원도 개인이 기증한 것이다. 일단 공원으로 기증된 토지는 다른 용도로 변경되는 것은 시헌장으로 금지되고 있다(대토의 경우는 예외).

나. 공원 조성 부담금 제도

LA 시의 경우 택지를 조성하여 주택을 개발할 경우 규모에 비례하는 공원 조성 부담금이나 토지를 시청에 납부해야 한다. 예를 들어 택지를 개발하여 주택을 공급하는 업자의 경우 세대당 550-3461달러(해당 토지의 지목이나 위치에 따라 차등)의 범위 내의 공원 조성 부담금을 납부해야 한다(LA 시 조례 155,458). 이렇게 조성된 기금이나 토지는 다른 용도로 전환될 수 없다.

개발 업자는 해당하는 공원 조성 부담금을 현금으로 낼 수도 있고 아니면 토지로 납부할 수도 있다. 경우에 따라서는 개발업체가 공원 또는 유사한 시설, 즉 레크리에이션 센터나 잔디밭 등을 직접 조성하여 공원 조성 부담금의 일부 또는 전부를 면제 받을 수 있다. 예를 들어 수영장, 테니스장, 배구장, 어린이 놀이터 등을 조성하여 기부할 경우 스퀘어푸트(ft2)당 5달러의 공원 조성 기금을 면제받는다. 만일 잔디 공원, 조경 풍치 지구, 야구장, 축구장 등을 조성하여 기부하면 스퀘어푸트(ft2)당 2.5달러의 공원 조성 기금을 면제받는다. 공원 조성 부담금 제도는 LA 시가 공원을 조성하는 유력한 방법 중의 하나이다.

다. 정부 또는 공공 단체의 토지 우선 구매권

캘리포니아 주법에 의해 정부나 공공단체가 토지를 매각할 시 가장 먼저 해당 지방 자치단체에게 구매의사를 타진해야 한다. 즉 정부나 공공 단체의 매각 토지는 해당 시의 공원 용지로서의 이용여부를 최우선으로 고려하는 것이다. 만일 해당 시가 구매할 의사가 있으면 그 토지는 다른 사람이나 단체가 구매할 수 없다. 이 경우 토지 가격은 공인 감정사의 감정 가격을 기준으로 매매가 이루어지며 일단 구매된 땅은 용도 변경이 금지된다. 만일 해당 시가 구매할 의사가 확실히 없으면 다른 지방 자치 단체에게 우선권이 넘어가고 이후 일반에게 매각될 수 있다. LA 시의 경우 市界 밖의 지역에 여러 개의 캠프장을 가지고 있다.

라. 잉여 토지 구매

만일 도로 확장 등의 이유로 사유지의 일부만이 필요하나 소유주가 전부가 아니면 팔지 않겠다고 할 경우, 시는 이를 전부 구매하여 남는 땅을 공원으로 조성하거나 차후 다른 곳의 공원 용지와 대토한다. 즉 도로 확장에 필요한 路邊의 일부 토지 이외의 잉여 토지를 구매하여 공원으로 만들거나 비축하는 것이다.

마. 토지 이용권과의 대토

LA 시 소유지의 일부를 이용해야 하는 공공단체나 기관은 토지 이용권을 허가 받는 대신 다른 곳에 이에 상당하는 토지를 시에 납부해야 한다. 예를 들어, 시유지를 관통하는 고압선, 수도관, 지하철, 석유 시추 시설 등을 건설할 경우 수혜 기관은 다른 지역의 토지를 시청에 납부하고 시청은 이를 공원 용지로 활용하는 제도이다.

바. 개인 토지와의 대토

현재의 공원 또는 공원 용지를 구매하여 다른 용도로 전환하고자 하는 개발 업체나 개인은 이보다 면적이 넓은 땅을 시청에 납부해야 한다.

이처럼 LA 시는 다양한 방법으로 공원을 조성하고 있으며, 법과 제도가 이를 가능하게 하고 있다. 이러한 공원-녹지의 지속적인 확충은 LA 시 설립 당시 전체 주민의 의사에 따라 시헌장에 구체적으로 구현되어 있으며 따라서 앞으로도 꾸준히 확장되리라 전망된다.

3. LA 시 공원시설 개요

LA 시 공원국은 350여 개의 공원과 150개의 레크리에이션센터를 관할하고 있으며 다음과 같은 시설을 운영하고 있다.

총 공원면적 15,665에이커(전체면적의 5.4%, 4.35 acre/1000人=17.6㎡/人)

캠프장	7개소
골프장	14개소
양궁장	3개소

승마코스	81 mile
역사 문화유적	36개소
하이킹 코스	92 mile
박물관, 미술관, 기타 견학시설	9개소
공원 호수	7개소
풀장	58개소
테니스장	287면

4. LA 시 공원 예산 및 지출

<u>LA 시 공원 – 녹지 분야 예산 및 지출(1994–1995회계연도)</u>

수입지출

항 목	금 액($)	항 목	금 액($)
시 예산	65,422,539	인건비	80,677,672
직접 수입 인쇄·제본비	314,251		
골프장	12,968,251	여행경비	243
동물원	3,899,337	하도급 비용	2,843,561
박물관, 미술관	29,123	유지보수자재, 용역비	5,765,664
공원	883,291	교통, 수송비용	101,889
레크리에이션 센터	1,150,057	유니폼비	69,408
풀장	585,567	가축병원자재비	113,703
천문대	605,382	사료비	644,760
테니스장	515,881	캠프식비	254,420
이자수입	482,249	사무실행정비용	354,433
기타	2,305,188	운영기자재 및 수선비	740,774
직접수익소계	23,947,433	옥외시설물 비용	1,001,032
기타	80,413		
총계	89,369,972	총계	92,962,223

5. LA 시 공원들의 주요 활동

지난 3년간 LA 시 공원국은 그간의 참화, 즉 폭동과 지진 그리고 대화재 등 일련의 재해로부터 도시의 활력을 되찾기 위해 노력해 왔다. 공원국에는 지난 3년이 새로운 분수령을 넘는 시기였다. 1995년에 첫선을 보인 새로운 테마는 지역사회에 호응에 힘입어 필요한 재원을 조달하고 새로운 프로그램을 개발하는 데 커다란 힘이 되었다.

가. 재원의 확충

다른 대도시와 마찬가지로 LA 시도 재정적인 어려움을 겪고 있다. 때문에 공원국은 재원조달을 효율화하기 위해 RAPID(Recreation and Parks Income Development Division)라는 재원 발굴팀을 만들어 관/민 파트너십을 고양함으로써 공원서비스의 개선과 재확충을 꾀하고 있다. RAPID는 공원국의 새로운 사업과 전년도 계속사업의 재원 조달 증진을 위해 큰 몫을 하고 있다. 그중의 하나가 WOW(Wonderful Outdoor World의 약자)프로젝트로서, 이는 월트디즈니사, 시보레 자동차회사, 산림청 등의 재정지원을 받아 도시 청소년들의 야영행사를 기획한 것이다. 올해 현재 200여 청소년이 참가하였고 97년도에도 비슷한 계획을 마련 중에 있다. 이러한 프로그램의 기획과 운영은 LA 시 공원국이 주관하였고, 행사의 비용은 관민 파트너십에 참여한 스폰서들이 부담하였다.

또 다른 RAPID의 프로그램은 퍼싱광장공원에서의 여름 콘서트로서 여름내내 지역사회 음악가들을 초치하여 점심시간 동안 연주를 하게 하는 프로그램이다. 이 밖의 RAPID프로그램으로는 ARCO/Clipper이웃사랑 프로그램과 TEXACO나무심기프로그램이 있으며 이들 행사 역시 ARCO(석유회사), Clipper(프로농구팀), TEXACO(석유회사)의 재정지원으로 가능하였다. 이 프로그램은 여러 스폰서들의 도움으로 성사가 될 수 있었으며 덕분에 시민들은 좋은 음악을 무료로 감상할 수 있게 되었다.

이상의 관민파트너십과는 별도로 LA 시 공원국은 주나 연방정부로부터 보다 많은 공원사업관련 보조금을 획득하기 위해 조직을 다소 개편하였다. 즉 보조금과를 재원 개발과로 합병 확충하여 상급기관(주정부, 연방 정부) 보조금의 동태 주시와 획득에 보다 박차를 가하고 있다.

나. 특별행사

1) 장애자 위락시설

공원국에서 시행하는 특별한 행사 중에는 장애자 환경적응 레크리에이션(Adaptive Recreation)이 있다. 이 행사는 캘리포니아 주립대(노스리지)와 캘리포니아 공원협회(California Park and Recreation Society)와 공동 개최되는데 스키여행, 수영강습, 볼링대회, 하키게임 그리고 여름캠프 등이 주요한 행사이다. 한편 LA 시내에는 장애자들의 위락과 훈련을 위한 센터가 몇 군데 있는데 이들 모두를 공원국에서 관할한다. 이곳에서의 행사는 전문가와 자원봉사자들에 의해 이루어지며 에실리안 공원의 경우 올림픽 금메달리스트인 라퍼 존슨이 봉사하기도 하였다.

2) 해양프로그램

해안이나 호수 등에서의 레크리에이션도 LA 시 공원국의 주요 관심사 중의 하나이다. 시 공원국 내에는 해양조사와 구명활동을 위한 팀이 정식으로 발족하였다. 해양프로그램의 실적 중의 하나는 수영 워터폴로 등의 부문에서 미국 청소년들의 잔치인 주니어 올림픽게임에 출전할 수 있도록 장소와 기술을 제공하고 있는 점이다.

3) 노인프로그램

지역사회노인들의 건강을 증진하고 자긍심을 높여 주는 일도 LA 시 공원국의 주요 사업 중의 하나이다. 이런 이유로 공원국 내에는 노인과를 두고 있으며 노인들을 위한 다양한 행사와 서비스를 제공하고 있다. 구체적인 행사 내용을 보면 올림픽 선수출신이 주도하는 제3회 노인 체력단련 걷기 프로그램에 2,500여 명의 노인들이 참가하였고, 노인 골프대회를 개최하여 얻은 수익금을 통한 불우노인 급식프로그램에서는 노인들에게 무료식사와 명절 특실을 제공하였다. 한편 은퇴노인자원봉사프로그램(Retired Senior Voluntee Program)은 올해로 23번째를 맞이하였으며 600여 명의 자원봉사노인에 대한 위로잔치도 마련되었다.

4) 성인 스포츠 프로그램

LA 시 공원국 성인체육과는 지역사회의 주체인 성인들의 체격을 증진시키기 위한 여러 프로그램을 개발, 시행 중이며 500여 개의 소프트볼 팀, 200개의 농구팀, 그리고 90개의 축구팀 등 약 25,000명의 시민이 행사에 참여하고 있다. 이 밖에 골프, 야구, 테니스, 배구 등의 토너먼트를 연중 시행하고 있다.

다. 지구별 공원활용 프로그램

LA 시 공원국 직원들은 시민과 방문객들에게 보다 양질의 서비스를 제공하기 위해 여러 가지 새로운 프로그램을 제시하여 왔다. 지난 1년간 이러한 노력을 지구별(LA 시 공원국은 관할 지역에 따라 3개 지구로 구분하여 관장하고 있음)로 살펴보면 다음과 같다.

1) 태평양지구: LA 시의 다양한 인종들 간의 우의와 친목을 다지기 위해

국제가족축제(International Family Festival)를 개최하여 카니발 게임, 고유음식 및 고유음악연주회 등을 가졌다.

2) 벨리지구: 벨리지구공원의 특색인 공원 콘서트 프로그램을 더욱 확충하여 지역 FM 방송과 함께 Class Jam Music 페스티벌을 개최하여 10,000여 명의 청중이 참석하였다. 이 지구의 또 다른 행사인 일요음악제(14회 공연)에는 75개 민간스폰서가 협조하였다.

3) 그리피스-메트로 지구: 올해는 그리피스 천문대(그리피스 공원 내 소재한 세계적인 천문대)의 개관 60주년을 맞는 해로서 LA 시장과 의회의원들이 보여 그동안 시민들에게 관광과 강연회, 천문관측 기회 등을 제공하여온 그리피스 천문대의 개관 60주년 행사를 시행하였다.

카브릴로 수족관 역시 올해로 개관 60주년을 맞이하였다. 카브릴로 수족관은 그동안 시민들에게 해양환경에 대한 교육과 레크리에이션 및 연구 기회를 제공하여 왔으며 올해에는 4천5백만 달러의 마스터플랜을 확정하고 3,200갤런 짜리 수조를 새로 설치하는 등 새로운 도약의 전기를 맞이하고 있다. 그리피스 공원의 또 다른 명소인 그리스 극장이 올해로 개관 65주년을 맞이하여 세계적 규모의 공연장으로 키워온 직원과 자원봉사자들을 위로하는 축하행사를 갖기로 하였다.

부록: LA 시 도시계획(공원 및 위락시설 편)

1979. 10. 18 LA 시 공원국 위원회 승인
1980. 2. 21 LA 시 도시계획 위원회 승인
1980. 10. 9 LA 시 의회 승인

LA 시 도시계획 공원 및 위락시설편(이하 공원계획)은 LA 시의 종합도시계획(City of Los Angeles General City Plan)의 한 부분으로서 지역사회의 레크리에이션 장소(공원 포함)와 마을회관, 체육관, 수영장, 테니스코트 등을 대상으로 한다.

1. 목적(Purposes)

가. 공원계획의 적용(Use of the Plan)

본 계획은 지역사회의 공원위락시설이 필요로 하는 기준을 제시한다. 이 기준은 공원면적이나 위락시설, 그리고 기타 공원관련시설들의 上限을 규정하지는 않는다.

공원계획은 시민들 특히 어린이들의 일상생활에 매우 중요한 지역사회의 공원과 위락시설의 중요성을 인지한다. 본 계획은 마을회관, 수영장, 테니스코트 등의 필요에 부응한 정책과 프로그램을 포함하며, 그 밖의 시설이나 장소 등에 대하여는 연구가 완료되는 대로 추가한다. 본 계획은 지역사회의 증가하는 기대와 수요에 대처하기 위해 계속 보완 수정된다.

예산의 제한을 고려하여 볼 때 새로운 공원시설의 획득이나 개발은 현재 그와 같은 시설을 필요로 하지만 갖고 있지 않는 지역에 우선권을 주어야 한다. 공원 프로그램은 공원계획의 정책을 수행하고 목적을 달성할 수 있도록 마련되어야 한다.

나. 공원계획의 목적(Objectives of the Plan)

공원계획의 목적은 인정된 계획원칙과 시의 위락시설부족의 범위와 본질에 의거하며 아래와 같다.

○ 시의 대중위락시설의 체계적개발의 지침을 제공한다.

○ 현재의 주거개발의 변화와 재개발에 따른 장기 기준을 제공한다.

○ 최소의 비용으로, 최소의 환경영향과 최대한의 시민에게 최대의 혜택을 제공하도록 공공시설을 개발하고 배치하도록 한다.

○ 시민위락시설의 획득이나 개발의 우선순위를 가늠할 지침을 제공한다.

2. 정의(Definition)

근린 위락공원(Neighborhood Recreation Site):

근접 지역의 모든 연령층 시민에게 실내 및 옥외 위락활동에 필요한 공간이나 시설을 제공할 수 있는 시설, 이러한 시설에 포함되는 전형적인 시설은 다음과 같다. 축구, 소프트볼, 야구, 미식축구, 잔디게임, 배구, 어린아이들의 놀이 등.

이러한 시설은 특정주민의 특별한 필요에도 부응할 수 있어야 한다. 마을회관은 모임, 댄싱, 연주, 예술, 공작활동 등에 적합하여야 하며 별도 주차시설이 있어야 한다.

마을 위락공원(Community Recreation Site):

인접한 여러 동네의 모든 연령층 시민들이 이용할 수 있도록 설계되어야 하며 근린 위락공원에 비해 폭넓은 선택을 제공하여야 한다.

지역공원(Regional Park: **일반적으로 50에이커 이상**):

LA일대에 거주하는 시민이 이용할 수 있는 보다 구체적인 시설, 즉 호수, 골프코스, 캠핑장, 야생학습장, 미술관 등을 갖춘 시설. 지역공원은 근린위락공원이나 마을공원에서 제공할 수 있는 시설들을 포함할 수 있다.

<u>학교운동장</u>: 방과 후 일정시간 동안 개방되는 시설

3. 기준(Standards)

위락시설은 다음의 세 가지 측면이 충족되어야 한다.

첫째: 위락을 위한 충분한 대지가 있어야 한다.
둘째: 위락 지역은 도시 내에 고루 배치되어야 한다.
셋째: 위락시설은 다양한 수요 예컨대, 능동적, 수동적, 위락, 다양한 연령층에 대한 배려 등을 충족시킬 수 있어야 한다.

위락시설들은 접근도에 따라 마을, 근린, 지역사회에 서비스를 제공하여야 한다. 대략 인구 1000명당 10에이커의 위락시설이 권장되며 전체 면적의 최소한 10%가 공공위락시설 또는 공원으로 조성되어야 한다.

근린공원이나 지역공원의 위치와 지역할당은 주거 지역의 서비스반경을 고려하여 결정하여야 한다. 인구의 사회적 이동으로 인해 공원의 필요성 감소한 경우를 제외하고는 공원면적이 축소 조정되어서는 안 되며, 만일 부득이하게 공원을 축소 또는 폐쇄하였을 경우에는 이에 해당하는 만큼의 공원을 다른 곳에 새로 조성하여야 한다.

가. 공원 위계별 장기 시설기준(Long Range Standards)

1) 근린공원:
근린공원은 인구 1000명당 2에이커 이상이 되어야 한다.
구체적인 기준은 다음과 같다.

○ 공원의 최소크기는 5에이커이며 10에이커가 바람직하다.

○ 만일 학교운동장을 포함할 경우에는 운동장 면적의 최대 1/2까지 공원용지로 볼 수 있다. 학교운동장만이 있을 경우에는 근린공원면적으로 산정하가 곤란하다.

○ 근린공원의 서비스 영역은 반경 반 마일 정도로 본다.

○ 근린공원은 주거지 내에 있거나 인접하여 위치하여야 하며, 도보로 접근이 가능해야 하며 이를 이용하는 시민이 도시 고속도로나 주 간선도로를 횡단하지 않고도 접근할 수 있어야 한다.

○ 공원에서의 놀이나 프로그램은 공원 이용자의 구미와 성향에 의거하여 결정되어야 하며 주민의 다양한 연령층을 충분히 고려하여야 한다.

○ 공원시설은 이용주민의 특성을 감안하여 결정되어야 한다.

2) 마을공원:

마을공원은 인구 1000명당 2에이커 이상이 되어야 하며 구체적인 기준은 다음과 같다.

○ 마을공원의 최소크기는 15에이커이며 20에이커가 바람직하다.

○ 만일 중·고등학교 학교 운동장이 포함된 경우에는 운동장 면적의 최대 1/2까지를 공원면적으로 산정할 수 있다.

○ 마을공원의 서비스 영역을 반경 2마일로 본다.

○ 마을공원은 이용대상주민의 쉽게 접근할 수 있어야 한다.

○ 마을공원은 여러 개의 근린공원 이용권 주민들이 이용할 수 있어야 한다.

○ 공원시설은 이용주민들의 희망을 고려하여 결정되어야 한다.

나. 공원위계별 중단기 시설기준
(Short and Intermediate Range Standard)

1) 근린공원: 인구 1000인당 1에이커 이상, 서비스 영역은 반경 1마일 이내

2) 마을공원: 인구 1000인당 1에이커 이상, 서비스 영역은 반경 2마일 이내

4. 공원녹지 정책의 기본방향(Policies)

○ 공원-녹지시설과 서비스는 현재와 장래의 이용주민의 수요를 고려하고 각계각층의 기호와 현지시설기준, 시의 재정형편을 고려하여야 한다.

○ 공원-녹지시설은 시내의 지역 중 가장 부족한 지역에 우선해서 개설되어져야 한다.

○ 공원-녹지의 위락시설은 가용한 녹지와 미사용 혹은 사용 중인 부지, 다용도로 이용될 수 있는 공공부지를 고려하여 개설해야 한다.

○ 가장 시설이 부족하고 잠재 이용인구수가 가장 높은 지역에 최우선 순위를 부여해야 한다.

5. 공원녹지의 세부정책(Programs)

○ 시의 재정확충 5개년 계획에 공원녹지용 토지를 확보하는 것을 상설화한다.

○ 공원-녹지 시설의 확충의 가장 시급한 곳을 고려한 다음, 우선순위를 마련해 둔다.

○ 공원-녹지의 토지를 획득하고 개발하기 위해 연방 및 주정부 및 민간 부문의 자금원을 발굴한다.

○ 공원의 기증을 유도하는 정책을 마련한다.

○ 공원녹지로 개발이 가능한 나대지나 버려진 땅을 임차 또는 구매한다.

○ 고압송전용 부지, 제방, 습지, 기타 보전지를 공원 겸용으로 활용하도록 적극 노력한다.

뉴욕 시 사례

1. 뉴욕 시 도심 공원의 개요

뉴욕 시의 공원역사는 두 세기를 훨씬 넘고 있다. 그렇기에 공원부지의 확보나 재정마련 또한 일정하지 않았다. 또한 공공의 공원과 특정 집단만이 이용할 수 있는 개인공원 등의 문제는 지금까지 해결되지 않는 공공정책분야의 쟁점으로 남아 있다.

뉴욕의 공원토지확보는 정치적인 문제로까지 연장되며, 그 한 예로, 1900년대 초, 중반에는 저소득층과 소수민족, 이민자 등의 지지를 받는 시, 주정부에서 백인특권층집단의 토지를 강제적으로 구입한 뒤 공공공원과 해변을 건설하기도 하였다. 이는 법적으로는 위법 판정을 받았지만 언론과 일반 시민들의 지지를 받아 공원건설 계획을 관철시킬 수 있었다.

가. 공원의 조성

뉴욕 시가 공원을 건설하기 시작한 것은 상당히 오래된 일이며, 공원부지는 한 가지의 특정방법이 아닌 다양한 방법에 의존해 오고 있다.

1) 공원 조성 방법

첫 번째 방법으로는 특정지역을 재개발 지역으로 지정한 뒤 토지 및 건물주에게 전문가에 의해 감정된 적정가격을 지불하고 구입하는 것이다. 이 방법은 60-70년대 재개발 프로젝트의 붐이 일었을 때 많이 사용되었다.

두 번째로는 뉴욕 시의 부호들 중 공원의 필요성을 느끼는 이들이 공원부지를 기증하는 방법으로 이것은 공원의 필요성을 시에서 홍보해 부호들의 기증이나 시민들이 유산으로 시에 자신들의 재산을 공원 증축을 위해 기증하도록 유도하는 것이다. 실질적으로 많은 공원의 부지들이 이러한 방법으로 확보되었다. 이 경우는 시민들이 공원에 대한 가치를 높이 사고 함께 나누려는 공익정신이 일반화되어야 합한다고 생각된다.

세 번째로는 시가 토지를 구입하는 방법으로, 대도시에서 토지는 항상 부족하기 때문에 뉴욕 시는 기회가 닿는 대로 구입 가능한 토지들을 사들이고 있다. 이러한 토지들 중 일부를 상황과 필요에 따라 공원용 부지로 이용하거나 공원개발의 목적으로 토지를 구입하고 있다.

현재, 센트럴공원 79가 쪽에 1억 5천만 불의 대규모 공사가 진행 중에 있고, 다른 곳에서 5천1백만 불의 공사가 진행 중인데 이는 1천7백만 불의 개인독지가 기증금과 1천7백만 불의 시 기금 그리고 1천7백만 불의 비영리단체인 센트럴공원보존회에서의 기금마련으로 이루어지고 있습니다. 모든 공사의 대부분은 개인독지가와 비영리단체 그리고 시 공원국 간의 비슷한 비율의 투자로 이루어지며 시민기금은 모금은 공원보존회 등의 자치 비영리단체가 적극적으로 주도하고 있다.

2) 공원 조성 시책과 예산

뉴욕 시는 공원의 개발에 관한 어떤 법령이나 시책을 마련해 두고 있지 않다. 또한 인구당의 비율이나 시 전체 면적당의 비율에 관한 규정도 정해져 있지 않으며 다만, 공원관련 비영리 권익옹호단체인 공원위원회(Park Council)에서 뉴욕 시의 공원수를 시민의 일정 비율에 맞출 것을 오래전부터 주장해 오고 있다.

일반적으로 공원건설이나 증축 또는 보수공사를 위한 기금은 공채(Bond)

를 판매한다. 그러나 공원의 운영은 일정하지 않은 공채에 의존할 수 없기 때문에 시에서 거둬들이는 세금으로 운영되며 세금의 비율 역시 특별히 법으로 정해져 있지 않다. 그러나 시민단체들의 요구로 공원국의 예산은 전체 시 예산과 동등하게 처리 되고 있다. 예를 들어, 전체 예산이 3% 삭감되었을 경우 공원국의 예산도 3%만 삭감된다. 시 예산의 우선순위를 들어 어떤 국의 삭감은 2%로 하고 공원국은 5%로 하려는 정치인들이 있었으나 받아들여지지 않았다.

공원국은 연방정부에서 저소득층 주택개발을 위해 지원하는 CDBG(Community Development Block Grant)기금 중의 일부를 지원받고 있다. 종합운동장이나 기타 공원 등에서 얻어지는 수익은 대부분이 시 전체 수입에 포함되며 시당국이 관리한다.

3) 공원에 대한 인식

공원의 중요성은 보는 이에 따라 다르기 때문에 시장들에 따라 그 중요성에 인식을 달리 하여왔다. 뉴욕 시는 시민들에게 열린 공간을 제공하는 것을 중요하게 생각해 온 것은 주지의 사실이다. 삶의 질과 환경의 질은 많은 부분 적합하고 적당한 공원의 존재 여부에 달려 있다. 그래서 시정부는 기회가 있을 때마다 토지를 구입하고 있다. 적합한 공원과 놀이 공간의 확보 및 성공적 운영은 시당국과 지역 시민단체들의 긴밀한 협조와 노력에 달려 있다. 지역에 공원이 들어서서 잘 정리된 분위기로 쾌적한 환경을 제공할 경우, 그 지역의 시민들은 휴식 공간을 가지게 되며, 이러한 분위기는 주변 환경마저 매력적으로 만들어 수많은 시민들의 발걸음을 유도하며, 많은 외부의 여행객과 비즈니스를 유치하여 지역경제의 발전을 가져오며 궁극적으로는 시의 번영을 가져온다.

나. 공원의 관리

1) 공원 관리와 시민 단체

공원국은 테니스장과 야구장 등을 포함한 모든 공공 위락시설들을 관리하며 이 시설들은 뉴욕 시가 관리하는 1500개의 공원과 놀이터에 포함되어 있다. 또한 시는 3개의 종합경기장(스테이디움)과 35개의 실외 수영장 그리고 14마일에 이르는 해변을 소유, 관리하고 있다. 다만, 공원 내부에 있는 동물원은 전국적인 단체인 야생보존회(Wildlife Conser- vancy)와 파트너십을 맺어 그 단체에서 관리하고 있다. 공원의 모든 운영과 관리 및 행정절차와 보수공사 등의 결정은 공원국에서 책임을 지고 이루어진다. 공원의 안전은 주로 경찰국과의 협조로 경찰국에서 책임지고 있지만 공원국 자체 내에서도 250명의 공원안전요원을 확보, 공원 내부를 순찰하고 있다. 이들은 총기류를 소지하고 있지 않지만, 상황에 따라서 체포권을 행사할 수 있습니다.

뉴욕 시의 공원증축이나 보수공사 그리고 운영 및 관리 등은 시의 공원국(Parks & Recreation)과 여러 비영리 단체 등과의 긴밀한 협조 속에 이루어지고 있다. 센트럴공원보존회(Central Park Conservancy) 등과 같이 각 공원마다 비영리시민단체가 결성되어 공원국과 공동으로 업무를 수행하고 있다. 이러한 시민단체들은 각자 공원의 운영상태와 기타 건의상항들을 보고서로 작성해 공원국에 보고하고 있으며, 공원의 보수공사 등을 위해 기금마련행사 등을 해오고 있다. 예를 들어, 센트럴공원보존회에서 1천만 불을 모금하면 시에서 1천만 불을 지원해 2천만 불의 공사를 하는 식이다. 공원보존과 운영을 위한 비영리단체들는 공원국의 간부급 직원들이 공원에 관심이 있는 지역 주민들을 조직하여 발족을 권장하고 지역주민들이 그 취지에 동감하여 비영리단체를 결성하게 되었던 것이다.

2) 공원관리 보고서

공원 운영의 성공여부는 해마다 공원의 상태를 모니터한 보고서를 통하여 결정된다. 먼저 물품 상태와 손실 여부를 조사하고 그것을 각 종류별로 나누어 점수를 부여한다. 현재 총 12가지 항목이 있으며 그중 5가지가 청결에 관련된 항목이고 7가지가 구조에 관한 항목이다. 총 12가지 항목 중 점수가 60% 이상이 넘을 경우 적합한 판정을 받으며 40% 이하일 경우 불합격 판정을 받아 문제점을 시정하도록 하고 있다.

뉴욕 시 공원국 연례 보고서

다음은 뉴욕 시 공원국(City of New York, Parks & Recreation)에서 발행한 연간보고서 "시민들에게 드리는 보고서(A Report to the People) 1994-1995"의 내용 중 주요 내용을 번역하여 정리한 것이다.

1. 인사 말씀

공원국은 세계에서 가장 두드러진 공공토지와 시설들 중의 일부를 지키는 파수꾼의 역할을 합니다. 공원국의 역사는 1733년 맨해튼 아래쪽에 볼링그린(Bowling Green)의 반 에이커의 토지에서부터 시작합니다. 약 262년 동안에 그 역사는 자라서 수천, 수만의 에이커와 수백만의 나무들 그리고 수십 곳의 놀이 공간을 마련하고 있습니다.

이러한 유산은 윌리암 컬른 브라이언트(William Cullen Bryant)와 프레데릭 러 엄스테드(Frederick Law Olmsted) 그리고 로버트 모스(Robert Moses) 등과 같은 뉴욕인들의 미래를 내다보는 통찰력의 결과입니다. 1800년대 중반 브라이언트는 뉴욕이브닝포스트의 편집장으로서 공공공원의 필요성을 역설하며 정치적으로 쟁점화시켰습니다. 그는 대중과 정부에게 메트로폴리탄 지역에서 자연그대로의 토지보존이 얼마나 중요한가를 인식시켰습니다. 엄스테드는 브라이언트의 노력의 결과로 시 역사상 첫 번째로 대규모의 공공공원의 설계와 건축을 책임지었습니다. 모든 시민들의 생활환경에 일대 변화를 가져다준 센트럴공원이 탄생하게 되었습니다.

1870년대에 시는 공원국을 정식으로 발족하였습니다. 그러나 현재의 공원국의 모습은 라구아디아(LaCuardia) 시장이 로버트 모스를 시의 첫 번째 공원 커미셔너로 임명하며 이루어지게 되었습니다. 그는 재임 26년 동안 수많은 공원과 놀이시설. 해변과 야외수영장을 시민들을 위해 건설하고 개방하였습니다. 대공황의 절정이던 1934년부터 1960년까지 모스는 공원시설의 규모를 두 배 이상 늘렸습니다. 그는 뉴욕 시를 초록으로 만들고 남녀노소와 계층을 뒤로 하고 모두가 함께 휴식을 취하고 도시의 복잡함 속에서 빠져나와 일상의 여유를 가질 수 있는 열린 공간을 만들었습니다.

1988년에 처음 발행되어 2년에 한 번씩 발행되는 이 보고서는 1994년부터 1995까지 공원국이 공원들의 운영과 개선을 위해 해온 업무들을 상세히 기록하고 있습니다. 27000에이커의 나무들과 수풀 그리고 습지대와 공원들과 놀이시설을 포함한 1572가지 재산의 효과적이고 효율적인 운영은 결코 간단치 않습니다.

저희는 줄리아니(Giuliani) 시장의 능률적 시정부의 운영과 지출의 절감 그리고 효율성 증대의 목표에 발맞춰 공원국을 운영하고 있습니다. 저희는 공원과 놀이시설 보수와 역사적 가치가 있는 유적지들의 보존 그리고 시 전체의 레크리에이션 프로그램인 모빌 레크리에이션 프로그램 등의 운영을 위한 기금마련을 위해 개인들과 민간기업 그리고 각종 단체와 파트너십을 맺고 있습니다.

저희는 1994-1995년 동안 교황의 야외미사집전과 영화 포카혼타스의 상영 그리고 뉴욕 시 마라톤 대회 등을 개최하였습니다. 이러한 노력들이 담당국으로서 뉴욕 시의 공공의 공간의 위하는 저희의 결실들입니다.

2. 공원 운영의 혁신

연방, 주, 지역정부들이 규모축소와 정부운영의 재정비에 들어갈 때 공원국 또한 효율성의 극대화의 도전에 맞서기 위해 노력해 왔습니다. 지난 2년간 공원과 놀이 공간의 운영력을 증가하는 한편 시민들의 세금은 절약 하였습니다.

가. 경쟁입찰의 운영

공원국은 시범적으로 경쟁입찰을 운영하였습니다. 공원 관련 건설의 수주는 가장 낮은 가격에 가장 뛰어난 시공과정을 제시한 회사들에게 주었습니다. 경쟁입찰은 건설회사들에게 혁신적인 기술과 노동력의 효과적이고 효율적인 운영을 요구하게 되었습니다. 경쟁입찰은 한 회사에게 전체의 공사를 맡기는 것이 아니라 한 회사가 세분화된 전문 분야에 그 회사의 능력과 자원을 최대한 투자할 수 있도록 여러 회사들에 다양한 분야를 나누어 맡기고 있습니다. 이 프로그램의 운영으로 보수공사에 드는 비용을 상당 부분 절감할 수 있었으며, 앞으로 더 많은 액수를 절감할 것이라 예상합니다.

나. 필수 계약

생산성 향상과 보수공사 기간의 단축을 위하여 저희는 필수계약에 대한 9백만 불의 보수공사기금을 지정하였습니다. 이 계약기금은 처음의 시공사가 공사를 끝내지 못하고 중간에서 중단했을 경우를 정해진 기간 내에 공사를 마무리하기 위한 기금입니다. 이러한 계약으로 저희는 모든 보수공사를 기간 내에 끝마치고 있습니다. 94년 4월 이후 공원국은 처음의 시공사의 중단으로 보수공사 기간의 무기한 연장에 들어갈 가능성이 있었던 45곳의 공사를 시작하였습니다. 평균시간 절약은 약 3개월에서 6개월 정도입니다.

다. 전산화 설계

건설 설계의 전산화로 공원국은 엄청난 시간이 소요되는 설계작업을 단축하여 프로젝트 전체의 시간소비를 줄였습니다.

라. 공원 순찰대

1994년에 발족된 이 순찰대는 두 개의 분야—1). 도시공원봉사대, 2). 공원 경비 및 도시공원순찰대—로 나뉘어져 있습니다. 이 순찰대들은 자신들이 속한 지역의 공원주변에 대해 상세한 지식을 가지고 있습니다. 모든 대원들은 평화요원 자격증을 가지고 있으며 다양한 상황에 대비할 수 있도록 훈련되어 있습니다. 공원순찰대의 운영은 몇 가지 두드러진 장점을 지니고 있습니다. 첫째로, 순찰대원들은 많은 시간을 동네공원을 순찰하는 데 소요하기 때문에 그들의 순찰은 공원주변의 주민들이 필요할 때 수시로 도움을 청할 수 있게 하며, 순찰대원들로 하여금 동네공원에 필요한 것들이 어떤 것인가를 모니터 할 수 있게 합니다. 둘째로, 과거에는 많은 시간이 필요했던 문제들이 빠른 시간 내로 순찰대원들에 의해 해결되고 있으며 경찰관들과의 긴밀한 협조는 업무의 상승효과를 가져옵니다.

마. 전산화된 신청업무

94년 12월 맨해튼에 위치한 카민 레크리에이션 센터에서 최첨단의 전산화 신청업무를 시작하였습니다. 이 전산화 업무로 인해 시민들은 한번에 종합적인 신청을 할 수 있게 되었습니다. 이러한 전산화 업무는 고객들의 편의만을 제공하는 데 국한되는 것이 아니라 레크리에이션 담당 직원들이 레크리에이션 업무에 집중할 수 있도록 하여 일의 효율성을 높이고 있습니다. 저희는 1997회계연도까지 모든 레크리에이션 센터에 전산화 시설을 갖출 계획으로 있습니다.

바. 전산화된 조사

95년 3월부터 공원 조사관들은 전산화된 이동 컴퓨터로 공원부지의 운영실태를 조사하기 시작하였습니다. 전산화된 조사로 조사관들의 업무 생산성은 두 배 이상으로 늘었습니다. 92, 93, 94년 동안 모두 1400곳의 조사가 실시되었습니다. 새로운 기술의 도입으로 95년 한해에만 2000곳의 조사를 끝냈습니다. 96년에는 2700곳 이상으로 증가할 것이라 예측하고 있습니다. 또한 전산화된 조사는 각 계절에 한 번씩만 보로청 커미셔너에게 보내지던 보고서를 두 주에 한 번씩 보낼 수 있도록 하였습니다. 이 보고서는 문제 지역에 대한 상세한 보고는 물론 사진을 담기도 합니다.

3. 노동력의 공급

공원의 번성은 많은 부분 정규직원 외의 자원봉사자들에 힘입는 바 큽니다. 현재와 같은 공원시스템이 생겼을 때, 커미셔너 로버트 모스는 연방공무원들을 동원하여 다섯 군데의 보로청의 공원과 놀이 공간에 자원봉사하게 하였으며 수천의 시민들로 하여금 자신들의 동네공원에 대한 책임감을 갖게끔 하였습니다.

공원국의 직원은 1960년에 6000명에서 오늘날 2500명의 직원으로 감소하였습니다. 그러므로 외부의 노동력은 결코 과소평가될 수 없습니다. 다른 부서들과의 연계를 통한 전략적 계획은 시공무원들의 적극적 참여를 가져 왔습니다.

가. 작업 체험 프로그램(Work Experience Program)

공원은 줄리아니 시장의 '정부보호대상자에서 산업현장'으로의 참여 노력에 하나의 본보기가 되고 있습니다. 정부로부터 보조금을 받는 이들을 위한 일 경험프로그램(WEP)에 참여하는 공원국 인력은 4배 이상이나 증가 하였습니다. 공원국은 이들의 도움을 통해 공원벤치 등을 새로 페인트칠하고 낙엽이나 눈들을 효과적으로 치울 수 있었습니다. 주목할 만한 점은 95년 가을 공원들의 청결률이 89%에 달해 청결률 제도를 도입한 90년 여름 이후 최고의 점수를 기록하였습니다.

나. 공원 커리어훈련 프로그램

공원의 또 다른 직업프로그램인 공원 커리어 훈련 프로그램이 94년 4월부터 인사관리국의 기금지원과 민간재단의 후원으로 시작되었습니다. 이 프로그램은 자발적 참여형식의 프로그램으로 일 경험 프로그램 참여자들 중에 더 많은 직업경험과 훈련을 원하는 희망자들이 참여하고 있습니다. 이 훈련프로그램은 199명의 남녀가 참가하여 공원운영에 필요한 정원 가꾸는 기술과 석공술 그리고 안전훈련 등을 받았습니다. 이번 여름 기간 동안 이 훈련자들은 두 달 반의 기간 동안 주당 35시간의 실습을 하였습니다. 이 훈련프로그램의 졸업생들은 이곳에서 익힌 기술과 실전 경험으로 성공적으로 민간기업들에 취업하고 있습니다.

4. 공원들을 위한 파트너십

뉴욕 시는 시민들이 주인의식을 갖도록 환경을 조성해 가고 있습니다. 공원국과 시 공원재단은 공공봉사에 관심을 갖는 개인과 지역단체들의 참여 속에 95년 공원들을 위한 파트너십을 새로운 단체를 결성하였습니다. 파트너십은 공원의 발전과 보존을 위해 노력하는 기존의 지역단체를 지원하고 새로운 단체의 개발을 장려하려는 취지에서 발족되었습니다.

파트너십이 처음 발족되었을 때 공원을 위해 노력하는 단체나 개인의 명단을 확보한 데이터베이스는 찾아 볼 수 없었습니다. 파트너십의 꾸준하고 치밀한 노력으로 250개 이상의 전문적인 공원을 위해 일하는 단체들과 819개의 시 전체의 공원발전을 위해 노력하는 단체들의 명단을 확보하였습니다.

올해부터 파트너십은 워크숍의 개최와 월간 신문의 발행을 계획하고 있습니다.

가. 공원 인턴십 프로그램

시의 녹색 공간은 자원봉사자들뿐만 아니라 인터쉽 프로그램의 학생들도 참가하고 있습니다. 고등학생과 대학생 그리고 대학원생들까지 다양한 업무가 주어지며 실제 일 경험을 할 수 있는 기회를 부여합니다. 94년 79명의 대학생 연령의 인턴들이 주당 8시간에서 20시간까지의 업무에 임했으며, 95년에서 프로그램이 개발됨에 따라 250명의 인턴들이 엔지니어링, 설비, 경영, 기획, 회계, 조경, 건축, 설계, 특별행사, 기계수리, 자원봉사관리 등의 분야에서 실제 업무를 익혔습니다.

5. 관·민의 파트너십

지난 수년간 여러 비영리재단과 단체들에서 시의 주요 공원들과 자연지대를 보호하기 위해 노력해 왔습니다. 자선사업가들과 개인독지가 그리고 공원에 관심을 가지는 개인들이 모여 특별 레크리에이션 프로그램들과 주요 복구 작업을 위한 기금과 연구비를 지원해 왔습니다. 그들은 또한 시민들이 녹색 공간의 중요성을 인식하도록 시민들의 관심을 끌어 왔습니다.

가. 시 공원재단

시 공원재단은 뉴욕 시 모든 공원에 대한 기금마련을 목표로 하는 유일한 비영리 단체로 1994년과 1995년에도 아래의 네 개의 프로그램에 기금을 지원하였습니다. 레크리에이션과 예술; 놀이 공간의 안전과 시설 개선; 운영과 기계화; 원예와 환경.

나. 주요 공원재단

이른 94년 센트럴공원보존회는 센트럴공원 보수공사를 위한 7천 1백5십만 불의 '뉴욕의 경이로움' 캠페인을 시작하였습니다. '뉴욕의 경이로움' 기금은 1천8백2십만 불을 센트럴공원 서쪽 지역과 그곳의 레크리에이션 센터의 재건축을 위해 쓰일 것입니다.

프로스펙트공원 연대는 브룩클린 지역의 자연과 건축물들을 보존하고 복구하는 데 힘을 기울이고 있습니다.

리버사이드공원기금은 회원을 2400명까지 늘리고 웨스트사이드 위쪽에 위치한 주요 공원들이 처한 상황에 대한 혁신적인 전략을 구상하고 있습니다. 이 기금의 자원봉사프로그램은 400명 이상의 자원봉사자들을 훈련시켰고 '공원의 입양 프로그램은 주마다 지정 장소에서 공원의 보수설비를 할 시민팀을 조직하고 있습니다.

그린벨트보존회는 2500에이커의 스테이튼 아일랜드 지역의 자연보호지역을 보존하고 있습니다. 이 보존회는 일 년 계획의 생태교육 프로그램을 조직 하였습니다. 유치원에 입학하기 전의 아동에서부터 중학교 3학년까지 이 프로그램을 통하여 야생지와 자연동물과 식물들의 생활 그리고 대체 에너지 사용들에 대하여 배우게 됩니다.

벤 컬트랜트 공원의 친구들은 브롱스 지역의 공원들의 보존을 위해 힘쓰고 있습니다. 이 친구들은 청소년 직업 프로그램과 선도 프로그램에 앞장서고 있으며, 펠햄 베이 공원의 친구들은 애팔래치안 마운틴 클럽과 주변의 학생들과 함께 미개발 토지의 청결을 위해 노력하고 있습니다.

다양한 노력을 통하여 랜델의 아일랜드 스포츠 재단은 워드 아일랜드와의 타협을 통하여 406에이커의 토지를 개선하기 시작하였습니다. 워드 아일랜드 재단은 103가 풋브리지 근처에 잔디 길을 만들어 보행자들이 주요 출입문으로 사용하고 있으며, 아일랜드를 더욱 안적하고 매력적인 곳으로 만들고 있습니다.

끝으로 역사적 베터리 공원을 위한 보존회는 베터리 공원의 재활력을 위해 노력을 계속하고 있습니다. 베터리 공원은 맨해튼 아랫부분에 가장 큰 열린 공간 중의 하나입니다. 이 보존회가 주최한 보트 위에서 점심식사 서비스는 거의 9000명의 인원이 참가하였습니다.

다. 역사적 주택과 기념관 보호

공원국의 파트너십은 자연환경에만 국한되는 것이 아니라 역사적 주택들과 기념과과 같은 문화적 재산들에까지도 연장 됩니다. 역사적 주택 보호 위원회는 시 공원들에 16곳의 역사박물관을 보수하고 운영할 수 있는 기금을 확보하였습니다.

6. 환경

저희는 94년과 95년에도 뉴욕의 자연 지역이 일반 대중에게 더욱 손쉽게 이용될 수 있도록 노력하였습니다. 적극적인 환경개선 및 복구작업 등을 통하여, 공원들은 자연대지의 건강한 보존을 보장하는 큰 진적을 이루었습니다.

가. 삼림지대의 복구

공원국과 시 공원재단 간의 파트너십으로 형성된 도시산림과 교육프로그램은 리리아 월러스-리더스 다이제스트 기금으로 그 세 번째와 네 번째 기금인 6백4십만 불을 수여받았습니다.

도시산림과 교육프로그램의 목적은 미국 내에서 가장 혼잡하고 인구가 많은 도시에서 5017에이커의 삼림지대를 보호하는 것입니다.

나. 비전을 가진 구입

시가 기존에 소유하던 토지의 재분배와 개인재산으로부터의 구입, 그리고 독지가들의 기탁을 통하여 공원국은 94년 416에이커와 95년 111에이커의 토지를 확보하였습니다. 그전의 4년을 합하여 공원을 위해 확보된 토지는 27118에이커입니다.

이러한 공원녹지를 위한 토지의 확대는 토지구입 정책이 자연 지역의 필요와 야생지의 개발 필요성에 중요성을 맞추고 있기 때문입니다. 이러한 노력은 뉴욕 시뿐만 아니라 미국 동부 쪽의 자연환경의 개선에 큰 기여를 하고 있습니다.

토지는 또한 일반 대중에게 해변이나 부두의 원활한 이용을 위해서도 구입되고 있습니다.

다. 자연 지역의 복구와 보호

개발과 구입 프로젝트 못지않게 공원국은 자연 지역의 보호에 심혈을 기울이고 있습니다. 경영과 복구 정책들은 공원국 산하에 84년에 신설된 자연자원그룹에 의해 개발되고 실행되고 있습니다. 자연자원그룹은 올해로 11년째를 맞아 생태계 복구와 연구 그리고 공원 경영에 국제적 지도의 위치에 올라섰습니다. 자연자원그룹은 94년과 95년에도 다양하고 전문적인 프로젝트를 실시하였습니다. 환경보호단체에서 환경실태를 한눈에 알아볼 수 있도록 설계된 컴퓨터 시스템: State- of-the-Art Mapping. 손상된 자연을 처방, 복구하고 손상정도를 연구조사 하는 프로젝트: Salt Marsh Restoration. 환경상태를 훼손하는 개인이나 단체를 처벌하는 프로젝트: Prosecuting Abusers of the Environment.

7. 레크리에이션

1994년과 1995년 공원국은 일반인들의 공공 놀이시설과 운동시설 이용을 증대하기 위한 캠페인을 벌여 왔습니다. 또한 시설을 한 단계 높이고 프로그램들을 확대하는 한편 전문 운동인부터 초보자에 이르기까지 누구나 참여할 수 있도록 세심한 배려를 기울였습니다. 펜싱에서 요가까지 공원국은 거의 모든 종류의 레크리에이션 활동을 제공합니다. 823 운동 경기장, 550 테니스장, 76 이탈리아식 볼링 경기장, 66 수영장, 26 레크리에이션 센터, 12 골프장, 6 바닷가, 6 아이스 스케이팅 링크, 5 운전연습장, 5 경마장, 5 요트장, 4 회전목마장, 1 암벽등반소. 많은 뉴욕 시민들은 이러한 레크리에이션을 이용하기 위해 시간을 할애하고 있습니다.

가. 놀이 공간 연합

노동관계부와 37 시 구역 합동으로 저희는 '놀이 공간 연합'이라는 새로운 단체를 만들었습니다. 이 단체는 기본 운영과 미화업무와 함께 새로운 레크리에이션과 지역사회 홍보 책임들을 통하여 생산성의 극대화와 공원 직원들의 지역사회 참여의 증가를 목적으로 시작하였습니다.

94년 4월부터 95년 10월까지 시위원회에서 기금을 받은 153 놀이 공간 연합에게 다섯 군데 보로청의 공원들과 놀이 공간들이 배당 되었습니다. 놀이 공간 연합의 회원들의 평균연령은 30세로 레크리에이션 활동들과 도구관리 그리고 지역사회 회원들의 프로그램 운영과 조직을 책임집니다.

나. 일일 대회

94년 한 학년이 끝나는 순간부터 공원국은 일일대회를 시작합니다. 이 프로그램은 아동들에게 안전하고 신나는 여름을 보내게 하기 위하여 마련되었습니다. 이 대회에는 7세에서 15세까지의 아동들이 참여할 수 있습니다. 일일 대회는 모든 참가자들을 승리자로 만듭니다. 경기에 참가한 모든 이들은 트로피, 리본, 자격증 등을 받으며 모두에게 기념 티셔츠가 증정 됩니다. 매 여름 600에서 1000여 명의 아동들이 이 대회에 참가합니다.

다. 수영 강습 프로그램

66개의 실내·외 수영장의 운영자로서 공원국은 수영장의 관리만이 아니라 시민들에게 수영장을 이용할 수 있는 기술을 가르칩니다. 이번 여름을 통하여 6세에서 14세까지 연령의 2573명의 어린이들이 수영의 기초를 배웠습니다.

라. 미국청소년게임

지난 30년 동안 공원국은 각 시의 청소년들이 경합하는 '주니어 올림픽'인 미국청소년게임에 매해 78명의 청소년들을 출전시켰습니다. 봄과 여름을 통하여 뉴욕 시에서 모여든 많은 우수한 청소년들이 미국 청소년 게임에 출전하기 위하여 경합을 벌였습니다.

마. 이동 레크리에이션 벤

이동 벤은 213곳의 놀이 공간을 돌며 여러 가지 운동과 놀이에 필요한 장비를 빌려주고 있습니다. 여름에는 4일간을 돌며 가을과 겨울에는 주말만을 도는 이 벤은 레크리에이션 지식을 갖춘 훈련된 공원국 직원들에 의해 운영되며 필요한 교육도 공급합니다.

8. 공원 수목

크고 푸르고 친근한 나무들은 시의 귀중한 재산입니다. 94년과 95년 동안 저희는 500,000그루의 거리의 나무들과 2백만 그루의 공원의 나무들이 번성할 수 있도록 심혈을 기울였습니다.

가. 거리 나무 센서스

95년 여름 공원국은 뉴욕 시 33,278블럭의 모든 곳에 위치한 거리의 나무 숫자를 세기 위하여 공원국 역사상 가장 세심한 작업에 들어갔습니다.

나. 뉴욕나무보존과 종합 나무상가

94년 10월 시 공원재단과 공동으로 공원국은 뉴욕나무보존이라는 새로운 기금을 설립하였습니다. 이것은 뉴욕 시에 영구적으로 나무들을 보호하기 위한 기금을 마련하기 위하여 설립되었습니다. 이 단체는 97년까지 1백만 불의 기금을 목표로 하고 있습니다.

이 보존단체의 새 프로그램으로 마련된 것이 종합나무상가입니다. 이 프로그램은 모든 복잡한 절차를 거치지 않고 나무를 심을 수 있도록 하고 있습니다. 지금까지 나무를 심는 문제는 결코 간단치 않았습니다. 적합한 종류에서 가격까지 모든 것은 종합나무상가에서 해결해 주고 있습니다. 95년 한해에만 50그루의 나무를 이 프로그램을 통하여 심었습니다.

다. 나무 총량제

공원국은 나무의 보존을 위하여 나무의 이동이나 손상에 대해 엄격한 규정을 적용하고 있습니다. 오직 네 가지의 경우에만 나무를 이동시킬 수 있습니다. 1) 나무가 죽었을 때 2) 나무가 심한 질병에 걸렸을 때 3) 나무의 존재가 안전에 심각한 위협이 될 때 4) 건설을 위한 그 나무를 꼭 움직여야만 할 때. 이 모든 경우에도 공원국 커미셔너의 승인이 있기 전까지는 어떠한 조치도 취할 수 없습니다. 건설을 위해 나무를 꼭 베어야 할 때는 건설 책임사에서 주변 지역에 똑같은 나무나 그 나무에 준하는 대체품을 공급하도록 하고 있습니다.

9. 특별 행사

일반 연중행사 외에도 공원국은 해마다 특별행사를 기획, 개최하고 있습니다. 다채롭고 흥미로운 행사들로 채워진 94-95년 특별행사들 중의 몇몇은 전국적, 국제적 관심을 모으기도 했습니다.

1. 교황미사
2. 포카혼타스
3. 뉴욕 시 마라톤
4. 게이 게임
5. 공원에서의 셰익스피어와 여름무대
6. 음악행사
7. 시 규모의 운동대회

뉴욕 시 공원 및 레크리에이션에 관한 문의는

City of New York/ Park & Recreation

Public Information, The Arsenal, Central Park, New York, NY 10021

The Power Broker by Robert A. Caro.

Managing the Department of Parks and Recreation in a Period of Fiscal Stress by Citizens Budget Commission, March 1991.

The Law of Open Space by Shirley Adelson Siegel, January 1960.

Guide to New Approaches to financing Parks & Recreation by the National Recreation and Park Association, 1970.

New York Times. Metro Section. 1990 to Current.

Interview with Mr. Robert L. Garafola, Deputy Commissioner, Management, City of New York, Parks & Recreation. Tel) 212-360- 1302

공원 이용 및 관리: 주제별 사례

1. 공원 환경 개선을 위한 관·민 협동노력의 사례

오래된 도시 공원의 환경 개선은 비교적 짧은 기간 내에 보다 많은 예산이 집중 투자되어야 하는 사업으로, 예년 수준의 유지-보수용 예산으로는 충분하지 않은 것이 일반적이다. 여기에 소개하는 두 도시의 예는 이러한 추가 재원의 조달을 예산 증액에 전적으로 의존하지 않고 대신 관과 민이 힘을 모아 별도의 기금을 마련한 사례를 보여준다. 즉 미국 커네티컷 주의 역사적인 두 공원인 하트포로 시의 부쉬넬 공원과 뉴헤븐의 그린공원은 관·민의 긴밀한 협조체계를 통해 원래의 모습을 되찾을 수 있었다. 이 관·민 협조체계는 비영리 단체들로서 두 도시의 공원관계 공무원과 선거직 고위 공무원의 적극지원으로 조직된 것이다. 두 관·민 협조체계의 공통점은 강력한 집행력과 전문력인 관리팀, 그리고 공원개선에 필요한 수백만 달러의 재원조달계획이 내실 있게 마련되었다는 점이다.

가. 뉴해븐 시의 그린공원

1) 특별 전담팀 창설

뉴해븐 시는 시장의 주도하여 공원 재정비를 위한 특별 전담팀(Task Force)을 구성되었다. 이 팀의 책임자는 기업 경영 경험이 풍부한 은퇴한 전화회사 사장이 맡았으며, 비즈니스, 정부, 공기업, 교육, 종교기관 소속의 42명의 위원들로 구성되었다.

 사업대상이 된 그린공원은 예일대 인근의 CBD 한가운데 위치하고 있는 16 에이커의 공원으로서 1638년에 조성된 것이다. 이 공원에는 350년의 역사를 지닌 유물들이 다수 있으며, 공공도서관, 법원 등이 위치하고 있다. 철목과 화강암으로 된 담으로 둘러쳐진 공원은 1980년대 중반 과도한 통행자와 버스 통행 그리고 충분하지 못한 유지관리로 인해 손상을 입었다.

 공원복원의 첫 번째 스텝으로, 특별전담반(Task Force)은 사우스 샌프란 커네티컷의 주요 지역사회기금인 뉴해븐 재단으로부터 58,000달러의 계획기금 을 기부받았다. 특별전담반은 다시 공원설계회사와 보수개발회사로 이루어진 팀으로 하여금 공원의 조경과 이용을 위협하는 다섯 가지 주요 원인: 자동차, 안전, 빈약한 유지보수작업, 기존의 비계획적인 개선사업, 부족한 재원 등에 대한 개선책을 마련하도록 하였다.

2) 기금 모금 및 확충

 1986년 봄 특별 전담반은, 기금을 확충하고, 실시계획을 수행하며, 계속되 는 유지보수작업을 향상시키기 위해 비영리재단으로 확대 개편되었다. 이 재 단의 기금목표액 500만 달러는 당시 뉴해븐 시의 규모와 기타 여건 등에 비 추어볼 때 무모한 것으로 여겨졌다.

 사업 초기에는 100여 개의 현지기업들에게 이 사업을 지원해 줄 것을 요청 하였다. 약 50여 개의 기업들이 공원보수와 기금재단을 위해 백만 달러를 제 공하였다. 같은 해 가을에는 커네티컷 주의회에 1백50만 달러의 지원을 요청 하였다. 주의회는 3년에 걸쳐 백60만 달러를 제공하였다. 이 가운데 일부는 주 교통부에서 제공한 것으로 공원 내 대중교통시설 개선사업(정류장개설 등) 을 위해 연방 도시대중교통청에서 제공한 9십4만여 달러의 추가재원을 확보 하는 데 지렛대 역할을 하였다.

3) 공원 환경 개선 사업

기금의 활용이외에 재단은 실시 세부 설계를 완료하는 한편 시와 주정부, 연방기관으로부터의 인허가에 필요한 절차를 진행시켰다. 공사는 기금조달에 맞춰 5개의 별도 프로젝트로 실시되었다.

그린공원의 모든 복원공사, 즉 입구와 광장의 재단장, 새 버스승강장, 조명 등은 시청의 협조와 지역 내 기업들과 종교 및 공공재단, 예일대, 시청, 주정부 및 연방정부 등 범지역적인 노력은 진정한 관·민 협조체제로 이루었던 것이다.

1990년 가을 준공 때까지 총비용을 출처별로 살펴보면 3백10만 불(전체비용의 63%)은 지방정부, 주정부 및 연방정부가 제공하였고, 인근기업체가 백만 불(전체비용의 20%), 시민들이 4십2만5천 불, 구호재단이 3십7만5천 불을 희사하였다. 현재 뉴헤븐 재단이 확보하고 있는 기금의 액수는 50만 달러이며 이 기금의 이자는 차후 특별공원유지비용 중 시 예산의 부족분을 충당하는 데 쓰일 계획이다.

나. 하트포트 시 부쉬넬 공원

1) 공원 현황과 공원 재단

커네티컷 주 수도인 하트포드 시에는 32인의 위원으로 구성된 비영리재단인 부쉬넬 공원재단이 있다. 위원들은 주민, 공무원, 문화계인사, 재계인사, 각종이익단체인사들로 구성되었다. 공원재단은 하트포드 시의 대표적인 공원인 부쉬넬 공원을 재단장하기 위해 2단계 자금조달 캠페인을 마련하였다. 부쉬넬 공원은 1853년 주민투표에 의해 조성된 37에이커의 공원으로서 국가 역사유적명단에 올라 있는 유서 깊은 공원이다. 이 공원은 계획과 설계 및 건설을 공공기금으로 지출하고자 하는 내용을 투표에 부쳐 결정한 최초의 공원이기도 하다. 공원용지는 시헌장을 개정해서 확보되었고 이는 커네티컷 주의 도시개조의 첫 사례에 속한다.

오늘날 연간 100만 명 이상이 피크닉, 조깅, 집회, 공연의 장으로 이 공원을 이용하고 있다. 주정부 수도로서 날로 팽창하는 업무지구로 둘러싸인 이 공원은 1970년대 말 심각한 위기를 맞이하였다. 시설이 노후하고 재정적 압박으로 인해 유지보수작업이 어려워졌고 따라서 낡은 분수대와 기념물, 물이 마른 연못 등은 공원을 문젯거리로 만들었다.

2) 기금 모금과 공원 개선 사업

1981년 당시 공원국장이던 Mr. Victor Jarm의 제창으로 비영리인 부쉬넬 공원재단이 발족되어 관련기업들과 지역사회 지도자들이 공원문제로 골머리를 앓고 있던 시정부를 도와줄 수 있게 되었다. 첫 단계로 재단을 조경전문 설계회사와 개·보수회사와 계약을 맺고 부쉬넬 공원 개선 계획을 마련하게 하여 18개 부분의 공원 개선 프로젝트로 이루어진 공원 개조 종합계획이 마련되었다. 재단은 이 계획을 공공 및 민간으로부터의 재정지원을 늘리는 데 활용하였다.

지역 기업체, 각종 재단, 시민, 정부 등으로부터 3백만 불 이상의 재원을 확보한 재단은 최근 또다시 고목 보호와 이전에 필요한 기금(백6십만 불)마련을 위한 캠페인을 벌리고 있다. 또한 지역 내 소규모 재단으로부터 모금한 돈으로 조경림의 보호와 이에 필요한 세 가지 작업, 즉 식재된 수목의 원상 복구와 보호, 공원의 본래 정신을 회복, 현재 진행 중인 수목보호와 이식프로그램을 계속할 수 있게 되었다. 이 지역의 주요 재단인 하트포드 재단으로부터 기부받은 10만 불로 지하 스프링클러 시스템의 1단계 사업을 최근 시작하였다.

나무 보호는 공원재단이 기금의 종용이나 프로그램의 확장 시 이용하는 단골 메뉴이다. 134년의 공원역사 속에서 손상된 약 1000여 그루의 나무들이 앞으로 몇 년간에 걸쳐 다시 식재될 것이다. 최근에 발행이 확정된 주정부채권과 개인 기부자들로부터의 성금으로 재단의 성금액수는 목표액 백 60만 불에 이르렀다.

재단 이사장인 Ms. Sandra Sharr에 의하면, 이 지역 풍치를 보호하기 위한 재단의 개입이 없었다면 잔디와 수목의 많은 부분이 훼손되었을 것이고, 공원을 보호하기 위해서는 침묵이 가장 큰 적이었다고 할 수 있다.

이상의 두 공원 복원사업은 관·민 합동프로그램의 성공적인 사례이다. 이러한 노력들이 성공할 수 있었던 요인은 비영리 재단을 통해서 적절한 리더십과 전문적인 관리, 그리고 복원계획 등이 가능하였기 때문이다.

2. 공원 활용 행사와 특별 행사 기금
(Special Events Funding)

미국 도시들은 공원 활용에 있어 매우 적극적이다. 공원 담당 부서들은 찾아오는 시민들에게 휴식공간을 제공하는 소극적인 공원 활용 단계에서 탈피하여, 공원이 지역사회의 각종 활동(Special Event)의 무대가 될 수 있도록 각종 이벤트 행사를 유치하는 등 공원의 적극적인 활용 방안을 모색하고 있다. 이 경우 행사에 필요한 자금(Special Event Fund)이 중요한 관건이 되는데, 이 비용을 시에서 부담하지 않고 행사 주관 단체나 스폰서를 활용하기도 한다. 여기에 소개하는 내용은 적극적인 공원 활용의 예와, 이러한 행사를 홍보, 유치, 관리하는 공원 관련 부서 실무자에게 필요한 지침을 제시하고 있다.

가. 공원 활용 특별 행사 사례

1) 플로리다 주 잭슨빌 시(인구 540,000)

잭슨빌 시 공원위락국(Recration & Public Affair Department)에는 특별행사課가 있으며 이 부서는 공원을 활용한 특별행사를 단독, 혹은 기업체들과 공동으로 지원하고 있다. 이러한 특별행사는 시의 지원이 없이 진행되기도 한다.

이 시의 가장 큰 행사는 독립기념식(7월4일)으로서 플로리다 주 내에서 가장 성대하기로 유명하다. 행사의 주요 프로그램은 각국의 음식잔치, 전통문화행사 퍼레이드, 불꽃놀이 등이 있으며 아침 10시에 시작되어 12시간 동안 진행된다.

이곳에서의 독립기념일 행사는 관광객 유치의 중요한 수단으로 간주된다. 공식적인 행사 참관 숫자는 10만 명을 상회하며 거리 퍼레이드의 관람자까지 합하면 약 20만의 관객이 참관하리라고 추정된다.

이 행사의 총비용은 10만 불을 상회, 보다 구체적인 세목을 살펴보면 5만 불이 행사광고와 인쇄비로, 개회식의 공연비용 지출이며 이 비용은 시에서 부담한다. 불꽃놀이에 필요한 경비 4만여 달러는 이 행사의 오랜 동반자인 지역의 라디오 방송국(WCRT)가 전액부담하며 이에 대한 대가로 방송국은 행사 지역 내 광고 전시 부스(Commercial Display Booth)의 독점운영권이 주어진다. 또한 WCRT는 모든 행사장에 무료로 출입할 수 있다.

이 거리에 기업 스폰서들이 약 20만 불 상당의 현금이나 상품 또는 용역을 제공해준다. 라이벌기업들은 행사가 상대회사의 지원을 받지 않는 경우 대개 지원해 준다. 예를 들어 코카콜라회사는 독립기념축제에 5천 불의 기부금을 제공하며 펩시는 다른 축제(Riva Festival)에 5천 불을 기부해오고 있다.

플로리다 내 또 다른 도시 세인트 피터스버그(인구 240,000) 역시 특별행사를 단독 또는 공동 지원한다. 이 도시가 행사 예산 십2만5천 불을 지출하는 데 있어 특이한 점은 시의회가 직접 간여한다는 점이며 대개의 지출은 모금을 위한 행사에 집중된다는 것이다.

시내의 기관들이나 기업들은 특별행사가 필요한 경우 공동스폰서를 자처하고 나선다. 특별행사와 관련된 시의 부서들은 자기부서에 미칠 비용의 List (원가표)를 작성하여 의회에 제출한다. 한 예를 들면 범 공무원가족 할로윈 축제(Halloween Festival)가 그것이다. 경찰은 치안과 교통을 책임지게 되며 이에 필요한 비용을 400달러로 추산한다. 공원위락국(Leisure Service Dept.)은 필요한 장비를 대여해 주며 이에 필요한 비용(인건비 등)을 700달러로 계산한다. 위생국은 청소비용으로 300달러를 계산한다. 이러한 비용내역을 보고받은 시의회는 공동스폰서로 행사에 참여할 것인가, 만일 동참하게 되면 비용을 어느 정도 분담할 것인가를 결정한다.

만일 의회가 행사로 승인하면 해당부서(경찰, 위생국 등)는 필요한 지원을 하게 되며 비용 중 의회에서 지급을 결정한 액수만큼 특별행사비용에서 지출하게 된다.

2) 플로리다 주 팜비치 카운티

팜비치 카운티의 공원위락국은 특별행사를 단독 또는 공동지원하며 행사가 공원 내에서 이루어지면 일반적으로 다른 부서가 주관하는 행사들도 지원해 준다. 지원이 확정된 행사에는 카운티 공원위락국이 인원과 재원을 제공한다 (이 경우 행사가 미리 예견되었고 동시에 일반예산에 적용되었을 경우를 말한다). 그러나 (잭슨빌 시의 경우에서처럼) 공원, 위락국이 기업으로부터의 자금을 기부받아 행사전용특별 기금형태로 운영하는 것은 허용되지 않는다.

나. 특별행사의 기금 마련

특별행사를 기획하는 일은 중요한 비즈니스이다. 특별행사의 비용을 100% 당국에서 제공하던 시대는 갔기 때문이다. 지금까지의 예에서 볼 수 있듯이 요즈음의 경향은 특별행사를 보다 창의적으로 기획하며, 행사비용이나 인력, 장비 등을 공동 부담하기 위해 외부기관들과 공동 주최를 하는 것이 일반화되고 있다. 외부의 민간단체와 협력하는 일은 市場性을 보는 시각이 필요하다. 즉 구조적이고 종합적이며 체계적인 접근이 요구된다. 담당자는 비용 개요, 수입과 지출 등을 사전에 분석하여야 한다. 다음의 과업들은 특별행사를 계획할 때 고려하여야 할 일들이다.

첫째: 행사형태의 결정

각 행사의 본질은 해당부서의 정책목표에 중요한 영향을 미칠 수 있다. 현재의 시장을 확장하기 위해서 그리고 시장을 확장하기 위해 목표로 정해놓은 새로운 시장을 공략하기 위해서든 행사의 본질을 파악하는 일이 중요하기는 마찬가지이다. 행사 아이디어의 본질, 역사, 정당성, 장소, 문화적 성격 등은 특별행사의 형태를 결정하고 행사 협찬을 획득하는 데 결정적인 요소들이다. 예를 들어 잭슨빌 시의 독립기념일 축제에서 민간기업체의 협찬은 부근의 군부대와 기업 간의 강한 연계성에 기인한 것이다.

둘째: 행사목적 설정

이 요소는 행사의 목표와 평가의 준거를 마련하는 데 필요하다.

셋째: 행사 진행상의 세부스케줄 점검

프로젝트 메니지 기법을 응용한 세부행사스케줄을 점검함으로써 협찬 업체와의 연락과 책임소재를 분명히 할 수 있다.

넷째: 모금액수의 결정

행사에 필요한 재정적, 물적, 인적자원을 파악함은 매우 중요한 일이며 특히 이 일은 행사 공동개최자를 찾기 이전에 이루어져야 한다. 필요한 모금의 규모를 행사 지출비용과 수익, 효용등과 비교하여 보여주어야 한다. 모금(단순히 돈뿐만 아니라 다른 용역이나 물자제공, 또는 언론소개 등)을 요청할 때에는 신축적이고 창의성 있게 하여야 한다.

다섯째: 동기 부여

행사와 행사요원들에게 동기를 부여할 수 있도록 전략적 구상을 하여야 한다.

여섯째: 운영 계획

행사 운영통제와 감시를 사전에 잘 계획하여야 한다.

일곱째: 안전

치안과 안전에 관한 계획을 마련해야 한다.

여덟째: 아이디어의 판매

가지고 있는 아이디어를 잘 정리, 정돈하고 숙지하여 관심을 가질 만한 잠재 공동행사업체에게 제시한다.

아홉째: 기록

기록하는 것을 잊지 않는다.

3. Computer를 이용한 공원 녹지 관리
(애리조나 주 턱손 시 사례)

공원 위락시설의 관리에 컴퓨터는 여러모로 활용될 수 있다. 이 분야의 최근 실적을 살펴보면 공원 위락의 계획과 관리에 컴퓨터사용이 보다 증가되리라 예상된다. 미국 애리조나 주 턱손 시 공원과의 경우 「공원 위락 2000 매스터 플랜」을 전문가의 지원을 받아 준공하였다. 이 매스터 플랜은 기존의 1978년 계획을 수정 보완한 것으로 대개가 지리정보체계 (GIS)로부터 구축된 자료를 통해 이루어졌다. GIS를 응용한 공원계획을 공원부지물색이나 장래의 토지이용상 위락시설이 필요한 지역을 파악하는 데 매우 효과적이라는 것이 이미 밝혀졌다. GIS는 공원관계자들이 일상적인 공원관리나 행정을 하는 데 필요한 프로그램도 제공한다는 점에서 특히 효용이 높은 것으로 인식되고 있다. 이러한 공원관리GIS는 데이터베이스와 CAD의 두 부분으로 나누어진다.

가. 데이터베이스 구축

데이터의 접근성과 운영 난이성이 데이터베이스 이용의 중요 관건이긴 하지만 가장 중요한 항목은 데이터의 정확성이라 할 수 있다. 때문에 컴퓨터 파일을 구축하기에 앞서 수집된 정보의 신뢰도를 평가할 근거를 우선 마련하여야 할 것이다. 턱손 시의 경우 공원관계자들은 시설의 수와 타입을 우선 파악하였다. 이 과정에서 잔디축구장이 사람에 따라 다목적 운동장으로 분류하는 경우를 경험하였다. 때문에 시설에 대한 정확한 정의가 필요하였고 이와 같은 과정이 향후 신뢰할 수 있는 데이터베이스 구축에 꼭 필요하다는 것은 인지하게 되었다.

일단 현장답사가 완료되면 데이터베이스 구축작업은 바로 시작될 수 있다. 공원정보의 분류내용에 여러 세부내용이 들어있으므로 데이터베이스는 매우 유용하다. 즉 데이터베이스는 여러 개의 다른 파일을 만들어서 이들을 교차 분석함으로써 필요한 정보를 얻을 수 있다. 턱손 시의 경우 dBASEⅢ+를 이용하여 턱손 시 위락계획을 수립하였다. 역시 dBASE언어를 이용하여 다음의 5개 데이터베이스가 구축되었다.

- 공원 분류 데이터베이스: 공원의 이름과 주소 및 분류번호 구분
- 공원 종류 데이터베이스: 공원의 종류를 구분(지역공원, 마을공원, 조림 공원 등)
- 관할 기준 데이터베이스: 공원관리책임기관 구분(턱손 시 프로젝트의 경우 시, 군, 반관반민, 개인 공원으로 구분)
- 공원 특징 데이터베이스: 공원의 장래 어메니티와 시설 개선사항 기록(턱 손 시의 경우 야구장, 테니스장, 호수 등의 목록으로 기재)
- 교차 비교 데이터베이스: 이 데이터베이스는 전체 시스템의 꽃으로 공 원분류 데이터베이스와 공원특성 데이터파일을 교차 비교하면 여러 가 지로 유용한 자료를 얻을 수 있다.

나. 지도 표시 시스템

데이터베이스의 자료들은 여러 면에서 유용하긴 하지만 지도와 같은 공간 적 정보를 제공하지는 못한다. 턱손 시의 마스터플랜 2000 프로젝트의 중요 한 요소 중의 하나는 데이터베이스와 공원 위치 시스템을 연결시킨 것이다. 턱손 프로젝트 基本圖는 AutoCAD라는 소프트웨어로 제작되었는데 시가지의 주요 정보들, 예컨대 취수장, 공항, 시계, 도로망 등이 모두 수록되었다. 이 지도 위에 공원시설정보가 추가되었고, 각 공원별 분류번호가 추가되었다.

지도가 보다 살아있는 정보를 제공할 수 있도록 데이터베이스와 연결되었

다. 이 작업은 MAPDBASE라는 인테훼이스 프로그램으로 가능하게 되었다. 이 시스템이 가동되면 데이터베이스와 지도표시 시스템의 자료를 동시에 출력한다. 예를 들면 잔디 축구장이 어디 있는가라는 질문을 하면 공원이름, 주소, 축구장의 수 등의 표로 출력되고 축구장의 위치가 나타난 지도가 출력되는 것이다.

MAPDBASE의 또 다른 이용사례는 여러 가지 질문을 입력하고 이 모두에 해당하는 공원을 찾으라고 하면 신속히 결과를 출력받을 수 있다는 것이다.

다. 지리정보 시스템

턱손 시스템의 중요한 요소는 지리정보 시스템이다. GIS는 인위적인 구조물과 자연 지세를 통합한 자료를 제공한다. 턱손 시스템은 다음 4가지 데이터 주제를 다루고 있다. 이 주제들은 향후에 필요한 공원시설의 파악이나 부지설정에 대한 분석을 가능하게 해 준다.

- 이용자 조사정보: 공원이용자를 2개(인근거주민, 비인근거주민)로 분류하여 공원의 이용도를 조사할 수 있다. 이 조사자료를 공원에 대한 주민의 만족도와 지역별 공원이용경향에 대한 분석자료로써 시 전체를 여러 지역으로 나눈 후 지리적 특성을 감안하여 분석한다.
- 운영표준: 턱손 시 시스템은 공원 장래 이용실태를 파악하기 위해 현재의 운영표준을 개발하였다. 데이터베이스의 여러 정보들을 첨부하여 주요 시설들의 시설 對 인구 비율을 산출하고 이를 국가공원협회가 제시한 수치 및 미국 내 다른 도시들의 수치와 비교하였다.
- 인구정보: 1987년 중간 센서스 자료를 이용하여 파악된 현재 인구를 기본도위에 표시하였다. 이와 같은 작업은 10에이커짜리 격자구획을 통해 이루어졌고, 2010년 예상인구에 대해서도 시행하였다. 이 작업의 결과로

장래 인구 밀도와 인구 지도가 작성되었다.

- 공원 수혜 지역 경계도: 각 공원 타입별로 공원이용 경계도가 작성되었다. 일반적으로 마을공원의 경우 반경 3mile, 동네공원이나 그린공원의 경우 반 마일 이내가 공원 수혜 지역으로 산정되었다.

라. 분석

턱손 공원시스템에서의 GIS분석은 몇 개의 단계로 나뉘어 시행되었다. 우선 주민 설문조사를 통해 조사된 해당공원의 만족도가 입력되었다. 비록 설문조사 결과, 공원에 대한 만족도가 천편일률적으로 높게 나타나 자료로서의 가치가 낮아지긴 하였지만 현재 시청에서 시행 중인 운영표준에 대한 시민의 호응을 확인할 수는 있었다. 다음으로 인구정보를 입력하고 현재의 공원 수혜 지역을 감안하여 분석하였다. 조사 지역 내 공원의 서비스면적을 산출하기 위해 Map Analysis Package(MAP)이라는 소프트웨어가 사용되었다. 결과로 나타난 서비스 면적은 3차원의 불규칙한 분지 모양으로서 공원이 가장 낮은 곳에 위치하고 있다. 즉 공원보다 높은 지대의 지역은, 마치 분지 내의 빗물이 저지대로 모이듯이, 모두 공원(가장 낮은 곳)의 서비스 지역인 것이다. 이와 같은 방법으로 지역공원, 동네공원, 인근공원에 대한 서비스 지역을 파악하고, 이에 따라 중복 지역이나 이용권 밖의 지역을 쉽게 파악할 수 있게 되었다.

공원서비스 지역이 파악된 후 공원 서비스의 효과가 파악되었다. 데이터베이스로부터 시설 세부 목록과 시의 운영표준을 인출한 후 각 공원시설을 이용인구와 대비하였다. 이 결과 공원이 이용인구와 시에서 산정한 운영표준(공원당 인구대비)과 얼마나 근접한지를 비교할 수 있다. 예를 들어 공원 축구장의 운영표준이 인구 7000명이라고 한다면 이와 비슷한 이용인구를 가진 공원축구장은 서비스 효과 만족이라는 평가가 공원별로 가능하게 된다.

이와 같은 정보체계를 통해 분석한 결과 턱손 시의 공원개발은 다음의 세 가지 방향으로 제시되었다.

- 기존공원 내 부족시설의 확충
- 기존공원 내 새 시설의 건설
- 새 공원 내 새 시설의 건설

턱손 시 프로젝트의 사례는 크고 작은 다른 공원들의 관리자들에게도 응용될 수 있다. 사용된 컴퓨터 프로그램의 신축성은 어떤 프로젝트에도 적용될 수 있음을 보여준다.

새로운 소프트웨어를 선택할 때에는 담당자 자신이 하거나, 필요하면 컨설팅을 받아서 결정을 하게 된다. 어느 경우든 담당자는 프로그램을 운영할 능력은 갖추어야 할 것이다. 턱손 시 프로젝트의 경우 여러 공원담당자들을 대학 컴퓨터 강의에 등록하게 하여 필요한 기술을 습득하게 하였다. 턱손 시의 경우에는 보다 전문적인 데이터베이스 구축을 위해 전문 컨설틴트를 고용하였다.

2. 공원관리에 민간부분관리 도입

뉴욕 시의 대표적 공공장소인 3.5Km2(843에이커) 규모인 센트럴 파크의 일상적인 관리체계가 올해 최초로 민간단체로 위임되었다. 연간 약 2천만 명이 방문하는 센트럴 파크의 관리를 맡게 된 '센트럴파크 관리위원회(The Central Park Conservancy)'와 뉴욕 시가 합의한 사항에 의하면 관리위원회의 민간기금 조성금액에 따라 한해에 최고 4백만 불까지의 운영자금을 뉴욕 시가 지원하고 일반적인 관리는 센트럴파크 관리위원회에서 담당하게 된다. 그러나 공원에서 열리는 연주회의 시기, 장소, 경찰관의 배치와 같은 중요 사안에 대해서는 뉴욕 시가 독자적인 결정권을 계속 유지하게 된다. 이와 같이 민간단체가 대도시의 대표적인 시립공원을 관리하는 사례는 미국의 다른 어느 도시에서도 찾아볼 수 없는 최초의 시도이기에 뉴욕타임즈의 기사를 인용하여 소개하고자 한다.

센트럴 파크에 위치한 뉴욕 시 공원국 본부에서 행한 기자회견에서 루돌프 줄리아니 뉴욕 시장은 "1980년부터 센트럴파크의 발전을 위해 많은 공헌을 하고 있는 관리위원회로의 공원관리 이양은 공원을 활성화하기 위한 뉴욕 시의 백년대계"라고 역설하였다. 하지만 센트럴 파크 애호가들과 인근주민들은 자신들의 이익이 과연 보호될 수 있을 것인가에 대한 우려를 표명하고 있기도 하다. 이들은 공원 이용자들의 편익을 위한 관리위원회의 신속한 대응이 있을 것인가에 대한 의구심을 나타내고 있으며, 또 다른 이들은 일반으로부터의 기금조성으로 인해 저소득층 지역의 공원이 더 나빠지지 않을 것인지에 관한 우려를 표명하고 있으며, 일부에서는 시 공원국 노동조합의 요구사항을 회피하기 위한 편법이라고 주장하기도 한다.

센트럴파크 관리위원회는 운영기금의 상당 부분을 재단이나 기업, 부유한 개인들로부터 지원받고 있으며 이들 중 많은 후원자들이 공원 주변에 거주하고 있다. 지난 10년 동안 관리위원회는 공원의 건축 및 조경관련 분야의 복구에 주력해 왔으나 최근에는 공원관리와 유지보수에 집중하고 있기도 하다.

관리위원회는 효율적이고 자금동원력이 있는 민간기구이지만 시민의 의견을 수렴하는 데는 문제가 있다고 맨해튼 서부 지역의 제7공원위원회 공동의장 엘리자베스 스타키는 지적한다. 그녀는 20년 전 만해도 거의 폐허에 가까웠던 공원의 복구에 관리위원회가 기여한 공로를 인정하면서도 관리위원회가 많은 시민들의 염려를 무시하는 점에 대해 우려를 표명하였다. "최근 수년간 관리위원회는 방향표지판에서부터 놀이터 디자인에 이르는 여러 가지 문제들로 지역단체와 마찰을 빚어왔다. 공원을 아름답게 꾸미는 것에 대해서는 많은 사람들이 관심을 가지고 있습니다. 그러나 공원잔디에서 축구나 소프트볼을 즐기려는 사람들의 요구에는 미치지 못합니다."라고 그녀는 주장한다.

그러나 시와 관리위원회의 합의사항은 시의 재정을 감독하는 시민예산위원회의 승인을 얻어냈다. "만약 이와 같은 합의가 도출되지 않았더라면 공원을 위한 추가예산이 확보되지 못하였으며, 민간단체인 관리위원회는 공원을 위한 지대한 관심을 보여 왔으므로 관련공무원들의 구조조정 방침은 없다."고 시민예산위의 딘 메이드는 강조한다.

뉴욕 시와 관리위원회와의 합의사항으로 급격한 운영상의 변화는 없으며 공원관리자들의 3/4은 관리위원회에서 관리하게 되며 양여금관리부터 식수 및 여가교육 등 제반 사항을 담당하게 된다. 뉴욕 시의 센트럴파크에 대한 행정권한은 공원 내 경찰서 운영과 소프트볼 사용 허가 등으로만 제한된다.

공원관리위원회 위원인 헨리 스턴은 이와 같은 합의사항은 장기적인 안목에서 획기적인 개선을 이룰 것이라고 약속하였다. 세부적인 언급은 없었지만 센트럴 파크는 이제 세계적인 가치를 부여받을 수 있다고 말하며, "세계 어디에서도 시도하지 않은 시립공원의 민간관리와 공원관련 시 예산을 초과하는 끝임 없는 자금원의 잠재능력"을 강조한다.

센트럴파크의 운영자금은 관리위원회가 마련하는 연간 5백만 불의 기금과 시에서 보조하는 1백만 불이며, 내년에는 동일한 조건 외에 시 보조금 2백만 불의 한도 내에서 5백만 불의 기금을 초과하는 금액에 한해서 1불당 50센트의 추가된 인상분을 지원받을 수 있게 된다.

시에서 지원하는 교부금은 2001년까지 일반시민의 기부금과 잉여금에 준하여 최고 4백만 불까지 인상될 예정이다. 또한 합의사항으로서 운영되고 남은 잔여 잉여금은 시재원에 귀속시키기보다는 보호협회에서 공원운영기금으로 사용하는 최초의 사례가 된다.

일반적으로 시립공원 옹호론자들은 합의내용에 대하여 찬성을 하였으며, 공원분과위의 레이스 시의원은 센트럴 파크의 장래에 긍정적인 영향을 주는 획기적인 합의사항이라고 평가하였다. 또한 공원재정적 확보를 확고히 하고자

하는 옹호론자로서 그녀는 시의 센트럴 파크에 대한 진보적인 대단한 위임결정이라고 격려하면서도, "일정수준의 기금을 한정시킨 사례는 전무하였으며, 과거의 경험상 민간기금이 증가하면 할수록 시가 증가분만큼을 전용하였다."고 그녀는 지적하고 센트럴 파크에 집중된 민간기금으로 인한 극빈자 거주 지역의 공원들이 재정적 곤경에 빠질 것을 걱정하기도 한다. 그 이유는 현재 시장의 시 예산안에는 시립공원 운영자금의 2.5% 감소를 포함하고 있기 때문이다.

사실, 줄리아니 시장은 타 공원들에 대한 민간운영관리에 대하여 매우 고무적이라고 말하였다. 공원위원회 위원인 스턴은 프로스펙 공원(Prospect Park)의 공원연맹이 기금조성에 지대한 역할을 한 사실을 강조하였으며, 프로스펙 공원연맹의 회장인 헨리 크리스텐센은 뉴욕 시의 이와 같은 방안에 대하여 환영하지만 공원의 민영화는 상당히 작은 규모에서부터 시작되어야 한다고 조언한다. -뉴욕 타임즈 기사(98.2.12.일자) 발췌-

X. 사회복지 분야

1. 시민복지

미국을 흔히 선진복지국가의 전형 중의 하나로 여기는 사람이 많다. 사실 미국에는 사회보장 (Social Security)라는 제도가 있어 저소득자, 병약자, 노인 등에게 다양한 복지혜택을 주고 있는 것도 사실이다.

사회보장제도란 한 마디로 "일할 수 있는 동안에는 일(Work)을 해야 하며, 일할 수 없는 때의 수입"이라 할 수 있다. 즉 일은 하여 수입이 있는 동안에는 사회보장의 혜택이 거의 없으며 연령, 질병, 사고 등의 이유로 일을 할 수 없게 되어 수입이 없게 되거나 현저히 줄어들었을 경우에만 사회 보장제도의 혜택을 받게 되는 것이다. 따라서 흔히 인용되는 "요람부터 무덤까지"라는 획일적이고 포괄적인 사회복지 따위는 미국에서는 통용되지 않으며, 일반시민의 경우 오히려 사회보장제도에 필요한 경비를 부담하고 있는 실정이다.

이처럼 직업을 가지고 있는 일반시민은 사회보장제도의 수혜자가 아니라 재정 부담자이며 설혹 실직하였을 때 정부로부터 사회보장혜택을 받더라도 혜택의 범위와 기간 등에서 상당히 제한적이므로 대개의 시민들은 다양한 보험에 가입하여 이를 대비하고 있다.

LA 시의 시민복지

LA 시 개요 – 인구, 소득, 산업, 기후, 멕시코 접경, 주민 성향……
1) 미국을 간다(LA편) 참고
2) At a Glance 참조

LA 시는 1856년 미·멕시코 전쟁의 결과로 미국도시로 편입되었다. 그 이전의 LA는 스페인 정부의 소관 지역으로 멕시코 주민들이 대부분을 이루었으나 미 연방 내로 합병된 이후 유럽에 백인이민과 흑인, 아시안 등 이민자들의 천국이 되어 왔다. 인구구성 면에서 볼 때 멕시코 등 남미계가 40%로서 백인(37%)보다도 많으며 흑인이 15%, 동양계가 9%이며, 흔히 한국이민도 전체 인구의 약 3%를 차지하고 있다.

LA.시에는 '시민복지정책'이라는 말이 따로 없으며 '사회복지과' 등 시민복지를 전담하는 부서도 없다. 세계적인 복지국자인 미국에서 더구나 미국의 제2의 도시인 LA 시에서 복지정책이나 전담부서가 없다고 하면 쉽게 납득할 수는 없을 것이다. 그러나 이것이 시청에 의한 시민복지가 없다는 뜻은 결코 아니다. 오히려 시정부가 하는 거의 모든 일이 궁극적으로는 시민의 복지를 증진하는 일이다. 예컨대 범죄는 예방하고 퇴치하여 시민들의 안전한 생활을 도모하는 일도, 도로를 확대하고 효율적으로 관리함으로써 통행을 안전하고 빠르게 하는 일도 시민에게는 중요한 복지혜택이라고 할 수 있다. 다른 한편으로는 지역경제를 부흥시켜 고용을 증진함으로써 안정된 소득을 갖도록 하는 일도 시민 복지의 중요한 관건이며 매연차량을 규제하고 대기를 청결하게 유지함으로써 과거에 오염 도시로서 악명이 높던 LA 시를 깨끗한 도시로 만든 것도 시민들에게는 환영받는 복지혜택의 하나이다. 이와 같은 관점에서 볼 때 LA 시가 별도의 복지전담부서나 복지정책을 갖고 있지 않다는 점이 수긍이 갈 수 있을 것이다.

별도의 사회복지과가 없는 LA 시에서의 우리의 '시민복지정책'에 해당하는 업무를 담당하는 부서로는 공원위락국(Department of Recreation & Parks), 도서관국 (Library Department) 등을 들 수 있다. 공원위락국은 LA 시 관내의 공원(운동장, 체육관, 수영장, 골프장 등을 모두 관할), 박물관, 레크리에이션 센터 등을 관할하며 시설의 획일화, 유지, 관리는 물론, 다양한 행사 (Programs와 Events)를 주관하고 있으며 우리 시의 '지역복지센터'에 해당하는 업무도 관장하고 있다. LA 시 도서관국은 중앙도서관을 비롯한 42개의 도서관과 부수시설을 관할하고 있는 대단히 규모가 큰 조직 중의 하나이다. 도서관국 역시 도서관의 관리나 운영업무는 물론이고 시민들의 이용과 참여를 유도하는 다채로운 행사와 프로그램을 연중 시행하고 있다.

○ 생활 속의 시립도서관

올해로 개관 125주년을 맞는 LA도서관은 1개의 중앙도서관과 66개의 지역도서관으로 이루어진 대규모 도서관 체계를 이루면서 LA.시민은 정보의 보고이자 도시민의 쉼터로서 시민생활에 깊숙이 자리하고 있다. 1872년 한 시민이 기증한 몇 개의 방을 가지고 출발한 LA 도서관이 오늘날 미국 내에서 가장 많은 사람들이 이용하는 굴지의 도서관으로 성장하기까지는 시민들의 참여와 관심이 가장 큰 원동력이었다고 할 수 있다. 이러한 시민들의 참여는 또한 도서관 관계자들이 시민생활에 실질적으로 도움을 주는 살아 있는 도서관으로 만들고자 한 노력의 결과이기도 하다. 실제로 LA 시립도서관은 취학 이전의 어린이들부터 고도시화의 전문기술인에 이르기까지 그들이 필요로 하는 장서와 자료를 거의 빼놓지 않고 구비하고 있다. 만일 LA 시에서 새로운 비즈니스를 시작하고자 하는 사람이 있다면 이에 필요한 여러 분야의 자료를 제공받을 수 있는 곳으로 LA 시립도서관이 가장 많이 추천되고 선택된다.

또한 초중등학생이나 유치원 학생들의 방과 후 학습도 상당 부분이 지역도서관을 이용하기도 한다. 이처럼 다양한 계층의 시민들이 도서관을 생활 속의 일부로 자연스럽게 이용하고 있는 것은 LA 시 도서관이 수용대응적 프로그램과 행사를 연중 다채롭게 제공하는 데 크게 기인하고 있다. LA 시 도서관이 제공하는 프로그램과 행사 가운데 일부를 살펴보면 시당국이 얼마나 적극적으로 시민의 기호를 충족시키고자 노력하는지 잘 알 수 있다.

- 유치부 어린이 이야기방: 정규학교 취학이전의 어린이들을 대상으로 하는 프로그램이다. 주로 은퇴한 자원봉사노인들이 어린이들에게 이야기를 들려주는 프로그램으로써 대부분의 마을 도서관에서 시행되고 있으며 어렸을 때부터 도서관을 자연스럽게 이용하는 습관을 길러주고 있다. 1.5세부터 6세까지 다양한 프로그램이 마련되고 있다.
- 각급학교 숙제 프로그램: 미국학교의 방과 후 학습은 주로 숙제를 통해 이루어진다. 이러한 학교 숙제는 단순히 문제 몇 개를 푸는 식이 아니라 일종의 보고서를 작성하는 방식이 대부분이다. 따라서 숙제를 하기 위해서는 여러 가지 참고서적이나 신문, 잡지 등을 참고해야 하며 어른들의 도움도 필요하다. 도서관의 숙제프로그램은 이 점에 착안하여 영어, 수학, 과학, 역사 등의 분야별로 자료를 준비하고 필요한 경우 도서관 직원들이 지도해 준다.
- 명절이나 공휴일을 위한 어린이 프로그램: LA도서관은 연중 중요 명절이나 공휴일에 시기에 알맞은 프로그램을 마련하고 있다. 예를 들어 부활절 시즌에는 달걀색칠하기, 할로윈 축제 때에는 가면복장 만들기, 연말연시의 카드 및 크리스마스트리 장식 만들기 등 시기적절한 프로그램을 준비하여 도서관의 이용률을 제고시키고 있다.
- 이동도서관: LA 시립도서관은 현재 4대의 이동도서관이 있어 주로 자체 도서관이 없는 관내 55개 국민학교를 순회하면서 73,000명의 학생들에게 혜택을 주고 있다. 이 프로그램은 여러 면에서 유익하고 호응도 높지만 많은 예산을 필요로 하기 때문에 비용의 상당 부분을 기여금에

의존하거나 아니면 프로그램의 규모를 축소하게 될 것으로 전망된다.

- 외국어 교육 프로그램: LA중앙도서관 산하의 언어학습센터 (Jones Language Learning Center)에서는 외국어 학습에 필요한 다양한 도서와 시청각 자료를 비치하여 시민들의 외국어 학습을 돕고 있다. 외국의 이민이 많은 LA 시의 특성상 이 프로그램은 많은 시민들로부터 좋은 반응을 얻고 있다.

- 기타 프로그램: 시립도서관이 제공하고 있는 그 밖의 프로그램으로는 세금정산법강좌 및 대서작업(미국은 1년에 한 번씩 개인도 세금 정산을 하여야 하며 본인이 직접 하거나 전문 회계사에 의뢰하여 실시함), 시, 소설, 영화 감상프로그램, 인터넷 사용법 강좌, 도서관 자료전자 검색 강좌 등 시민들의 수요에 민감하게 대응하는 다양한 프로그램을 제공함으로써 시민의 도서관 이용을 자연스럽게 유도하고 있다.

이와 같은 여러 가지 프로그램은 특정한 이용계층을 겨냥한 것으로 LA 시민도서관이 제공하는 도서관 본연의 기능의 일부분에 해당하는 것들이다. 그러나 이러한 프로그램들은 도서관의 혜택을 다양한 시민계층에 제공하는 기능 이외에 도서관의 이용습관을 길러줌으로써 시민의 생활 속에 도서관이 항상 유익하다는 인식을 심어주고 나아가 도서관 이용을 생활화시키는 데 크게 일조하고 있다.

○ **기업경영방식의 시립도서관: 시민은 고객**

LA.시립도서관은 비록 공공도서관이기는 하나 그 운영방식은 일반기업체와 여러 면에서 비슷한 양태를 보이고 있다. 시립도서관은 고객(시민)의 수요(기호)를 민감하게 주시하며 파악해 수요에 따라 적절한 프로그램을 신속하게 제공한다. 이른바 수요대응 공급전략인 것이다. LA 시립도서관이 오늘날과 같이 성장하고 시민들로부터 폭넓은 사랑을 받기까지에는 이러한 수요

대응력 서비스 제공에 힘입은 바가 크다는 것은 의심의 여지가 별로 없는 것이다. 시립도서관의 이러한 기민한 수요대처노력의 저변에는 "이용되지 않은 도서관은 존재가치가 없다"라는 기본 발상이 자리하고 있다. 즉 보다 많은 시민들이 도서관을 이용하도록 만드는 일까지도 도서관 본연의 임무로 인식하여 시민의 수요에 대처하는 다양하고 새로운 프로그램을 제공함으로써 그들의 도서관 이용빈도를 높여가고 있는 것이다.

LA 시립도서관의 비즈니스식 경영방식의 또 다른 예는 적극적인 홍보를 들 수 있다. 비록 일반 사기업체만큼의 홍보노력을 경주하고 있지는 않지만 뉴스미디어 광고, 뉴스레터 및 프로그램 팸플릿 배포, 각급학교 School District (우리나라의 교육구와 유사한 조직)와의 공조 등을 통해 시민들과 학생들이 시립도서관에서 어떤 혜택을 입을 수 있는지를 지속적으로 홍보하고 있다. 이러한 홍보노력은 도서관의 수요대응적 서비스와 상승적으로 시민들의 도서관 이용을 제고시키고 있다고 할 수 있다.

적극적인 재원조달노력도 LA 시립도서관의 기업운영적 단면을 잘 보여준다. LA도서관은 시정부로부터 배정된 예산을 근간으로 운영되고 있지만, 일반시민으로부터의 기부금 개인이나 기업체로부터의 장서와 기자재 기증 등을 통해 많은 도움을 받고 있다. 이러한 노력으로 1995회계연도의 경우 약 일백팔십만 달러의 기부 또는 기증을 받은 것으로 나타났다. 이러한 시민각층으로부터의 도움은 저절로 이루어진 것이 아니라 도서관 담당자들의 적극적인 홍보와 접촉을 통해 이루어진 결과로서 LA 시립도서관의 적극성을 보여주는 좋은 예 가운데 하나이다.

이처럼 LA 시립도서관이 기업경영방식과 유사하게 운영됨으로 시민들에게 돌아가는 혜택은 매우 크다고 할 수 있다. 즉 다양한 프로그램으로 시민들이 각기 기호나 형편에 맞는 프로그램을 이용할 수 있을 뿐만 아니라, 체인점처럼 넓게 산재해 있는 마을 단위 도서관은 시민들이 쉽게 접근할 수 있게 해

주고 있다. 도서관 당국의 적극적인 노력 덕택으로 LA 시민은 세계유수의 시립도서관을 확보할 수 있었으며 이러한 혜택이 앞으로 지속됨은 물론 더욱 확대되리라 보인다.

○ LA 시의 지역 복지센터 체계

LA 시의 지역복지센터는 다양한 형태로 존재한다. 즉 마을회관(Community Center), 스포츠 센터, 레크리에이션 센터, 노인회관(Senior Citizen Center) 등이 우리 시의 지역복지센터와 유사한 기능을 하고 있으며, 공원, 공공골프장, 캠프장, 동물원, 수영장, 공공운동장 등과 함께 LA 시 공원국(Department of Recreation and Parks)에서 관장하고 있다.

지역복지센터가 시 공원국에 의해유지, 운영되고 있는 이유는 LA 시 행정조직의 역사적 변천과장에 주로 기인하겠지만, 지역 복지센터를 보는LA 시(미국 내 다른 시도 마찬가지임)의 시각 차이에 찾아볼 수 있을 것이다. 앞에서도 언급된 바와 같이 LA 시에는 '복지' 관련 부서가 별도로 존재하고 있지 않다. 또한 저소득자, 실업자, 장애자, 무연고 어린이, 노인 등의 사회복지 혜택은 연방사회보장(Social Security)제도에 따라 카운티 정부가 주로 담당하고 있다. 결국 시정부가 담당하는 시민복지정책과 제도는 경제적, 신체적 자립능력이 있는 그 가족들에게 집중되고 있으며, 따라서 이들의 건전하고 건강한 생활을 도모하는 데 필요한 환경조성과 운영이 시정부에게 위임된 주요 복지관련 업무이다.

복지회관이 공원국에 소속되어 있는 또 다른 이유 중의 하나는 복지회관을 이용하는 시민들의 이용형태가 활동(Activity)이나 행사(Event 또는 Program)가 대부분이라는 점을 들 수 있다. 즉, 일반시민의 입장에서 볼 때 복지회관이나 공원(미국도시의 공원은 활동이나 행사위주인 '적극적'의미의 공원이 대부분)은 장소만 다를 뿐 이용되는 형태는 매우 유사하며, 관련

법규상에도 마을회관은 근린공원으로 분류되어 있어서 공원규모에 따른 위계상 가장 기본적인 공원 시설의 하나로 분류된다. 이처럼 시설에 따른 소관부서의 결정이 아니라 이용자의 활동(Activity)에 근거하게 된 분류에 따라 복지센터도 공원 등과 같이 일반시민의 여가선용에 주로 이용되므로 공원과에서 관리하고 있는 것이다.

○ LA복지센터의 프로그램들

앞서 언급된 바와 같이 LA 시 복지센터의 주요기능은 인근 주민들에게 필요한 스포츠 및 레크리에이션 장소와 기회를 제공하는 것이다. 때문에 대개의 복지센터는 체육관, 테니스장, 야구장, 축구장, 수영장, 어린이 놀이터 등의 시설을 갖추고 있으며, 상당수의 복지센터는 지역 공원시설의 일부로써 골프장, 승마장, 테니스장 등 규모가 큰, 특수시설을 갖추고 있다. 이처럼 LA 시 산하 150여 개의 크고 작은 복지센터는 저마다 시설의 규모와 내용을 달리하고 있으며 이에 따라 제공하는 프로그램도 매우 다양하기 때문에 이를 모두 소개하기란 사실상 불가능하다. 다음에 소개하는 프로그램은 이들 중 일부를 예시한 것이다.

- 시설개방: LA복지센터의 다양한 시설들, 예컨대 농구장, 축구장, 야구장, 회의실 등 단체로 이용하는 시설들은 사전예약을 통해 일반시민들이 이용할 수 있다. 시설의 단체이용은 최소한의 경비를 이용자가 부담하며 필요한 경우잡비와 전문인력을 실비로 지원받을 수 있다.
- 각종 강습 프로그램: 매우 다양한 종류의 강습 프로그램이 일년 내내 제공된다. 예를 들어 야구, 배구 등의 스포츠 강습은 물론이고 재즈, 댄스, 사진, 스쿠버다이빙, 어린이 놀이방, 피아노, 연극, 웅변, 미술, 공작, 요가 에어로빅 등의 강습 프로그램이 있으며, 이러한 프로그램은 시민들의 여론과 프로그램 호응 정도 등을 고려하여 확대, 축소, 폐지, 신설

을 거듭한다. 즉 시민들의 수요에 매우 민감하고 신속하게 대응하는 프로그램들인 것이다. 강습 프로그램의 대상 연령층도 매우 다양하여 3-5세 어린이들로부터 은퇴한 노인에 이르기까지 거의 모든 연령층의 시민들이 해당된다.

- 탁아 (Child Care)서비스 LA 시민들은 마을단위 복지센터가 제공하는 탁아서비스를 받을 수 있다. 탁아서비스는 몇 가지 프로그램이 있는데 초등학교 아동을 위한 프로그램(Licensed School Age Child Care)이 가장 일반적인 프로그램이다. 이 프로그램은 대상 아동들의 개인 및 단체학습, 체육, 문화, 오락을 고루 안배하여 실시된다.

- 노인을 위한 특별 프로그램: LA 시의 복지센터는 노인층을 위한 특별한 프로그램을 운영하고 있다. 복지센터는 소규모 노인친목모임을 주선하고 이들의 활동을 돕고 있으며, 매우 낮은 가격으로 노인들에게 점심식사를 제공하고 있다. 또한 자원봉사를 원하는 노인들에게 적절한 기회를 제공하며 그 밖의 노인건강잔치(Health Fair), 50세 이상 노인을 위한 건강교실, 90세 이상 노인의 장수축하연 등의 프로그램을 제공하고 있다.

2. 장애자 복지관련

1. 장애자의 일반개념

미 전역을 통하여 정신적, 신체적 장애자는 약 4천3백만 명으로 추정되며 1990년 공표된 연방 장애자 보호법(Americans with Disability Act)에서 혜택을 보장받는다.

장애자의 범위는 보행, 대화, 시각, 청각, 노동 및 자기조절 능력 등이 결여된 경우가 해당되며, 노동인구에 해당되는 장애인 중 약 67%가 직업혜택을 부여받지 못한 실직상태임을 감안하여 로스앤젤레스 시에서는 장애인의 직업교육 및 장애자보호법 관련사항을 전담하는 장애자 사무처(Office on Disability:OOD)가 있다.

2. 전담기구명

　장애자 사무처(Office on Disability:OOD)는 인사국 산하조직에 포함되어
있으며 조직표는 별첨과 같다.

　별첨1.: 인사국 조직표
　별첨2.: 장애자 사무처

3.전담인력

　장애자 위원회는 13명으로 구성되어있으며, 장애자 사무처는 25명의 직원
이 근무한다.

장애자 위원회(Commission on Disability)

　9명의 시민으로 구성된 반자치적인 독립체이며 4명의 시 공무원이 위원회
의 업무를 수행한다. 장애자 사무처와 상호협조하여 장애자 복지관련사항에
대하여 공청회를 개최하며, 장애자 정책관련 우선사항을 시장과 시의회에 제
안하는 역할을 담당한다.

장애자 위원회위원(Commissioner)	9명
사무원(Clerk Typist)	1명
인사관리 I (Senior Personnel Analyst I)	1명
경영관리 I (Management Analyst I)	1명
위원회 사무보조(Commission Executive Asst. I)	1명
합계	**13명**

장애자 사무처(Office on Disability:OOD)

회계서기(Accounting Clerk Ⅱ)	1명
사무원(Clerk Typist)	5명
수석 사무원(Senior Clerk Typist)	1명
회계담당(Accountant Ⅱ)	1명
인사관리Ⅰ(Senior Personnel Analyst Ⅰ)	2명
부서 책임자(Senior Personnel Analyst Ⅱ)	1명
경영관리Ⅰ(Management Analyst Ⅰ)	11명
경영관리Ⅱ(Management Analyst Ⅱ)	3명
합계	**25명**

4. 장애자 사무처의 주요업무

○ **장애자를 위한 직업교육 및 직업알선**

1974년 연방 보조기금 프로그램인 Projects With Industry Program을 통하여 장애자 직업교육 및 직업알선 제공

○ **연방 장애자법(Americans with Disability Act) 준수**

시 정부건물 및 공공 시설물이 장애자법 준수 여부 확인감독
장애자용 시설물에 대한 표식기호 통일

○ **장애자 직업교육**

(JTPA Ⅱ-A Adult/City Occupational Trainee Program)
시내거주 장애자를 위한 직업교육으로서 만 22살 이상 저소득 장애자를 대

상으로 한 기술직, 사무직, 숙련직, 반숙련직 직업교육이며, 정부산하기관과 사기업체에서 요구되는 일반직업 분야이다. 재원조달은 연방 노동부에서 지원받아 운영된다.

○ **노인층 장애자 직업교육(JTPA Ⅱ-A Older Worker Program)**

시내거주 만 55세 이상 저소득 장애자를 위한 단순노동분야 직업교육으로서 연방법의 직업교육 프로그램의 일부이다. 다양한 교육과 기술을 통하여 노년층장애자들이 생업에 종사하도록 배려하는 교육프로그램이다.

○ **컴퓨터 교육**

장애자를 위한 컴퓨터 교육으로서 컴퓨터 기본교육을 11주 동안 캘리포니아 주립대에서 담당한다.

○ **전산화된 장애자 정보센터(Computerized Information Center)**

미국 내 최초로 설치된 장애자 정보센터로서 장애자를 위한 주택, 응급 시 대피소, 대중교통, 직업교육, 레크리에이션 이용 등 제반 사항에 대한 정보를 담당한다.

5. 기타사항

○ 시 예산으로 운영되나 연방 및 주정부 보조기금에 절대적으로 의존하는 실정임
○ 연방정부 보조기금 삭감 시 장애자사무처의 담당업무가 축소되어 일부 담당 공무원은 타 부서업무를 수행하기도 한다.

· **저자** ·

박용래   · **약 력** ·
(朴龍來)   충남 서천 출생
           중앙대학교 법학과 졸업
           미국피츠버그대학원 행정석사(2년)
           서울시립대 행정학 박사
           제18회 행정고시 합격
           미국LA서울시사무소장(4년)
           서울시립대학교 사무처장
           강동구청장 권한대행
           강동구청 부구청장, 관악구부구청장
           서울 시립대 겸임교수

· **주요저서** ·
『대도시 정부의 국제교류 실태와 활성화 방안』
외 다수

· **표   창** ·
대통령 근정 포장

· **연 락 처** ·
spdream87@chol.com

🔵 사례별로 본 미국의 지방행정

· 초판 인쇄	2007년 4월 10일
· 초판 발행	2007년 4월 10일
· 지 은 이	박용래
· 펴 낸 이	채종준
· 펴 낸 곳	한국학술정보㈜
	경기도 파주시 교하읍 문발리 526-2
	파주출판문화정보산업단지
	전화 031) 908-3181(대표) · 팩스 031) 908-3189
	홈페이지 http://www.kstudy.com
	e-mail(출판사업부) publish@kstudy.com
· 등 록	제일산-115호(2000. 6. 19)
· 가 격	45,000원

ISBN   978-89-534-6553-4 93350 (Paper Book)
       978-89-534-6554-1 98350 (e-Book)